陕西师范大学一流学科建设基金资助

国家社科基金重点项目"中国历史农业地理研究"

（项目号：13AZD033）阶段成果

陕西师范大学西北历史环境与经济社会发展研究院学术文库

中国古代农业生产和城乡发展研究

The Research of the Agriculture Production and the Development of
Urban and Rural Areas in Ancient China

王社教◎ 著

中国社会科学出版社

图书在版编目（CIP）数据

中国古代农业生产和城乡发展研究／王社教著．—北京：中国社会
科学出版社，2017.12

ISBN 978 - 7 - 5203 - 1202 - 8

Ⅰ.①中…　Ⅱ.①王…　Ⅲ.①农业地理—历史地理—关系—城乡
建设—经济发展—研究—中国　Ⅳ.①F329.9②F299.2

中国版本图书馆 CIP 数据核字（2017）第 256675 号

出 版 人	赵剑英
责任编辑	张　林
特约编辑	蓝垂华
责任校对	韩海超
责任印制	戴　宽

出　　　版	中国社会科学出版社
社　　　址	北京鼓楼西大街甲 158 号
邮　　　编	100720
网　　　址	http://www.csspw.cn
发 行 部	010 - 84083685
门 市 部	010 - 84029450
经　　　销	新华书店及其他书店

印刷装订	北京君升印刷有限公司
版　　　次	2017 年 12 月第 1 版
印　　　次	2017 年 12 月第 1 次印刷

开　　　本	710×1000　1/16
印　　　张	24.75
字　　　数	393 千字
定　　　价	116.00 元

目　录

前　　言

　　本书共收入 23 篇论文，是从笔者已经公开发表的论文中选取的与中国历史农业地理和城乡发展研究有关的论文的结集，最早的一篇发表于1992 年，最晚的一篇发表于 2014 年，历时 23 年。有关中国古代的农业生产和城乡发展问题，是许多学科共同关注的领域，前辈学者已有大量的、深入的研究成果，笔者作为一个历史地理专业的学习者和研究者，主要是从历史地理学的角度来思考和研究这些问题，笔者研究的内容、关注的重点、思考的角度、使用的方法、得出的结论可能与前辈学者的研究有所不同。

　　全书共分三部分。

　　第一部分"理论思考"，包括 4 篇论文。内容主要是关于历史农业地理以及历史地理学的学科概念、研究任务、研究内容和研究方法的思考。理论是指路明灯，一位研究者，在其研究之前，首先必须思考清楚自己的学科优势在哪？自己的研究目的和主要任务是什么？应该研究哪些问题？为什么要研究这些问题？如何研究这些问题？只有这些问题思考清楚了，才有可能发挥自己的专业特长，提出自己不同的见解，使相关研究更加深入。

　　《历史农业地理学刍议》是笔者对这些问题最早的思考。笔者认为历史农业地理学是研究历史时期农业生产诸要素的地域分布及其相互间作用、变化、发展规律的学科，是历史经济地理学的组成部分之一。历史农业地理学研究的内容主要包括人口的增减和垦田的盈缩、农作物的构成及其分布、农业生产的地域差异、规律的总结等方面。历史农业地理学可以划分为区域性历史农业地理、专题性历史农业地理和历史农业地理学理论等多种类型和层次。研究历史农业地理必须坚持马克思主义全面的观点、发展的观点和具体问题具体分析的观点，同时也必须熟悉历史学、地理学、经济学和农学等相关学科的理论和研究方法。

《关于中国历史农业地理研究的几点思考》是笔者提交给 2000 年昆明国际中国历史地理学术讨论会的一篇论文，后来收入复旦大学历史地理研究中心编的《面向新世纪的中国历史地理学——2000 年国际中国历史地理学术讨论会论文集》。本文对中国历史农业地理研究的重要地位进行了阐述，并对 20 世纪中国历史农业地理研究的成绩和不足进行了总结，在此基础上，笔者对中国历史农业地理研究今后努力的方向提出了建议。笔者认为，中国历史农业地理今后应在以下几个方面多作努力：（1）加强对农、林、牧、副、渔的综合整体研究；（2）积极开展对西部内陆地区，尤其是环境脆弱地带农业生产特征及其影响的研究，寻求一种既能促进当地经济发展又能保持生态平衡的农业经营模式；（3）重视区域农民特征和农村社会特征等主体因素在中国历史农业地理演变过程中的作用；（4）注意中国历史农业地理演变规律的总结和研究成果的推广与运用。

《论历史乡村地理学研究》是随着笔者对我国历史发展进程的不断认识和对新农村建设的思考而形成的。笔者在论文中首次提出了"历史乡村地理学"的概念，认为历史乡村地理学是研究历史时期乡村地区的经济、社会、人口、聚落、文化、资源利用及环境问题的空间变化的学科，是历史人文地理学的分支学科之一；历史乡村地理学的研究目的是总结历史时期乡村地域系统内部诸要素之间及与外部地域系统之间的相互关系和作用规律，为现实乡村建设和和谐发展服务。

《作为研究方法的历史地理学》是笔者关于历史地理学学科发展和学科价值的最新思考。笔者认为：历史地理学的研究主题在学科发展史上有过很大改变，研究理论和研究方法也有明显的变化。近年来，许多历史地理研究者开始涉足社会结构、社会变迁、社会控制等历史学和社会学研究领域，对社会学和历史学的一些研究主题给予历史地理学的解释，而一些历史学、社会学、文化学、人类学、民族学等学科的研究者也纷纷涉足历史地理学研究领域，试图从地理环境和人地关系的视角来阐释相关的研究主题。历史地理学已经不仅是一门学科，同时也已成为观察和分析人类社会发展诸问题的方法论。其原因即在于历史地理学研究的核心是人地关系问题，认识问题的角度是地理环境和人类社会的相互作用，表述问题的方法是人地关系在时空二维上的发展过程，这三点对于其他学科的研究都具有积极的借鉴作用。

第二部分"农业生产"，包括 10 篇论文。内容主要是对明清时期区域农业生产水平、农业生产结构、农作物推广等方面的实证研究。

《明代双季稻的种植类型及分布范围》主要通过对历史文献资料的细致分析，复原了明代双季稻的种植类型和分布范围，并探讨了明代双季稻种植范围不广的原因。笔者认为，明代的双季稻种植有三种类型，即再生稻、套作双季稻和连作双季稻。再生稻分布范围较广，长江以南大多数地方都有分布；套作和连作双季稻则主要分布于闽、粤两省境内，其北界不超过南岭和武夷山一线，除福建沿海平原双季稻种植规模较大外，其他地方虽有分布，但均种植甚少。明代双季稻种植不广的原因较为复杂，既有气温偏低等自然因素的影响，也有双季稻品质不高、产量较低、生产技术水平尚较落后，以及农村家庭副业的发展和随之而来的劳动力不足等社会因素的制约，其中社会因素是起决定作用的因素，就当时的年均温而论，其偏低的幅度还没有达到足以影响双季稻生长的极限。

《明代太湖流域的粮食生产和缺粮问题》对明代太湖流域主要粮食作物种植面积的变化、粮食单产量和总产量、粮食消耗状况进行了详细考察，认为明代后期太湖流域的粮食种植面积比重确实有了大幅度地下降，但由于粮食作物和经济作物种植比重的消长实际上是对土地利用方式的一次大调整，粮食生产的专业化水平随之有了很大提高，平均亩产有了较大的增长，就整个太湖流域来说，仍是国内一个重要的余粮区。明代后期太湖流域从其他地区大量输入粮食的原因，主要是由于当地赋税负担极为沉重。

《清代安徽人口的增减与垦田的盈缩》《清代安徽粮食作物的地理分布》《清代安徽经济作物的地理分布》《清代安徽农业生产的地区差异》四篇论文集中讨论了清代安徽农业生产的阶段特征、粮食作物和经济作物的组合情况以及主要粮食作物和经济作物的分布状况、生产水平、清代安徽农业生产的地区差异等问题，这都是以前的研究者没有做过的工作。

《清代山西的垦田数字及其变动》主要对光绪《山西通志》中记载的田地数字进行考察，以此说明清代地方志中记载的垦田数字的性质、含义和价值。笔者认为，尽管光绪《山西通志》中记载的田地数字不是完全通过实际丈量得来的计量亩，但在目前没有其他更为系统全面和准确真实的数字的情况下，其价值是不可替代的。特别是考虑到资料性质在时间上的一致性和空间上的各地相似性情况下，其土地数字的变动应该基本上可以反映清代山西各地土地垦殖的相对变化情况。从光绪《山西通志》的记载看，清代山西各地田地数字的变化与当地的自然条件、开发历史和土地垦殖限度都有着很大的关系。

《明清时期农业生产结构的调整》从"农牧区的分布与变化""种植业结构的变化""畜养业结构的变化""专业化种植的发展"四个方面对明清时期农业生产结构的变化进行了考察。笔者认为，明清时期是我国农业生产结构调整的一个重要时期。这种调整主要表现在三个方面，即：（1）由于民族关系的演变，以及人口的迅速增长，粮食问题愈益突出，传统农业区不断扩展，形成我国农牧业分布的基本格局；（2）由于田赋征收由实物税向货币税的逐渐转化及农村商品经济的发展，种植业结构也在不断调整，经济作物的种植比重在一些地区迅速提高，专业化农业生产渐趋形成；（3）由于明清王朝立国形势和养马政策的变化以及市场需求的变化和各地贸易联系的加强，全国各地的牧马业地位都呈下降趋势，而牛、羊、猪及各种家禽的饲养则逐渐走向繁荣。

《明清时期西北地区环境变迁与农业结构调整》以明清时期西北地区为例，对环境变迁与农业结构调整之间的关系进行了考察，认为：从总体来看，明清时期西北地区农业结构的调整主要是通过水旱灾害所引发的灾荒为直接动因促成的，正是通过灾荒的发生，农业结构得到普遍性的调整，是大的灾荒为农业结构调整提供了契机；环境变迁对农业结构的影响不是简单的响应过程，是在多种因素共同作用下完成的，环境变迁为农业结构的调整提供了动力，但农业结构是否能够调整还要社会政治经济环境和农业技术环境的配合，所有的时机都成熟了，农业结构的调整才能实现。

《殊途同归：明清时期玉米和番薯在中国的传播和推广》对玉米和番薯在中国的传播途径和方式进行了详细考察，认为这两种作物的传播途径和方式在当时是不完全相同的。玉米和番薯的传播主体都是流民，但番薯自一开始就得到各级政府和官员的青睐，曾不遗余力地进行宣传和推广，其在中国的传播可以用"推广"一词来形容；玉米则不同，很少有官府的推动力量，有时甚至还因为其他因素受到一定程度的抑制，其在中国的传播完全是一种自发的过程，可以用"传播"一词来形容。玉米和番薯在早期传播过程中的这种不同，与二者的生长特点和在当时的主要分布地域及所造成的环境影响有很大关系。虽然如此，玉米最终与番薯一样，都成为中国主要的粮食作物之一。明清时期玉米和番薯在中国的传播和推广这一明显差异的过程以及最终的结果，反映出当时的官方和民间在面对人口压力和生态环境恶化这一矛盾时所面临的两难选择，而维持最基本的生存需要自始至终一直是人们考虑的首要问题。

第三部分"城乡发展"，包括 9 篇论文。内容主要涉及汉、唐都城长安的布局结构、人口数量、辽宋至明清时期山西地区城镇的发展等。

《论西汉定都长安与关中经济发展的新格局》主要从经济结构的变化和区域差异性特征的形成两个方面考察西汉定都长安对关中地区经济格局的影响。笔者认为，西汉定都长安之后，围绕都城的建设和发展以及其他一系列的政治、军事和经济的需要，关中地区的经济格局发生了很大的变化。这种变化主要表现在两个方面：一是手工业和商业在经济中的地位大幅度上升，经济结构发生了明显的变化；二是由于不同地区与都城间相互位置发生转化，各区域的经济功能产生差异，区域差异性特征日益明显。东汉迁都洛阳之后，关中地区的手工业和商业迅速衰落，但由于关中的政治中心一直位于渭河以南、灞河以西的西南区，所以西汉时期形成的这种经济格局相沿至今，没有发生大的变化。

《汉长安城布局结构的演变》从"地貌形态对城郭形状的影响""城门和街道布局""空间结构特征的演变""城郊布局的形成及特点"四个方面对汉长安城布局结构的形成和演变进行了较为详细的考察。笔者认为：汉长安城城郭形状的形成主要是受当地微地貌形态的制约；汉长安城的城门布局和城门形制遵循着我国古代都城城门的一贯做法，街道布局则受城门和宫城的影响而形成自己的特点；汉长安城中的各类建筑虽然建造的时代不一，但却遵循着一定的布局原则，并非杂乱无章；汉长安城的城郊布局是汉长安城整体布局的重要组成部分之一，在汉初开始营建长安城时就已初步确定下来，以后随着都城建设的不断发展而逐渐完善。此外，论文还对都城轴线、都城性质、"八街九陌"、"长安九市"等学术界长期争论的问题进行了具体论证，提出了自己的观点。

　　《隋唐长安城的选址及其内部结构的形成与原因》和《论唐都长安的人口数量》两篇论文都是因参加史念海先生和妹尾达彦教授共同主持的中日合作研究项目"中国黄土高原的都城与生态环境变迁"而写的。前者对影响隋唐长安城选址和内部区域结构形成的因素进行了详细分析。后者则针对学术界关于唐都长安人口数量研究存在的巨大差异进行了考察，尝试从另外一个角度，亦即从唐长安城各不同区域实际居住的人口数来推测当时长安的人口数量。经过对宫城、皇城和外郭城各坊实际居住人口的分析，认为唐代初年长安城约有人口 69 万人，中期约有 69.9 万人，后期约有 70.3 万人；唐长安城的人口处于不断增长之中，但总的来说增幅不大，增加的人口主要在宫城部分。笔者进一步考察了唐长安城的居住环境，认为不超过 70 万的人口数字与唐长安城优美的居住环境是相符合的，有关唐长安人口超过百万说令人怀疑。

　　《辽宋金元时期山西地区城镇体系和规模演变》对辽宋金元时期山西地区城镇数量的变化、城池规模和城市人口、城市的职能类型和空间分布、城镇发展特点和影响因素进行了详细梳理和分析，认为：辽宋金元时期山西地区城镇的发展大致经过了宋金时期的快速发展和元代的衰落调整两个阶段。总体而言，这一时期山西地区的城镇发展水平是比较落后的，虽然城镇数量在前期有较大幅度的增长，但城镇规模普遍较小，特别是中等以上规模的城镇数量很少，并处于下降之中。辽宋金元时期山西地区的城镇发展过程与社会经济的发展过程是相一致的。由于山西地区自然环境较差，社会经济发展水平与其他地区相比较低，城镇发展速度和规模自然会受到影响。宋金时期山西地区城镇的快速发展实际上是一种畸形的发展，城镇数量的增加不是因为社会经济的发展引发商品流通的需求增长所致，大多是出于军事或税收的需要而设。除太原、临汾等少数城市见有城市手工业发展方面的历史记载外，其他城镇都是单纯的消费型城镇，这种城镇的存在和繁荣是一种无源之水，一旦政治军事形势发生变化，自然随之衰落和消亡。

　　《明清时期山西地区城镇的发展》是上一篇论文的延续，主要对明清时期山西地区的城镇数量和行政层级、城池规模与城镇人口、城镇经济的发展进行了考察，并在此基础上分析了明清时期山西地区城镇发展的特点及形成原因。笔者认为，明清时期山西城镇的发展整体而言是相当平稳的，一方面表现在城镇的整体数量特别是县级以上建制镇的数量前后变化不大，另一方面则是无论就城镇人口数量还是就城镇经济发展水平而言，都较以前有较明显的增长；明清时期山西城镇的发展与山西地区总人口的发展、山西地区整体经济发展水平的提高和全国社会经济环境的发展有密切的关系。

《明清时期太原城市的发展》分别从政治地位的变化、城市规模的扩展和城市经济的发展三个方面对明清时期的太原城市发展特点进行了探讨，并在此基础上对其形成原因进行分析。笔者认为，明清时期太原城市区域政治中心的地位进一步突出，作为山西省的省会在这一时期得以确立；另一方面，太原城市规模和城市经济虽然有一定的发展，但与国内其他城市相比，发展速度缓慢，而且波动很大，经济地位更趋下落。明清时期太原城市发展之所以出现这样一种一波三折，发展水平和速度不高的情况，是由多种因素综合而成的，除了战争摧残、自然灾害频繁和赋役繁重之外，最根本的原因有以下两点：一是太原所在的山西中北部地区经济发展整体来说比较落后，供需两方面都不是很旺盛；二是太原所处的地理位置不利于其发挥经济中心的功能。在这里，笔者实际上是在强调地理区位和区域经济整体发展水平的低下是导致一些古老的政治和经济中心城市发展停滞和衰退的根本原因。

《明清时期山西部分州县市集布设之分析》主要针对学术界在研究明清时期中国市场体系时普遍借鉴施坚雅的研究方法，根据市场的行政级别或建置将当时的市场划分为基层市场、中间市场等不同的层级，而不是从集市发展的实际情况进行分析，从而导致研究结论与中国集市发展的真实情况相去甚远的情况，试图通过对明清时期山西地区部分州县市集的布设情况进行具体研究，分析明清时期我国集市发展的特点。笔者运用大比例尺地图，对保德、长治、长子、定襄、介休、文水、平陆、寿阳、武乡九个州县文献记载中市集的地理位置和集期进行了详细分析，并对市集布设的决定权和市集布设的目的进行了考察，认为明清时期黄土高原地区市集的布设主要是官方的行为，设立市集的目的主要是便民购物，行政因素对市集的设置具有决定性的作用，经济和市场因素虽有一定影响，但不占主导地位；在市集的空间布设上，地形地貌因素影响很大，但地形地貌条件提供的可能性很多，具体布设在哪一个地点，如何来安排集期，则主要由当时地方官员的意志来决定。

《由区域经济都会到区域行政中心：秦汉魏晋时期合肥城市职能的转化》是 2013 年 9 月应中国秦汉史研究会和《合肥通史》编委会之邀参加"秦汉魏晋时期江淮地域背景中的合肥史研究"学术研讨会而撰写的。笔者认为，合肥位于江淮丘陵中部，处于早期长江流域与黄淮流域水运交通的联结点。合肥城市兴起可推至战国时期，一开始是作为区域经济都会出现的。东汉末年随着社会的动荡，合肥"江南唇齿，淮右襟喉"、"江南之首，中原之喉"的军事地位日益突出，成为各方争夺的重镇，其城市职能迅速向军事职能转化，进而奠定了合肥城市作为区域行政中心的地位。笔者的这一观点一经提出，便得到了当地学者的重视。

自 1988 年 9 月笔者进入陕西师范大学历史地理研究所跟随史念海先生学习和研治历史地理学以来，至今已近 30 年。在这近 30 年里，因为要完成单位的研究任务或研究项目，笔者研究涉及的问题较多，但对于中国历史农业地理和城乡发展的研究一直在坚持着，断断续续没有放弃，这一方面当然与笔者出身农村而现在又在城市工作和生活，对农业、农村和农民问题以及城乡关系问题有一种天然的兴趣有关，另一方面也是因为笔者一直认为农业、农村和农民问题以及城乡关系问题不仅是科学理解人地关系的基础问题，也是准确把握中国历史发展特点的一个关键性问题。

笔者今后将对这些问题继续予以关注，并继续从历史地理学的角度对相关问题进行考察。

第一编 理论思考

历史农业地理学刍议

我国自古以来就是一个以农立国的国家，农业经济在整个社会生活中占有特别重要的地位。自 20 世纪 80 年代史念海先生首次正式提出历史农业地理学这一学科概念后，从事历史农业地理学研究的队伍越来越大，有关区域性的、专题性的、断代性的历史农业地理研究成果层出不穷，呈现一片繁荣景象。但毋庸讳言，目前的研究还大多停留在复原某个和几个农业要素方面，系统地研究历史农业地理发展规律的文章还很少，关于历史农业地理学理论和研究方法方面的文章更是微乎其微。这无疑是历史农业地理学研究的一大缺陷，与当前历史农业地理学研究的发展不相适应。为了及时总结以往历史农业地理学研究的经验，促进今后该学科研究的深入，有必要对历史农业地理学学科性质、主要研究内容和研究方法进行探讨。作者不揣浅陋，撰成此文，希望得到广大专家学者的指正。

一 历史农业地理学研究的对象及主要内容

历史农业地理学是历史地理学的一个重要组成部分，是关于历史时期农业生产诸要素的地域分布及其相互间作用、变化、发展规律的科学。历史农业地理学研究的目的同现代农业地理学一样，都是研究如何充分利用和改造气候、土壤、水文等自然要素，以为人类提供更多、更好的农产品；只是二者在时间上的侧重点有所不同，现代农业地理学侧重研究现实中的农业地理模式，历史农业地理学则侧重于对历史时期农业区域特征进行研究。

由于历史农业地理学研究的是历史时期的农业现象或景观，它所研究的具体内容与现代农业地理学也就不尽相同，概括地说，主要包括以下几个方面：

（一）人口的增减和垦田的盈缩

人口和耕地是农业经济的两项重要指标，在历史时期尤其如此。中国农业的发展，历来是通过扩大耕地面积来提高总产量的，通过改进农业生产技术、改变耕作方式、推广高产作物品种来增加亩产量则在其次。这主要是因为当时人口与土地的比例还没有达到饱和的程度，人浮于地的现象也只是在个别地区发生。就全国而言，可供开垦的土地还很多，完全可以承受得了狭乡流入的人口。到了清中期，由于赋税制度的改革，自先秦时期以来所实行的人头税被并入到地赋中，人口的增长速度加快，人多地少的矛盾成为全国普遍存在的问题。这时已经没有成片的土地可供开垦，通过增加耕地面积来增加粮食产量无异于杯水车薪，很难满足迅速增长的人口的需要，新的作物玉米和红薯的推广、双季稻的扩大栽培、复种指数的提高，也就成了这一时期农业生产发展的主要内容。但即使这样，农民对于扩大耕地面积的努力仍然没有放弃，许多无地的农民纷纷涌进深山老林毁林开荒，就是最明显的表现。垦田的盈缩和分布差异标志着农业生产的兴衰和地区发展的不平衡。

在生产力还不甚发达的传统农业时代，土地的增减与人口的增减有着直接的关系。一般来说，人口最密集的地区也就是农业经济最发达的地区，人口增长最快的时候也就是农业生产恢复和发展最快的时候。每个王朝在建立之初，恢复农业生产的主要措施之一无不是招徕人口。正是由于魏晋南北朝和宋辽夏金元时期黄河流域人口的两次大规模南迁，才使得长江流域及其以南地区的大片涂泥之地得到开发，才引起了中国经济重心、实际上也是农业经济重心的南移。人口不仅是农业生产的直接承担者，同时也是农业生产发展的促进因素。在土地的承受能力还没有达到极限的时候，人口的增加促使土地的大规模开发，农业生产主要表现为外延的迅速扩大；当人口的增长超过了土地的承受能力时，就不能再依靠扩大土地面积来提高农业生产水平了，人们只得靠提高农业生产力、改变耕作技术、引进新的作物、发展多种经营来解决，农业生产主要表现为内涵的日益丰富。无论在哪种情况下，人口的增减都预示着农业生产的兴衰，其地区分布的不平衡实际上也就表现着农业生产的地区差异。历史农业地理的研究，首先必须搞清各个时期人口和垦田的数量变化，这就不仅仅是停留在定性的描述上，而且理清了量的关系，从而为历史农业地理研究奠定了科学的基础。

（二）农作物的构成及其分布

农作物为人类提供衣食之源，农业生产的唯一目的就是要在尽量少的土地上生产出尽量多的农产品。我国地域广大，农作物资源非常丰富，但在不同的历史时期，人们种植的农作物并不相同，各地的优势作物也不一样。农作物构成的这种前后变化和地区差异，一方面体现着农业自然条件的丰富多彩，另一方面也表明了人们认识自然的深度在不断加强，改造自然的能力在不断提高。今天我们常常将稻、麦归入主要粮食作物，而将粟、黍、高粱、大豆等称为杂粮；将油菜、芝麻、花生划归油料作物，将棉花、麻类等作物归入纤维作物，这是根据今天这些作物的主要用途来划分的，对于历史时期的作物似乎不完全适合。在原始社会，农业生产还处于萌芽阶段，人们主要是为了填饱肚皮，这时的农作物品种有限，除了粮食作物而外，再无其他。奴隶社会以后，随着生产水平的不断改进，人们对于衣食方面的要求越来越高，农作物的品种也越来越丰富，诸如粮食、油料、纤维、燃料等作物相继出现。但各类作物所包含的品种与现在却有很大差异。宋元以后的地方志对于各地作物的记载甚详，对于作物的类型划分也很细，如"谷类""蔬类""草类""货类""杂植类"等。其中"谷类"包括有稻、黍、稷、麦、豆等，这大概同于今天的粮食作物。但今天的油料作物如油菜、芝麻、花生等，则或入蔬类，或入谷类；今天的粮食作物中的薯类则或入蔬类，或入药类；……这主要是由于它们在当时的功能与现在不同，不能一概断为古人划分不科学。如果我们将各地方志对照起来看，就会发现它们对于作物类型的划分也是不尽一致的。这种不一致有的是由于方志的作者见解不同，更多的则是同一种作物在各地的地位存在着差异。作物类型的这种古今变化是非常复杂的。历史农业地理研究的一个重要内容就是探索不同历史时期农作物的构成及其地区分布差异，一方面借此衡量当时当地的农业生产水平和区域特征，另一方面也为该地今后的作物引种和推广提供参考。

（三） 农业生产的区域差异

历史时期各地区农业生产的发展是不平衡的，导致不平衡的原因各种各样，有自然方面的，也有社会方面的。合理地划分各个历史时期农业生产区域，对其进行综合评价，对于全面系统地了解各个历史时期农业地理的演化具有重要作用。我国幅员辽阔，各地的自然条件和生产力水平都存在较大差异，干任何事情都不能一刀切，发展农业生产尤其应该这样。毛泽东同志曾经指出："农业的地区与时间不同，发展的方法也不同。……我们指导农业，要依各种不同地区而采取不同方法。……不但在大的区域之间要有分别，就是一县、一区，有时甚至在一乡之内，也要有这种分别。"① 这段话非常明确地强调了农业生产的这种客观规律性。今天的农业生产区域是由历史时期的农业生产区域演化而来的。只有明晰了历史时期各区域的农业生产发展特点，才能充分发挥该地的优势和潜力。历史农业地理要切切实实地为农业现代化服务，不研究历史时期农业生产的区域差异是很难实现的。

（四） 规律的总结

以上三个方面的内容仅仅是对历史时期农业地理现象的复原，是研究历史农业地理的初步工作，还不是终极目的。研究历史农业地理的目的是通过复原上述现象，进一步考察这些现象产生、发展和变化的规律，总结经验教训，为当前的农业生产和农业规划提供指导依据。中国是一个具有几千年农业文明的国家，农业生产曾几度兴盛，几度衰落，留下了无数的珍贵经验和惨痛教训。今天，虽然农业生产水平的发达程度已远非历史时期可比，人们对于农业生产客观规律的认识已有很大提高，但在具体的生产实践过程中，片面追求粮食生产量的增加幅度，破坏农业生态环境的事情时有发生。只有对历史时期农业环境的变迁规律进行系统的总结，才会在农业的现代化建设中少走弯路，才能避免悲剧的重演。

---

① 《经济问题与财政问题》，东北书店 1949 年版。

二 历史农业地理学的构成

历史农业地理学虽然是历史经济地理的一个组成部分，但仍可以划分为多种类型和层次。

众所周知，农业是一个庞大而又非常复杂的系统，按我国历史和习惯来分，有狭义农业和广义农业两种。所谓狭义农业，主要指粮食、蔬菜和经济作物的栽培或种植事业。而广义农业，除上述诸作物的种植业外，还包括与我国农业长期结合，相辅相成的林业、牧业、副业和渔业等。因此，历史农业地理的研究既可以是从古到今对整个农业地理作综合性的研究，又可以是就农业地理某一门类或某一专业、要素作专门性的研究。前者可以称为综合性历史农业地理，或简称历史农业地理，后者可以称为专题性历史农业地理。

农业与工矿业等其他生产活动相比，一个最为突出的特点是其受自然环境的制约特别明显，地域性特强。因此，除了对世界（或全国）历史农业地理作总体研究之外，还应根据不同的角度，研究各个地区的历史农业地理。就古为今用这一目的来说，地区历史农业地理甚至比全国历史农业地理占有更加突出、更加重要的地位。这里我们且不说我国海南省和黑龙江省的农业类型和作物种类存在多么大的差异，东部长江下游的农业景观与西部青藏高原上的农业景观有着天壤之别，即以相邻地区而言，秦岭以北的关中平原和以南的汉中谷地，由于气候的明显不一，两地的农业面貌，自古以来即大相径庭；还有同位于长江中下游的沿江平原和江南丘陵，由于地貌和水资源状况的不同，农业生产的发展方向、开发程度在历史时期也存在着显而易见的差异。只有对历史农业地理的这种区域特征进行深入的研究，才不至于使历史农业地理的研究在当前的农业现代化建设中失去直接指导作用。

说到区域历史农业地理，笔者还想强调两点：第一，区域历史农业地理不等于地区农业史。地区农业史可以解释成世界和一个国家部分地区的农业发展过程，是世界和一个国家农业历史的组成；而区域历史农业地理则是研究某一特定地区农业生产诸要素在历史时期的空间演化规律。前者偏重农业生产技术水平的演进，强调的是农业生产的社会属性一面；后者偏重农业生产空间分布的演化，强调的是农业生产的自然因素一面。第二，历史农业地理区域的划分，不一定要按照自然和环境条件来分，也可以以行政区域来作为研究范围。就前者而言，自然可以充分展示特定自然环境下的农业景观及其演化，但就更便于为现实服务而言，后者的优势也是显而易见的。农业生产是自然再生产和社会再生产相结合的过程，影响农业生产的因素既有自然方面的，也有社会方面的，而社会方面的因素无疑起着主导的作用。各个区域的农业生产都是由管辖该区域的行政机构来统一组织和管理的。行政区划不仅是历史的存在，将来也必定长期存在下去。以行政区域作为研究范围，不仅可以有效地探讨社会生产方式在农业生产布局中所起的作用，而且有利于更好地总结农业生产的经验和教训，为今后的农业生产服务。

历史农业地理与现代农业地理的一个显著不同，是所研究对象的时间跨度特别长。史念海先生认为，历史时期的断限，是上起新石器时期，下止于中华人民共和国建立之初。① 历史农业地理学作为历史地理学的分支学科之一，其断限自然与之相同。如此，历史农业地理学的时间跨度长达近万年。一万年来，不仅农业生产的政治、经济与社会环境发生了巨大的变化，气候、水文、土壤、植被等自然条件也有着程度不同的改变。对同一地区在不同历史时期、不同的自然环境和社会环境下的农业地理进行比较研究，固然重要，对某一时段的农业地理进行专门研究也必不可少。后者的研究成果是前者的研究基础，只有在对后者进行深入的研究之后，才能将不同时期的农业地理状况进行有效的比较。但两者又是不可互相替代的，前者的研究使历史农业地理在空间演化上的脉络更为清晰，后者的研究则使农业地理在时间交替中的结构状况更加细致。

除了以上研究之外，对于历史农业地理本身的理论研究也必不可少。中国的农业虽然历史悠久，但历史农业地理的研究还刚刚起步。对于历史农业地理学的学科性质、主要研究内容和研究方法等进行探讨，对于促进和繁荣历史农业地理的研究，丰富历史地理学的研究内容都有着非常重要的意义。

综上所述，历史农业地理学的学科结构可以用下图来概括：

---

① 《中国历史地理纲要》第一章"绪论"，山西人民出版社1991年版。

$$
历史农业地理
\begin{cases}
历史农业地理
\begin{cases}
世界（或全国）历史农业地理 \\
区域历史农业地理
\end{cases} \\
专题性历史农业地理
\begin{cases}
专题性世界（或全国）历史农业地理 \\
专题性区域历史农业地理
\end{cases} \\
历史农业地理学理论
\end{cases}
$$

三 历史农业地理学的研究方法

任何一门学科，其研究方法都包含有各门学科所共同遵守的哲学方法和该学科所独有的具体研究方法两个方面。如前所述，农业生产是自然再生产和社会再生产相结合的过程，影响农业生产的因素不但来自自然的方面，也来自社会的方面。进行历史农业地理的研究，必须坚持马克思主义全面的观点、发展的观点、具体问题具体分析的观点，既要看到历史农业地理现象产生的所有因素，又要分析其主导方面；不仅要表现出它在某一历史阶段的情况，而且要考虑其变化和规律；既不能只见树木，不见森林，否定其普遍性，又不能以偏概全，以点代面，忽视其特殊性。

对历史时期农业地理现象产生的各种因素进行综合分析是必要的。历史农业地理是历史时期各种因素相互作用、相互影响而形成的一个有机整体，只有对所有这些因素进行综合的比较性的评价，方能得出较为正确的结论。但这并不能否认各因素有主次之分，在不同的历史时期或不同的区域主次因素也有所不同。自然方面的因素对于农业地理的决定作用是很明显的。唯有如此，东部湿润地区与西北沙漠地带的农业结构才有迥然之别，平原地区与高山地带的农业特征才大相径庭。不过，就整个历史时期说来，农业地理在时间尺度上的演变，更主要的是受生产力发展水平的制约。长江中下游流域的土壤在《禹贡》中被称作涂泥，就土壤结构与物理性质来说，古今变化不是太大，但由于生产力水平的今非昔比，这里已不再是人人惧怕的烟瘴之地，涂泥也不再被看作是下下等土壤了。自六朝以后，这里就以鱼米之乡而著称全国，涂泥升为膏壤。与此同时，由于水利事业的发展，新的作物品种的不断培育，沙漠地区出现了一片片绿洲，高亢之地也有了水稻的种植。更明显的则是长江以南地区，由于生产力水平的提高，农业生产的潜在优势得以充分发挥，在全国的地位迅速上升，从而从根本上改变了我国农业生产的布局。当然，上面所说的是历史农业地理演化的一般规律，在不同的历史发展阶段和不同的地区不能一概而论。原始社会，生产力水平还很低下，人是自然界的奴隶，农业生产只能集中在一些河流两岸的冲积平原上；到了封建社会，生产力水平逐渐提高，人们利用自然和改造自然的能力也逐渐加强，宋元时期，圩田、葑田、涂田、梯田的大规模出现，使一些昔日人们想都未想过要去开垦的荒凉地带也种上了庄稼。水稻的古今产地曾有较大的变化，历史上水稻种植的北界从未越过阴山——燕山山脉一线，但今天则已达到了三江平原。然而，在阴山——燕山山脉以南，影响水稻的分布主要是水量状况，在以北地区则主要受热量的制约。由于元明统治者的极力推广，棉花种植在这一时期取得了重大成就，但今天著名的商品棉基地之一的苏皖淮北平原在明代棉花的种植并不是很多，而位于长江下游三角洲的太湖平原则成为当时著名的棉花和棉制品产地，这与当时两地的社会环境有很大关系。淮北平原灾害频繁，差役繁重，商品经济落后，自给自足的封建小农经济占主导地位，农民自然不会利用全部土地来种植棉花；太湖流域则城镇繁荣，商品流通和交换非常频繁，当地赋税的繁重自然促使农民生产一些经济价值高的农产品，棉花的种植也因而不断扩大。就是在同一太湖流域，棉花的遭遇也不相同，太湖东北部沿海地带棉花种植尤多，嘉定、太仓等地棉花种植面积几达农田的十分之九，但太湖东南湖州、嘉兴等地却棉花种植甚少，而以蚕桑业发达闻名于世，这自然是受两地土壤的理化性质不同的影响了。

影响农业地理的社会因素时时处于变化之中，这是人人皆知的事实；影响农业地理的自然环境在历史时期也发生过程度不同的变化，也已为历史自然地理的研究成果所证明。研究历史农业地理，对于这两个方面的变化自然都应给以充分的注意，但大多数研究者在进行具体研究时，对社会因素的变化往往注意较多，对自然条件的变化则考虑较少，甚至常常用现代的自然状况来说明历史时期农业生产的背景，当然也就很难得出比较精确的结论。究其原因，一方面是由于这些研究者在思想上还没有彻底接受事物是在不断发展变化的这一观点，另一方面与当前历史自然地理学的研究还不够深入、全面有关。因此，要解决这个问题，除了自觉运用辩证唯物主义的有关原理外，还应加强对历史自然地理的研究。

历史农业地理研究的是历史时期的农业现象，这些现象保存至今的微乎其微，大都散见于史籍的记载之中，因而搜集和整理这些历史资料就成为研究历史农业地理的主要手段。

农业地理是近世才引进的概念，在我国历史时期并没有留下系统而又集中的农业地理方面的资料，有关农业生产方面的内容散见于经史子集、方志谱牒等各种史籍之中，这就要求历史农业地理研究者既有认真的负责精神，又有坚强的毅力和耐心，在研究历史农业地理之前，必须尽可能地占有全部的资料，然后动用各种方法，进行去粗取精、去伪存真的分析过程。必须指出，这种看似简单、实则繁重的整理和分析史料的过程是至关重要的，引用史料的真伪与否直接关系着结论的正确与否。由于古今的认识水平、注意重点的不同，史料的含义也有相当大的差别。众所周知，我国史籍中对于人口和田地的记载最为系统而详细，在世界上罕有其匹。但这些数字是否真正地反映了当时实际的人口数量和垦田情况，很难一概而论。至少宋代的人口数字是指 16 岁以上、60 岁以下的壮年男子数，即丁数，而非全部人口数；明清二代的大多数人口数和田地数仅仅是税额单位，而非实际人口数和垦田数，其数量状况与实际情况并不存在固定的比例关系，已得到大多数学者的赞同。因此，研究当时的农业地理时，就不能再用这些数字来说明问题，而只能通过其他途径来加以解决。不知其错而加以误用尚可原宥，明知其错而强以为用则是缺乏最起码的科研道德了。

与其他自然学科不同，历史农业地理学由于其研究对象的特殊性，成为一门综合性非常强的学科，与历史学、地理学、经济学、农学都有很大的关联。如果历史农业地理学的研究者们不懂得地理学、经济学、农学等学科的一些规律和原理，也就无法解决具体研究过程中出现的一些问题。因此，一切有关历史的、地理的、经济的、农学的以及历史地理学的研究方法也都需要我们去学习、去掌握。

（原文发表于《陕西师范大学学报（哲学社会科学版）》1994 年第 3 期）

关于中国历史农业地理研究的几点思考

　　20 世纪的最后二十年，可以说是中国历史农业地理研究辉煌的二十年。二十年中，以史念海教授为首的陕西师范大学历史地理研究所的研究人员集中精力对中国历史农业地理进行了全面而系统的研究，取得了举世瞩目的成就；历史地理学界的其他同仁在专心从事各自领域研究的同时，对中国历史农业地理学的许多方面也进行了非常深入的研究。中国历史农业地理的时空变化过程从来没有像今天这样清楚。面对新世纪科学发展和国家经济建设的需要，有必要对过去的研究进行总结，对学科今后的发展方向和研究重点作一番探讨。在此，笔者不揣谫陋，想就中国历史农业地理研究的地位、既有的成绩和不足、中国历史农业地理学今后的研究重点等方面提出几点看法，不当之处，请各位专家批评指正。

一　中国历史农业地理研究的重要地位

　　历史农业地理学是研究历史时期农业生产诸要素的地域分布及其相互间作用、变化、发展规律的科学。从学科结构来说，历史农业地理学应该属于历史经济地理学的一个分支，是历史地理学下属的一个三级分支学科，但它的地位却很重要。

　　首先，中国历史农业地理的重要地位是由农业在我国经济发展过程中的重要地位决定的。我国自古就是一个以农立国的国家，农业经济在整个社会经济生活中占有特别重要的地位，农业的发展不仅关系到农民生活水平的提高，而且直接影响到整个国民经济的发展和社会的安定。早在洪荒时代，炎帝就因教民耕耘而被尊称为神农氏，黄帝作为中华民族的始祖，其功德最为昭彰者也不外乎是"顺四时之宜，播种百谷草木"。纵观我国历史，没有哪一个朝代不是将奖励农桑，发展农业生产放在首要地位；我国的史书，也历来将农田垦殖、水利建设、农作物分布等与农业生产有关的材料作为一个不可缺少的内容加以记载。即使是在工业化程度相当发达的今天，农业在我国的基础地位仍然不可动摇，农业和农村经济的发展不仅关系到广大农村地区人民生活的温饱问题，同时也是制约整个国民经济发展的一个关键性因素。要发展农业，提高农村经济水平，需要各个学科从不同的侧面进行研究，历史地理学者当然也不能例外，也必须肩负起这个责任，充分发挥历史地理学的特长，从历史地理学的角度对中国农业的发展历史进行总结，为我国农业的进一步发展提供合理的意见和建议。

其次，中国历史农业地理研究是中国历史地理其他分支学科研究的基础。华夏传统文明从本质上来说是一种以农耕为基础的文明，中国历史在很大程度上也可以说是一部农业发展史和农民活动史，中国历史发展的方方面面无一不与农业生产和农民活动有着千丝万缕的联系。要全面而合理地理解中国历史，首先必须深入了解中国农业的发展史和农民活动史。同样，以研究人地关系的发展过程及其规律作为中心内容的历史地理学，无论是中国历史自然地理研究，还是中国历史人文地理研究，都不能无视农业生产和农民活动的地域性差异及其对地理环境的影响。只有在深入了解中国历史农业地理的发展过程和特点的基础上，才能深入了解中国历史地理其他分支学科的发展过程和特点。

再次，中国历史农业地理研究是现实发展的迫切需要。人口、自然、环境问题是当今世界普遍关注的三大主题，由于研究对象的同一性，环境变迁问题已成为历史地理学研究的一个重要内容。随着环境问题越来越受到人们的重视，环境变迁研究在历史地理研究中的地位将会不断提高。我国自古就是农耕国家，人类活动对环境变迁的影响主要是指农业垦殖活动对环境变迁的影响。因此，要充分认识中国的环境变迁问题，首先要弄清我国古代农业生产对环境的影响，而实际上这也正是中国历史农业地理所要研究的一个重要内容。

基于上述三点认识，笔者认为，对中国历史农业地理的研究，将越来越受到人们的重视。

二　既有的成绩和不足

对中国历史农业地理的系统研究应该始于 20 世纪 80 年代初《中华人民共和国国家地图集·历史农牧业图》的编绘需要。1982 年，中国社会科学院开始组织一批学者编绘一部大型的《中华人民共和国国家历史地图集》，由著名历史地理学家谭其骧先生任主编，内容包括自然地理和人文地理各个方面。属于人文地理方面的，有疆域政区、农牧业、手工业、矿业、城市分布和规制、民族分布和迁移、人口分布、宗教、人才分布等图组。其中的农牧业图组即由史念海先生为首的陕西师范大学历史地理研究所承担。为配合图幅的编绘，高质量地完成图幅的编绘任务，史念海先生组织人力按时期分地区对中国历史农业地理进行了全面、系统、详细的研究。[①] 在史念海先生的指导下先后有 11 名硕士研究生以历史农业地理为题完成了硕士毕业论文，15 位博士研究生以历史农业地理为题完成了博士学位论文。迄今为止，公开出版的历史农业地理学著作共达 13 部，分别是郭声波的《四川历史农业地理》（四川人民出版社 1993 年版）、韩茂莉的《宋代农业地理》（山西古籍出版社 1993 年版）和《辽金农业地理》（社会科学文献出版社 1999 年版）、龚胜生的《清代两湖农业地理》（华中师范大学出版社 1996 年版）、吴宏岐的《元代农业地理》（西安地图出版社 1997 年版）、陈国生的《明代云贵川农业地理研究》（西南师范大学出版社 1997 年版）、耿占军的《清代陕西农业地理研究》（西北大学出版社 1997 年版）、周宏伟的《清代两广农业地理》（湖南教育出版社 1998 年版）、马雪芹的《明清河南农业地理》（台湾洪叶文化出版公司 1998 年版）、萧正洪的《环境与技术选择——清代中国西部地区农业技术地理研究》（中国社会科学出版社 1998 年版）、李心纯的《黄河流域与绿色文明——明代山西河北的农业生态环境》（人民出版社 1999 年版）、王社教的《苏皖浙赣地区明代农业地理研究》（陕西师范大学出版社 1999 年版）、李令福的《明清山东农业地理》（台湾五南图书出版公司 2000 年

---

① 谭其骧：《积极开展历史人文地理研究》，《中国历史地理论丛》1991 年第 1 辑；史念海：《〈清代两湖农业地理〉序》，《中国历史地理论丛》1994 年第 4 辑。

版），其中 11 部都是在博士学位论文的基础上修改而成，1 部是在硕士学位论文的基础上修改而成的。仅就出版的著作而言，中国历史地理学恐怕还没有其他分支学科可与之相比。与此同时，广大研究者还分别在《中国历史地理论丛》《中国农史》《历史地理》等学术刊物上发表了数以百计的有关历史农业地理的论文。由此可见，在这近二十年中，中国历史农业地理研究所取得的成就确实是非常巨大的。

从已出版的著作和发表的论文来看，中国历史农业地理研究所涉及的内容非常广泛，诸如农牧区域的变迁、农牧界线的位移、农作物的构成及地域分布、农业生产的区域差异、农业技术与环境之关系、农业生产对环境的影响，等等，都有人进行过探讨。通过这些研究，我们对历史时期农业开发的进程、农牧区域的变迁有了非常清楚的了解，对历史时期农作物的构成及其地域分布、农业生产的区域差异有了比较可靠的认识，对历史时期农业开发与地理环境之间的关系也有了一定程度的理解。不过，虽然所取得的成绩很大，但与我国历史农业地理研究的目标仍相差较远，存在的不足也非常明显。这些不足主要表现在：

1. 研究内容不够全面，轻重失衡。

就研究时段而言，研究者多把注意力集中在宋元明清时期，对唐以前及近代研究不多。以业已出版的著作为例，除了郭声波的《四川历史农业地理》是通论性的著作外，其余 12 部都是宋元以后的，尤其是明清时期的。以发表的论文来说，1988—1995 年所发表的有关历史农业地理文章中，[①]唐以前虽然占有较大比重，但仍不能与宋元明清时期相比，而有关民国时期的文章更属凤毛麟角。其中的原因固然是明清时期资料比较丰富，地位也比较重要，但从历史地理学的学科性质而言，唐以前的情况也必须弄清楚，否则就很难科学地总结中国历史农业地理的演变规律。特别是民国时期，虽然时间很短，但因年代较近，是中国农业生产由古代发展到近代的桥梁，更应重点研究。

在研究地域上，也有失衡的现象。大多数学者将注意力集中在东部地

---

① 见史先智《国内历史地理论著索引》，分别载于《中国历史地理论丛》1989 年第 4 辑、1990 年第 3 辑、1993 年第 1 辑、1994 年第 2 辑、1995 年第 1 辑、1996 年第 1 辑、1996 年第 4 辑。

区，对西部内陆地区进行研究的则不是很多。在已出版的历史农业地理著作中，属于西部地区的有郭声波的《四川历史农业地理》、萧正洪的《环境与技术选择——清代中国西部地区农业技术地理研究》、陈国生的《明代云贵川农业地理研究》、耿占军的《清代陕西农业地理研究》，此外韩茂莉的《宋代农业地理》和《辽金农业地理》、吴宏岐的《元代农业地理》作为全国范围内的历史农业地理论著，对西部地区也有论述，从数量上来看几乎与东部地区不差上下，但相对于西部地区广袤的地域和恶劣的生态环境而言则显得不足，尤其是新疆、西藏、青海、内蒙古等广大地区，目前还缺少系统的专门研究。

在研究对象上，偏于土地开发和种植业，对牧业、林业很少涉及，对种植制度、农业技术也较少注意。目前出版的历史农业地理著作大部分都把主要精力放在土地垦殖过程和农作物的构成及其分布上，从农、林、牧、副、渔五业整体角度来探讨历史农业地理的仅有郭声波的《四川历史农业地理》，此外像韩茂莉的《宋代农业地理》和《辽金农业地理》、吴宏岐的《元代农业地理》，对当时的牧业状况虽然也有研究，但显然不是研究的主要方面，其他著作则对此几乎没有涉及。对于种植制度和农业技术的研究，虽然大部分研究者在行文中有所提及，但并未展开论述，只有萧正洪的《环境与技术选择——清代中国西部地区农业技术地理研究》和郭声波的《四川历史农业地理》对此作了详细研究。

2. 理论探讨不深入，大多停留在农业地理景观的复原上，对历史时期农业地理景观的差异、变迁及其原因重视不够，缺少有分量的论述，对中国历史农业地理景观的差异、特征缺少探讨。

应该说，大多数研究者对历史农业地理理论还是比较关注的，在考察农业地理景观的变化时也注意分析变化的原因，只是有分量的论述很少，大多重复前人的套话，很少有自己独立的见解，有些结论似乎放在任何时期、任何区域都合适。

3. 有些研究水平不高，对既有的相关学科的科研成果重视不够，对有关材料缺少必要的考证和分析，堆砌和罗列材料的现象比较严重。

历史农业地理研究的是历史时期的农业现象，因而对于材料的考证和分析显得尤为重要，对历史材料的正确理解和运用实际上是所得结论正确与否的基本前提，但有些研究者对此似乎并不在意。比如说明清时期的人口和田地数字问题，目前史学界几乎一致的看法是并不全都能反映当时的实际情况，但有些研究者仍然是将这些材料拿来就用，不分析这些材料的真实含义及其与实际情况的关系，其所得结论的可靠性、科学性就很令人怀疑。甚至还有研究者用清代后期乃至民国时期的材料来说明几百年前明代中期的农业生产情况，则是根本不懂得历史研究。

研究历史农业地理不仅要懂得运用历史学和地理学的有关理论和方法，对于农学、经济学、社会学等学科的理论、方法和研究成果也应有清楚的了解。因为农业是一个自然再生产和社会再生产相结合的过程，农业景观的形成，是自然因素和社会因素综合作用的结果。但不少研究者在这方面的修养不够，只能堆砌和罗列一些材料，缺少深度分析，缺少理论总结，看起来材料丰富，实际上没有自己的观点。

三　今后努力的方向

21 世纪是知识经济的时代，尽管这一提法不一定准确，但在即将到来的这个世纪，作为社会主体的人在人地关系中所处的地位无疑越来越重要，是人地关系系统中的主体方面。对人地关系系统中人这一方面的研究，已成为西方地理学研究的一个重要内容，[①] 作为历史地理学分支的历史农业地理学当然也应该对此多加重视。同时，任何一门学科要获得永久的繁荣，除了自身的理论建设外，还必须时刻坚持为现实服务的宗旨，根据国家经济和文化建设的需要及时调整自己的研究方向和研究重点。基于以上两点，笔者认为，中国历史农业地理研究今后应在以下几个方面多做努力：

1. 加强农、林、牧、副、渔各业的综合整体研究。农牧结合、耕织结合是我国农业发展的一个最显著特点，农、林、牧、副、渔在我国农村经济构成中虽然各有轻重，但却是一个有机的整体，从来都是相辅相成的。在研究我国的历史农业地理时，就不应人为地将其割裂开来，只研究其中的一个方面，忽视其他各业的存在，而应将其放在一起整体地进行系统研究，对农、林、牧、副、渔各业在整个农村经济结构中的演变及其影

---

① ［英］R. J. 约翰斯顿：《地理学与地理学家》，唐晓峰等译，商务印书馆 1994 年版。

响进行探讨。只有这样，才能全面准确地理解我国历史农业地理发展的真正规律，避免以偏概全、只见树木、不见森林的错误，为我国农业的全面发展提供参考。

2. 积极开展对西部内陆地区，尤其是环境脆弱地带农业生产特征及其影响的研究，寻求一种既能促进当地经济发展又能保持生态平衡的农业经营模式。中国西部地区地域广大，环境问题比较严重，在历史时期，曾经有过多次农牧进退和经济文化的兴衰，人类活动对自然环境的影响以及地理环境对人类活动的制约作用比其他地区表现得更为明显，也更具典型性。现在，正逢国家实施西部大开发战略，如何在西部大开发过程中既能促进当地经济的迅速发展，又能保护当地的自然环境，是一个迫切需要解决的问题。如果一味强调开发而忽视生态环境的保护，必然给西部地区带来一次更为严重的生态灾难，最终使西部广大地区更加贫穷落后；而如果片面强调环境保护，不顾西部地区地理环境存在的地域差异，一味强调退耕还林，改农为牧，也必然是对西部地区自然资源的一次巨大浪费，最终影响西部地区的开发进程。历史地理学者应该在这方面有所作为，进一步开展对西部地区经济开发与环境变迁，尤其是土地利用变迁及其对环境影响的研究，探讨西部不同地区特殊地理环境下土地利用与自然环境之间的关系，寻求一种既能促进当地经济发展，又能保持生态平衡的农业经营模式，为西部大开发提供具体的意见和建议。

3. 重视区域农民特征和农村社会特征等主体因素在中国历史农业地理演变过程中的作用。中国历史农业地理的演变，可以概括为两大系统的共同作用，一为自然因素系统，一为人文因素系统。因为自然地理现象的变化比较缓慢，而人文地理现象的变化和发展比较迅速，因此在这两大系统之中，人文因素对中国历史农业地理演变的作用更为明显。比如由于农牧民族实力的消长，会导致农牧界线的明显进退；国家经济政策的调整，会导致不同地区农业发展进程的缓慢，各种农作物种植区域的变化；种植技术的改进和推广，会导致不同地区农业生产景观的差异；人们饮食和文化心理的不同，会影响各地农业种植结构的差异；等等。可以说社会人文因素的任何一个方面，包括国家的政治、经济政策，农民的知识水平和心理特征，农村社会的组织结构等，都对中国历史农业地理有着深刻的影响。过去的研究对这些影响虽然有一定的认识，但研究得不够深入，今后不仅要加强这方面的宏观研究，还要对具体地区作具体的分析，正确评价各种人文因素在中国历史农业地理演变过程中的作用，为力图从根本上改变人在人地关系发展过程中的被动状态，充分发挥人类社会的主体能动角色，为我国农业经济的持续永久发展提供借鉴。

4. 注意中国历史农业地理演变规律的总结和研究成果的推广和运用。中国历史农业地理研究的最终目的是要总结中国历史地理演变的规律，为我国农业生产的可持续发展提供参考和建议。但过去对这两方面的研究却远远不够，尤其是研究成果的运用方面，虽然所取得的成就很大，但还仅仅是停留在学术研究方面，并没有受到有关政府决策部门的重视，产生出应有的社会效果，更不用说将研究成果转化为知识灌输到农业生产的直接责任者——广大农民的头脑中去，使之变成自觉的行动。建议以后多加强对研究成果的宣传，加强与政府决策部门的联系，根据政府决策部门的实际需要开展研究，多出一些既有较高的理论水平、又有较强的可读性的研究成果。

（原文发表于复旦大学历史地理研究中心编《面向新世纪的中国历史地理学——2000 年国际中国历史地理学术讨论会论文集》，齐鲁书社 2001 年版）

论历史乡村地理学研究

　　乡村地理学是探讨乡村地区的经济、社会、人口、聚落、文化、资源利用及环境问题的空间变化的学科，是人文地理学的分支学科之一。我国是一个农业大国，农业、农村和农民问题在社会经济生活中占有突出的地位，特别是20世纪80年代以来，随着我国改革的不断深入和经济的飞速发展，乡村政治、经济、社会和文化等都在发生着深刻的变化，产生了众多的新情况和新问题，迫使不同学科的学者从各个侧面对其进行审视和研究，乡村地理学研究也因而得到许多地理学家的重视，乡村地理学研究的内容、方法、成果都在不断扩大和丰富。但是，作为和现代地理学研究对象相一致但研究时段要早于现代地理学的历史地理学，乡村地理学的研究却还没有得到应有的重视，甚至在历史地理学界还没有正式提到"历史乡村地理学"这样一个学科概念。这与乡村在我国历史发展过程中的重要地位极不相称，也与社会学、经济学等其他社会科学对乡村问题的关注极不相称。2005年10月，党的十六届五中全会通过的《中共中央关于制定国民经济和社会发展第十一个五年规划的建议》，正式提出了建设社会主义新农村的重大历史任务。2006年2月21日，中共中央又以一号文件的形式全文发布了《中共中央国务院关于推进社会主义新农村建设的若干意见》，要求在"十一五"时期，必须抓住机遇，加快改变农村经济社会发展滞后的局面，扎实稳步推进社会主义新农村建设。随之在2006年3月召开的第十届全国人民代表大会第四次会议上，将建设社会主义新农村正式确定为"十一五"计划的一项重要任务。可以说，历史乡村地理的研究面临一次难得的历史机遇，必将得到越来越多的研究者重视。为了促进历史乡村地理学研究，使之更好地为现实社会经济建设服务，有必要对相关的一些概念和理论问题进行探讨。

一　乡村和乡村地理学研究

乡村是和城市相对应的一种地域概念，内涵十分丰富，不同的国家，不同的部门，不同的研究者和使用者，有不同的定义。如原西德和法国把居住人口在 2000 人以下、美国把居住人口在 2500 人以下的居民点列为乡村。很明显，这里的乡村是指乡村居民点，其划分的标准是居民点的居住人口规模。在我国，根据国家统计局 2006 年 3 月印发的《关于统计上划分城乡的暂行规定》，我国的乡村是指该规定划定的城镇以外的其他区域，亦即在我国市镇建制和行政区划的基础上，经该规定划定的以下 5 种地域以外的区域：（1）街道办事处所辖的居民委员会地域；（2）城市公共设施、居住设施等连接到的其他居民委员会地域和村民委员会地域；（3）镇所辖的居民委员会地域；（4）镇的公共设施、居住设施等连接到的村民委员会地域；（5）常住人口在 3000 人以上独立的工矿区、开发区、科研单位、大专院校、农场、林场等特殊区域。无疑，这里的乡村是一个地域概念，其划分的主要依据是行政建制。地理学上的乡村概念与此有所不同，虽然也是地域概念，但不是简单的行政上的地域概念，而是一种地域类型或地域系统，是指以乡村居民点为中心，在地理景观、社会组织、经济结构、土地利用、生活方式等方面都与城市有明显差异的一种区域综合体。英国著名地理学家 R. J. 约翰斯顿主编的《人文地理学词典》是这样解释乡村的："乡村是指具有大面积的农业或林业土地利用，或有大量的各种未开发的土地的地区；乡村包含小规模的、无秩序分布的村落，其建筑物与周围的广阔的景观有强烈的依存关系，并且多数居民也将其视为乡村；同时，乡村也被认为产生了一种以基于对环境的尊敬和作为广阔景观的一部分的一致认同为特征的生活方式。""乡村地区的范围和定义是极易变化的，从仍然是功能上定义的乡村地区到那些靠近城市中心更近的地区。"① 我国地理学家郭焕成认为："乡村也称农村。由于我国农村产业结构和人口就业结构发生变化，农村不仅从事农业，而且还从事非

---

① ［英］R. J. 约翰斯顿主编：《人文地理学词典》，柴彦威等译，商务印书馆 2004 年版，第 622 页。

农业，因此称乡村更合适。""乡村的完整概念，应是以居民点为中心、与周围地区相联系的区域综合体，也称乡村地域系统。在我国，乡村的范围一般是指县城以下的广大地区，包括乡镇、村庄及其所辖的行政区域。县城是一个县的政治、经济中心，县城具有乡村的某些特点，也具有城市的某些特点，是城乡的结合部，乡村之首、城市之尾。如果考虑到县城对乡村的领导及县城直接和间接为乡村提供服务，县城也应划在乡村范围之内。"①

乡村既是一种地域概念，也是一种历史概念，不仅因所规定的内涵不同导致其外延有别，在不同的历史发展阶段，其所指的地域范围也有变化。乡村和城市的区分是社会经济发展到一定阶段的产物，随着社会生产力的不断进步，城市地域不断扩展，乡村范围渐趋收缩。另一方面，城市由乡村而生，城市的发展依赖于乡村的发展，二者之间有着千丝万缕的联系。因此，在研究乡村地理时，不能局限于现在的乡村范畴，应从历史实际出发，针对不同的问题确定不同的研究地域范围。就历史乡村地理研究而言，主要是研究历史时期的乡村地理现象，总结其地域系统内部诸要素之间及其与外部地域系统之间的相互关系和作用规律，而我国历史时期的城市地位又极其微弱，除少数大的中心城市外，府县以下的城市实际上只是周围乡村地域范围内的一个特殊的居民点，因此，将其研究地域范围扩大到少数中心城市城圈范围外的广大地域是合适的。也就是说，历史乡村地理学研究的乡村，应该是指历史上少数中心城市城圈范围外的广大地域，包括县城及部分的府城。

乡村地理学的研究起源很早，20世纪初，法国地理学者维达尔·白兰士及其学生德芒戎、白吕纳等做了大量有关乡村地理论题的研究工作，他们用历史的方法研究农村聚落的类型、分布演变及其与农业生产系统的关系。其研究成果反映在白吕纳的《人地学原理》一书中。后来，德国地理学家韦伯、奥特伦巴等也开展了乡村地理研究，主要研究了乡村田块形态、道路、农舍、聚落以及农业活动所引起和制约的乡村景观或文化景观问题。第二次世界大战以后，世界各国城市化进程加快，使乡村经济结构发生了新的变化，乡村商品农业、工业以及为城市服务的行业较快地发

---

① 郭焕成主编：《黄淮海地区乡村地理》，河北科学技术出版社1991年版，第4页。

展起来。乡村的这一变化引起了地理学家的极大兴趣，从而促进了乡村地理学研究的繁荣。许多国家成立了专门的乡村地理学研究的组织和机构，从事各种乡村地理专题的研究，国际地理联合会也于 1976 年成立了乡村地理委员会，组织世界各国广泛开展乡村地理研究。有关乡村地理研究的出版物大量增长，乡村地理学的研究领域不断拓展，不仅有乡村地理学理论方面的研究和总结，其具体研究内容也几乎涉及乡村社会经济现象的各个方面，如农业、非农业活动，休闲与旅游，乡村的环境，人口，聚落，基础结构，健康与福利，乡村发展与规划等。[1]

乡村地理学在我国的研究始于 20 世纪 30 年代，当时主要集中在乡村聚落和土地利用方面。新中国成立后到 70 年代末期，由于客观原因，我国地理学者把对乡村的研究简单化成对农业的研究，并且主要集中在农业生产领域，如农业资源调查、农业地理调查、农业区划等。80 年代以来，随着乡村经济的全面发展和农村社会的变迁，我国乡村地理学的研究开始得到发展。这一时期的主要研究内容大致可以分为基础理论研究、土地利用研究、乡村经济研究、乡村聚落研究、乡村城市化研究、乡村景观研究、乡村文化研究、乡村空间研究八个方面。不仅对传统领域的研究有所加深，并且把范围拓展到乡村的社会、文化、景观及农户行为等多个层面，研究成果十分丰富。[2]

"为了全面地说明问题，人文地理学不能局限于只考虑事物的现状。它必须设想现象的发展，追溯过去，也就是求助于历史。""研究过去，对于人文地理学现象的解释是必要的。"[3] 研究现实的乡村地理，离不开对历史乡村地理的研究，科学解释现实的乡村地理现象，必须追溯乡村地理发展的历史。从乡村地理学的发展来看，其起源是从研究历史乡村地理开始的，如白吕纳、德芒戎等主要是用历史的方法研究农村聚落的类型、分布演变及其与农业生产系统的关系。此后，对于历史乡村地理的研究一

---

① 郭焕成主编：《黄淮海地区乡村地理》，第 6—7 页；张小林、盛明：《中国乡村地理学研究的重新定向》，《人文地理》2002 年第 17 卷第 1 期，第 81—84 页。

② 周心琴、张小林：《1990 年以来中国乡村地理学研究进展》，《人文地理》2005 年第 5 期，第 8—12 页。

③ ［法］阿·德芒戎：《人文地理学问题》，葛以德译，商务印书馆 1993 年版，第 11—13 页。

直是西方历史地理学,甚至是人文地理学研究的一个重要领域。1976 年英国地理学协会的历史地理学专业小组登记的会员 529 人,大约五分之二会员的研究兴趣是乡村,五分之一是城市,十分之一是社会。法国地理学者对乡村景观演变的研究,以及对形成乡村景观之社会及经济过程的研究,著作很丰富,对照之下,有关其他方面的研究却极少。[①] 根据对英国出版的国际《历史地理学杂志》刊载文章的统计,1975—1997 年共刊载404 篇专题论文,与乡村地理有关的专题如土地和土地利用、农业和畜牧业、乡村与区域社会地理、区域聚落等共 91 篇,[②] 超过五分之一,加上社会、人口、景观等专题中涉及乡村地理的论文,则占四分之一。

国内有关历史乡村地理的研究也时有所见,根据目前国内定期连续出版的两大历史地理专业性学术刊物《中国历史地理论丛》和《历史地理》所刊载的专题论文的统计,《中国历史地理论丛》发表的有关历史乡村地理方面的专题论文约有 180 余篇,《历史地理》约有 30 篇。但历史乡村地理的研究还处于初始阶段,对于它的研究对象、研究内容、研究方法及理论这些基础问题还未进行过探讨,甚至还未明确提出“历史乡村地理”这一学科概念,相关的研究除历史乡村聚落研究、历史农业地理研究(包括农业垦殖、农田水利、农牧构成和农作物分布等)等论题外,其他方面的研究还很少见。

二　历史乡村地理学的研究对象和主要研究内容

对于乡村地理学的研究对象,学者之间的看法有所不同。如 H. D. 克路特认为“农村地理学是研究作为多种要素(包括自然、社会、经济、人文等)构成的乡村区域所发生的社会、经济、土地利用及空间变化”,而把重点放在乡村的需求上(如食物生产、制造业、居住、交通、集水、休憩、自然保护、军事需求、矿产开采等)。[③] 帕辛则坚持当代乡村地理

---

① 姜道章:《历史地理学》,台北三民书局 2004 年版,第 152、175 页。

② 阙维民:《历史地理学的观念:叙述、复原、构想》,浙江大学出版社 2000 年版,第 18页。

③ Hugh・D・Clout, *Rural geography: an Introductory*. Oxford: Pergamon, 1972.

学是一个与地理学内部各分支学科，与一系列经济学、社会学、政治和规划等相关领域紧密相关的学科，主要集中于一系列经济、社会和政治过程对乡村的作用及其效应。[①] 陈兴中等认为："乡村地理学是研究乡村地域综合体的人地关系的一门科学。乡村地理学研究的地域，是一种类型地域，是包含政治、经济、聚落、人口、文化和环境各方面有机组成的一类综合体。乡村地理学从整体上，从人与环境普遍关系上研究乡村地域系统的演变过程、演变机制和空间变化的普遍规律。"他认为乡村地理学主要的研究内容包括九个方面，即：（1）乡村地域类型的划分；（2）乡村资源与产业结构；（3）乡村农业发展布局；（4）乡村非农产业的发展布局；（5）乡村的能源与交通；（6）乡村居民点布局及集镇建设；（7）乡村人口及农业剩余劳动力转移；（8）协调乡村的人地关系；（9）乡村社会经济发展战略。[②] 金其铭也认为，乡村地理学就是以乡村地区作为研究对象，以协调乡村人地关系为核心，主要研究内容包括乡村聚落、土地利用、经济、文化、人口与城市化、社区、景观、规划和发展等。[③] 郭焕成认为："乡村地理学是研究乡村范围内人文经济活动与地理环境相互关系的一门科学。它是从区域的角度，着重研究乡村地区经济、社会、人文、资源与景观的形成条件、基本特征、地域结构、相互联系及其时空变化规律。在地理科学体系中，它应属于人文地理学的一个分支学科。乡村地理学既不是一般的部门地理学，也不是一般的区域地理学，而是具有较强的区域性、综合性和社会性特点的区域综合人文地理学。在人文地理科学体系中，应与经济地理学、人口地理学、文化地理学、政治地理学处于同级的地位。"他根据我国乡村特点，参考国外经验，对我国乡村地理学的研究内容作了探讨，认为主要内容应包括以下几点：（1）乡村资源综合评价和开发利用研究；（2）乡村经济结构和地域布局研究；（3）乡村人口职业构成与劳动力转移规律研究；（4）乡村聚落布局与乡村城镇化研究；（5）乡村地域类型与功能分区研究；（6）乡村景观与生态环境的研究；

① Michael Pacione, *Rural Geography*, USA: Harper & Row, 1984.

② 陈兴中、周介铭：《中国乡村地理》，四川科学技术出版社1989年版，第14—18页。

③ 金其铭、董昕、张小林：《乡村地理学》，江苏教育出版社1990年版，第1—8页。

（7）乡村总体规划与国土整治研究。[①] 张小林等则着重强调了乡村地理学研究与相关学科的区别，认为"乡村地理学侧重于从地域分布、空间的观点分析乡村的各种问题"，"乡村地理学要以乡村社会经济变迁为主线，探讨空间结构模式及其规律"。他认为乡村地理学研究的内容主要有四个方面：（1）乡村空间系统的结构研究；（2）乡村空间系统的功能研究；（3）乡村空间系统的过程研究；（4）乡村空间系统演变的动力研究。[②]

尽管存在上述差异，但在本质上是一致的，即作为人文地理学的分支学科之一，乡村地理学是探讨乡村地区的经济、社会、人口、聚落、资源利用及环境问题的空间变化的一门区域性和综合性很强的学科。

众所周知，历史地理学是研究历史时期的地理现象及其变化规律，是现代地理学的研究对象在时间上的向前延伸。作为历史地理学的分支学科，历史乡村地理学的研究对象和研究内容也应与现代乡村地理学的研究对象和研究内容一致，只是在时间上有所不同而已。也就是说，历史乡村地理是研究历史时期乡村地区的经济、社会、人口、聚落、文化、资源利用及环境问题的空间变化的学科，是历史人文地理学的分支学科之一，其研究目的是总结历史时期乡村地域系统内部诸要素之间及与外部地域系统之间的相互关系和作用规律，为现实乡村建设和和谐发展服务，它既不是一般的部门历史地理学，也不是一般的区域历史地理学，而是一门区域性和综合性很强的历史人文地理学分支。

虽然如此，由于历史乡村地理研究的历史特点，历史乡村地理的研究更应着重从较长时段上分析乡村地域综合体演变的过程及其规律，乡村资源的综合评价和开发利用以及乡村发展规划研究应不是其主要内容。结合我国农村历史发展的特点和历史文献记载的具体情况，我国历史乡村地理学研究的内容主要应该包括以下几个方面：（1）历史时期乡村经济结构的变化。包括产业结构（农业、林业、畜牧业、饲养业、手工业和农村副业等的构成）、土地利用（土地占有情况、土地构成情况）、种植业结构、经济交往空间（农村集市发展与集市布局）的变化过程及原因和特

① 郭焕成主编：《黄淮海地区乡村地理》，河北科学技术出版社 1991 年版，第 5—9 页。

② 张小林、盛明：《中国乡村地理学研究的重新定向》，《人文地理》2002 年第 17 卷第 1 期，第 81—84 页。

点分析。（2）历史时期乡村社会结构的变化。包括人口数量、人口构成（职业构成、阶级构成等）、人口流动（人口移动、劳动力转移）、乡村组织和乡村管理的区域特征、乡村社会活动和交往空间的变化过程及原因和特点分析。（3）历史时期乡村聚落结构的变化。包括聚落类型、聚落布局、乡村聚落的城镇化的变化过程及原因和特点分析。（4）乡村地域系统内部诸要素之间的关系和作用规律。包括乡村地域类型和功能分区、乡村居民的生产和生活活动与自然环境之间的关系分析。（5）乡村地域系统与外部地域系统之间的关系和作用规律。主要包括乡村地域系统与城市地域系统之间在政治、经济、文化、社会各方面的关系分析。

三 历史乡村地理学与相关学科之关系

与历史乡村地理学研究对象和研究内容相关的学科有历史农业地理学、历史乡村聚落地理学、农业史、农村社会史、农村经济史、农村史等，历史乡村地理学与这些学科既有联系，又有区别，相互间侧重各有不同，不能替代。

历史农业地理学是关于历史时期农业生产诸要素的地域分布及其相互间作用、变化、发展规律的科学，其研究内容主要包括以下几个方面：（1）人口的增减和垦田的盈缩；（2）农作物的构成及其分布；（3）农业生产的区域差异；（4）历史时期农业地理变化的规律。① 历史农业地理学属历史部门经济地理学。历史乡村地理学是研究乡村地区的经济、社会、人口、聚落、资源利用及环境问题的空间变化的一门区域性和综合性很强的学科，是关于历史时期乡村社会经济发展与布局的综合人文地理学。在某种意义上，历史乡村地理学包括了历史农业地理学，但在研究范围和内容上历史乡村地理学远比历史农业地理学更广泛、更综合。

历史乡村聚落地理学主要研究历史时期乡村聚落的形成、类型、职能和布局问题，属于历史聚落地理学的一个组成部分。历史乡村地理是把乡村聚落作为乡村整体中的经济、生活、政治、文化中心，着重研究乡村聚

---

① 王社教：《历史农业地理学刍议》，《陕西师范大学学报（哲学社会科学版）》1994年第3期，第106—111页。

落的类型特点及其与周围地区的联系和相互影响。在某种意义上，历史乡村地理也包括了历史乡村聚落地理。

农业史主要研究历史时期的农业技术变革和农业经济发展历程。农村社会史主要研究历史时期农村社会问题和社会变迁，有人认为农村社会史的研究应包括生态环境（包括农村的生态条件、人口、资源状况）、农村经济（包括农村的生产方式、产业结构和收益状况）、农村社会组织管理（主要指农村社会基层组织及其运作方式）、社会结构（包括户籍划分、阶级结构和社会阶层）、农村人口（包括生老病死、人口素质、人口结构、空间分布等）、农村婚姻（包括婚姻观念、婚姻行为、婚姻状态等）、家庭和宗族（包括家庭结构、宗族制度的发展变化、宗族制度的组织形态、政权与族权之间的关系、宗族制度的社会功能等）、社会流动（包括正常流动和非正常流动）、社会冲突、社会保障（包括社会保障的方式、运作机制及社会功能）、社会心态（包括农民的社会心理结构，如价值观、政治意识、宗教意识、社会意识和日常生活意识）、农村文化（包括乡风民俗、宗教信仰、生活方式、节庆文娱）。[①]

农村经济史主要探讨历史时期农村经济的发展，包括生产力发展、生产关系的变动等。

农村史应该包含农村社会史和农村经济史各方面的内容，是一项综合的研究。

这些学科的研究对象和研究内容与历史乡村地理学的研究对象和研究内容都有包含和被包含的关系，但他们关注的是这些研究对象和研究内容在时间上的发展和变化，很少关注其区域差异及其与自然环境之间的相互关系。

由此可知，历史乡村地理学在研究对象和研究内容上与上述学科有许多共同之处，甚至完全重合。实际上这并不矛盾，而是当今学科发展的一个趋势。一方面，新的分支学科和边缘学科不断涌现；另一方面，各学科又在不断克服自己的缺点，借鉴相邻学科的研究理论和研究方法，积极开展综合研究，学科之间的融合不断加强。历史乡村地理学与上述各学科的

---

① 姚兆余：《二十世纪中国古代农村社会史研究的回顾与思考》，《中国农史》2002 年第 21 卷第 3 期，第 89—95 页。

区别主要还是体现在研究问题的角度和方法上，它侧重于从地域分布、空间的观点分析乡村的各种现象和问题，从空间角度认识乡村社会、经济和文化变迁，揭示空间结构模式，其研究的最大特点就是区域性、综合性和动态性的紧密结合，在这一点上，是其他相关学科不能替代的。

四 历史乡村地理学是历史地理学的一个重要分支

在我国现有的历史地理学学科组成结构的分析中，是找不到历史乡村地理学的位置的。这是与我国历史发展的特点极不相称的，也是与历史地理学学科发展的趋势极不相称的。历史乡村地理学实际上是历史地理学的一个重要分支，是历史地理学学科组成中一个不可缺少的重要部分，其发展大有前途。这可从以下三方面进行说明。

（一）历史地理学学科建设发展的需要

现有的历史地理学学科体系的分析，一般是按地理现象组成要素的性质和类型来划分，如首先将历史地理学分为历史自然地理和历史人文地理为主的若干个一级分支，在历史自然地理之下又细分为历史气候、历史植被、历史地貌等二级分支，在历史人文地理之下则分为历史政治、历史经济、历史人口、历史民族、历史文化、历史聚落等二级分支，在各二级分支下又有更细的分支。在这样的学科体系结构组成之下，与历史乡村地理相关的历史农业地理属于历史经济地理之下的一个三级分支，而与历史乡村地理相对应的历史城市地理则归属不一，有的放在历史人文地理之下作为与历史政治地理、历史经济地理平行的一个二级分支，有的则放在历史经济地理之下或历史聚落地理之下，成为历史人文地理的一个三级分支。之所以出现这样的混乱，原因即在于无论是历史乡村地理还是历史城市地理，都是综合性非常强的学科，研究的内容非常广泛，涉及政治、经济、社会、文化、规划布局和环境变迁各个方面，与历史地理学大部分分支学科都有关联和交叉。因此，将它们归属为上述任何一个分支都有其道理，但又都不科学、不完善。"在研究实践中……单科分支的研究有的问题很难说清"，"研究者越来越感到有综合研究的必要，因此上世纪末以来，历史地理学向区域综合研究发展。区域自然、人文历史地理的综合研究，必将更能显示历史地理学的特点和功能"。① 历史乡村地理学正是这样一门将区域人文和自然紧密结合起来的区域性和综合性很强的学科，是历史地理学研究进一步发展的必然需要。

在现有的历史地理学学科体系中，历史城市地理的研究显然占有重要的地位，是一个热门。举凡城市兴起的地理因素和城址的选择、城市职能及其转化、城市结构和城市布局、城市建筑和城市风貌、都市化的地理特点等，都有大量的研究成果问世。这与近代以来城市的发展和其在社会经济发展中地位的不断增强有着很大的关系。相反，与历史城市地理相对应的历史乡村地理研究，除历史农业地理和历史乡村聚落地理外，其他方面的研究成果寥若晨星，这无疑使历史地理学研究丧失了一大块重要的阵地，使学科发展失去了平衡，影响到学科的整体建设。

（二）我国历史发展特点的需要

我国自古以来就是一个以农立国的国家，农业、农村和农民问题是贯穿我国历史始终的根本问题，是我国历代王朝为政立策的出发点。要准确地理解我国历史发展的特点，必须首先了解我国历史上的农业、农村和农民问题。我国地域广大，各地自然条件千差万别，而农业受自然条件的制约最为明显，历史时期这些问题在地域上的差异也表现得非常显著。因此，要真正了解我国历史上的农业、农村和农民问题，必须建立在对各区域差异比较分析的基础之上，必须建立在与地域环境相互关系分析的基础之上。从历史地理学角度对我国的乡村经济和社会等问题进行考察，有利于正确认识历史时期我国乡村社会、经济发展的整体特征，有利于正确认识历史时期我国乡村社会经济发展存在的区域差异及影响我国乡村社会和经济发展的地理因素。

（三）现实社会经济建设发展的需要

加强历史乡村地理的研究，对于当前乡村社会经济的建设，促进乡村社会经济的发展，全面建设小康社会也有重要的借鉴意义。

---

① 邹逸麟：《中国历史地理概述》，上海教育出版社 2005 年版，第 6 页。

改革开放二十多年来，我国的农村经济得到了快速发展，农民生活条件有了极大改善，但城乡差异却越来越大，农民收入近年来增长缓慢，农村生态环境的破坏相当严重。这些都严重制约着我国经济的进一步发展，影响着我国全面建设小康社会的步伐，影响着我国改革的进程，也与我国实现全民族共同富裕，构建和谐社会的总体目标不相符。为此，党中央和国务院适时提出了建设社会主义新农村的重大历史任务，要求按照"生产发展、生活富裕、乡风文明、村容整洁、管理民主"的目标，协调推进农村经济建设、政治建设、文化建设、社会建设和党的建设。社会主义新农村建设是一个庞大的系统工程，要有统一的科学规划，要有全面系统的整体规划，要有科学的、具体的建设规划。如何促进农业生产的发展，如何增加农民的收入，如何解决农村剩余劳动力的出路，如何推进农村的政治建设，如何繁荣农村的文化建设，如何保证农村经济和农村生态环境的协调发展，都是推进社会主义新农村建设的重要内容。我国地域广大，各地自然、人文条件千差万别，不能一刀切，要在扎扎实实研究的基础上提出科学的、合理的、符合各地实际情况的具体规划。今日的农村是历史农村发展的延续，今日的农村问题是历史农村发展的积淀，加强对历史问题的研究，不仅能够更清晰地认识到当今农村问题的来龙去脉，而且能够为今日许多农村问题的解决提供历史借鉴。历史乡村地理学是一门地域性和综合性很强的学科，关注的主题是历史时期乡村地域系统内部人文、自然诸要素之间及与外部地域系统之间的相互关系和作用规律，在今后的社会主义新农村建设中定会大有作为。

（原文发表于《陕西师范大学学报》（哲学社会科学版）2006年第4期）

作为研究方法的历史地理学

历史地理学是一门古老而又年轻的学科，自 20 世纪 80 年代开始，随着环境问题的日益凸显和对全球变化的关注，历史地理学得到前所未有的发展，历史地理学的研究理论和研究方法不断更新和丰富，研究专题和范围迅速扩展。不仅如此，历史地理学的一些理论方法和观察问题的角度也被自然科学和人文社会科学的许多其他学科借鉴运用，成为相关学科的研究方法。

一　对历史地理学学科属性的争论

历史地理学究竟是怎样的一个学科，它的研究对象究竟是什么，一直存在着争论。虽然大多数学者都同意历史地理学"是现代地理学的一个组成部分"，"研究在历史时期主要由于人的活动而产生或影响的一切地理变化，这就是今日所理解的历史地理学的主要课题。至于在人类历史以前的一切变化——或更进一步说，在人类活动还没有能够在大地表面上引起显著的改变，或留下显明的痕迹以前的一切变化，则应当属于'古地理学'的研究范围"。① 但仍有不同的补充意见。史念海先生在强调"中国历史地理学是探索中国历史时期各种地理现象的演变及其和人们的生产劳动、社会活动的相互影响，并进而探索这样的演变和影响的规律，使其有利于人们的利用自然和改造自然的科学"的同时，还认为"中国历史地理学既是研究历史时期的地理，就不能截然和历史学无关，尤其是历史

① 侯仁之：《历史地理学刍议》，载侯仁之《历史地理学四论》，中国科学技术出版社 1994 年版，第 1、3—4 页。

时期的文献记载更是不能须臾稍稍离开的。中国历史地理学固然不能离开历史学，就是历史学也是不应离开中国历史地理学的。""正是由于这样的关系，中国历史地理学虽已属于地理学的范畴，但作为历史学的辅助学科，还是有一定的道理的。"① 邹逸麟先生在赞同"历史地理学是研究历史时期地理环境变化、发展及其规律的学科，是地理学的一个分支学科"的同时，又强调历史地理学"也是历史、地理学的一个交叉学科"。② 而葛剑雄先生则认为"历史地理学的研究对象是历史时期的地理现象及其规律，是地理学的分支。但由于历史地理的研究主要依靠历史文献，必须运用历史学的方法，其成果在很大程度上为历史学所用，也被看作为历史学的一个二级学科"③。相似的观点还有很多，邹逸麟先生对此有简明的概述：④

> 历史地理学研究的对象是地理，研究的资料和方法，既有历史的，也有地理的，还包括考古的，等等。其科学属性自上世纪 50 年代以来即有讨论，有三种观点：一是历史学的分支，这往往是历史学出身的研究者所主张的；二是地理学的分支，往往是地理学出身的研究者所主张的；还有主张边缘学科的。现在比较一致认为它是地理学的一个分支。目前在地理学中是三级学科，属二级学科人文地理学，受西方地理学影响，在历史学中由于传统地理学为史学的一部分，故定为二级学科。

这种争论不仅在中国，在西方国家实际上也一直存在，从来就没有统一过。对此，当代西方著名历史地理学家阿兰·R. H. 贝克教授（Alan R. H. baker）在其新著《地理学与历史学——跨越楚河汉界》⑤ 中有详细

---

① 史念海：《中国历史地理纲要》（上册），山西人民出版社 1991 年版，第 1、10—11 页。

② 邹逸麟：《基础研究与当代社会——谈历史地理学的建设和发展》，《学习与探索》2006 年第 6 期，第 144—148 页。

③ 葛剑雄：《中国历史地理学的发展基础和前景》，《东南学术》2002 年第 4 期，第 31—39 页。

④ 邹逸麟：《中国历史地理概述》，上海教育出版社 2005 年版，第 6 页。

⑤ ［英］阿兰·R. H. 贝克：《地理学与历史学——跨越楚河汉界》，阙维民译，商务印书馆 2008 年版，第 34—35 页。

的介绍：

  1932 年初，（英国）历史学会与（英国）地理学会（历史学与地理学教学科研人员的专业学会）的一个联合会议在伦敦召开。会议讨论的问题是："什么是历史地理学？"而会议对该问题并没有给出一个完全令人满意的答复。此后为寻求解答这一问题，又尝试了许多努力。

  在那次会议上就该问题提交的各种各样的论文中，E. W. 吉尔伯特（E. W. Gilbert，1932）寻求"区分目前包含在历史地理学科范畴内的两门不同学科，试图为这门已经存在的学科下定义"。他认为，"历史地理学"至少有五个不同的含义，但只是其中之一"恰当地"阐述了这门学科。吉尔伯特认为在 20 世纪 30 年代已经不再适合的历史地理学的四个较早期概念是：作为政治疆域沿革史的历史地理学；作为地理发现与探索史的历史地理学；作为地理学思想与方法史的历史地理学；以及作为研究地理环境影响历史过程的历史地理学。吉尔伯特认为，历史地理学的"实际功能"是"复原往日的区域地理"。"历史地理学应该限定于历史时期区域地理的研究，而不应该致力于将历史事件的研究作为学科的主要目标"，吉尔伯特的这一观点，将地理学与历史学、历史地理学与地理学同时作了区别。如同许多这类定义那样，这种观点是有意识地造成分裂而不是综合。……

  虽然这种将历史地理学视为往日时期（或往日各个时期）地理研究的观点，被 20 世纪 30 年代的历史学者与地理学者广泛地接受，但不久（甚至当时）就受到新一代学者的质疑，在英国尤其引人注目地受到达比的质疑，他们不仅寻求扩大"历史地理学"的涵义，而且寻求将历史地理学公认为一门新的分支学科。达比开始审慎地反思当时视为历史地理学为复原往日地理的保守观点，逐渐地建立起一个新传统，这个新传统如同关注景观变化与区域变化那样，关注重要历史时期内不同地点的断代研究……达比促使历史地理学成为一门分支学科：他以传教般的热情工作，目的就是将历史地理学建立为一门具有自我意识的显学，既与当代人文地理学相区别，又不同于其他历史学科（Darby，1979，1987）。

最后贝克教授强调：

> 在此我要谈一谈不同的观点。历史地理学没有必要监管自己的"领域"，研究历史地理也没有必要逻辑证明。不存在历史地理学独有的研究专题与研究领域；相反，历史地理学与历史（及史前）研究共享其探讨的方法，而同时与地理学研究共享其探讨的问题。因此，对历史地理学科的任何整理（或甚至讨论）通常应以地理学的话语作为其后盾。地理学与历史学都是观察问题的观点；它们是观察世界的不同方法。[1]

存在这种争论并不奇怪，它实际上反映了历史地理学研究（或历史地理学科）的本质特点，是历史地理学自身不断发展和研究内容不断深化的必然体现。历史地理学是一门综合特征极为明显的学科，其研究的内容虽然是地理的，但在时间上却是过去的，资料来源是历史的，历史学的文献处理方法是历史地理学最基本的研究方法，因而同时具有地理学和历史学的特征，不同的研究者从各自的研究主题出发，自然会得出不同的观点。

二 历史地理学的发展

与其他学科不完全相同，历史地理学在研究对象和研究内容方面，无论是在西方还是在中国，都有过很大的变化，经历过明显不同的发展阶段。

就西方而言，历史地理学的发展大致可以分为近代、现代和当代三个发展阶段。近代历史地理学阶段自 18 世纪初 "历史地理（histor-

---

[1] ［英］阿兰·R.H. 贝克：《地理学与历史学——跨越楚河汉界》，阚维民译，商务印书馆 2008 年版，第 37 页。

ical geography）"一词正式出现至 20 世纪 30 年代。这一阶段历史地理研究主要是对历史事件与地理现象的叙述与描述，极少作有机的分析，研究者的思想方式还停留在"叙述和描述"的阶段。从 20 世纪 30 年代起，许多学者在探讨历史地理学科的性质时，开始使用"复原（reconstruct）"这一术语。所谓"复原"，是指运用历史学的方法，主要通过对文献资料的整理和分析，再现某一区域或地点被人类改造过的往日地理环境或往日景观。至 60 年代，历史地理研究中"复原"的思维方式在西方历史地理学界得到普遍认同，至今仍然是历史地理研究的基本内容，并在当代西方历史地理研究中占有重要地位。自 20 世纪 70 年代以来，经过理论方法的"反思"，西方历史地理学开始逐渐过渡到当代的"（历史）地理学构想"阶段，主要反映在以下三个方面：（1）不仅要研究往日地理环境或往日景观，还要研究改造往日地理环境或往日景观的人类；（2）不仅要"复原"往日的地理环境或往日景观，还要研究往日的地理环境或往日景观在当时人们头脑中的印象；（3）不仅研究人类改变往日地理或往日景观的行为，还要研究引发人类行为的思想意识。①

就中国而言，历史地理学的发展也大致经历过传统沿革地理、现代历史地理和当代历史地理三个阶段。

沿革地理在我国起源很早，最初是作为历史学的一个组成部分而出现的，而且一直是历史学的一个必要组成部分。在东汉历史学家班固所著的《汉书》中，专门列有《地理志》，记载西汉时期的政区设置、人口分布、河川流向等各种自然和人文地理现象，同时还对西汉以前的地理现象，如行政区划沿革、古地名位置等进行了考订和注释，开创了历史沿革地理研究的先河。此后沿革地理一直长盛不衰，不仅二十四部正史中有十六部正史继承了这一传统，还出现了大量的如《元和郡县图志》《太平寰宇记》《大明一统志》等地理总志及《通鉴地理通释》《读史方舆纪要》等这样的专门的沿革地理著作。

20 世纪 50 年代开始，北京大学侯仁之先生连续发表《"中国沿革地

---

① 阙维民：《历史地理学的观念：叙述、复原、构想》，浙江大学出版社 2000 年版，第 1—22 页。

理"课程商榷》《关于历史地理学的若干问题》《历史地理学刍议》诸文，① 对历史地理学的学科属性、研究对象、研究方法及其与沿革地理的关系进行了阐述，明确指出："历史地理学是现代地理学的一个组成部分，其主要研究对象是人类历史时期地理环境的变化，这种变化主要是由于人的活动和影响而产生的。历史地理学的主要工作，不仅要'复原'过去时代的地理环境，而且还须寻找其发展演变的规律、阐明当前地理环境的形成和特点。""或以为在我国具有特殊发展的'沿革地理'就是历史地理，这是不正确的。'沿革地理'仅是历史地理研究的初步，而不是最终目的。还有若干历史地理的专题研究，并不借助于沿革地理的知识而依然可以顺利进行。"② 从而奠定了我国现代历史地理学科的理论基础，使我国历史地理学由传统的沿革地理向现代科学意义的历史地理学迅速转化，推动了我国历史地理学研究的迅猛发展，历史自然地理、历史人文地理和区域历史地理的各个方面都取得了丰硕的成果。

自 20 世纪 80 年代开始，随着环境问题的日益凸显和对全球变化的重视，特别是受改革开放的影响，中外学术交流频繁，当代西方哲学思潮和相关学科的认识理论和研究方法不断引入，历史地理学的研究理论和研究方法也发生了明显的变化。在研究理论和研究内容上，人地关系研究成为历史地理学研究的核心，历史地理学者除了继续"复原"历史时期的地理环境，寻找其发展演变的规律，阐明当前地理环境的形成和特点外，更加注重综合研究，开始自觉地关注人类活动对地理环境的影响及其机制和地理环境的变化对人类社会的影响及人类社会的应对机制，环境与人类活动的关系问题、灾害与社会的关系问题、历史社会地理等研究主题成为研究的热门课题，出现了《环境与技术选择——清代中国西部地区农业技术地理研究》《自然灾害与中国社会历史结构》《明清江南地区的环境变动与社会控制》《鼠疫：战争与和平——中国的环境与社会变迁（1230—1960 年）》《田祖有神——明清以来的自然灾害及其社会应对机制》《灾

---

① 侯仁之：《"中国沿革地理"课程商榷》，《新建设》1950 年第 2 卷第 11 期；侯仁之：《关于历史地理学的若干问题》，《文汇报》1961 年 12 月 14 日；侯仁之：《历史地理学刍议》，《北京大学学报》（自然科学版）1962 年第 1 期。

② 侯仁之：《历史地理学刍议》，《北京大学学报》（自然科学版）1962 年第 1 期。

害与两汉社会研究》《禳灾与减灾：秦汉社会自然灾害应对制度的形成》《祭祀政策与民间信仰变迁——近世浙江民间信仰研究》《明清两湖平原的环境变迁与社会应对》《明至民国时期皖北地区灾害环境与社会应对研究》《太湖平原的环境刻画与城乡变迁（1368—1912）》①等一批选题、研究内容、研究视角和研究方法都与以前有很大不同、由专业历史地理学者撰写的学术著作。而在研究方法上，除了借鉴社会学、文化人类学等相关学科的分析方法外，对历史文献资料的量化处理和利用 GIS 系统分析也受到越来越多的重视。

　　从中外历史地理学的发展历程和有关争论来看，历史地理学发展到现在，实际上存在两个不同的流派：一是将历史地理学看作地理学的一个组成部分，主要是"复原"历史时期的各种地理现象（包括自然的和人文的，甚至社会的），研究目的主要是为历史学、地球科学及其他学科提供研究背景资料，在研究方法上强调计量化、精细化、精确化，偏重于研究技术的更新和运用，因而可以称为"技术"的一派；二是将历史地理学看作观察问题的一个角度和理论方法，主张除了"复原"历史时期的各种地理现象外，更主要的任务是在"复原"的基础上运用本学科独特的视角和理论，从哲学或文化层面回答环境变化与人类社会发展相互关系的问题，因此可以称为"思想"的一派或者是"文化"的一派。这两个派别在中西方历史地理学的发展史上一直存在着，只是到了近年，其区别更加明显。

---

①　萧正洪：《环境与技术选择——清代中国西部地区农业技术地理研究》，中国社会科学出版社 1998 年版；冯贤亮：《明清江南地区的环境变动与社会控制》，上海人民出版社 2002 年版；复旦大学历史地理研究中心主编：《自然灾害与中国社会历史结构》，复旦大学出版社 2001 年版；李玉尚、曹树基：《鼠疫：战争与和平——中国的环境与社会变迁（1230—1960 年）》，山东画报出版社 2006 年版；曹树基主编：《田祖有神——明清以来的自然灾害及其社会应对机制》，上海交通大学出版社 2007 年版；陈业新：《灾害与两汉社会研究》，上海人民出版社 2004 年版；段伟：《禳灾与减灾：秦汉社会自然灾害应对制度的形成》，复旦大学出版社 2008 年版；朱海滨：《祭祀政策与民间信仰变迁——近世浙江民间信仰研究》，复旦大学出版社 2008 年版；尹玲玲：《明清两湖平原的环境变迁与社会应对》，上海人民出版社 2008 年版；陈业新：《明至民国时期皖北地区灾害环境与社会应对研究》，上海人民出版社 2008 年版；冯贤亮：《太湖平原的环境刻画与城乡变迁（1368—1912）》，上海人民出版社 2008 年版。

三 历史地理学既是学科又是方法论

如果单纯地就研究对象而言，历史地理学主要研究历史时期的各种地理现象，探索其在人类社会活动影响下变化的规律，与现代地理学的研究对象一致，只是在时间上不同，毫无疑问地属于地理学。但就本学科所规定的研究对象的特点来说，人类社会和地理环境是一个问题的两个方面，与地理环境是对等的、相互作用的，而且人类社会的行为远较地理环境的变化复杂，不懂得人类的思想意识和人类社会活动的运行机制，就无法科学地说明人地关系的真正内涵，因此，历史地理学与地理学又有区别，是一门综合性极强、人文社会科学特征明显的交叉学科。

现在有不少研究者都认为要提高历史地理研究的水平，最重要的任务是提高研究结果的精度。葛剑雄先生认为："由于绝大多数历史时期的地理现象已经无法通过实地考察来复原，只能依靠文献记载，而现存史料往往只有不完整的描述，普遍缺乏必要的数量，要进行量化分析相当困难，更难得出精确的结论，所以在已有的研究成果中，对时间、地点、程度的定量精度很低。由于成果的精度不高，很难作横向和纵向的比较，也无法为归纳或预测提供可靠的数量根据，也难以得到其他学科的引用，受到运用部门的重视。"[1] 葛全胜、何凡能等认为："我们也应该看到，与其他相邻学科相比，我国历史地理学在信息技术的开发与应用方面还存在一定差距。由于条件限制，大部分研究成果依然还停滞在定性描述之中，从而造成许多很有见地的研究成果因缺乏量化指标，很难与相邻学科的研究成果进行对比、衔接，不能在更广泛的领域里凸现其重要的科学价值。因此，积极推动现代科学技术在历史地理学中的应用，提高研究结果的定量化程度与精确性，已成为学科发展当务之急。"[2] 这是就历史地理学的地理学属性而言，无疑是有道理的。但如前所述，"复原"历史时期的地理环境

---

[1] 葛剑雄：《中国历史地理学的发展基础和前景》，《东南学术》2002 年第 4 期，第 31—39 页。

[2] 葛全胜、何凡能、郑景云：《中国历史地理学与"集成研究"》，《陕西师范大学学报》（哲学社会科学版）2007 年第 5 期，第 22—26 页。

只是历史地理学研究内容的一个方面，历史地理学研究还有一个更重要的任务，那就是运用本学科独特的视角和理论，从哲学或文化层面回答环境变化与人类社会发展相互关系的问题。由于人类思想意识和人类社会活动行为的复杂性，计量化未必是最好、最准确、最科学的表达方式，而历史地理学因为其研究时段和研究资料的限制，也几乎没有可能提供一套系统、精确、符合历史实际的量化资料，所谓"巧妇难为无米之炊"，强自为之可能会弄巧成拙。因此历史地理学的发展前途还在于后者，应着重从文化层面和哲学层面去思考人地关系问题。

近年来，历史地理学的发展给人一个突出的印象是：一方面，许多历史地理研究者开始涉足社会结构、社会变迁、社会控制等历史学和社会学研究领域，对社会学和历史学的一些研究主题给予历史地理学的解释；另一方面，一些历史学、社会学、文化学、人类学、民族学等学科的研究者也纷纷涉足历史地理学研究领域，试图从地理环境和人地关系的角度来阐释相关的研究主题。历史地理学已经不仅是一门学科，同时也已成为观察和分析人类社会发展诸问题的方法论。

历史地理学成为分析和认识人类社会发展问题的方法论，受当代科学研究发展潮流的影响，是历史地理学本身的学科特点所决定的。当代科学发展的一个显著特点是学科划分越来越专业化、精细化，科学研究越来越综合化、系统化。无论是回答自然地理环境的变化问题，还是回答人类社会的发展问题，都不能无视相互作用的另一面。历史地理学研究的核心是人地关系问题，认识问题的角度是地理环境和人类社会的相互作用，表述问题的方法是人地关系在时空二维上的发展过程。这三点对于其他学科的研究都具有积极的借鉴作用。

人地关系问题是科学研究的一个长期命题，是探讨环境变化和人类社会发展不可回避的主题，随着环境问题的凸显和对全球变化的关注，目前也是诸多学科争相探讨的一个热点问题。人与地的关系由于人类的生产和生活活动而产生，通过社会生产力的进步和制度的演化而不断发展。受自然规律支配的地理环境和受社会发展规律制约的人类社会及其生产和生活方式都是一个动态的过程，所以人地关系应从动态角度考察才能深刻认识。历史地理学的主要任务就是探讨历史时期的地理现象及其变化规律，因此在人地关系问题研究中具有独特的地位。邹逸麟先生指出："历史时期自然环境的变化，大部分是由人类活动引起的；同时自然环境的变迁，又反过来给人类活动带来有利和不利的影响。如何科学地处理好人地关系，则是历史地理学研究的重要目的之一。因此，也可以说历史地理就是研究人地关系的学科。"[①] 人地关系问题成为历史地理学研究的核心问题是历史地理学发展的必然要求，是题中应有之义。因为历史地理学较早重视人地关系的研究，对于人地关系的认识也早已走出"地理环境决定论"和地理环境只不过是人类生产和生活活动的舞台这样的认识误区，自觉地认识到地理环境和人类社会是一种相互作用、相互影响的关系，并将之运用于具体的问题分析中；同时，历史地理学也因其研究时段的关系，早已形成了一套成熟的表述问题的方法，即通过"复原"不同时期、不同地点人类活动影响下的地理环境变化来表达人地关系的过程。这些都是历史地理学发展过程中形成的独具优势的认识理论和研究方法，正如阿兰·R. H. 贝克教授所说"历史地理学的长处在于交叉学科的研究项目，对往日的人类、地点与时期给予了大量的独特研究"。[②]

如同当代许多其他学科一样，各学科都有独特的研究领域、研究理论和研究方法，同时又在不断借鉴和融合其他学科的研究理论和研究方法。在研究中重视人地关系，把人地关系看作是一个相互作用和相互影响的过程，注意人地关系在时空二维上的发展变化，这是历史地理学的基本认识和基本研究理论，现在也越来越成为相关学科研究问题的认识和方法，成为观察人类社会发展和地理环境变化相互关系的一个方法论。

（原文发表于《陕西师范大学学报》（哲学社会科学版）2010 年第 6 期）

---

① 邹逸麟：《基础研究与当代社会——谈历史地理学的建设和发展》，《学习与探索》2006 年第 6 期，第 144—148 页。

② ［英］阿兰·R. H. 贝克：《地理学与历史学——跨越楚河汉界》，阚维民译，商务印书馆 2008 年版，第 16 页。

第二编　农业生产

明代双季稻的种植类型及分布范围

一 关于明代江苏境内的双季稻种植问题

明代江苏境内即已有较大面积的双季稻生产，这是迄今大多数研究者持之不疑的论点。陈志一先生认为，明代江苏的双季稻种植，大致始于15世纪后期，盛于16世纪，而衰于明清交替之际。[①] 陈家其先生也认为至少在明末以前，太湖流域还大面积种植双季稻，其北界可抵达江淮一线。[②] 持此观点的还有马湘泳先生。[③] 根据有关史籍的记载，当时江苏境内存在双季稻的生产也是有可能的，但双季稻的种植面积是否有如此之大，分布范围是否有如此之广，则还存在着不少疑点。

上述三位先生之所以持这样的论点，根据有三：一是该地地方志中有"乌口稻"的记载，而"乌口稻"的特点是"再莳再熟"；二是宋应星在《天工开物》中说"南方平原，田多一岁两栽两获者"；三是方以智于《通雅》中论及"秏即稻"时曾指出"自江淮以南，田多三收"。实际上，弘治时期的大学士丘浚就已在《大学衍义补》中提到"昔之粳稻惟秋一收，今又有早禾焉"。[④] 然而，除了乌口稻"再莳再熟"，具有明显的双季稻特征外，无论是宋应星所说的"田多一岁两栽两获"，还是方以智所说的"自江淮以南，田多三收"及丘浚所说的"昔之粳稻惟秋一收，今又有早禾焉"，均未明确指出是否在同一块田地里的水稻种获情况，因

---

① 陈志一：《江苏双季稻历史初探》，《中国农史》1983 年第 1 期。

② 陈家其：《明清时期气候变化对太湖流域农业经济的影响》，《中国农史》1991 年第 1 期。

③ 马湘泳：《江苏农业生产布局溯源》，《中国农史》1991 年第 1 期。

④ 丘浚：《大学衍义补》，卷一四，"固邦本·制民之产"。

而也就不能据此断定当时江淮以南包括江苏在内的双季稻种植比较普遍。

除乌口稻再莳再熟外，苏南地区的苏州和松江等府当时还存在许多特早熟水稻品种，从收获季节来说，其中一些也是可以接种晚稻的。根据正德《姑苏志》和正德《松江府志》的记载，二府境内有六十日稻，三四月种，六月熟；百日赤，三四月种，六月熟；麦争场，三月种，六月熟；而红莲稻、穄秠稻、早乌稻和紫芒稻，皆五月种，九月熟；深水红，六月种，九月熟。① 前三种与后五种基本可以衔接。不过，从与当地有关的各方面记载来看，这种衔接在当时并不存在。

徐光启的《农政全书》和明末《沈氏农书》对逐月农事皆有详细记载，从此可知当时农业生产及种植制度的具体情况。为方便说明问题，兹将有关水稻种获方面的记载详引如下：

《农政全书》卷一○《农事·授时》：

　　五月：栽种：插稻秧。
　　九月：收藏：五谷种。
　　十月：杂事：获稻。

《沈氏农书·逐月事宜》：

　　二月：倒秧田。
　　三月：做秧田；浸种谷。
　　四月：倒花草田；做秧田；下种谷。
　　五月：拔秧；种田。
　　八月：撒花草子。
　　九月：斫早稻。
　　十月：斫稻；甩稻。
　　十一月：藏种谷。

从以上所引来看，当时水稻栽培时间为三月撒种，五月栽插，九月收

---

① 　正德《姑苏志》，卷一四，"土产"；正德：《松江府志》，卷五，"土产"。

早稻，十月割晚稻。这与徐光启所说的"南方水稻，其名不一，大概为类三：早熟而紧细者曰籼，晚熟而香润者曰粳，早晚适中，米白而粘者曰糯。三者布种同时"[①] 是一致的。也就是说，当时的水稻种植时间基本相同，收获季节则有早晚，所谓的早稻和晚稻仅依其成熟季节先迟来分，并非如今所指的双季连作稻中的头季稻和二季稻。当时并不存在双季稻的生产。徐光启为明代松江府人，沈氏为明末嘉兴府人，其所记应主要反映的是各自家乡的情况。

有关地方志的记载也同样表明了这一点。正德《松江府志》云："旧志：吴俗以春分节后种，大暑节后刈者为早稻；芒种及夏至节后种，白露节后刈者为中稻；夏至节后十日内种，至寒露节后刈者为晚稻；过夏至后十日，虽种不生矣。今吾松最早必交立夏节，其或雨水不时，大暑后种者亦生，但不盛耳。"[②] 从早、中、晚稻的栽插和收获季节来看，无论是在正德以前，还是正德时期，松江府都不可能有双季稻的种植。万历《嘉兴府志》记载当地的风俗说："二月二日下瓜茄菜种。清明暖蚕种。春末夏初浸谷种。小满动油车、丝车、水车，谓之动三车。芒种刈菜麦。芒种后逢壬日立霉，赛神莳秧。九月九日，农家涤场收稻，随种菜麦。"[③] 莳秧与收稻均只有一次，也不存在双季稻的种植。常州府的情况与之相同，该府宜兴县"土壤高下不一，厥田有三，民家播种五谷，各随地利以顺天时。凡种稻，高田宜夏至后，圩田宜夏至前。大率清明日则以稻谷浴芽，俗谓浸稻种；谷雨日则以谷芽入田，俗谓撒秧；芒种后则圩田莳秧，高田差后。夏至前后，大雨时行，俗谓梅雨，则高下田俱插秧，村落更相倩助，俗谓作黄梅，老幼不得休息。……秋分刈早稻，霜降刈晚禾，俗谓收场。"[④] 水稻栽插与收获均有早晚之分，但都不是在同一块田地里连作。

即使如前所述，六十日稻、百日赤、麦争场等收获后，再接种红莲稻、穤秈稻、早乌稻、紫芒稻、深水红等晚稻，其种植面积也不是很大的。上述这些早稻在明代均属特早熟品种，从播种到收获，一般只有2—

① 徐光启：《农政全书》，卷六，"农事"。
② 正德《松江府志》，卷五，"土产"。
③ 万历《嘉兴府志》，卷一，"风俗"。
④ 《古今图书集成·方舆汇编·职方典》，卷七一五，"常州府风俗考"。

3个月。由于生长期特短，不仅产量低，而且米质尖硬，为稻之下品，农家所以栽培它们，纯粹是为了春夏之交青黄不接时接饥续食，所以它们虽然分布范围很广，但种植面积却很小，远远不能与中晚稻的种植规模相提并论。这是当时江南各地普遍存在的现象。如江西抚州府，弘治府志即云："又有九十日占、六十日占，自种至获之日数也，熟最早，农家待此续食。百日占亦类此。又北乡有一种曰婺州禾，谷甚红，夏五可熟；一种救公饥，亦同熟。然农家以此救饥而已，不多种也。"① 南直隶徽州府之红归生，米粒呈红色，成熟最早，然亦"不广种，少莳以接粮耳"；其珠子稻、乌须稻、婺州青、斧肭白、赤芒稻，"并早而易成，皆号为六十日。然不丛茂，人不多种"。② 浙江温州府的白散六月即获，"然非上谷，所种不多"。③ 诸如此类的记载还有很多，兹不赘述。苏松一带是明代粮食的最主要集散地之一，粮食市场甚为发达，当然也就更是如此了。

综上所述，明代江苏境内除了苏南地区有乌口稻、再熟稻的零星分布外，基本上不存在双季稻的连作。正因为如此，顾炎武在论述明代苏松二府田赋之重时才说："吴中之民，……岁仅秋禾一熟，一亩之收不能至三石，少者不过一石有余。"④ 以一季稻作为论述的前提。

二　地方志中记载的双季稻种植类型及分布范围

论者之所以认为明代江淮以南地区双季稻种植较为普遍，主要是根据宋应星所说的"南方平原，田多一岁两栽两获者"。其实这是对原话断章取义而形成的误解。在上句话之后，宋应星紧接着又道："其再栽秧，俗名晚糯，非粳类也。六月初刈禾，耕治老藁田，插再生秧。……"⑤ 这段话有两层含义：（1）南方双季稻的种植只限于平原地带，丘陵和山地地区不存在；（2）双季稻中的二季稻仅为糯稻，而非粳稻。这就限制了双季稻的分布范围和种植面积，因为糯稻在当时主要用于酿酒，除个别地区

---

① 弘治《抚州府志》，卷一二，"版册一·土产"。
② 弘治《徽州府志》，卷二，"食货一·土产"。
③ 弘治《温州府志》，卷七，"土产"。
④ 《日知录》，卷一〇，"苏松二府田赋之重"。
⑤ 《天工开物》，卷上，"乃粒"。

外，其种植面积很小。当然，宋应星所说的仅是南方平原地区的一般情况，而实际情况则要复杂得多。

明代的地方志中有不少关于双季稻种植的记载，从这些记载可以看出，当时的双季稻种植类型主要有三种，即再生稻、套作双季稻和连作双季稻。所谓的再生稻，是专指早稻中最早种植又能再生成熟的品种，一般在早稻收割后留茬，浸肥培土，继续生苗结实，十月与晚稻同熟，故有的地方又称为再熟稻、孕稻等。由于在两季之间，不需要育苗、翻治田土和栽插，既缩短了生育时间，又无须花费较多的劳力，所以分布范围较广，长江以南大多数地方都有分布。如苏南地区的苏州府就有再熟稻，"一岁两熟"，"丰岁稻已刈而根复发，苗再实"。[①] 江西南昌府也有倒藁糯，"一岁再熟"。[②] 浙江温州府的再熟稻则叫作软秆，又称孕稻，"色白粒大而味甘，以八月获后其根复苗，无异初稻"。[③] 另外，据嘉靖《兴宁县志》载，该县有一种赤谷米，"惊蛰后投于田，匝一月插莳之，立秋收，刈早枯谷……刈之时留其根二三寸，衬子在其中，生意久郁，以时发矣。旋刈旋生，一夜骤拔二三寸……立冬收刈，数稍减于夏"。[④] 推其文意，似乎是在早稻收获后，播子于稻根之上。但很显然，这是方志作者将再生稻与重播稻混淆在一起了，所谓的赤米谷实际上就是再生稻。

所谓的套作双季稻，其特点是把晚稻挣插于早稻行间，早稻收割后，晚稻继续生长发育，以至于收割。具体的栽播时间与方法，弘治《温州府志》和万历《平阳县志》等俱有详细记载。万历《平阳县志》云："春分平田、浸种、下秧、通田；春夏之交先分早秧插田，疏其行列，俟数日后乃插晚秧，曰补晚。浃旬余而耘，浃旬而再耘，及三耘。旱则手车引水灌之。及秋而获毕，以竹盪取河泥壅之，去早稻根以培晚稻而漉之，及冬而获，名曰双收之田。"[⑤] 这种双季稻套作的最大优点，是既同再生稻一样，无须翻治田地，成熟期提前，又能提高二

---

① 正德《姑苏志》，卷一四，"土产"。
② 万历《南昌府志》，卷三，"舆地类·土产"。
③ 弘治《温州府志》，卷七，"土产"。
④ 嘉靖《兴宁县志》，卷三，"地理部下·食货"。
⑤ 康熙增补《平阳县志》"民事"。

季稻的产量，所以种植比较普遍。但因二季稻收割时间较靠后，所以分布范围较再生稻要小，其北界不超过南岭、武夷山和浙东南丘陵山地一线。其中种植较多的地区除浙江温州一带外，还有福建的福州、延平、泉州、漳州等地;① 广东虽然也有关于套作双季稻的记载，但仅见于石城一地（今广东省廉江市）,② 可见套作双季稻在广东南部沿海地带虽有分布，但种植并不是太多。

　　连作双季稻也主要分布于福建东南沿海和广东南部一带，其北界与套作双季稻基本相同，但浙南温州等地显然不包括在内。福建东南沿海平原是明代双季稻连作最为普遍的地区，福州、泉州、漳州、兴化、延平诸府平原各县皆有双季稻的连作。如建阳县，稻"有一年一收者，有一年两收者，谓之大冬稻，其米粒大。两收者春种夏熟为早稻，秋种冬熟为晚稻";③ 龙溪县，"平原之地暖，常多惊蛰后种，至夏末熟，有安南早、江西早，安南熟最易，江西稍迟，通谓之早稻;又翻治其田种冬稻";④ 安溪县，稻"有粳有糯，……有一年一收者，有一年两收者。一收者谓之大冬稻，其米粒大;两收者春种夏熟为早稻，秋种冬熟为晚稻";⑤ 福宁州，"早稻，其种有白早、红早、八月白、师姑早、金城早;又有分迟早，一年两获";⑥ 等等。但山区各县则种植甚少，如尤溪县，崇祯县志就明确指出:"邑在深山，多寒，稻属之二收者少矣。"⑦ 有些县份则根本没有双季稻的连作，如顺昌县:"早稻，春种初秋熟，俗总呼为金城谷，其名品甚多……晚稻，亦春种，有秋末熟者，有冬深熟者";⑧ 宁德县，"春种夏熟曰早稻，春种冬熟曰晚稻"。⑨ 虽然也有早、晚稻之分，但播种时间基本相同，俱在春季。广东南部的惠州、广州、潮州和廉州等府也有

---

① 《古今图书集成·博物汇编·草木典》，卷二七，"稻部";崇祯:《尤溪县志》，卷四，"物产志";崇祯:《海澄县志》，卷一一，"风土志·物产"。

② 《古今图书集成·博物汇编·草木典》，卷二七，"稻部"。

③ 嘉靖《建阳县志》，卷四，"户赋志·货产"。

④ 嘉靖《龙溪县志》，卷一，"地理·物产"。

⑤ 嘉靖《安溪县志》，卷一，"地舆类·土产"。

⑥ 嘉靖《福宁州志》，卷三，"土产"。

⑦ 崇祯《尤溪县志》，卷四，"物产志"。

⑧ 正德《顺昌县志》，卷八，"物产志"。

⑨ 《古今图书集成·博物汇编·草木典》，卷二七，"稻部"。

关于双季稻连作的记载，① 海南岛地区甚至还有三季稻的种植。② 不过广东各地的双季稻连作面积都很小，没有福建东南沿海那样普遍，这些地区的连作双季稻大多为糯稻的连作，粳稻较为少见，而且就是糯稻，也是"二熟者少，一熟者多"。③

从一些地方志关于物产的记载来看，江南其他一些地方也存在着双季稻连作的可能性。如江西南昌府有柳占、救公饥、团谷早、尖谷早、虎皮糯等，俱六七月熟；有矮占，则六月种，十月收，④ 前后是可以接种的。但结合其他方面的记载来看，在当时这种连作的情况实际上是不存在的。正德《新城县志》云："粳稻有六十日可刈者，有百日可获者，其米有

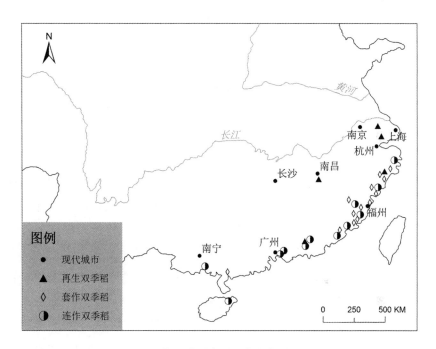

明代双季稻类型及其分布图

---

①　嘉靖《惠州府志》，卷七下，"赋役志下·物产"；《古今图书集成·博物汇编·草木典》，卷二七，"稻部"；嘉靖《增城县志》，卷一〇，"政事志·食货类"；嘉靖《兴宁县志》，卷三，"地理部下·食货"；嘉靖《钦州志》，卷一，"风俗"。

②　正德《琼台志》，卷七，"风俗"。

③　嘉靖《惠州府志》，卷七下，"赋役志下·物产"。

④　万历《南昌府志》，卷三，"舆地类·土产"。

红、白二种……皆早稻也。又有春种冬熟者，其米亦有红、白二种，则晚稻也。糯稻有八月熟者曰早稻，其赤种冬熟曰晚糯。"[1] 说明该地所谓的早晚稻，也同苏松等大多数地区一样，指的是早熟稻和晚熟稻，而不是今天所指的连作双季稻中的前作稻和后作稻，其播种季节都在春季。隆庆《临江府志》说的就更为明确，该志作者在土产"稻"下注云："名目不一，大约春社日前后渍种，立夏前后莳秧，至秋而熟。"[2] 也就是说，鄱阳湖平原地区的水稻种植与收获时间都基本相同，不仅不存在早晚稻的连作，甚至连当时在其他地区一般称呼的早晚稻差异在本地都很少有。

三　明代双季稻种植范围不广的原因

通过以上论述可以肯定，明代双季稻种植北界不超过南岭和武夷山一线，而且除了福建东南沿海平原种植较为普遍外，其他地方虽有分布，但种植均不是很多。那么，产生这种状况的原因又是什么呢？

一些论者在论述明末双季稻种植的衰落原因时认为，这是受气候变冷影响所致。[3] 这的确有一定道理。明代的气候较现代为冷，这是不争的事实。竺可桢先生在经过一番仔细地考证后认为，明代我国的温度平均比现在低 1—2℃。[4] 王开发等根据上海西部孢粉组合情况也得出了同样的结论。[5] 而当时一些地方志的叙述就更证明了这一点。如江西南部的赣州（今赣州市）和南安（今大余县）一带，当时在芒种之前（阳历 6 月 6 日、7 日），还要穿棉衣夹服，芒种以后天气才趋于酷热，进入夏季；霜降立冬之交（阳历 10 月下旬），天气就开始转冷，进入冬季。而现在当地入夏的时间是在阳历 5 月初，入冬的时间是在 12 月以后。夏季开始的时间比现在晚一个月左右，冬季开始的时间比现在早一个多月。另外，这一带现在降雪比较少见，霜冻在元月初才出现，而当时阳历 8 月就开始有

---

① 正德《新城县志》，卷四，"食货·物产"。
② 隆庆《临江府志》，卷六，"农政·土产"。
③ 陈家其：《明清时期气候变化对太湖流域农业经济的影响》。
④ 竺可桢：《中国近五千年来气候变迁的初步研究》，《考古学报》1972 年第 1 期。
⑤ 王开发等：《根据孢粉组合推断上海西部二千年来的植被、气候变化》，《历史地理》第 6 期。

霜，降雪每年一两次，则更属常事。① 再如江西东部建昌府所属的新城县（今黎川县），在明时端午节后（阳历 6 月中下旬）才可穿上葛布衣裳，正式进入夏季；白露节（阳历 9 月上旬）后天气渐凉，进入秋季；阳历 9 月、10 月间就间或有轻微的霜冻了。而现在这一带进入夏季的时间是在 5 月中旬，入秋的时间约在 10 月上旬，最早出现霜冻的时间是在 12 月底到 1 月初。② 进入夏季的时间比现在晚一个多月，进入秋季的时间比现在早一个月，初霜的时间则比现在早近两个月。由此可见，明代与现代的气温变化是非常大的。平均气温的降低，使维持双季稻生长发育的热量得不到充分保证，容易出现头季稻的烂秧和二季稻的秕谷现象，双季稻的产量和保收率都受到影响，当然会使双季稻的生产规模受到抑制。但如前所述，位于长江南岸的苏松和南昌等地在明代有许多水稻品种本是可以连作的，这说明当时平均气温的偏低还没有达到足以影响双季稻生长的极限，气温偏低只是影响双季稻种植范围扩大的原因之一，但不是唯一原因，更不是根本原因。

明代双季稻分布范围不广的根本原因在于早熟稻产量的偏低。明代江南各地虽然存在许多特早熟水稻品种，但由于生长季节太短，不仅米质差，产量也很低，所以农民除了种一点以续春夏之交的青黄不接外，并不愿多种，这在上文已有所述。不仅如此，由于土壤肥力状况不能很好解决，在一些种植双季稻的地区，二季稻的产量也因此受到影响，种植双季稻耗费的人力比种植一季稻要多，但产量甚至还比不上一季稻。明代双季稻之所以集中于福建沿海平原，而山区较少，正是因为山区地高气寒，田地瘠薄，而平原地区土壤肥沃，地力充足。嘉靖《龙溪县志》云："山高气深寒，常多于春夏之交下种，至秋末熟，谓之大冬，有赤、白二种，白者有粳有糯，颗大壳厚，味香，气力充足，虽一种而收入兼二季。"③ 嘉靖《增城县志》也说："其耕以二月三月播种，七月获稻；六月播种，九

---

① 嘉靖《赣州府志》，卷一，"天文·气候"；嘉靖：《南安府志》，卷一七，"天文志·气候"。现代气候资料据张家诚、林之光：《中国气候》有关章节，上海科学技术出版社 1985 年版。下同。

② 正德《新城县志》，卷一，"地理·气候"。

③ 嘉靖《龙溪县志》，卷一，"地理·物产"。

月获稻。若下等之田不能再耕获。"① 也正因为如此，所以当时南方地区一些种植特早熟水稻较多的农民在早稻收获之后，不是继续种植二季水稻，而是播种大小麦和其他杂粮作物，② 以使地力得到恢复。

上述原因之外，农村家庭副业的发展以及随之而来的劳动力不足问题也是一些地区双季稻种植得不到推广的一个重要因素。苏松一带在正德以前水稻种植主要分三种类型：春分节后种，大暑节后刈者为早稻；芒种及夏至节后种，白露节后刈者为中稻；夏至节后十日内种，至寒露节后刈者为晚稻。但到正德时期，当地水稻播种最早也要到立夏以后，甚或有拖到大暑后者。③ 引起这种变化的原因不是因为气候变冷，而使早稻播种时间推迟，而是因为当地棉花种植业甚为发达，在芒种以前农民要全力以赴培育棉花，无暇顾及早稻的栽插。④ 浙江嘉兴、湖州等地虽然很少种植棉花，但蚕桑业的重要性也同样使当地双季稻种植的可能性不能变为现实。种植双季稻要求头季稻必须在三四月间播插完毕，但三四月正是当地蚕事最忙的季节，称为"蚕月"。⑤ 在此期间，不仅亲朋好友不相往来，夫妇犹不共榻，"贫富彻夜搬箔摊桑"，官府也停征罢讼。⑥ 既然如此，水稻的栽插也就只好推迟到四月以后了，故当地有谚云："江村四月闲人少，才了桑麻又插秧"。⑦

总而言之，明代双季稻种植范围不广的原因较为复杂，有气温偏低等自然因素的影响，也有早熟稻品质不好，质量较低，生产技术水平尚较低下等人为因素的制约，而技术水平则是其中起决定作用的因素，就当时的气候条件而论，长江以南大多数地区都是可以种植双季稻的。

（原文发表于《中国农史》1995 年第 14 卷第 3 期）

---

① 嘉靖《增城县志》，卷一〇，"政事志·食货类·农"。

② 嘉靖《永丰县志》，卷三，"物产"；万历：《秀水县志》，卷一，"舆地志·风俗"。

③ 正德《松江府志》，卷五，"土产"。

④ 徐光启：《农政全书》，卷二五，"树艺·谷部上"。

⑤ 万历《秀水县志》，卷一，"舆地志·风俗"。

⑥ 陆容：《菽园杂记》，卷一三；王士性：《广志绎》，卷四，"江南诸省"。

⑦ 万历《秀水县志》，卷一，"舆地志·风俗"。

明代太湖流域的粮食生产与缺粮问题

在目前学术界，存在这样一个流行的观点：明代中后期，太湖流域由于商品经济的高度发展，大量耕地改种经济作物，粮食种植面积缩小，再加上大量工商业市镇的崛起，非农业人口增长迅速，从而由南宋时期的"苏湖熟，天下足"，一变而为明代的"湖广熟，天下足"，由余粮区转化为缺粮区。但对于明代中后期太湖流域粮食作物的种植比重究竟下降了多少，粮食总产与粮食消费的关系究竟如何，粮食缺口究竟有多大，还缺乏更为深入的探讨。这些问题不搞清楚，对于太湖流域在明代中后期的经济地位及太湖流域本身的经济特征，无疑将很难作出准确的判断。本文即拟从上述诸方面逐一进行探讨。

一　主要粮食作物及其种植面积的变化

明代太湖流域的粮食作物很多，据当时所编各地方志及其他文献材料的记载，主要有水稻、大小麦、豆类，以及芋薯类和黍粟类等，而以水稻和小麦的地位最为重要。

（一）水稻

"东南之田，所植惟稻"，[①] 水稻是明代太湖流域最基本的粮食作物，各府都有大面积的种植。洪武时期，嘉兴府共有耕地 4271343 亩，其中水田 3817925 亩，旱地 453418 亩，[②] 水田占耕地总面积的 89%。嘉靖元年，

---

① 徐光启：《农政全书》，卷一二。
② 万历《嘉兴府志》，卷五，"田亩"。

湖州府共有耕地 3331984 亩，其中水田 2735861 亩，旱地 596123 亩，[①] 水田占耕地总面积的 82%。正德六年，松江府共有耕地 4398195 亩，其中水田 3736871 亩，旱地 661324 亩，[②] 水田占耕地总面积的 85%。苏州和常州二府缺少具体的分项田地统计资料，估计其水田比例也在 80% 以上。如常州府江阴县，嘉靖时期共有耕地 1057663 亩，其中水田 1013558 亩，[③] 占耕地总面积的 96%。由于明代一直实行的是维持洪武时期赋税原额的政策，太湖流域的田地除洪武年间进行过清查核实外，未再进行较大规模的丈田活动，田地数额在有明一代基本保持不变，因此，上述各府的水田比例实际上反映的是洪武时期的状况。洪武时期，太湖流域各府在额田地共有 32676074 亩（见下页表），除掉其中的山、塘、溇、荡等非耕地部分，实际耕地约为 2870 万亩。[④] 若各府水田比重均按 85% 计，则洪武时期本区水稻种植面积共约 2440 万亩。

明代中叶以后，在自然环境变迁和社会经济条件变化的共同影响下，太湖流域经济作物的种植面积逐渐增大，水稻种植比重不断下降。其中变化最大的当推嘉定、太仓一带。嘉定县三面缘海，土田高亢瘠薄，但在明初因为尚有大小塘浦泾港三千余条，水道通流，可以车戽灌溉，所以民间种稻者十分而九。到万历时期，由于水利失修，江潮逐渐壅塞，清水不下，浊潮逆上，沙土日积，先前的塘浦泾港"其存者如衣带而已"。水稻种植已十分困难，"其民独托命于木棉"。据万历十一年统计，嘉定县实征田地涂荡等项共 12986 顷 17 亩，宜种稻禾田地 1311 顷 60 余亩，只及全部田地的十分之一，其余皆只堪种棉花菽豆。[⑤] 崇祯《太仓州志》亦云"耕地宜稻者十之六七，皆弃稻种花"。[⑥] 估计这两县的稻田面积均只占耕地总面积的 10% 左右。

①　万历《湖州府志》，卷三，"区亩"。

②　正德《松江府志》，卷七，"田赋中"。

③　嘉靖《江阴县志》，卷五，"田赋"。

④　明代江南各地山、塘等项非耕地在田地总额中的比重不等，据上引资料的记载，湖州府占 43%，嘉兴府占 3%，松江府占 7%，江阴县占 7%。本文计算非耕地时，湖州、嘉兴、松江三府均按上述比例计算，常州和苏州二府按 7% 计算。

⑤　万历《嘉定县志》，卷七，"田赋考下"；卷一九，"文苑"。

⑥　崇祯《太仓州志》，卷一五，"灾祥"。

洪武、万历时期太湖流域各府田地数量

府名	洪武时期（亩）	万历时期（亩）
苏州	9850671	9295951
松江	5132290	4247703
常州	7973188	6425595
嘉兴	4500683	4323298
湖州	5219242	6112872
总计	32676074	30405419

资料来源：苏州、松江、常州三府据万历《大明会典》卷一七"户部四·田土"，分别为洪武二十六年数和万历六年数。嘉兴府洪武时期据万历《嘉兴府志》卷五"田亩"，为洪武二十四年数；万历时期据乾隆《浙江通志》卷六七"田赋"，具体年代不明。湖州府洪武时期据万历《湖州府志》卷三"田赋"，为洪武二十四年数；万历时期同嘉兴府。

　　其次是松江府上海县和嘉兴府崇德、桐乡一带。上海稻田面积的减少也主要是受棉花种植的排挤。据徐光启估计，其时沿海官民军灶共垦田大约 200 万亩，其中大半用于种棉。[1] 明末清初松江府上海县人叶梦珠也说："吾邑地产木棉，行于浙西诸郡，纺绩成布，衣被天下，而民间赋税，公私之费，亦赖以济。故种植之广，与粳稻等。"[2] 是上海一带的水稻种植面积已下降到耕地总面积的 50% 左右。崇德、桐乡一带则主要是受桑麻的影响。清初桐乡人张履祥在《补农书》中称"桐乡田地相匹，蚕桑利厚"，[3] 又说其东路田皆种麻。[4] 万历《崇德县志》亦称"崇邑田地相埒"。[5] 这些记述表明崇德、桐乡一带的稻田面积亦已下降到整个耕地面积的 50% 左右。

　　上述地区而外，其他地区的棉织业和蚕桑业也很兴盛。嘉兴府除崇德、桐乡外，秀水县养蚕之风亦很浓厚，三四月间因村妇多养蚕，故当地俗称四月为"蚕月"。[6] 湖州府的蚕桑业比嘉兴府更为繁荣，桑树"在在

---

① 《农政全书》，卷三五，"蚕桑广类·木棉"。

② 《阅世编》，卷七，"食货四"。

③ 《补农书校释》，卷下。

④ 陈恒力：《补农书校释》，下卷，"补〈农书〉后"。

⑤ 万历《崇德县志》，卷一二，"丛谈"。

⑥ 万历《秀水县志》，卷一，"舆地志·风俗"。

有之";① 农家岁计，唯赖以蚕，"胜以则增饶，失手则坐困"，为他郡所无。② 其余像苏州府吴县、昆山、吴江一带，养蚕之家亦不少，尤其是吴江县，有"蚕桑盛于两浙"之谚。③ 但一方面，桑土宜高，田边地头，檐隙池畔，比水田更适于桑树的生长，无须通过侵占稻田来扩展种桑；另一方面，除少数几个蚕桑业市镇而外，广大乡村只不过将蚕桑的经营当作另一个重要的收入来源，对于田事仍非常重视，当地田地紧张，农民也不可能将大面积的稻田用来种桑。因此，这一带的蚕桑业虽然有很大的发展，但水田比重应无太大变化。张履祥云："东而嘉善、平湖、海盐，西而归安、乌程，俱田多地少。"④ 即是这种情况的真实反映。棉花性喜高燥，因此也主要集中在濒江沿海的冈身沙地之上。除上面所提到的几个州县外，苏州府昆山县东南境、常熟县西北境、常州府江阴县西部以及嘉兴府平湖县东部高乡地带都有普遍种植。⑤ 其余各地棉织业虽也很发达，但棉花种植却不多，其棉织原料主要来自东部产棉诸县。如苏州府吴县，嘉靖《吴县志》和崇祯《吴邑志》均载有棉布之产，但却无棉花之植；嘉兴府海盐县，"地产木棉花甚少，而纺之为纱，织之为布者，家户习为恒业。不止乡落，虽城中亦然。"⑥ 也就是说，除昆山、常熟、江阴、平湖四县外，其他各县的水稻种植基本没有受到棉花的影响，这些县的水稻种植比重与明前期相比也不可能有什么大的变化。昆山、常熟、江阴、平湖四县明后期的水田比重有多大，史无明文。假设其中有一半是高乡，而高乡亦同松江府沿海地带一样，一半为旱地，用来种棉，一半为水田，种植水稻，则四县植棉面积约占25%，水稻种植面积约占65%。

根据以上估测，明代后期嘉定、太仓二州县水稻面积为耕地总面积的10%，上海、崇德、桐乡三县为50%，昆山、常熟、江阴、平湖四县为65%，其他各县仍基本维持明初的比例，即85%。万历时期太湖流域五

① 朱国祯：《涌幢小品》，卷二，"蚕报"。

② 万历《湖州府志》，卷三，"物产"。

③ 康熙《吴江县志》，卷一六，"风俗"。

④ 《补农书》，卷下。

⑤ 归有光：《论三区赋役水利书》，乾隆：《昆山新阳合志》，卷三六，"艺文"；嘉靖：《常熟县志》，卷四，"物产志"；嘉靖：《江阴县志》，卷六，"土产"；天启：《平湖县志》，卷一〇，"风俗一·习尚"。

⑥ 天启《海盐县图经》，卷四，"方域篇四·县风土记"。

府在额田地共 30405419 亩（见上表），除掉山、塘、溇、荡等非耕地，实际耕地约为 2625 万亩。有明一代，上海县耕地约占松江府耕地总数的 45%，嘉定、太仓二州县约占苏州府的 18%。昆山、常熟约占苏州府的 30%，江阴约占常州府的 18%，崇德、桐乡约占嘉兴府的 23%，平湖约占嘉兴府的 14%。[①] 以此计算，万历时期太湖流域的水稻种植面积约为 1750 万亩，占耕地总面积的 66%，比洪武时期下降了近 20 个百分点，减少了近 700 万亩。

（二）麦类作物

明代太湖流域的麦类作物有小麦、大麦、荞麦等，而以小麦为主，在各府都有种植。无论是小麦还是大麦，都有两种轮作方式，一是在水田与水稻轮作，二是在旱地与棉花、夏豆轮作。万历《嘉兴府志》载当地风俗：春末夏初浸谷种，芒种刈菜麦；芒种后逢壬日立霉，赛神、莳秧；九月九日农家涤场收稻，随种菜麦。[②] 常州府风俗大致相同："秋风刈早禾，霜降刈晚禾，俗谓收场。早禾刈后随时播种二麦。俗谓麦黄。"[③] 明末清初桐乡人张履祥则说："吾乡种田，多在夏至后，秋尽而收。种麦多在立冬后……至夏至而收……中秋前下麦子于高地，获稻毕，移秧于田，使备秋气，虽遇霖雨妨场功，过小雪以种无伤也。"[④] 说的都是稻麦轮作的情况，很明显，这种轮作方式在太湖流域普遍存在，并占主导地位。麦棉轮作之所以较少，主要是种麦耗地力太大，影响棉花产量。徐光启说："凡田，来年拟种稻者，可种麦；拟棉者，勿种也。……若人稠地狭，万不得已，可种大麦或稞麦，仍以粪壅力补之，决不可种小麦。"[⑤] 由于稻麦轮作占主导地位，水稻种植比重的下降必然引起麦类作物种植比重的下降。宋应星云："西极川、云，东至闽、浙，吴、楚腹焉，方长六千里中，种

<hr />

① 分别据正德：《松江府志》，卷七，"田赋中"，正德：《姑苏志》，卷一五，"田赋"，正德：《常州府志续集》，卷一，"食货·财赋"，万历：《嘉兴府志》，卷五，"田亩"。

② 万历《嘉兴府志》，卷一，"风俗"。

③ 《古今图书集成·方舆汇编·职方典》，卷七一五，"常州府部汇考九·常州府风俗考"。

④ 《补农书校释》，下卷，"补〈农书〉后"。

⑤ 《农政全书》，卷三五，"蚕桑广类·木棉"。

小麦者二十分之一……种余麦者五十分而一。"① 是当时我国南方麦类作物的种植而积仅占耕地面积的7%。从上述所引材料来看,太湖流域很显然要超过这个比例。当时太湖流域各府夏税麦数与北方诸府相等,甚至超过,也说明当地的麦类作物种植绝不会少。假设当时仅有三分之一稻田实行稻麦轮作,明代前期太湖流域的麦类作物种植比重就达到25%,种植面积为700多万亩;明代后期也在20%以上,种植面积接近530万亩。

(三) 豆类作物

本区的豆类作物包括黄豆、绿豆、蚕豆、豌豆等,也是各府常见的一种粮食作物。其中黄豆、绿豆为秋收作物,多于旱地与棉花套作;蚕豆、豌豆则为夏收作物,一般于水田与水稻轮作,当然也有于旱地与棉花等轮作者。《古今图书集成·职方典》卷六七六"苏州府风俗考"即谓"禾与棉必相间种植",康熙《嘉定县志·物产》亦云:"今佃户杂种诸豆于棉花两沟之旁,冀棉花或败,犹得豆以抵租也"。至于宋应星在《天工开物》中所说的"吴郡力田者,以锄代耜,不借牛力。……既以无牛,则秋获之后,田中无复刍牧之患,而菽、麻、麦、蔬诸种纷纷可种",② 则分明指的是与水稻轮作的情况。

豆类作物,尤其是黄豆、绿豆等,主要集中在沿海滨江的沙冈地带以及一些丘陵山地。宣德年间,江南巡抚周忱就曾说"松江府华亭、上海二县,其东濒海地高,止产黄豆"。③ 苏州府嘉定县,万历年间本县里老亦称"本县土不宜禾,只产棉花、绿豆";④ 天启《平湖县志》也称"海滨有豆棉之种"。⑤ 浙江吴兴一带有白、黑等大豆,绿、赤、白等小豆,又有茏豆、豌豆、豇豆,但"惟山田尤多种"。⑥ 桐乡一带的蚕豆与小麦之利甚而居当地农户全年收入之半。⑦ 由此可以看出,虽然其种植地区多与棉花一致,但因采取了套作这一种植方式,二者并未产生冲突,反而由

---

① 《天工开物》,卷上,"乃粒"。

② 同上。

③ 顾炎武:《天下郡国利病书》原编第6册"苏松"。

④ 万历《嘉定县志》,卷七,"田赋考下·漕折始末"。

⑤ 天启《平湖县志》,卷一○,"风俗一·习尚"

⑥ 董斯、张遗周:《吴兴备志》,卷二五,"方物征"。

⑦ 《补农书校释》,下卷,"补〈农书〉后"。

于棉区的扩展呈现出进一步发展的趋势。

（四）芋薯和黍粟类作物

除上述粮食作物外，芋薯类作物和黍、稷、粟等在本区也有种植。芋薯类作物包括芋、香芋、山药诸种，主要分布于苏松二府交界处的吴淞江南北两岸。苏州府嘉定县南翔地区不仅产芋和香芋，山药更是当地人主要产业之一。[①] 松江府的芋、香芋、山药也主要出于吴淞江南北两岸，且以西境为众多。[②] 其他各地则多种于桑际篱下，大田一般很少种植。[③] 黍、稷、粟的种植更少，仅高乡偶种之。如正德《松江府志》载："稷，穄也，高乡种之……粟，亦高乡所种。"[④] 崇祯《吴邑志》谓："黍，即小米，田旁偶种。稷，即徨穄，高乡偶种。"[⑤] 嘉兴府亦仅于墩岸间植之，不以充食。[⑥] 由于这些作物种植面积小，且多种于田边地角，桑际篱下，与其他作物不相冲突，因而其种植面积不可能产生很大变化。

综上所述，由于社会经济条件的改变，经济作物种植规模的扩大和排挤，同时也由于自然环境的变迁，太湖流域的粮食生产在明代中叶以后发生了变化，其中变化最大的是当地最主要的粮食作物水稻，其种植比重由明前期的85%下降到66%；其次是麦类作物，种植比重由25%下降到20%；其他粮食作物则变化不大，像豆类作物，种植比重不仅未曾下降，反而有进一步扩展的趋势。

二 粮食生产水平及其在全国的地位

在粮食作物特别是水稻种植面积不断减少的同时，太湖流域的粮食生产水平也在不断提高。从对粮食生产大环境的改善——水利建设的重视，

---

① 正德《姑苏志》，卷一四，"土产"。
② 正德《松江府志》，卷五，"土产"。
③ 《补农书校释》，下卷，"补〈农书〉后"。
④ 正德《松江府志》，卷五，"土产"。
⑤ 崇祯：《吴邑志》，卷二九，"物产"。
⑥ 万历《嘉兴府志》，卷一，"土产"；《古今图书集成·方舆汇编·职方典》，卷九六三，"嘉兴府物产考"。

到具体田块地力的保持——合理施肥；从粮食作物的选种、育种，到作物轮作制度的科学安排；从粮食作物种植的前期准备，到后期的田间管理，都有一整套具体而有效的措施，表明当地粮食生产的精耕细作已达到极高的程度。关于这些，当时的一些农书，如徐光启的《农政全书》、明末《沈氏农书》和清初张履祥的《补农书》都有详细记载，时贤也有很多精辟的论述，① 在此不赘。由于粮食生产的高度集约化，明代太湖流域的粮食产量也达到相当高的水平。

关于明代太湖流域的水稻亩产，主要有以下几条资料。

1. 顾炎武在论述苏、松二府田赋之重时说："吴中之民……岁仅秋禾一熟，一亩之收不能至三石，少者不过一石有余。"②

2. 何良俊在论述松江土地肥瘠高下悬绝时说："西乡田低水平，易于车戽，夫妻二人可种二十五亩，稍勤者可至三十亩。且土肥获多，每亩收三石者不论，只说收二石五斗，每岁可得米七八十石矣。……东乡田高岸陡，车皆直竖，无异于汲水……夫妻二人极力耕种，止可五亩。若年岁丰熟，每亩收一石五斗。故取租多者八斗，少者只黄豆四五斗耳。"③

3. 天启《海盐县图经》云："凡田一亩，用种七升或八升，颗六为肋，肋八为个，亩获稻为个者三百六十。上农遇岁，个可得米二合，亩可得米二石五斗。"④

4. 张履祥记述其家乡桐乡的水稻产量云："况田极熟，米每亩三石，春花一石有半，然间有之，大约共三石为常耳。下路湖田，有亩收四五石者，田宽而土滋也。吾乡田隘土浅，故止此也。"⑤

对于上述记载，今人引用甚多，但因理解不同，所得结论也不一样，有谓平均亩产为二石的，有谓在二石二三斗之间的，有谓最多为三石的。⑥ 从上述记载来看，所说的产量都是指米，其中高者达四五石，低者

① 闵宗殿：《宋明清时期太湖地区水稻亩产量的探讨》，《中国农史》1984 年第 3 期。

② 《日知录》，卷一〇，"苏松二府田赋之重"。

③ 何良俊：《四友斋丛说》，卷一四，"史十"。

④ 天启《海盐县图经》，卷四，"方域篇四·县风土记"。

⑤ 陈恒力：《补农书校释》，下卷，"补〈农书〉后"。

⑥ 余也非：《中国历代粮食平均亩产量考略》，《重庆师范学院学报》1980 年第 3 期；闵宗殿：《宋明清时期太湖地区水稻亩产量的探讨》，《中国农史》1984 年第 3 期；吴慧：《中国历代粮食亩产研究》，农业出版社 1985 年版，第 167—174 页。

一石有余，大多数在二石至二石五斗之间。如果折合成稻谷，则高者达十石，低者近三石，大多数在四五石之间。在明代中后期太湖流域商品经济高度发展的情况下，当地农民对于什么样的田地种植什么样的农作物皆有一番权衡。那些水利条件较差，水稻单产较低的田地大都已改种其他经济作物。还在种植水稻的，基本上都是水利条件较好，水稻产量较高的田块。因此，明代中后期太湖流域的水稻亩产在四石左右是基本符合史实的。

关于明代太湖流域的小麦亩产，资料很少，仅有两条。一是松江府沿吴淞江两岸的沙冈地带，在明初尽皆种麦，亩产小麦二石；① 二是张履祥说桐乡一带极熟之田，每亩可收春花一石半，而以一石为常。前者正好是后者的两倍。吴淞江两岸的小麦未指明是与水稻轮作，还是专植于旱地，估计是专植于旱地；桐乡一带则很明确，是与水稻轮作。也就是说，当时太湖流域的小麦亩产，同水稻轮作的要低于专植于旱地的；而在当时，稻麦轮作是占主导地位的。因此，明代中后期太湖流域的小麦亩产只能按一石来计算。

豆类作物亩产量，也有两条资料，分别见上引何良俊语和张履祥《补农书》的有关记载。前者说亩取租"少者只黄豆四五斗"，对半分成，则亩产在一石左右。后者也说亩产以一石为常。由此可知，明代太湖流域的豆类作物亩产均在一石左右。

这样的平均粮食亩产在全国都是很少见的，虽然其他地区也不乏亩产水稻四五石的记载，但那只是在特殊情况下才出现的，就大多数地区而言，亩产都在三石以下。至于小麦和豆类，与北方旱作区的亩产量也不相上下，甚至还有些偏高。②

---

① 正德《松江府志》，卷二，"水上"。

② 参见闵宗殿《宋明清时期太湖地区水稻亩产量的探讨》，《中国农史》1984 年 3 期；吴慧：《中国历代粮食亩产研究》，农业出版社 1985 年版，第 167—174 页；［美］德·希·帕金斯《中国农业的发展（1368—1968）》"附录 7"，宋海文等译，上海译文出版社 1984 年版。

三　粮食短缺及其原因

　　明末吴应箕说：江南"地阻人稠，半仰食于江楚庐安之粟"；① 黄希宪也说："吴中五方聚处，日食甚繁……吴所产之米不足供本地之用，若江、广之米，不特浙属藉以济运，即苏属亦望为续命之膏。"② 表明太湖流域是一个严重缺粮的地区。相同的记述在一些地方志中也时有出现。如嘉兴府崇德县，由于"田地相埒，故田收仅足支民间八个月之食，其余月类易米以供"；③ 苏州府嘉定县，由于境内塘浦淤塞，不宜于种稻，唯种木棉，所以也只得"以花织布，以布贸银，以银籴米，以米兑军，运他邑之粟充本县之粮"。④ 我们说，就部分地区来说，由于经济作物种植的迅速扩大，粮食种植面积大幅度减小，因此引起当地粮食供给不足，是必然的；但就整个太湖地区来说，其真实情况到底如何呢？

　　根据上文的论述，万历时期太湖流域的水稻种植面积约为1750万亩，平均亩产约为四石；麦类作物种植面积约为530万亩，平均亩产约一石；豆类作物及芋薯、黍粟类作物种植面积未见记载，按25％计，⑤ 则有650多万亩，其中豆类作物平均亩产约为一石，芋薯和黍粟类作物无从得知，现亦按一石计。合计粮食总产在8200万石左右。同一时期本区共有在册人口4841508，比洪武时期在册人口6272845⑥ 还要少143万多人，显然与这一时期的政治经济发展情况不相符合。根据笔者依据家谱及其他有关材料的统计，估计明代的人口增长率在5‰左右，⑦ 这一结论与其他专家的结论⑧ 不谋而合。按5‰计算，到万历时期太湖流域共有人口约

---

　　① 《楼山堂集》，卷一〇，"兵事策第十·江防"。

　　② 《抚吴檄略》，卷一，"为饬场遏籴之禁大沛邻郡封事准"。

　　③ 顾炎武：《天下郡国利病书》原编第二十二册"浙江下"。

　　④ 万历《嘉定县志》，卷七，"田赋考下·漕折始末"。

　　⑤ 根据吴慧先生的推算，见《中国历代粮食亩产研究》第171页注（3）。

　　⑥ 分别据：《明史》，卷四〇；嘉靖：《南畿志》，卷三；嘉靖：《浙江通志》，卷七；乾隆：《浙江通志》，卷七一；万历：《嘉兴府志》，卷五。

　　⑦ 见笔者博士学位论文《明代苏皖浙赣地区农业地理研究》第二章"人口状况"，陕西师范大学历史地理研究所1994年4月，未刊。

　　⑧ 葛剑雄、曹树基：《对明代人口总数的新估计》，《中国史研究》1995年第1期。

1600 万。

关于明代的人均食粮，大部分资料都记为人日食米一升。[①] 按明代稻谷出米率为 50% ，则每年人均需食粮七石。事实上当时人均粮食消耗量并没有这么高。因为其一，所谓的人日食米一升，指的是丁男之食量，而不是包括男女大小在内全部人口的平均食量；其二，所谓的人日食米一升，指的是工食米，即除基本口粮之外，还包括其他项目的开支在内。万历《南昌府志》记载："土壤原瘠，以上中下乘之，计一顷出谷不及一百五十石，而缩加以水旱，则不及一百石有奇。计口以食，仅养二十口而不足。"[②] 平均维持一个人的生活需要仅五石多一些。据清初张履祥策邬氏生业时说：只需用三亩地来种植豆麦，便可足二人之食。[③] 以当地中产论，豆、麦两季合起来亩产为二至三石，三亩地共产豆、麦六至九石，人均只需四石左右便可满足一年的粮食所需了。考虑到明代后期太湖流域商品经济发达，农村多种经营的发展，非农业人口较多，饮食品种丰富，包括城乡男女老幼在内，平均人需口粮四石半就完全够了。以此计算，明代后期本区共需口粮约 7200 万石。

口粮而外，还有一项必需的开支，即预留来年的种子粮。据前引天启《海盐县图经》的记载，"凡田一亩，用种七升或八升"。指的是水稻，其他粮食作物亩需种子量没有记载，若均以八升计，每年共需种子粮 230 余万石。

两项合计，本区粮食需要量共约 7430 万石。产需相抵，尚有余粮770 万石。这一数字，比明代后期长江中游两个最著名的粮食输出区湖广和江西布政司实征田赋的总数还要多。[④]

由此可见，尽管明代中后期太湖流域粮食种植面积有了大幅度下降，但由于农业技术发达，粮食亩产甚高，因而仍然有一定的余粮，是国内一个重要的余粮区。然而，上述诸多有关太湖流域缺粮的议论并非是无的放矢，应是有感而发。那么，究竟是什么原因导致本地区需要从外地输入大

---

① 见吴慧《中国历代粮食亩产研究》，第 80 页。

② 万历《南昌府志》，卷七，"典制类·户口"。

③ 见陈恒力《补农书校释》附录 4 "生计"。

④ 万历《大明会典》，卷二五，"户部十二·税粮二"。

量粮食呢？

最主要的原因是当地的赋税负担极为沉重。苏松等府田赋之重，自明初开始就是一个比较突出的问题。据洪武二十六年的统计，当时全国耕地总额为 85076 万亩，征收米麦共 2944 万石，每亩平均 3.64 升，苏松二府耕地额总计为 1489 万亩，共纳米麦 403 万石，每亩平均 26.9 升。① 苏松二府以不到全国 1.8% 的垦田面积要纳占全国近 14% 的田赋，平均每亩负担量是全国平均数的近 7 倍！明代后期，全国粮额总数为 2827 万石，其中苏、松、常、嘉、湖五府粮额达 638 万石，占 22.57%。② 然而当地的实际负担量还不仅仅如此。明代的税粮，除一部分存留归当地政府用于行政开支外，其余要起运到京师和其他指定各仓。洪武时期，定都南京，漕运路程短，所需代价还不甚大。永乐迁都北京后，漕运路线大大延长，其代价也急剧增长。宣德五年以前，江南诸地输往京师的税粮，大部分由百姓自己负责运输，所需运费也由百姓自己负担。其时"漕运军民相半，军船给之官，民则僦舟，加以杂耗，率三石至一石"。③ 宣德五年（1430年），令民粮兑与军运，所需运费，漕粮之外另征加耗米。当时规定"每石不过加一、加二、加三，多者坐赃论罪"，④ 可实际情况往往是耗米比漕米还多。正德初松江府华亭人顾清在给府守的一封信中写道：

> 昨日田间回，始得本户去岁纳粮由贴，内开成熟田十四亩，山地十六亩余，应纳本色平米十二石有奇，细布一匹有半，准平米二石五斗有奇。除正税一石六斗二升外，该加耗十二石九斗有奇。以算法计之，是正税一石而征八石有奇。⑤

根据当代学者的研究，明代漕粮实际运费一般为三至四石。⑥ 苏、松等五府所征夏税秋粮米麦除存留供本地使用外，每年起运南、北二京及淮

① 梁方仲：《中国历代户口·田地·田赋统计》乙表 36。

② 同上乙表 45。

③ 《明史》，卷一五三，"周忱传"。

④ 况钟：《况太守集》，卷七，"遵旨会议奏"。

⑤ 顾清：《与翁太守论加耗书》，载《明经世文编》，卷一二。

⑥ 鲍彦邦：《明代漕粮制度》，载《平准学刊》第 4 辑下册，光明日报出版社 1989 年版。

安、徐州诸仓本色粮共为 382 万石，^① 以最低费用三石计，共需本色粮 1528 万余石。再加上存留粮约 256 万石，实际赋税支出高达 1784 万石。这样一来。本区尚短缺粮食 1000 余万石。而如果按明代后期全国粮赋平均每亩负担量 3.8 升计算，^② 本区只需交纳田赋 115 万石，即使全部用于漕粮，连同加耗也不过 460 多万石，仍不超过本区粮食的支付能力范围。

在长江中上游大量粮食输入本区的同时，又有一部分经过本区继续输往浙江北部杭州、绍兴、严州、宁波等地。前引黄希宪即说到"江、广之米不特浙属藉以济运，即苏属亦望为续命之膏"。万历《杭州府志》卷五一"恤政"亦云："会城生齿日繁，赖北来之米为命。"同书卷五"国朝郡事纪上"更明确指出："杭州府地狭人稠，浮食者多，仰给苏松诸府。"杭州府而外，绍兴、严州、宁波诸府缺粮亦甚为严重。如绍兴府会稽县，"合计依田而食与依他产别业而食者，仅可令十万人不饥耳，此外则不沾寸土者尚十余万人也"。^③ 严州府淳安县，"山多地瘠，民贫而啬，谷食不足，仰给他州"；^④ 建德县，"山多田少，岁登甲户尚无余粟，中产不足以供伏腊，小歉则直倍他土"。^⑤ 这些地区所缺的粮食也大都经由太湖流域运来。毫无疑问，这更进一步增加了太湖流域输入粮食的数量，促进了太湖流域粮食贸易的兴盛和粮食业市镇的繁荣。

四　结　论

至此，可以得出如下几点结论：

第一，明代后期，太湖流域的粮食种植面积比重确实有了大幅度的下降，尤其是当地最主要的粮食作物水稻和麦类作物，下降幅度最大。其中水稻大致由明初占耕地面积的 85% 下降到 66%，麦类作物由 25% 下降到 20% 左右。粮食作物种植比重下降的原因，除受经济作物的排挤外，与自

---

① 明代中期数字，据万历：《大明会典》，卷二六，"户部十一·税粮一"和嘉靖：《浙江通志》，卷一七，"页赋志"。

② 梁方仲：《中国历代户口·田地·田赋统计》乙表 36。

③ 万历《会稽县志》，卷五，"户书一·户口"。

④ 嘉靖《淳安县志》，卷一，"风俗"。

⑤ 万历《严州府志》，卷二，"方舆志二·风俗"。

然环境的变迁也有一定的关系。

　　第二，粮食作物种植比重的下降导致太湖流域部分地区粮食供应不足。但粮食作物和经济作物种植比重的消长实际上是对土地利用方式的一次大调整，更加符合自然规律和经济规律。在粮食作物种植面积缩小的同时，粮食生产的专业化水平随之有了很大提高，平均亩产有了较大的增长。就整个太湖流域来说，仍是国内一个重要的余粮区，每年大约有770万石的余粮可供输出。

　　第三，明代后期太湖流域从长江中上游地区大量输入粮食的原因，主要是由于当地的赋税负担极为沉重。太湖流域每年承担的漕粮数量近400万石，连同存留、加耗，实际支出高达1700多万石，从而使太湖流域形成了每年1000多万石的粮食缺口。这些粮食当然都要由其他地方输入。

　　第四，每年从外地输入太湖流域的粮食都要超过1000万石，因为这些粮食不仅仅要弥补太湖流域本地的粮食缺口，还有相当大的一部分要通过太湖流域进一步输往浙江北部杭州、绍兴、严州、宁波等地。

　　第五，由于太湖流域粮食供求状况的内部差异性和粮食输入输出的复杂性，促进了当地粮食贸易的兴盛和粮食市镇的繁荣，更进一步造成了当地缺粮的假象。

　　　　　　　（原文发表于《中国历史地理论丛》1998年第3辑）

清代安徽人口的增减和垦田的盈缩

一　清代安徽人口和田地资料的分析和评价

近年来，笔者致力于明清安徽农业地理的研究，接触到不少有关清代安徽人口和田地的资料，深感这方面的资料虽然俯拾皆是，但它们的可靠性却存在问题，在引用过程中必须小心谨慎，才不至于出现大的偏差。下面就谈谈作者的一些粗略的见解。

为了方便说明问题，先择要列举有关资料如下：

表1　　　　　　　　　　　清代安徽各时期人口数量　　　　　　　　单位：丁口

时间	人口数量	资料来源
原额	1486852	乾隆《江南通志》卷七五，《食货志·户口》
1685 年	1314431	《清朝文献通考》卷十九，《户口考一》
1724 年	1357573	同上
1749 年	21567929	同上
1783 年	28456217	同上
1812 年	34168059	《嘉庆会典》卷十一，《户部·尚书侍郎职掌二》
1851 年	37630968	梁方仲：《中国历代户口、田地、田赋统计》，甲表 82
1912 年	16229052	同上，甲表 86

表2　　　　　　　　　　　清代安徽各时期田地面积　　　　　　　　单位：亩

时间	垦田面积	资料来源
原额	43730973	光绪《安徽通志》卷六九，《食货志·田赋》
1685 年	35427433	《清朝文献通考》卷二，《田赋考二》

续表

时间	垦田面积	资料来源
1724 年	34200121	同上，卷三，《田赋考三》；卷十；卷十二
1753 年	35019797	同上，卷四，《田赋考四》；卷十；卷十二
1812 年	41436875	《嘉庆会典》卷一一，《户部》
1851 年	34078633	梁方仲《中国历代户口、田地、田赋统计》，乙表 61
1873 年	34078633	同上
1887 年	41114341	同上

从表 1 可以看出，清代安徽的人口资料可以乾隆十四年（1749 年）为界明显地分成两个阶段。从人口自然增长率的一般情况来判断，乾隆十四年以前所谓的丁口资料指的是丁额，而不是全体人口，它比人口的数量小得多，因此不能用它来表示乾隆十四年以前安徽人口的真实增长情况。更确切地说，乾隆十四年以前的丁额实际上是税额，其数量的变化同人口的增减并不存在固定的比例关系，是不能依据它来推求人口数量的。即使是康熙五十二年（1713 年）宣布以后滋生人丁永不加赋后的滋生人丁资料，情况也是如此。如桐城县顺治二年编审有口 25530 口，人丁为 6935 丁，人丁之比为 3.7∶1，到雍正十二年编审，有口 261792 口，[1] 而雍正十三年连同滋生人丁在内只有 9212 丁，[2] 人丁之比为 28.4∶1；再如太和县，顺治十年编审有口 96734 口，常额当差人丁 21154 丁，人丁比为 4.6∶1，雍正间续增口 247936，[3] 雍正十三年连同滋生人丁在内有 23433 丁，[4] 人丁之比为 10.6∶1。因此，有人根据清代安徽的人丁数量，按五口约有一丁的比例来推算清代前期安徽的人口，[5] 是失之轻率的。乾隆十四年以后的人口资料，虽然单位有时还作"人丁"，但从增长率来判断，含义已有所变化，它已是指包括男女老幼在内的所有人口了。尽管这些人

---

[1]　道光《桐城续修县志》，卷二，"田赋志"。

[2]　乾隆《江南通志》，卷七五，"食货志·户口"。

[3]　民国《太和县志》，卷四，"食货"。

[4]　乾隆《江南通志》，卷七五，"食货志·户口"。

[5]　赵文林、谢淑君：《中国人口史》第十章。

口数据与实际情况还有一定的差距，但那只是统计过程中的技术性误差，而不是统计对象不同造成的误差，它的增长还是能比较准确地说明清代安徽的人口增长程度的。

清代安徽的田地资料即田额也同乾隆十四年以前的人口资料一样，只是税额标志，并不是实际的垦田面积。在有清一代，安徽各地的亩制非常混乱，未曾统一。虽然顺治十年以部颁弓尺颁行天下，以此为准丈量田地，康熙年间复行严禁用当地尺计算亩积，但到乾隆十五年，安徽仍未遵照部颁弓尺丈量土地。由于部颁弓尺难以实行，清政府只好允许以后除新垦升科之田须遵照部颁弓尺丈量外，其他田地都"毋庸再议增减"。① 在这种情况下，田额实际是为了征税而估定的，且大都是在前代田额的基础上制定的，而不是按每个农户的实际垦田估计然后逐级上报累加的，当然不可能反映当时垦田的实际情况。从表 2 来看，田额的变化和当时的社会情况并不相符合。明末安徽原额田 43730973 亩，由于明末清初战争的破坏，田地荒芜，到顺治初年只剩 30 余万顷。② 以后逐步恢复，到 1685 年，田额上升到 35427433 亩。但在这以后，田额又一次下降，乾嘉时期一直在 3400 万亩到 3500 万亩之间徘徊，即使加上屯田、公田和学田，在 1812 年也只有 41436875 亩，仍与明末的水平存在着 200 多万亩的差距，这与乾嘉时期由于人口的猛增而掀起的又一次垦殖高潮是不相一致的。19 世纪五六十年代，安徽南北各地再次饱受战争的蹂躏，许多"田亩无主，荒弃不种"，③ 但额田数却未有变化。从常识来判断，清代安徽的田额数量是远远低于实际的垦田面积的。1957 年，安徽省耕地面积为 85550800 亩，人口 33370000 人，④ 每人平均占有耕地面积 2.56 亩，垦殖率 41%。嘉庆十七年（1812 年），安徽省有人口 34168059 人，而田额只有 41436875 亩，折合成市亩只有 38188224 亩，⑤ 每人占有耕地面积 1.12 市

---

① 《钦定大清会典则例》，卷三五，"户部·田赋二"。

② 光绪《安徽通志》，卷六九，"食货志·田赋"。

③ 王韬：《平赋议》，《弢园文录补篇》，卷七。

④ 《安徽经济年鉴（1984）年》第 150、140 页。

⑤ 梁方仲：《中国历代户口、田地、田赋统计》甲表 81，乙表 61。市亩数系按清营造尺（32cm）计算，1 清亩约等于 0.9216 市亩。

亩，垦殖率只有 18%。① 在当时粮食平均亩产量绝不会比今天高的情况下，这么低的垦殖率显然是很难令人相信的。如果按当时较为正常年份的亩产稻谷二石，每人每天须食谷一升②计算，光是维持生存就得田地61502506 亩；如果再加上种子等其他各项开支，每年运往境外的大批漕粮和商品粮，其田亩面积当远不止此数。因此，直接运用田额数量来衡量清代安徽农业的发展程度，显然也是不行的。

　　那么，乾隆十四年以前的安徽人口资料和清代安徽的田地资料是否就毫无价值呢？当然不会。尽管它们不能直接用来作为衡量清代人口和垦田变化程度的标志，但它们的增加或减少却能透露出人口和垦田变化的总体趋势。以丁额而论，如果不是人口大量损失，税额无法完成，当然也就不会减额；反之，如果人口有显著增加，丁额也应有不同程度的增长。以田额而论，虽然总数字永远没有达到明代的水平，但将因折田而减少的数字除外，清初直至乾嘉时期，田额还是每年都有增加的。③ 因此，如果只求定性地说明问题，这些资料是完全可以运用的，但要定量地分析人口和垦田变化的实际程度，就只有依靠其他方法来推求了。

二　清初的人口和垦田情况

　　经过明末清初长期的战争，安徽各地农村出现了人烟稀少，田地荒芜的惨象。据顺治初年编审统计，安徽原额人丁 1846852 丁，顺治初年只有1103176 丁，减少了四分之一；原额田地 437309 顷，在战争中荒芜132624 顷，占原额的 20%。④ 其中江北地区，由于战争持续时间长，规模大，损失最为严重，如安庆府在战争中死去和逃走的人丁约占原额的一半，⑤ 田额经过明末战火焚烧荒芜达 9665 顷，占原额的 45%；⑥ 六安州

---

　　① 清代安徽省土地面积系据谭其骧主编《中国历史地图集》第八册图 18—19 用方格求积法测算，测得面积为 141829km²。

　　② 李兆洛：《凤台县志论食货》，载《皇朝经世文编》，卷三六，"户政"。

　　③ 光绪《安徽通志》，卷六九，"食货志·田赋"。

　　④ 光绪《安徽通志》，卷七四，"食货志·户口"和卷六九，"食货志·田赋"。

　　⑤ 光绪《安徽通志》，卷七四，"食货志·户口"。

　　⑥ 康熙十四年：《安庆府志》，卷四，"田赋"。

"明末寇乱，田荒废十之七八"；① 五河县原载人丁 6761 丁，战争中死去和逃亡 4374 丁，原额田 1270 顷，战争中荒废 651 顷②，分别占原额的 64% 和 51%；颍州府在战争中荒芜的田地也占原额的近一半。③ 长江以南的徽州、太平、宁国等府州，丁额和田额也有不同程度的减少。倘若不是人丁损失太严重，田地荒芜太多，统治者是不会放弃那大量的赋税收入的。

那么，清初安徽究竟有多少人口和垦田呢？从清代中后期安徽各县的人口增长情况来看，太和县的人口增长速度接近于全省的平均增长速度。清代前期，太和县及其附近地区没有发生什么重大的天灾人祸，因此可以通过这一时期太和县的人口增长速度来推求清初的安徽总人口。顺治十年（1653 年）太和县人口为 96734，④ 到嘉庆二十四年（1819 年）上升为 438729 口，⑤ 167 年间人口增长了 4.64 倍；嘉庆二十四年，安徽全省人口为 34925494，⑥ 则顺治十年时约有人口 752.7 万。以此人口为基数，则其中农夫（即壮丁，一般情况下约占总人口的五分之二）约有 301 万，而清代一农夫只能治田 15 亩，⑦ 故顺治十年时安徽耕地面积约有 4500 万市亩。

为了使遭受到破坏的农业生产尽快得到恢复，清政府制定了招抚流亡，奖励垦荒的措施。顺治六年，世祖发布命令，要求各级政府和官员广加招徕各处逃亡民人，给以无主荒田，"开垦耕种，永准为业"；对垦复的土地，六年以后才许升科开征，"务使逃民复业，田地垦辟渐多"；同时还确定"各州县以招民劝耕之多寡为优劣，道府以责成催督之勤惰为

① 同治《六安州志》，卷九，"食货志一·田赋上"。
② 光绪《五河县志》，卷八，"食货志"。
③ 乾隆《颍州府志》，卷三，"食货志·田赋"。
④ 民国《太和县志》，卷四，"食货"。
⑤ 朱云锦：《皖省志略》，卷三。
⑥ 朱云锦：《皖省志略》，卷一。
⑦ 清代一农夫所能治之田，南北方有很大差别。南方强调精耕细作，据张履祥《农书》，其乡桐乡上农夫一人只能治田 10 亩；北方习惯广种薄收，一夫能耕 20 亩以上。南北平均一夫约能治田 15 亩。然在战争刚结束之时，农民还未恢复元气，其治田能力应比正常年份要小，实际上所治之田不会超过 15 亩。

殿最"，每岁终载入考成。① 之后，又具体规定了议叙之例。康熙十二年，又放宽荒地开垦升科期限，"通计十年方行起科"。② 这一措施的实行，效果立见。康熙十二年，安庆府所属六县所有原荒新荒田地俱已复垦完毕。③ 康熙三十三年，合肥县原额荒田也已垦足。④ 其他地区虽未见明确记载，但从东南各省普遍出现的人多地少、粮价上涨问题来看，到康熙中期，安徽各地的人口数量和垦田面积都已达到和超过明代的水平了。

三　乾嘉时期人口的猛增和新地的垦辟

康熙五十二年，宣布嗣后盛世滋生人丁，永不加赋。雍正五年，两江总督又题请自雍正六年开始在江南地区普遍推行丁随田办，⑤ 从此完全结束了中国两千多年来征收人头税的历史。由于没有赋税的负担，中国的人口从此如脱缰的野马，以史无前例的增长率猛增。如表 1 所示，1749—1812 年，六十三年内人口增加了 1200 多万，平均每年增加 20 万。人口的狂升猛增使清政府面临严重的粮食供应紧张问题，迫使他们再一次重申奖励垦荒的政策。到乾隆初年，人多地少的矛盾越来越严重，统治者不得不"筹画变通之计"，准许"安徽所属，凡民间开垦山头地角，奇零不成邱段之水田不及一亩，旱田不成二亩者，概免其升科"。⑥ 这一宽免限度一直到道光时期都未予以变更。⑦

温饱问题的直接作用，清政府宽免政策的颁布，安徽地区又一次掀起了垦殖的高潮。尤其是皖南和皖西山区各地，垦殖规模更为宏大。乾嘉时期，大批外地流民纷纷涌入，在旌德、⑧ 宁国、⑨ 池州、广德和徽州府各

---

① 《清世祖实录》，卷四三，顺治六年四月壬子。
② 《皇朝文献通考》，卷二，"田赋考二"。
③ 康熙十四年《安庆府志》，卷四，"田赋"。
④ 嘉庆《合肥县志》，卷六，"田赋志"。
⑤ 嘉庆《旌德县志》，卷五，"食货"。
⑥ 《清朝文献通考》，卷四，"田赋考四"。
⑦ 《光绪大清会典事例》，卷一六四，"户部·田赋"。
⑧ 嘉庆《旌德县志》，卷五，"食货·物产"。
⑨ 民国《宁国县志》，卷七，"物产志"。

属①租山赁种，搭棚开垦。据嘉庆十二年统计，徽州府属之歙县、休宁、祁门、黟县、绩溪五县，除了"其随时短雇帮伙工人，春来秋去，往返不定，多少不一，难以稽核确数"以外，共有棚1489座，棚民8386人，徽属租出山地已有十之二三。②皖西山区与这里的情况不相上下，霍山县民因生息日蕃，食用不足，相率垦山，从而引起了地竭山空之患，直到道光咸丰之际，才由于战争，人口减少，"山于此时少复元气"。③

乾嘉时期究竟开垦了多少新的田地，在额田中并没有准确地表现出来。假设这时安徽地区的垦殖已接近1957年的水平，达到40%（这种假设是只会偏低而不会偏高的，因为1812年安徽人口数量超过1957年安徽人口数量，而粮食亩产量不会比1957年高），那么，1812年时，安徽的垦田面积应在8500万市亩以上。

四 太平天国革命后的人口和垦田状况

19世纪50—60年代，安徽南北各地成了太平天国和捻军的根据地，从此，安徽又经历了长达十余年的兵灾，人口数量和垦田面积再次下降。

战争首先使人口急剧减少。受战争破坏最严重的地方，"或终日不过行人，百里不见炊烟"；④皖北地区"人民非死即徙，十去七八"⑤；广德州"州人被兵燹后，土著不及十分之一"；⑥滁州"大乱之后，土著十不存三四"；⑦石埭县战后归来之人户，仅及战前十分之一二；⑧宁国县自清咸丰兵燹后，"土民存者不足百分之一"，⑨宣城县亦是如此。⑩尽管前人对战争的损失喜欢用一些约数来说明，没有准确的数字统计，但还是可以

---

① 道光《徽州府志》，卷四之二，"水利"。
② 同上。
③ 光绪《霍山县志》，卷二，"地理志下·物产"。
④ 曾国藩：《豁免皖省钱漕折》，载《曾文正公全集·奏稿》，卷二一。
⑤ 唐训方：《兴办屯垦告示》，《唐中丞遗集·条教》。
⑥ 光绪《广德州志》，卷末，"补正"。
⑦ 光绪《滁州志》，卷二之一，"风俗"。
⑧ 民国《石埭备志汇编》，卷一，"大事记稿"。
⑨ 民国《宁国县志》，卷四，"政治下·风俗"。
⑩ 裕禄《办理皖省垦务片》，《清经世文续编》，卷三三，"户政"。

看出，战争以后，安徽的人口至少比战前少三分之二以上，也就是说，1864 年战争结束时，安徽人口只有 1250 万人左右。

人口的急剧减少，必然造成田地的大量荒芜。由于"人民死亡，室庐被毁"，许多"田亩无主，荒弃不种"，[①] 战争前那种人多地少的矛盾已不复存在，代之而来的问题是田多人少了。而其中尤以皖南地区荒地最多，仅仅宁国、广德一府一州，荒地就不下数百万亩。[②] 设若在总人口中农夫占五分之二，而清代一农夫只能治田 15 亩，则 1864 年安徽垦田面积不会超过 6900 万市亩。

1864 年，清军镇压了太平天国运动和捻军起义以后，安徽农业又进入了恢复时期。同治四年，两江总督曾国藩以皖南石埭等九县地方被害最剧，"惠施耕牛籽种，每县纹银七千余两"。[③] 同治五年，又正式核定《皖省开垦荒田章程》，规定在宣城、南陵、泾县、旌德、太平、绩溪、青阳、建德九个破坏最严重的县设劝农局，专办开垦荒田事宜，[④] 同时在其他地区也采取类似措施，来促进农业生产的恢复。但是，由于清末朝纲松弛，吏治腐败，农业生产的恢复进程非常缓慢，许多州县直到光绪末年垦田数目都还没有恢复到战前水平，如石埭县到光绪二十六年（1900 年）时，未垦之地尚有十分之四，[⑤] 全椒县到民国初年才"始稍复旧观"。[⑥] 安徽人口到 1912 年时才达到 1600 多万，不及 1852 年的二分之一。[⑦]

（原文发表于《安徽史学》1994 年第 1 期）

---

① 王韬：《平贼议》，《弢园文录补编》，卷七。
② 金安清：《皖南垦荒议》，《皇朝经济文编》，卷四〇。
③ 《石埭备志汇编》，卷一，"大事记稿"。
④ 同治《黟县三志》，卷一一，"政事·蠲赈"。
⑤ 姚锡光：《杨储争讼拟勒限讯结原由上池州府笺（光绪二十六年三月）》，《吏皖存牍》，卷上。
⑥ 民国《全椒县志》，卷五，"食货志一·实业"。
⑦ 梁方仲：《中国历代户口、田地、田赋统计》，甲表 81。

清代安徽粮食作物的地理分布

清代安徽的农业生产结构单一，粮食作物的生产占绝大比重。在粮食作物中，又以稻谷和小麦一直占主要地位，是安徽人民的主食，其他则有豆类、黍、稷、粟、高粱、薯类、玉米等杂粮，它们的种植面积虽然不能与稻麦相比，但在大多数地区同样是农民生活中不可缺少的一部分。

一　主要粮食作物的生产和分布

（一）稻谷

稻谷的生产在安徽具有悠远的历史。清代，安徽的稻谷生产获得进一步的发展。

清代安徽稻的品种很多，按照种植方式的差异可分成水稻和旱稻两类；按照种植时间的先后则有早稻、迟（中）稻、晚稻的差别；若按照品质又可以分成籼稻、粳稻、糯稻三种。这些不同的种类都包含有众多的品种，如乾隆初年，宁国县有粳稻 45 种、糯稻 23 种；贵池县有粳稻 33 种，糯稻 20 种。① 而且这些品种结构也在不断发生变化，一些新的品种被引进和推广，一些过时的品种遭到淘汰。来安县向无早稻，康熙间县令祁瀚引种黄瓜籼，因系早熟能缩短青黄不接的时间，所以引种后，"一年而遍野生焉，俗因名之曰祁公早"；② 南陵县在嘉庆以前"向以木易籼、大早稻、细早稻等类为普通物产"，嘉庆以后，"以土性稍变，多改种湖

---

① 鄂尔泰、张廷玉：《钦定授时通考》，卷二一"谷种·稻二"。
② 李彦章：《江南催耕课稻编·江南劝种早稻说》。

南籼、江西早，旧时稻种几致失传"，又从江北庐州府传来一种冬稻；①
为充分利用高阜斜坡，化无用之田为有用，乾隆五年，从福建引种旱
稻；② 清末，从日本输入一种名叫"女郎"的旱稻，这种旱稻比本地旧种
耐旱，发育充足，枯穗较少，故推广得很快。③

安徽淮河以南地区，热量充足，水源丰富，是水稻的集中产区，
每一州县都有大面积的水稻种植，尤其是沿江平原一带，圩田广布，
土壤肥沃，稻田面积更为广大，这在清代安徽的诸多方志和一些地方
官的奏疏中都有较详尽的记载和反映，无须逐县加以论述。山区则因
受地形和水源的限制，种稻面积相对较小，如皖南山区的太平县，雍
正三年的县志在记述物产时，就没有提到稻，直到乾隆二十一年的县
志中才有稻的记载，④ 显见在雍正以前，本县的水稻生产微不足道；再
如乾隆中期的歙县，其南部因"山多田少，艰于种稻，惟粟为宜，号曰
秋粮，饔飧全赖，至有终年而未见粳稻者矣"。⑤ 淮河以北地区也有水稻
的分布。乾隆初年，五河县和泗州水稻的生产都很有名；⑥ 颍州府在乾隆
初年也有籼稻、晚稻和糯稻的生产；⑦ 凤阳府淮北地区虽"种谷宜麦，然
亦艺稻"。⑧ 不过水稻的种植面积很小，而且呈现大分散小集中的特点。
淮北地区的水稻主要种植在南部几个县的一些河流洼地，这里水源基本能
得到保证，热量也比较优越。像五河县，水稻以西乡种植者为多，⑨ 颍州
府阜阳县只有"迤南数堡间有水田"。⑩ 其他种植水稻的还有颍上、凤台
等县，⑪ 都在淮河沿岸；稻也都种于下地。淮北地区水稻种植面积不广，

---

① 民国《南陵县志》，卷一六，"食货志·物产"。
② 光绪《安徽通志》，卷一三八，"职官志·名宦"。
③ 日本外务省《清国事情》下。转引自李文治《中国近代农业史资料》第一辑。
④ 雍正《太平县志》，卷三，"赋则志·物产"；乾隆：《太平县志》，卷三，"风俗·物产
附"。
⑤ 乾隆《歙县志》，卷六，"食货志·物产"。
⑥ 《钦定授时通考》，卷二一，"谷种·稻二"。
⑦ 乾隆《颍州府志》，卷三，"食货志·物产"。
⑧ 光绪《凤阳府志》，卷一二，"食货志·物产"。
⑨ 光绪《五河县志》，卷一〇，"食货志·物产"。
⑩ 光绪《皖志便览》，卷三，"颍州府序"。
⑪ 光绪补刊本：《颍上县志》，卷一二，"杂志·风俗"；李兆洛：《凤台县志论食货》，《皇
朝经世文编》，卷三六"户政"。

不仅受自然条件的制约，而且还受到风俗习惯的影响，正如乾隆八年九月安徽巡抚范璨在一份奏疏中所指出的"凤阳、颍州二府民俗，食麦者十之二三，食秫秫者十之七八，稻米非所急需"，① 既不食稻，当然也就不愿意多种了。

除水稻外，一些地方还有旱稻的种植。旱稻主要分布在淮北平原和淮河以南地区的一些山地丘陵，这些地方水源条件差，不适宜种植水稻。安徽旱稻的品种来源和种植过程，《清高宗实录》和《安徽通志》均有较详细的记载：

> 《清高宗实录》卷一二七乾隆五年九月条说："（乾隆五年九月），安徽巡抚陈大受奏：安省阡陌相连，原无遗利，惟高阜斜坡处所，茂草平芜，竟成荒废。春间令民试种旱稻，现在每亩收成，竟有至两石者。明岁当令各州县，广为树艺，以收地利。"
>
> 光绪《安徽通志》卷一三八"职官志·名宦"云："陈大受，乾隆四年授安徽巡抚。五年……以高阜斜陂（坡）杂粮均不宜种，惟旱稻一名作畬粟，其性宜燥，产生福建安溪，尝遣购数十石分给各属树艺，化无用之田为有用。"

这样看来，在乾隆初年，全省各地都种植过旱稻。但到后来，种植地区越来越少，以致足迹遍历江浙几省的包世臣也不知种旱稻之法。② 到清末，只有亳州、涡阳、太和、芜湖以及歙县、广德等与浙江省交界的地方还在种植旱稻。③

旱稻虽然最初得到安徽地方官员的大力提倡，但种植范围却并未见扩大，其原因还在于旱稻的产量不如玉米、红薯等作物高，亩产达到两石已经是很了不起的收成了。而在旱稻能种植的地方，玉米和红薯基本上也能种植，并且种植技术也远比种植旱稻容易得多。

---

① 《清高宗实录》，卷二〇一，乾隆八年九月乙酉。

② 包世臣：《安吴四种·齐民四术》。

③ 光绪《亳州志》，卷六，"食货志·物产"；民国《涡阳县志》，卷八，"食货志·物产"；民国《太和志》，卷四，"食货·物产"；日本外务省《清国事情》下；民国《歙县志》，卷三，"食货志·物产"；光绪《广德州志》，卷二二，"田赋志·物产"。

清代安徽的稻谷产量因地区和田地而有差异。嘉庆时，凤台县一亩田可收四五石；[①] 据对休宁县一个富农 1854 年至 1863 年经营田场的统计，平均亩产也达 4.88 石；[②] 清末民初，无为县圩田每亩平均产四石，亦有多达六七石的，而"山田则以土味较瘠，年产每亩不过二石左右"；[③] 滁州一带产量最低，光绪年间每亩只收一石。[④] 总的来说，平原地区亩产较高，山地丘陵地区亩产较低。

康熙末年，安徽地区开始推广双季稻。康熙五十六年，李煦将"御稻"种子分发安徽等省，安徽省所领稻子二十石，[⑤] 但哪些地方种植，种植结果如何，再无记载。也许就分发到省城安庆府附近的一些县份，后来桐城、怀宁等县双季稻种植较多，正是这次发种的结果。与此同时，江宁织造曹頫也领了一些御稻种子发种，发种的范围包括安徽省的含山县和芜湖县。[⑥] 康熙以后，双季稻种植已成为正常现象，主要分布在沿江平原地区，以桐城、怀宁、庐江等县较多。据《钦定授时通考》载，乾隆初年怀宁县"田有宜早稻者，秋前收，仍种晚禾"；[⑦] 乾隆中期的一份地方官关于地方情形的奏折亦称安庆、池州、庐州等府属都有"专种早晚二稻之田"；[⑧] 此时桐城、怀宁"稻田再熟，种麦较少"已是尽人皆知的事实，不容怀疑。[⑨] 道光时期，李彦章说安徽岁种再熟之田已"居其大半"，[⑩] 虽不免有夸大之嫌，但不能说毫无根据，应该说这时安徽地区的双季稻种植已经很普遍了。

康熙末年，沿江地区东部的芜湖、含山县也曾试种过双季稻，但后来的这个地区地方志都没有有关的记载，而沿江西部地区一经试种，却很快得以推广，这是由气候条件和经济效益两个方面的作用所引起的。沿江平

---

① 李兆洛：《凤台县志论食货》。

② 李文治：《中国近代农业史资料》第一辑。

③ 民国《无为县小志》，第四，"物产"。

④ 光绪《滁州志》，卷二之二，"土产"。

⑤ 《李煦奏折》。

⑥ 中国第一历史档案馆编《康熙朝汉文朱批奏折汇编》第七册 2488。

⑦ 《钦定授时通考》，卷二一，"谷种·稻二"。

⑧ 裴宗锡：《抚皖奏稿》，乾隆三十八年三月十七日《奏为恭报地方情形事》。

⑨ 《清高宗实录》，卷一〇七六，乾隆四四年二月丙辰条。

⑩ 李彦章：《江南催耕课稻编·江南劝种再熟稻说》。

原西部地区年平均气温最高，在 16℃ 以上，无霜期最长，每年达 240 天，[①] 而东部地区则在此以下。西部地区种植双季稻，下熟稻的保收率比东部地区高。从经济效益来说，沿江东部地区以圩田居多，种植单季稻平均产量在四石左右，高产能达六七石，[②] 而种植双季稻，两季总产量平均也不过五石左右，最高产量也未见超过七石的，[③] 并且种植双季稻所花费的人工和肥料要多得多，尤其是在割早稻、栽晚稻的时候，为了抓季节，时间更形紧张，没有足够的人力和物力是很难完成的。如其种植双季稻，不如种好单季稻。何况，单季稻收割后，还可种植一季秋播作物，而双季稻收割后，节令已过，什么也种不成了。清代晚期，怀宁一带原来种植双季稻的地方，也"皆易早晚二季为中迟一季"，其原因据说是因"地质大异，每种晚稻，所入犹不足偿耕耨之费"，[④] 也是经济效益在起作用。其他种植双季稻的县份虽未见到如此记载，但结合清后期经过太平天国运动以后，农村人口大量减少，田地大量荒芜，可以断定双季稻的种植面积比道光时期都有所收缩。

　　清代安徽稻田面积究竟有多少，没有系统确切的数字统计，但是可以进行推算。淮河以南的额田基本上都分成田、地、山、塘等项。《六安州志》载，本地"又旧分田、地、塘、山为四，以种稻曰田，以种麦、豆、麻、菜曰地"，[⑤] 其他地区虽没有如此明确的解释，但今天沿江及其以南地区的广大农村称田则指水田，即种植水稻之田，称地则指旱地，即种植麦、棉、杂粮之地，田地的区别也很为明确，推测清代也是如此。那么，根据额定田地的比重就可以推测清代安徽用于种植水稻的田地在总的垦田面积中的比重了。现将已掌握的州县田、地比重列表如下（见表 1）。

---

① 安徽省气象局资料室《安徽气候》。

② 民国《无为县小志》，第四，"物产"。

③ 《李煦奏折》。

④ 民国《怀宁县志》，卷六，"物产"。

⑤．同治《六安州志》，卷九，"食货志一·田赋上"。

表1　　　　　　　　　清代安徽淮河以南地区各地田、地比重

地名	时间	田额（亩）	地额（亩）	田额比重（％）	资料来源
寿州	额定	1551646	557044	73.58	光绪《寿州志》卷七
无为州	原额	1106696	165033	87.02	光绪《庐州府志》卷一四
无为州	康熙二年	1107662	165086	87.03	同上
宣城县	康熙五年	1126749	297109	79.13	嘉庆《宁国府志》卷一七
南陵县	同上	510363	85460	85.66	同上
泾县	同上	250672	128085	66.18	同上
宁国县	同上	188579	112771	62.58	同上
旌德县	同上	152364	79499	65.76	同上
太平县	同上	89721	36590	71.03	同上
旌德县	顺治一一年	245748	79499	75.56	嘉庆《旌德县志》卷五
铜陵县	顺治三年	192928	46391	80.62	乾隆《铜陵县志》卷四
铜陵县	乾隆二一年	129918	26181	83.23	同上
太平府	康熙一二年	1362342	143607	90.46	康熙《太平府志》卷一〇
歙县	道光初	353721	135402	72.32	道光《徽州府志》卷五之一
休宁县	同上	359707	128248	73.72	同上
祁门县	同上	183438	36367	83.45	同上
黟县	同上	121923	29996	80.26	同上
绩溪县	同上	143191	40628	77.90	同上
歙县	宣统年间	213553	83302	71.94	民国《歙县志》卷三
石埭县	乾隆初	52739	17809	74.76	乾隆《续石埭县志》卷四
霍山县	光绪年间	216455	33222	86.70	光绪《霍山县志》卷四
建平县	顺治六年	455639	76563	85.61	光绪《广德州志》卷一六

从表1可以看出，田额在田、地总面积中的比重基本上是与自然条件相一致的。除霍山、祁门、黟县三县外，田额占80％以上的州县都位于沿江平原，这与这里圩田广布，稻田面积广大是相符合的。其他如寿州，因靠近淮河，水稻种植面积相对较少，故田额所占比重也较少；泾县、宁国、太平、旌德、歙县、休宁、绩溪、石埭等县，境内山多田少，旱地面积较大，故田额所占比重也较小。将这22个地方田额所占比重进行平均，得出淮河以南地区田额占田地总额的71.64％。如前所述，淮河以北地区

只有泗州、五河及其他靠近淮河的州县部分地区有水稻种植，如果将泗州和五河二县稻田面积占耕地总面积比重也以 71.64% 计算，淮北其他各州县按零计算，根据 1824 年的田额统计，淮河以南地区及泗州、五河二州县田额占全省田额的 72.29%，[①] 则全省稻田面积约占耕地总面积的 51.78%。如果再将地折田的情况考虑进去，一般是每地 2 亩折田 1 亩，[②] 那么淮河以南地区的稻田面积只能占本地区耕地总面积的 63.71%。以此推算，全省稻田面积约占耕地总面积的 46.06%，这与张心一《中国农业概况估计》一书计算出的 20 世纪 30 年代初长江七省稻田面积占耕地总面积的 48.80%[③]相差不大，应该是比较接近实际的。

（二）麦

麦包括大麦和小麦。大麦除用作粮食外，还用作饲料。麦同稻和菽一样，在乾隆《江南通志》、道光《安徽通志》和光绪《安徽通志》的《食货志》"物产"门中，都是作为全省通产来记述的，并且列在谷品的第一位，说明其在全省各地都有生产，而且种植面积很大。

麦按种植时间来划分，可以分为春麦和冬麦两种，根据地方志和一些地方官的奏疏所记述，清代安徽地区种植的都是冬麦，即方志中所说的"二麦"。虽然二麦在全省各地都有种植。但由于受自然条件、耕作制度和饮食习惯的影响，各地种植二麦的比重还是不同的。

总体来说，皖北平原地区种麦最广。这里的气候和土壤条件都适宜种麦，亩产较高，质量较好，而且民俗又以此为普通食品。据乾隆《江南通志》、光绪《安徽通志》等的记载，清代征收本色麦的地区有凤阳、颍州、庐州、六安、泗州三府二州，说明这些地区麦的种植面积和产量在当地粮食作物中都占有重要地位。这些地区征收本色麦常年保持在 12000 石以上，其中凤阳、颍州、泗州二府一州就占了 10000 多石。[④] 许多其他方志的记载也说明了皖北平原区麦在农业生产中的重要地位，像涡阳县

---

①　光绪《安徽通志·食货志》。

②　乾隆《江南通志·食货志》；光绪《安徽通志·食货志》。

③　吴慧：《中国历代粮食亩产研究》，农业出版社 1985 年版，第 179 页注①。

④　乾隆《江南通志·食货志》；光绪《安徽通志·食货志》。

"产麦为大宗，系普通食品"；① 五河县"本地以二麦为重，谚云一麦抵三秋"；② 阜阳县"春秋以二麦、罂粟为大"；太和县"四乡皆旱田，春秋二麦为重"；③ 亳县农产品最著者也首推二麦，④ 等等。以上所引，有的虽系清末民初的情况，但以此推论清前期也委实不诬，因为在清两百多年内，皖北平原区的自然条件和人民的生活习惯都没有大的变化，而麦又系冬季种植，初夏收割，未出现过有其他什么新型冬季作物来与它争地。

本省其他地区也有麦的种植。南方人本来习惯以稻为食，不喜食麦，但是在"旧谷既没，新谷未登之交，田家日食多赖此"，⑤ 因此，几乎所有农家每年都要种一点麦，以备来年青黄不接时能有所接济。这种情况在十几年以前的安徽沿江地区的许多农村还是如此。不过，在这些地区，麦在农业生产中的地位，只能排在稻以后，占次要地位，如全椒县"宜稻之区什之七，宜麦、菽者什之三"，⑥ 霍山县"谷之属以稻为正粮，……稻之外，二麦、玉芦为大宗"。⑦ 在所有的地方志中，唯独嘉庆《南陵县志》物产中没有麦的记载，这并不是说本县这时没有麦的种植，只能讲本县麦的种植很少，以致其生产情况如何并不为人们所关心。

皖北平原区以南地区的麦主要种植于山地。安徽巡抚李成龙曾在一份报告中指出，"安徽等属地方，虽系江南，山田甚多，种麦最广"。⑧ 滁州一带地方"在两山之间者曰冲田，其稼宜稻……山坡曰料田，其稼宜麦、宜黍、宜菽、宜麻"。⑨ 也有种植于水田的，与水稻轮作，这在许多地方官的奏折中有详尽的描述，其中乾隆年间裴宗锡的《抚皖奏稿》记载最为集中，可以参看，这里不另行引述。但是由于种植麦颇耗地力，且麦又性忌湿，它在水田与水稻轮作的情况并不十分普遍，只是在一些高爽的坂

①　民国《涡阳县志》，卷八，"食货志·物产"。

②　光绪《五河县志》，卷一〇，"食货志·物产"。

③　光绪《皖志便览》，卷三，"颍州府序"。

④　民国《亳县志略》。

⑤　民国《怀宁县志》，卷六，"物产"。

⑥　民国《全椒县志》，卷四，"风土志·物产"。

⑦　光绪《霍山县志》，卷三，"地理下·物产"。

⑧　《安徽巡抚李成龙奏报查赈情形并麦田得雪折（康熙五十六年正月十二日）》，载《康熙朝汉文朱批奏折汇编》第七册。

⑨　光绪《滁州志》，卷二之二，"食货志·土产"。

田才这样，冲田、圩田都不太适宜。[①] 康熙末年以后，双季稻在沿江一带推广，稻麦的轮作有所减少，乾隆四十四年的一份地方情形折就曾称"桐城、怀宁向来稻田两熟，种麦较少"。[②] 到清末，由于地力下降，山田种麦也在减少，如歙县"高田须间岁一种"。[③] 沿江地区的麦则由山田向洲地转移，如怀宁县"麦受四时之气，山田产者不多，洲产稍盛"；[④] 无为县"洲地已垦熟者多种植黄豆及小麦，或玉蜀黍、芝麻、荞麦之属"。[⑤]

推算清代安徽麦田面积占耕地总面积的比重，比推算稻田面积比重要复杂得多，因为水稻只能种于水田，不能种于旱地。大、小麦则不然，它们既在旱地种植，也能在水田与水稻轮作，而用于稻麦轮作的田地面积占水田面积的比重就无法推算。假定除稻田以外所有的耕地都种麦，则麦田面积占整个耕地面积的比重为 $100\% - 46.06\% = 53.94\%$。若再加上麦稻轮作的水田，麦田面积比重也许还要大。但也不一定，因为有一部分旱地在冬季并不种麦，而种油菜和蔬菜等其他冬季作物。总之，清代安徽麦田面积应占耕地总面积的一半左右。

（三）杂粮

1. 黍、稷、粟、粱、高粱

黍、稷、粟、粱、高粱等在安徽各地的称呼非常复杂，各地方志的记载和解释也混乱不清，本文将它们放在一起论述。

上述作物各地都有种植，而且在某些地方甚至还以之充当主粮。乾隆《江南通志》、道光和光绪二《安徽通志》之《食货志》"物产"门中都将黍、稷列为全省通产；宿州、灵璧、凤阳、定远、合肥、舒城、桐城、怀宁等州县在乾隆中期，秋收作物主要是稻、粟谷、高粱等项；[⑥] 其他像颍州府属各县，泗州及其所属盱眙、五河、天长县，安庆府属的宿松、望江等县，庐州府属的庐江、无为等州县，六安州及其所属霍山、英山二

①　包世臣：《安吴四种·齐民四术》。

②　《清高宗实录》，卷一○七六，乾隆四四年二月丙辰条。

③　民国《歙县志》，卷三，"食货志·物产"。

④　民国《怀宁县志》，卷六，"物产"。

⑤　民国《无为县小志》，第四，"物产"。

⑥　裴宗锡：《抚皖奏稿》。

县，池州府属各县，宁国府的太平、南陵、宁国等县，滁州及其所属全椒、来安二县，徽州府属各县，广德州及其所属建平县，在各该地的方志"物产"门中都有黍、粟、粱、高粱等作物的一种、几种或全部的记载。①由此可知，无论是在淮北还是在江南，是在皖西山地还是在沿江平原，在清代，都能在盛夏的田野里看到黍、稷、粟、粱和高粱等的生长。不过，由于受各地土壤条件、水分状况和耕作制度的影响，在南北东西各地所见到的情形也会大不一样。

皖北平原地区，大部分属暖温带半湿润气候，由于淮河水系的紊乱，低地易涝，高地易旱，再加上当地人民一贯"食麦者什之二三，食秫秫者十之七八，稻米非所急需"，冬麦收割以后，田野里种植的主要是黍、粟、高粱、菽等杂粮。乾隆以前，黍、粟种植要比高粱更为普遍，像"江北之凤、颍、泗等府州，向来播种粟谷为多"，②颍州人民"衣则布帛，食则菽粟"。③乾隆时，高粱的种植明显增多，泗州及其所属各县虽然谷之属有稻、麦、豆、秫，但以"秫最盛，食与酿酒皆用之"。④道光时，高粱"自淮河以北，弥望皆是"。⑤道光到光绪时，凤阳府各邑皆种高粱，"与稻麦等"；⑥颍州府涡阳县，蜀秫"县产极多，为农人主要食品"，⑦亳县在清末民初高粱也为农产品最著者之一。⑧相反，黍、粟的种植地区则有所压缩。清代后期，粟的集中产地主要为涡阳县，而"涡河沿岸种植尤多"，⑨黍则五河县民"种之者多"。⑩黍、粟和高粱种植面积的大小变化，主要是由这几种作物的不同生长特性和用途决定的，种植黍、粟等不仅耗地力，而且收成薄，其秆也只能充薪；⑪而高粱不仅比

①　见各该府、州、县清代所修的方志"物产"门，兹不烦琐罗列。

②　《清高宗实录》，卷一二五，乾隆五年八月条。

③　乾隆《颍州府志》，卷三，"食货志·物产"。

④　乾隆《泗州志》，卷五，"食货·物产"。

⑤　道光《桐城续修县志》，卷二二，"物产志"。

⑥　道光《安徽通志》，卷六四，"食货志·物产"；光绪《安徽通志》，卷八五，"食货志·物产"。

⑦　民国《涡阳县志》，卷八，"食货志·物产"。

⑧　民国《亳县志略》。

⑨　民国《涡阳县志》，卷八，"食货志·物产"。

⑩　光绪《五河县志》，卷一〇，"食货志·物产"。

⑪　包世臣：《安吴四种·齐民四术》。

黍、粟更耐旱，做酒也比黍、粟为佳，其秸秆又"可作房里及织席，并可柴烧"。① 因此皖北平原地区的农民种植高粱越来越多。

淮河以南地区，属亚热带季风性湿润气候，水源充足，夏季适宜种植水稻，而民俗也向以稻米为主食，只是在青黄不接、稻米不足之时，才迫不得已食麦及其他杂粮，一般情况下，是不食黍、稷、高粱这些杂粮的。因此，这些作物虽然在淮北平原"弥望皆是"，但在江淮间甚少，② 大部分地区是种在田边地角，"所产甚微"，③ 且食者不多，"乡人惟以硙粉作饵食而已"。④ 不过皖南和皖西山区那些山多田少、难于种稻的地方种植却较多，如宁国府的太平县"其山居无田者则又以锄山为业，艺麻、稏、粟、豆、稗、茨、芦菔之属以给"；⑤ 徽州府的歙县南部因"田少山多，艰于种稻，惟粟为宜，号曰秋粮，饔飧全赖"，⑥ 而前文所述有黍、稷、粟、粱、高粱等记载的淮河以南地区的州县也大部分位于皖南和皖西山区。

2. 豆类

安徽的豆类品种很多，有大豆、绿豆、赤豆、扁豆、蚕豆、豌豆、刀豆、豇豆、稆豆等，大豆又分为青、黄、黑三色。豆的用途非常广泛，如黄豆不仅可充粮，而且可以做酱、制腐、榨油，茎叶既可做燃料，又可为肥料和饲料。其他豆种的用途也大略如此。另外，豆类作物的适应性比较强，种植豆类作物不仅不损地力，其根瘤的固氮作用还有利于增加土壤肥力。因此，清代安徽各州县的农民都喜欢种豆，豆在乾隆《江南通志》，道光《安徽通志》和光绪《安徽通志》之《食货志》"物产"门中也就被列为全省通产了。

在这些豆类作物中，充当粮食的主要有大豆、绿豆、赤豆、豌豆、蚕豆等，它们的种植面积最大。尤其是黄豆，因其用途的广泛，需求的增长，种植面积在不断增加。到清代后期，各地方志中记载的基本上都是黄

---

① 民国《涡阳县志》，卷八，"食货志·物产"。
② 道光《桐城续修县志》，卷二二，"物产志"。
③ 光绪《霍山县志》，卷三，"地理下·物产"。
④ 民国《怀宁县志》，卷六，"物产"。
⑤ 乾隆《太平县志》，卷三，"风俗"。
⑥ 乾隆《歙县志》，卷六，"食货下·物产"。

豆，其他豆类要么是不予记载，要么是一笔带过。在这些豆类作物中，蚕豆和豌豆属于夏收作物，种与麦同时，它们既单独在大田种植，也有杂种在小麦陇中。① 每年二月，安徽各地的广大田野中除了二麦以外，"蚕豆、菜蔬等类，郁葱遍野"。② 黄豆、黑豆、青豆、绿豆、赤豆等属于秋收作物，在皖北平原区，它们主要在大田种植，与麦、油菜等轮作；在安庆府和六安州所属霍山县一带，除了一部分旱地种植以外，黄豆更普遍的还是种植于水田的田塍上，③ 这不仅缓和了黄豆与水稻及其他秋收作物的用地矛盾，而且由于黄豆的根瘤固氮作用还能为田边数行水稻提供天然肥料。

　　根据乾隆《江南通志》、道光《安徽通志》和光绪《安徽通志·食货志》的记载，征收本色豆的地区有徽州府、宁国府、池州府、太平府、广德州、滁州和泗州，表明这些地区豆类作物的种植一直占有很大的比重。但这并不是说豆类作物就仅仅集中在这些地方种植。实际上，颍州和凤阳府的种植面积也是很大的。乾隆时期颍州府的广大农民穿的主要是布帛，吃的主要是菽粟；④ 嘉庆时，凤台县菽与黍、麦、苽、菜、稻同为种植大种。⑤ 清末民初，涡阳县普种黄豆，"湖地种植尤多"，⑥ 阜阳县和太和县也是"秋稼多秫豆杂粮"。⑦ 由此可见，颍州、凤阳二府豆类作物的种植几与麦、秫处于同等的地位。清代后期，沿江一带的洲地，也越来越多地种上黄豆，如怀宁县"豆之类甚繁……黄豆以洲产为多"，⑧ 无为县"洲地已垦熟者多种植黄豆及小麦"。⑨

　　3. 薯类

　　薯类作物包括山药、芋、红薯三种。

　　山药，即古之薯蓣，茎块供食用，并可入药。清代，山药在安徽的种植也比较普遍。皖北平原区的凤阳府、颍州府，江淮丘陵东部的滁州及其

---

①　民国《涡阳县志》，卷八，"食货志·物产"。

②　《清高宗实录》，卷二八五，乾隆十二年二月条。

③　光绪《霍山县志》，卷二，"地理下·物产"。

④　乾隆《颍州府志》，卷三，"食货志·物产"。

⑤　李兆洛：《凤台县志论食货》。

⑥　民国《涡阳县志》，卷八，"食货志·物产"。

⑦　光绪《皖志便览》，卷三，"颍州府序"。

⑧　道光《怀宁县志》，卷七，"物产"。

⑨　民国《无为县小志》，第四，"物产"。

属县，皖南山区的歙县和休宁县，皖西山区的六安州及其属县，一直都有种植，其中以歙县、休宁县、滁州及其属县、六安州较为有名。① 另外，五河县在光绪年间"种之者普"，为县民一大利源，② 太平府的一些山中也有生产。③ 总的来看，皖北平原区和皖南皖西山区及其他一些丘陵山地种植比较普遍。

芋，一名蹲鸱，大者又称芋头，块茎可供食用，叶柄可作饲料。芋一直以颍州府种植最多，"土人多种之，熟与谷等"。特别是亳州，土质适宜种植蹲鸱，"种者尤多"。④ 乾隆以后，种植范围在不断扩大，石埭县在康熙初年并未见到有种植的记载，到乾隆初年修县志时，其物产已有"芋头"⑤；无为州到嘉庆时种植也渐普遍⑥；歙县在清前期只有江村以产芋称，到清末已是各村皆有⑦；全椒县到清末也是所在多有⑧。此外，南陵、桐城、庐江、铜陵等县都有种植，太平府的一些山中种植也比较多⑨。

红薯，即徐光启所谓甘薯，又名番薯，安徽地区俗称红薯，或红蓣、红芋、山芋、山薯、香芋⑩等。红薯和玉米同为明代传入中国的粮食作物，但红薯在安徽的引种却比玉米晚，传播速度也比玉米慢得多。

红薯在道光和光绪两次所修的《安徽通志》之《食货志》"物产"

① 康熙《江南通志》，卷二四，"食货志·物产"；乾隆：《江南通志》，卷八六，"食货志·物产"；道光《安徽通志》，卷六四，"食货志·物产"；光绪《安徽通志》，卷八五，"食货志·物产"。

② 光绪《五河县志》，卷一〇，"食货志·物产"。

③ 康熙《太平府志》，卷一三，"物产"。

④ 乾隆《颍州府志》，卷三，"食货志·物产"。

⑤ 康熙《石埭县志》，卷二，"风土志·物产"；乾隆：《续石埭县志》，卷二，"续风土志·物产"。

⑥ 嘉庆《无为州志》，卷八，"食货志·物产"。

⑦ 民国《歙县志》，卷三，"食货志·物产"。

⑧ 民国《全椒县志》，卷四，"风土志·物产"。

⑨ 民国《南陵县志》，卷一六，"食货志·物产"；道光《桐城续修县志》，卷二二，"物产志"；光绪《庐江县志》，卷二，"舆地志·物产"；乾隆《铜陵县志》，卷六，"乡耆附物产"；康熙《太平府志》，卷一三，"物产"。

⑩ 红薯称为香芋，见民国《歙县志》，卷三，"食货志·物产"："红薯，即甘薯，一名香芋，又曰山芋"；另外，江苏盐城、通州等地也有此别称。见郭松义《玉米、番薯在中国传播中的一些问题》附表二（载《清史论丛》第七辑）。

门中均未见记载，似乎直到清朝末年安徽地区还没有红薯的种植，这显然与事实不符。安徽地区引种红薯的最早记载见于《清高宗实录》和乾隆二十三年所修的《望江县志》。乾隆十二年二月，安徽巡抚潘思矩因"豫省红蓣，易莳多收"，"谕令试种"；① 在此前后，望江县令徐斌也购种"谕民遍种"，但"民不为意"，② 响应并不积极。到乾隆中期，种植的地方见于记载的也仅凤台、寿州和望江三州县。据光绪《凤阳县志》的记载，乾隆二十年到三十年之间，凤阳县人郑基先后在任凤台县令和寿州知州时，曾教民种山薯蓣；③ 望江县虽在乾隆初年就开始引种红薯，但到这时，县中种红薯的主要是"江右人"，当地人仍很少种植，因此县令郑交泰"复详言红薯之利，并种植之法，令刊布四乡"。④ 乾隆以后，红薯的种植逐渐推广，但推广速度可能仍很缓慢。道光以后，种植的地方主要有亳州、涡阳、霍邱、寿州、凤台、怀远、霍山、怀宁、桐城、宿松、繁昌、宁国和徽州两府所属各县、广德州及其所属建平县。⑤ 从以上各州县的分布情况来看，红薯的种植同玉米一样（详后），也主要集中在沿淮平原区、省府安庆周围的地区、皖西山区和皖南山区四个区域，这说明地理环境的差异对农作物的分布有一定的影响作用。但二者也有不同处。红薯因其更宜于在沙地种植，且藤蔓又可饲猪，所以虽然其分布范围没有玉米广，但在以上四个区域的种植都很普遍，如涡阳县因红薯"种宜沙地，县产最多，为农人冬春主要食品"；⑥ 桐城县"各乡皆种之"；⑦ 而在皖南山区各州县，凡深山穷谷之区，红薯的种植更是所在多有。⑧

　　红薯在安徽的传播过程中一直受到地方官员的大力提倡，并未出现过像玉米的种植那样受到政府阻挠的情况（详后），但传播速度在开始时却比玉米的传播速度慢得多。究其原因，首先在于玉米不仅对土壤条件的适应性比红薯要强，而且对耕作技术的要求和种子的保存也都比红薯容易。

---

① 《清高宗实录》，卷二八五，乾隆十二年二月条。

② 乾隆《望江县志》，卷二，"地理·物产"。

③ 转引自郭松义《玉米、番薯在中国传播中的一些问题》，载《清史论丛》第七辑。

④ 乾隆《望江县志》，卷二，"地理·物产"。

⑤ 见各该府、州、县道光以后所修方志之"物产"门，此不细列。

⑥ 民国《涡阳县志》，卷八，"食货志·物产"。

⑦ 道光《桐城续修县志》，卷二二，"物产志"。

⑧ 陶澍：《陶文毅公全集》，卷二六，"查办皖省编设保甲附片（道光四年）"。

玉米无论是在疏松还是在板结的土壤里种植都能有比较好的收成；在耕作技术方面，也无须平整土地，修沟整畦，田头地角随处皆可播种；其种子的保存更不讲究什么条件。红薯则不同，它在板结的土壤里种植收成就比较低，在耕作技术和种子的保存技术方面更有一系列的要求。这些在有关的农书里都有详细的论述，本文就不再罗列。另外，方志对政府屡次劝谕种植的红薯不予记载或记载不多，而对统治者从不关心的同类作物山药和芋津津乐道，这一方面说明这些地方确实少有红薯的种植，另一方面也提供了一条线索，很可能各地土产的山药、芋在大部分地区，其产量，其作用，其适应本地地理环境的性能等方面都与红薯不相上下，而人们对于种植山药、芋已有了长期的种植经验，对种植技术的要求能掌握得恰到好处，红薯则传入较晚，故略逊一筹，所以农民对红薯"漫不经心"。①

4. 玉米

玉米，通称玉蜀黍，或作玉蜀秫，安徽地区俗称很多，有玉谷、玉米、玉粟、玉榴、玉芦、苞谷、苞芦、六谷、陆谷、芦谷、六谷米、珍珠粟、珍珠米等。玉米同红薯一样，在道光和光绪两次所修的《安徽通志》"物产"门中不见记载，但这并不说明没有玉米的种植。从其他方志所记载的情况看，乾隆以后玉米的传播还是比较广泛的。道光和光绪两修《安徽通志》均不记玉米，只能说明二志的纂修者在记物产时只是一味照抄前志，未作增补。另一方面也许是因皖南山区由于开山种植玉米而造成严重的水土流失，清统治者屡次严令禁止种植，故不予记载。

同红薯一样，玉米也是明代由国外传入的，但它在安徽的种植似乎比红薯早，传播速度也快得多。根据已有的研究成果，皖北一带是引种玉米较早的地区，康雍以前，凤阳府就有关于玉麦的记载。② 乾隆初期，玉米在皖西山区的六安州种植已很普遍。乾隆十二年二月，安徽巡抚潘思矩在一份奏折中指出，"芦粟一种，宜于山地，不择肥瘠，六安州民种植甚广，春煮为粮，无异米谷，土人称为六谷"，并于同年谕令在各地试种。③乾隆以后，随着人口的迅速增长，许多无地农民只好去开垦荒山丘陵。在

① 乾隆《望江县志》，卷二，"地理·物产"。
② 郭松义：《玉米、番薯在中国传播中的一些问题》。
③ 《清高宗实录》，卷二八五，乾隆十二年二月条。

这新开的贫瘠而又缺少水源的土地上，唯有玉米和红薯等少数作物才能获得好收成，于是，玉米在山区迅速得到推广。据统计，乾隆以后种植玉米的地区主要有亳州、涡阳、寿州、怀远、六安、霍山、霍邱、桐城、宿松、怀宁、太湖、舒城、庐江、无为、东流、建德、石埭、广德和宁国、徽州两府所属各县。① 由此可以看出，玉米的种植有四个集中区域：一是沿淮平原区，二是省府安庆周围的地区，三是皖西山区，四是皖南山区。这四个区域的形成，并非偶然，是受特定的地理条件所制约的。沿淮平原区由于黄河夺淮入海导致淮河水系紊乱，水旱灾害频繁，农业生产极不稳定，传统的粮食作物如小麦和黍、稷、粟、高粱等，要么产量较低，要么易受灾害，要么赶不上季节，农民们只有种植一些像玉米和红薯这样比较稳产、高产的作物，才能稍稍度过灾荒之年；省府安庆周围地区是安徽的政治、经济和文化中心，优良作物的种植在这里当然会比在其他地方受到更多的重视；皖西和皖南山区山地面积广大，山多田少，粮食供应不足的现象最为突出，因此这些地方也就自然而然地成了玉米种植的集中区域之一。实际上，在这四个区域中，皖南和皖西山区种植更为普遍，见于记载的要么是"漫山种之"，② 要么是"环境数百里恃此为终岁之粮"。③ 位于沿淮平原区的亳州、霍邱、寿州等州、县，虽也有玉米的记载，但只是一笔带过，并不多作说明，显见其种植并不广泛；涡阳县到清末民初，只是"园圃中兼有种者"。④ 即使是在省府周围的怀宁、桐城等县，玉米也主要是种植于山地，如桐城，是"垦山种植，接畛连畦"；⑤ 怀宁，是"山农种之，硙为屑，煮以供餐"；⑥ 无为，"山地或圩堤旁亦有植黄豆、玉蜀黍之类以为副产品者"。⑦

玉米的传播过程中，在一些地区尤其是在皖南山区，因水土流失问题曾经几次遭到清朝统治者的阻挠。明清之际，外地流民开始涌入皖南山

---

① 见各该府、州、县乾隆以后所修方志"物产"门，此不细列。
② 道光《徽州府志》，卷四之二，"食货志·物产"。
③ 乾隆《霍山县志》，卷七，"物产志"。
④ 民国《涡阳县志》，卷八，"食货志·物产"。
⑤ 道光《桐城续修县志》，卷二二，"物产志"。
⑥ 道光《怀宁县志》，卷七，"物产"。
⑦ 民国《无为县小志》，卷四，"物产"。

区，租山垦种，到乾嘉时期，流民在皖南山区的垦殖如日中天。在这些新开垦的土地上，主要种植玉米、麻、靛等作物。由于山地被大面积开垦，开垦方法又不对头，"其种法必焚山掘根，务尽地利，使寸草不生而已"①，自然植被遭到严重破坏，每逢降雨，泥沙俱下，不仅毁坏良田，而且填溪塞路，使旱不能蓄，潦不得泄，原有的农业生产也遭到严重破坏，因而地方政府严令概行驱逐，禁止在山地开垦种植玉米。但是，由于本地区山多田少，粮食供应长期不足，本地所产粮食，"仅资三月之食"②，其余都须靠从外地运入；而本区又恰处崇山峻岭之中，交通非常不便，粮食运输特别困难。不仅如此，一旦粮食普遍歉收，本区粮食的主要来源地浙江省又经常禁止米粮输出，粮食供给常常处于不稳定的状态。因此，别的地方"以米贵为患，而徽属以无米接济为患"。③ 为了维持生存，不受制于人，最好的办法就是自己能够生产足够的粮食。玉米不仅产量高，而且不择地，最能适合山区的种植。再加上流民"因垦地成熟后布种苞芦，获利倍蓰，是以趋之若鹜"，虽然"历来奉文查禁，无如人情见利必趋"，垦种者日益增多。④

5. 荞麦

荞麦具有耐旱速熟的特点，在清代安徽的农民生活中也占有比较重要的地位，各地都有种植。池州、宁国、太平三府属在"早禾刈获之后，农民之勤力者接种黑豆、荞麦等各种杂粮"，⑤ 怀宁县农民"每刈中迟稻后，家家皆种"荞麦。⑥ 皖北平原区及其他地方，情形也大略如此，或与大、小麦轮作，⑦ 或与水稻轮作。但在大部分地方荞麦还是作为间谷，只是在灾荒之年作为救荒作物，种植方才普遍。如在涡阳县，因荞麦"性寒有碱，种之损地，收获最晚，且畏霜"，"农人不喜多种"，"若夏秋旱

---

① 同治《祁门县志》，卷一二，"水利志"。
② 道光《徽州府志》，卷四之二，"水利"。
③ 道光《徽州府志》，卷四之二，"食货志"。
④ 道光《徽州府志》，卷四之二，"水利"。
⑤ 裴宗锡：《抚皖奏稿》，乾隆三十六年八月二十日。
⑥ 道光《怀宁县志》，卷七，"物产"。
⑦ 李兆洛：《凤台县志论食货》。

潦，不能种豆时，方形普种"；① 在五河县，荞麦是在"歉岁种之以救饥"；② 在全椒县，荞麦也是在旱灾之年农民才种之；③ 在宁国，在怀宁，荞麦都以灾荒之年种植为多。④

除了上述粮食作物以外，蔬菜类的白菜、萝卜在清代安徽的广大农村往往也充当着杂粮的角色，如涡阳县，萝卜"家家种之，不仅作蔬食，冬春之交，农人半食之以当谷"。⑤ 其他各地农民也在秋粮收获之后，在不适宜种植冬麦及油菜的田块里种植白菜、萝卜，目的与涡阳大致相同。

再有，到清代末年，马铃薯也已在宁国县和歙县的一些山区开始种植。⑥

二　粮食作物组合的区域性特征

由于气候的差异，地貌的不同，以及经济条件、技术条件和风俗习惯的差别等，造成了清代安徽粮食作物组合明显的区域性差异。

皖北平原区，以旱粮为主，小麦占有主导地位，其次是大麦、黍、菽等杂粮，水稻除淮河以南几个县有较大面积种植外，其他县种植很少。本区粮食作物的轮作方式，李兆洛在《凤台县志》中有很详细的论述，他说："大约黍、麦、菽、蔬、菜、稻为大种，余皆间植之也。率两岁而三收：二月种黍，七月而收已；九月种麦，至四月而收；五月种菽，九月而毕收。乃稍息之，及明年二月复种黍。其一岁再收者麦，若稻、若菽、若瓜、若蔬。蔬春秋皆可种，其熟又速，间种蔬者，或一岁三收矣"。⑦ 也就是说，皖北平原区粮食作物轮作情况大约有三种：最普遍的一种是黍—麦—豆两年三熟制；其次是麦—稻（或豆、瓜、荞麦）一年两熟制，这

---

①　民国《涡阳县志》，卷八，"食货志·物产"。
②　光绪《五河县志》，卷一〇，"食货志·物产"。
③　民国《全椒县志》，卷四，"风土志·物产"。
④　民国《宁国县志》，卷七，"物产志"；道光《怀宁县志》，卷七，"物产"。
⑤　民国《涡阳县志》，卷八，"食货志·物产"。
⑥　民国《宁国县志》，卷七，"物产志"；民国《歙县志》，卷三，"食货志·物产"。
⑦　李兆洛：《凤台县志论食货》，《皇朝经世文编》，卷三六，"户政"。

应该是皖北平原区南部的情况；再一种是利用荞麦的"春秋皆可种，其熟又速"的特性，在其他庄稼地里进行间种，可以达到一年三熟，但是这种情况并不常见。

皖中丘陵平原区、皖南和皖西山区，水稻种植占有很大比重。这些地区粮食作物的轮作制度可以分为两个系统，即水田和旱地系统。根据裴宗锡《抚皖奏稿》和包世臣《齐民四术》以及其他方面的记载，水田系统的粮食作物轮作方式是以水稻为中心，普遍实行稻—麦一年两熟制；不植麦的田块，在稻收割后，或种白菜，或种萝卜，或种油菜，或种稆豆、黑豆、荞麦，也是一年两熟；在桐城、怀宁、庐江及池州府沿江一带，则实行稻—稻一年两熟制；在劳动力有剩余的地方，也有在稻—麦中间播种一季白菜、荞麦的，这是一年三熟了。清代后期，红花草传入，种植双季稻的地方在冬季还种植一季红花草作为绿肥，是为稻—稻—肥一年三熟制。当然，在沿河湖低洼的地方，许多田块只栽种一季中稻。旱地系统与皖北平原区一样，粮食作物的轮作方式也是以麦为中心实行麦—杂粮一年两熟制。

三　粮食产销状况与运输路线

安徽省是清代全国重要的粮食产区之一，除额定漕粮外，每年尚有大量的商品粮运销外地。在外运的粮食中，主要是稻米，麦、豆等所占比重不大。外运粮食的总量，清前期一直没有完整而准确的统计资料。清末芜湖设立海关之后，安徽稻米的输出量才有一个比较靠得住的资料。根据海关贸易报告的统计，芜湖海关历年米粮出口数量自1885年至1898年，一直维持在二三百万担上下；1898年至1912年，有所上升，一般年份均有三百万至五百万担。[①] 估计在1885年以前，安徽米粮的出口量也达二三百万担，因为乾隆中期，仅崇明一地每年从安庆就买米三十万石，[②] 而安徽稻米输往的地方，又不是崇明一处，

---

① 见徐正元等《芜湖米市述略》，中国展望出版社1988年版，第21—23页。

② 高晋：《请海疆禾棉兼种疏》，《皇朝经世文编》，卷三七，"户政"。

广州、汕头、烟台、宁波均是输入安徽稻米的主要地区,^① 杭嘉湖等地所需之粮也多来自安徽;^② 安徽粮食输出的地方,也不仅仅是安庆一处,庐州、宁国、太平等府州亦皆有之,^③ 其中一个无为县稻米出口量就占芜湖米市出口总额的三分之一。^④

虽有大量余粮外销,但各地区粮食的生产并不平衡,具体有以下四种不同的情况:

1. 不稳定区。包括颍州、凤阳、泗州二府一州所属各州县。本区田地面积广大,土壤肥沃,但水旱灾害不断,粮食生产极不稳定。丰年粮食生产有余,亳县、天长等县每年都有谷麦枲于外郡,^⑤ 寿州正阳、瓦埠诸镇也经常有米、麦、豆、谷的贸迁。^⑥ 但一遇灾荒,粮食就倍感不足,只有"仰外郡之粟"。^⑦

2. 自给自足区。包括六安州及其所属霍山、英山县,滁州及其所属全椒、来安二县,广德直隶州,宁国府属宁国县。这些州县在清代既很少见到有粮食的输出,亦很难见到粮食的输入。另外,安庆府的宿松县,在康熙时期"岁稔亦类于不登",在道光时常"殚其所入率不供所出",^⑧ 说明粮食供应比较紧张,但没有见到有粮食输入的记载,因此,亦应当归入本区。

3. 余粮区。包括安庆府属怀宁、桐城、潜山、太湖、望江五县,庐州府属各州县,和州及其所属含山县,太平府属各县,宁国府属南陵、宣城二县,以及广德州所属建平县。这些州县在通常情况下每年都有大批余粮运销境外。根据 1919 年的调查统计,通过芜湖运往外地的州县有合肥、舒城、巢县、含山、无为、庐江、宣城、郎溪(即清建平)、南陵、繁昌、桐城、怀宁、望江、和县、当涂、芜湖、泾县、铜陵、青阳、贵池等。^⑨ 在这二十县中,前十六县在清代是稳定的余粮区,后四县,根据其

---

① 民国《芜湖县志》,卷五,"实业志·商业"。

② 道光《徽州府志》,卷四之二,"食货志·国朝浙江省截米案"。

③ 同上。

④ 民国《无为县小志》,卷五,"交通与商务"。

⑤ 嘉庆修、民国增补《备修天长县志》,卷四上,"风俗"。

⑥ 光绪《寿州志》,卷三,"舆地志·风俗"。

⑦ 嘉庆修、民国增补:《备修天长县志》,卷四上,"风俗"。

⑧ 道光《宿松县志》,卷一,"舆地志一·疆域"。

⑨ 徐正元等:《芜湖米市述略》,第14—16页。

他史料记载，在清代大部分时间内，属于缺粮地区。

4. 缺粮区。包括徽州、池州二府所属各县以及宁国府的泾县、太平、旌德三县。徽州地处万山之中，"通计丰年仅只数月之粮"；[①] 池州"山多田少，境内所产无居民半岁之粮"；[②] 泾县也是"一岁之食半皆仰给于外"；[③] 旌德县"土地硗确，所产之米粮不足供本邑半年之粮"；[④] 太平县自然条件与泾县、旌德二县相差不远，粮食供应状况亦应与之相同。

清代安徽粮食远距离运输的方式，基本上是水运，陆路运输极少。具体的运输路线，颍州、凤阳、六安所属各州县和泗州及其所属五河、盱眙县，漕粮俱经淮河入洪泽湖达运河，天长县漕粮自石梁山出邵伯湖入运河，[⑤] 其他粮食的运输路线与此相同。余粮区粮食的外销路线也基本上走的是漕运路线。根据 1919 年的调查情况，桐城县从金神、孔城镇分别经枞阳入江运抵芜湖；怀宁县直接由长江运抵芜湖；望江县由华阳镇入江运抵芜湖；太湖、潜山二县沿皖水经安庆入江运抵芜湖；合肥、舒城二县经巢湖沿濡须水（即今裕溪河）入江抵芜湖；巢县、含山、无为三县俱沿濡须水入江抵芜湖；庐江县经泥汊河入江至芜湖，也有经桐城孔城镇一线入江运往芜湖的；和州、当涂二县均溯江而上运往芜湖；繁昌县经漳河运往芜湖，或由荻港入江运往芜湖；南陵县经漳河运往芜湖，或由青弋江运往芜湖；宣城、建平等县俱由水阳江运往芜湖。各地运来的米粮在芜湖集结后，再装船沿江东下运往广州、汕头、烟台、宁波、上海及其他各地。[⑥] 另外，怀宁、桐城二县米粮还隔江运往池州府属各县，南陵、宣城等县米粮还沿青弋江及其支流运往泾县、太平、旌德、石埭、绩溪等县。缺粮区主要是粮食运入，池州府"日仰给楚豫皖桐以为食"；[⑦] 太平、泾县、旌德三县所需米粮则经泾县由三溪用竹筏运来[⑧]；徽州府属米粮运输"取道有二：一自江西之鄱浮，一自浙江之杭严。黟、婺、祁三县仰资江

① 道光《徽州府志》，卷四之二，"食货志·国朝浙江省截米案"。

② 光绪《安徽通志》，卷四五，"河渠志·水利一"。

③ 嘉庆《泾县志》，卷五，"食货"。

④ 嘉庆《宁国府志》，卷一八，"食货志·物产"。

⑤ 光绪《安徽通志》，卷六四，"运河"。

⑥ 徐正元等：《芜湖米市述略》，第 14—21 页。

⑦ 光绪《安徽通志》，卷六五，"河渠志·水利"。

⑧ 嘉庆《旌德县志》，卷一〇，"杂记·补遗"。

西，婺自曹港，祁自倒湖，其流皆南接鄱浮……东流胜舟之水惟自黟邑鱼
亭以下合于休邑屯溪，入于浙江，合流六十里至歙浦合扬之水，下为新安
江，以达于浙江……歙、休、绩三县之民恃此一线河流运米济食";[①] 另
外，也有自太平县利用肩挑背驮运米到徽州的，但因山路崎岖，其运量
很小。[②]

（原文发表于《中国历史地理论丛》1992 年第 2 辑）

---

① 道光《徽州府志》，卷四之二，"水利"。
② 乾隆《太平县志》，卷三，"风俗"。

清代安徽经济作物的地理分布

经济作物在安徽农业生产中占有一定的席位。清代前期，安徽的经济作物构成主要是茶叶、棉花、油菜、大豆、麻类作物、烟草等。清代后期，随着外国资本主义势力的侵入和国外市场的影响，茶叶的生产受到严重打击，产量下降，而鸦片却得以大面积的种植，同时烟草种植也获得较大发展。

一 油料作物

清代安徽广大乡村食用油的来源，除动物油而外，植物油主要有油菜籽榨出的香油，或称菜油，大豆榨出的豆油，芝麻榨出的麻油，花生榨出的花生油，棉籽榨出的棉油等，其中大豆的生产和分布情况已有论述，[①]这里不再重复，棉花也按其主要用途归入纤维作物，这里只探讨油菜、芝麻、花生的生产和分布情况。

（一）油菜

油菜是一种适应性强、经济价值高的油料作物，南北各地均有种植。根据安徽巡抚李成龙在一份奏折中所说的"所属安徽等处，自春以来……雨泽调匀，大麦俱已结穗，小麦极其茂盛，菜子秀实，可望丰收"[②] 以及其他记载[③]，清代安徽地区油菜基本上都与大、小麦同时

① 拙稿：《清代安徽粮食作物的地理分布》，载《中国历史地理论丛》1992 年第 2 辑。

② 《康熙朝汉文朱批奏折汇编》第七册，《安徽巡抚李成龙奏报雨泽麦苗情形折》（康熙五十六年三月初六日）。

③ 如康熙《太平府志》，卷一三，"物产"："油薹即十月菜，……冬初种……夏初收子可以压油"；光绪《五河县志》，卷三，"疆域志·风俗"："四月收菜子"，"八月种油菜"。

播种，属夏收作物。油菜在清代安徽地方志中大多作芸薹，亦有称
薹菜、油薹、菜子的。清代安徽各地方志"物产"门中记载有油
菜、芸薹、薹菜、油薹、菜子及菜油、香油等名目的有下列州县：
颍州府所属阜阳、颍上、霍邱、亳州、涡阳、太和、蒙城，泗州所
属五河县，安庆府所属怀宁、桐城、潜山、太湖、宿松、望江，庐
州府所属舒城、无为，池州府所属贵池、青阳、铜陵、石埭、建德、
东流，太平府所属当涂、芜湖、繁昌，滁州所属全椒县，徽州府所
属歙县，六安州所属霍山县，广德州及其所属建平县。① 这些州县大
部分位于皖北平原区的西部和皖中丘陵平原区的沿江平原地带，其
他地区则种植较少，皖南山区的歙县和皖西山区的霍山县，只是在
清末才有种植。

（二）芝麻

芝麻，又作脂麻，即古之胡麻，有黑、白二种，安徽皆有。芝麻虽
"性宜壤土"，但"高山干燥地亦能生育，播种于棉豆之间，于他物无碍，
为农家额外宏利"②，故种植极广，各州县都有分布。其中凤阳、怀远、
定远、凤台、寿州、宿州、灵璧、阜阳、颍上、霍邱、亳州、太和、蒙
城、宁国、宣城、泾县、太平、南陵、和州、含山、滁州、全椒、来安诸
州县的芝麻生产一直都很有名③。光绪年间，庐州府所属各州县也"多胡
麻"④，五河县因"脂麻利最厚，故民间多种之"⑤，芝麻的种植面积和产

---

① 乾隆《江南通志》，卷八六，"食货志·物产"；光绪《五河县志》，卷一〇，"食货志·
物产"；康熙《安庆府志》，卷五，"物产"；光绪《续修舒城县志》，卷一三，"食货志·物产"；
嘉庆《无为州志》，卷八，"食货志·物产"；乾隆《池州府志》，卷二五，"食货志"；康熙《太
平府志》，卷一三，"物产"；民国《全椒县志》，卷四，"风土志·物产"；民国《歙县志》，卷
三，"食货志·物产"；光绪《霍山县志》，卷二，"地理下·物产"；光绪《广德州志》，卷二
二，"田赋志·物产"。

② 民国《歙县志》，卷三，"食货志·物产"。

③ 康熙《江南通志》，卷二四，"食货志·物产"；乾隆《江南通志》，卷八六，"食货志·
物产"；道光《安徽通志》，卷六四，"食货志·物产"；光绪《安徽通志》，卷八五，"食货志·
物产"。

④ 光绪《庐州府志》，卷八，"风土志·物产"。

⑤ 光绪《五河县志》，卷一〇，"食货志·物产"。

量当都不在少数。此外，安庆①、池州②、太平三府所属各县③，徽州府之歙县④，六安直隶州⑤，也有芝麻的生产。

（三）花生

花生，是落花生的简称，它是一种油料作物，又是一种大众化的干果。根据乾隆《江南通志》记载，落花生属于全省通产，则在乾隆以前，落花生在各州县都有种植。然而各府、州、县的方志"物产"门中记载落花生的很少，其原因也许是花生虽在各县都有种植，但种植面积还很小，只不过是作为一种稀罕作物的零星种植。道光以后，花生在一些州县的种植明显扩大，如五河县，光绪时期"隙地尽种之"⑥，全椒县在清代末年"种者颇多，为出产之大宗"⑦。沿江地区的一些土地"因被沙压，蔬菽不生，惟宜种此"⑧，花生的种植亦渐得到重视。

二 纤维作物和蚕桑业

（一）棉花

棉花，地方志中又称木棉或木棉花，在清代安徽人民的生活中占有很重要的地位，其纤维所织成的棉布是乡村广大农民的主要衣料，棉籽所榨出的棉油也是农民的食用油之一，农民还用棉饼作肥料和饲料，用棉秆充当柴薪。

鸦片战争以前，棉花的分布呈现分散的特点，几乎每个农家都用一小块土地来种棉，以满足自给自足的自然经济的需要。当然，由于受地形、土壤及其他自然条件的限制，以及人力、种植技术等社会条件的影响，棉花在各地并不是都生长得很好。种植比较普遍且质量比较好的地区主要是安庆、宁国、池州、凤阳、颍州五府所属各县，和州及其所属

---

① 康熙《安庆府志》，卷五，"物产"。
② 乾隆《池州府志》，卷二五，"食货志"。
③ 康熙《太平志》，卷二五，"物产"。
④ 民国《歙县志》，卷三，"食货志·物产"。
⑤ 乾隆《六安州志》，卷六，"物产"。
⑥ 光绪《五河县志》，卷一〇，"食货志·物产"。
⑦ 民国《全椒县志》，卷四，"风土志·物产"。
⑧ 民国《怀宁县志》，卷六，"物产"。

含山县，泗州等地①。它们大部分位于皖北平原区和沿江一带。沿江一带人力资源丰富，皖北平原旱地较多，两个地区肥沃的冲积土壤均适宜于棉花的生长。在这些州县中，尤以颍州府的亳州和安庆府的望江产量最多。从乾隆到道光年间，亳州的棉花一直为"四方取给焉"②；安庆府怀宁县妇女"多精纺绩，虽浴种采蘩，比户不废，而所重惟布"，其原料来源，多来自望江③。另外，太平府、祁门县、滁州的棉花生产在康熙年间也曾非常旺盛。太平府棉花多种于山地，常常是"初夏种木棉，秋撷其花，纺绩织布，蟋蟀鸣而布成"④；祁门县"女人织木棉，同巷相从，绩纺常及夜分"⑤，棉花的种植应当不少；至于滁州，其棉花生产在这时也比较有名⑥。康熙以后，随着粮食问题的加剧和农业生产专业化程度的增强，这种旺盛局面都消失了。还有无为州，在乾隆年间"地颇产棉"⑦，但到嘉庆时期，也只有纺织技术较好的南部种植较多⑧，种植范围明显缩小。

太平天国革命以后，随着近代棉纺织业的兴起，棉花的需求量大增，而因战争的影响所造成的耕地相对富余；又为大面积种植棉花提供了可能性；因此植棉区域越来越广。清代前期那些著名的棉花种植区，除了安庆府各州县没有太大的变化外，其他州县都有不同程度的发展。亳州这时依然是"妇女颇勤纺织，吉贝之产行于郡"⑨，自不必说，其他像五河县，是"有田之家皆种之"⑩；太和县"四乡多木棉，岁用无缺"⑪，贵池县"土产棉花最盛"，东流县"土产棉花为大"，宁国县"境饶竹、木、茶、

　　① 康熙《江南通志》，卷二四，"食货志·物产"；乾隆《江南通志》，卷八六，"食货志·物产"；道光《安徽通志》，卷六四，"食货志·物产"。

　　② 乾隆《江南通志》，卷八六，"食货志·物产"；道光《安徽通志》，卷六四，"食货志·物产"。

　　③ 民国《怀宁县志》，卷六，"物产"。

　　④ 康熙《太平府志》，卷五，"物产"。

　　⑤ 同治《祁门县志》，卷五，"舆地志·风俗"。

　　⑥ 康熙《江南通志》，卷二四，"食货志·物产"。

　　⑦ 乾隆《无为州志》，卷七，"物产"。

　　⑧ 嘉庆《无为州志》，卷八，"食货志·物产"。

　　⑨ 光绪《亳州志》，卷二，"舆地志·风俗"。

　　⑩ 光绪《五河县志》，卷一〇，"食货志·物产"。

　　⑪ 民国《太和县志》，卷四，"食货·物产"。

棉、纸、靛"①。除了这些老植棉区以外，又出现了一些新的植棉区，如庐州府到光绪年间已"多布，多棉花"，"棉利既兴且普"了②；广德州的棉花和棉布也已进入市场作为商品进行买卖③。宣统二年（1910年）农工商部曾对安徽的棉花生产状况做过一个调查，调查结果说："安徽产棉区域，以宁国、定远、涡阳、和州等处为最，岁收或三千余石，或四千余万斤不等；英山、全椒、怀宁、望江、东流、贵池次之，太湖、太和、广德、建德、繁昌又次之……其余各属间亦产棉，仅敷本境之用。种法……均系土法，不种美棉。"④

从棉花生产的发展过程来看，无论是清前期，还是太平天国运动以后，皖南和皖西山区的大部分州县棉花种植一直很少，其原因一方面当然是山区气候、地形等自然条件不适宜棉花生长；另一方面也由于山区人多地少，种植五谷比种植棉花对于人们的生活更为重要。关于这一点，《霍山县志》有明确的说明，它说："棉虽非山地所宜，得沃壤亦自蕃茂。民间以地少而重五谷，是以花、布悉仰英、蕲。"⑤

（二）麻类作物

麻类作物很多，有苎麻、大麻、黄麻、苘麻诸种。

苎麻，是多年生荨麻科植物，喜温好湿，属短日性植物，适宜于热带和亚热带生长。苎麻的纤维细而柔和，亮白光滑，清代安徽农民多用它织布，称为苎布，或作纻布。苎麻主要分布在淮河以南各州县。康熙时期，出产苎的主要地区还只有宁国府的宣城县和南陵县，滁州、和州⑥，以及安庆府的潜山县和太湖县⑦，池州府的石埭县⑧。康熙以后，随着人口的迅速增长，山地被大规模开发，在这些新开发的土地上，不仅种植玉米等粮食作物，还种植麻、靛等经济作物，而平原地区的麻地则渐被五谷所侵

---

① 光绪《皖志便览》，卷二，"池州府序"，"宁国府序"。
② 光绪《庐州府志》，卷八，"风土志·物产"。
③ 光绪《广德州志》，卷二二，"物产"。
④ 农工商部：《棉业图说》，卷三，"中国棉业现情考略"宣统二年。
⑤ 光绪《霍山县志》，卷二，"地理·物产"。
⑥ 康熙《江南通志》，卷二四，"食货志·物产"。
⑦ 康熙《安庆府志》，卷五，"物产"。
⑧ 康熙《石埭县志》，卷二，"风土志·物产"。

占。很快地，苎麻的分布范围从平原区推广到山区，并且山区后来者居上，其苎麻的种植面积渐渐地超过平原地区。根据记载，康熙以后种植苎麻的主要地区有宁国、安庆二府所属各县，滁州、和州及其所属各县，广德州，六安州①。另外，乾隆年间，池州府属各县已皆有苎麻②；霍邱县到同治年间已有苎麻进入市场买卖③，庐州府的舒城县到光绪年间也"多苎麻"④，庐江县也有麻的交易⑤。其他像歙县，"苎麻多种溪滨，沙濑便沃，清流沤之"⑥；霍山县"苎则妇女植之园圃，制以为线"⑦；而黟县苎麻，"光绪间始种，产自五里排、乌石嘴、深坑、黄泥尖、一都、双溪南等处，一年三收"⑧。这些种植苎麻的州县大多位于丘陵和山区，而苎麻在这些州县的具体分布，也是以山地为多。吴其浚曾概括地指出安徽的苎麻分布情况说："江南安庆、宁国、池州山地多有苎"⑨；全椒、南陵等一些县的县志亦云苎麻以山地产最丰⑩。

　　大麻，古称枲，又名火麻、汉麻，清代安徽地方志或称麻，或称枲麻⑪。大麻的适应性很强，不论在干燥炎热或者高寒地区都能生长，因

---

　　① 乾隆《江南通志》，卷八六，"食货志·物产"；道光《安徽通志》，卷六四，"食货志·物产"；光绪《安徽通志》，卷八五，"食货志·物产"。

　　② 乾隆《池州府志》，卷二五，"食货志"。

　　③ 同治《霍邱县志》，卷三，"食货志·物产"。

　　④ 光绪《庐州府志》，卷八，"风土志·物产"。

　　⑤ 光绪《庐江县志》，卷二，"舆地志·物产"。

　　⑥ 乾隆《歙县志》，卷六，"食货志·物产"。

　　⑦ 光绪《霍山县志》，卷二，"地理下·物产"。

　　⑧ 民国《黟县四志》，卷三，"物产"。

　　⑨ 吴其浚：《植物名实图考》，卷一四。

　　⑩ 民国《全椒县志》，卷四，"风土志·物产"；民国《南陵县志》，卷一六，"食货志·物产"。

　　⑪ 清代安徽各地方志对于"麻"或"枲""枲麻"的称呼很混乱，有的作为麻类作物的总称，如光绪《滁州志》，卷二之二，"食货志·土产"："麻以苎麻为上，古所谓麻缕也；次则苘麻，子可以取油，干可以为薪，皮可以绚索，亦大利也；火麻、白麻不多见"；康熙：《江南通志》，卷二四，"食货志·物产"："和州：枲麻，州通产，……有白麻、黄麻、苎麻诸种。"有的则专指大麻，如民国《涡阳县志》，卷八，"食货志·物产"："麻，县人种麻多于秋粟地畔及不艺五谷之地，有伏麻、秋麻两种，沤之取缕，为普通需要"。有的则不知何指，如乾隆：《六安州志》，卷六，"物产"："货属：麻、枲、苎。"因此，本文在论述大麻的分布时，将那些与"苎麻""白麻"等具体的麻并列记载的"麻""枲""枲麻"都看成是"大麻"，将那些笼统记载的"麻""枲""枲麻"，也看成有"大麻"包括在内。

此，南北各地都有种植。在皖北平原区，颍州府的"枲麻"生产一直很有名，尤其是亳州一带，枲麻的出产最多，与棉花一样同为"四方取给焉"①；涡阳县民在清末也"多于秫粟地畔及不艺五谷之地"种大麻，"沤之取缕，为普通需要"②。在皖中丘陵平原区和皖南山区，安庆府各县俱有"麻"的生产，其中当也包括大麻。还有宁国、太平、池州、徽州各府所属各县，情形亦应如此。广德州、滁州则都明确记载有"大麻"或"火麻"的种植，但产量甚微③。在皖西山区，六安州土人除多种苎麻外，亦种"麻""枲"，而且在州志"物产"门中，后者被列在"苎"之前，可能其出产比苎麻还要多④。总的来说，大麻在麻类作物总的播种面积中的比重，以颍州府和六安州较大。

黄麻，《广群芳谱》认为即大麻⑤，但黄麻纤维与大麻纤维的特点和用途并不一样，黄麻纤维较粗且坚韧，多作制绳索和麻袋的原料，很少用于织布。黄麻即古之络麻⑥，在清代安徽的种植不多。和州康熙时有黄麻种植⑦；安庆府属之怀宁县朱家凉亭及白麟坂亦有黄麻⑧；宿松县称黄麻为络麻⑨；南陵县黄麻主要出在县东青弋江沿岸⑩；泾县黄麻也同苎麻一道进入市场交易⑪。除此数县以外，再不见其他州县有过黄麻的种植，大概是其皮仅可制绳索及麻袋等物，所以农民不喜广种。这些种植黄麻的地区，都分布在沿江一带，这里正是清代漕运的主线，绳索与麻袋是漕粮运输的必需工具。

苘麻，又名白麻。苘麻的纤维色白，有光泽，可供织布、制绳，又因其性耐水，故农家多用作汲绠、牛索、雨衣、草履等的原料。因为苘麻纤

---

① 乾隆《江南通志》，卷八六，"食货志·物产"；道光《安徽通志》，卷六四，"食货志·物产"；光绪《安徽通志》，卷八五，"食货志·物产"。

② 民国《涡阳县志》，卷八，"食货志·物产"。

③ 光绪《广德州志》，卷二二，"物产"；光绪《滁州志》，卷二之二，"食货志·物产"。

④ 乾隆《六安州志》，卷六，"物产"。

⑤ 汪灏等：《广群芳谱》，卷一二，"桑麻谱二·大麻"。

⑥ 李璠：《中国栽培植物发展史》，科学出版社1984年版，第224页。

⑦ 康熙《江南通志》，卷二四，"食货志·物产"。

⑧ 道光《怀宁县志》，卷七，"物产"。

⑨ 道光《宿松县志》，卷一一，"食货志·物产"。

⑩ 民国《南陵县志》，卷一六，"食货志·物产"。

⑪ 嘉庆《泾县志》，卷五，"食货志·物产"。

维用途广泛，所以种植比黄麻要广。康熙时，和州的白麻排名在黄麻和苎麻之前①；光绪年间，亳州苘麻与蜀秫同种②，五河县苘麻"可为绳索而利用"③；全椒县苘麻"可为布，西北山地产最丰"④，滁州苘麻种植也仅次于苎麻⑤。另外，宿松、霍邱、霍山、广德、蒙城、颍上、怀宁等地也都有苘麻的种植⑥。这些州县主要位于皖北平原区，也许是苘麻在皖北平原都与在亳州一样能与高粱同种，不占谷地的缘故。

（三）蚕桑业

桑树本身并不是纤维原料，但桑叶却是桑蚕的主要食物。蚕桑业历来为我国封建统治者所重视，农桑的兴废一直被当作政治是否修明的重要标志。清代虽然也有不少地方官吏劝种蚕桑，但安徽的蚕桑业一直比较落后，只是到鸦片战争以后，才逐渐有所发展。

清代安徽各地都有桑树的分布，但有桑树并不等于说就有蚕桑业。由于受习惯、技术及其他因素的影响，有的地方为了养蚕缫丝，家家种桑，而另外一些地方虽有桑树却无人养蚕，因此，蚕桑业的分布并不平衡。

皖北平原区，在康熙以前，蚕桑业状况未见记载，大概其生产水平和生产地位无足称道。康熙以后，颍州府各县皆出丝，"土人用织为绢"⑦，说明蚕桑业已开始兴盛。道光时，凤阳府怀远县临淮乡、泗州都已开始出绢，亳州已开始出绸，并且较为有名⑧，这说明本区的蚕桑业无论在深度上和广度上都有发展。清代后期，蚕桑业的范围仍在扩大。五河县农民开

---

①　康熙《江南通志》，卷二四，"食货志·物产"。

②　光绪《亳州志》，卷六，"食货志·物产"。

③　光绪《五河县志》，卷一〇，"食货志·物产"。

④　民国《全椒县志》，卷四，"风土志·物产"。

⑤　光绪《滁州志》，卷二之二，"食货志·土产"。

⑥　道光《宿松县志》，卷一一，"食货志·物产"；同治《霍丘县志》，卷三，"食货志·物产"；光绪《霍山县志》，卷二，"地理下·物产"；光绪《广德州志》，卷二二，"物产"；民国《重修蒙城县志书》，卷四，"食货志·物产"；同治《颍上县志》，卷三，"食货"；民国《怀宁县志》，卷六，"物产"。

⑦　乾隆《江南通志》，卷八六，"食货志·物产"。

⑧　道光《安徽通志》，卷六四，"食货志·物产"。

始养蚕作茧①，颍上、蒙城二县已有丝织品的出产②。但是，即使就以清代后期来说，皖北平原区的蚕桑业还是比较落后的，这不仅仅是说其种桑、养蚕、缫丝、织布的范围仅局限于上述几个州县，而偌大一个"自古号称蚕富"的凤阳府在光绪年间依然是"山川童然，事杼柚者寥，畴昔桑田阡陌，杳不复办"③；还在于那些出产丝及丝织品的州县，种桑养蚕的人也不多，如霍邱县，"地亦产桑，饲蚕者少"④；其所出蚕丝的质量也比较差，如亳州的丝，"较之湖丝稍粗"⑤，五河县"本地所产皆山桑与柘，惜无湖桑以广利源"⑥。

皖中丘陵平原区，安庆府所属各县在道光以前一直种桑不多，蚕桑业默默无闻。道光以后，桐城县的蚕桑业开始发展起来，本县所产土绸成为全省名产⑦；但其他各县种桑养蚕仍然很少，以怀宁县为例，"桑多野生，昔年蚕缲之事百家一二"，只是到光绪年间才由"省长官创设桑园，由浙江运桑秧栽于城之东郊，使人习养蚕缫丝诸法"，"迭经出示劝导，风气渐开"⑧。庐州府属各县，丝织业比较发达，合肥所出的万寿绸，舒城所出的绢，庐江所出的丝布一直是全省名产，并且数量较多⑨。但本府各州县专门从事种桑养蚕的人也不多，如无为州"州民虽浴蚕收茧，究非专产"⑩。因此，庐州府桑的种植仍然较少，以致到光绪年间还有人发出"惟树桑善政，节经守土当事及郡邑先达多方广劝，尚未观成"⑪的感叹。滁州，据光绪《滁州志》所说，向无蚕事，太平天国运动以后，"养蚕颇多，每年可出茧四千斤"⑫。滁州所属全椒县，是清代安徽省征收亩桑丝

---

① 光绪《五河县志》，卷一〇，"食货志·物产"。
② 同治《颍上县志》，卷三，"食货"；民国《重修蒙城县志书》，卷四，"食货志·物产"。
③ 光绪《凤阳县志》，卷一二，"食货志·物产"。
④ 同治《霍丘县志》，卷三，"食货志·物产"。
⑤ 光绪《亳州志》，卷六，"食货志·物产"。
⑥ 光绪《五河县志》，卷一〇，"食货志·物产"。
⑦ 道光《安徽通志》，卷六四，"食货志·物产"。
⑧ 民国《怀宁县志》，卷六，"物产"。
⑨ 道光《安徽通志》，卷六四，"食货志·物产"；光绪《安徽通志》，卷八五，"食货志·物产"；光绪《庐州府志》，卷八，"风土志·物产"。
⑩ 嘉庆《无为州志》，卷八，"食货志·物产"。
⑪ 光绪《庐州府志》，卷八，"风土志·物产"。
⑫ 光绪《滁州志》，卷二之一，"食货志·物产"。

的唯一地区①，蚕桑的种植应当不少。全椒县的蚕桑在 20 世纪以前主要分布在西北乡，20 世纪初开始，又"往往辟良畴接湖桑，城市亦多植之，蚕桑之利渐广"②。滁州所属来安县和和州及其所属含山县，除了和州在光绪年间有丝的出产外③，其他各县则无所道及。长江以南地区，太平府所属三县在康熙时"蟹筐蚕绩，间亦时作，而习者尠"④。1897 年，芜湖设立课桑局，培育桑条以推广种桑⑤，然到清末民初，芜湖县"所产之丝每年不过二千两"⑥。其他如宣城、南陵、东流、贵池、青阳等县，在同治以前，丝的产量很少。同治以后，才逐渐增多。清末民初，池州和宁国两府"产茧由大通出口归本埠（芜湖）完关者达五千余担"⑦。建平县在康熙时期还有丝的出产，但康熙以后就衰落了⑧。

皖南山区各州县，蚕桑业比较兴盛。石埭县在乾隆年间"家皆种桑，户皆养蚕，莫不习缫丝浴茧之法，而衣与税足以取给"⑨；绩溪县在道光二十一年沈练江任训导时，"以孟子言王政重农桑，乃自购桑种，令妻养蚕治丝，民家传其法，蚕桑之利遂兴"⑩；泾县所出产的丝也排在棉、麻之前⑪；广德州，丝"州境颇有"⑫。芜湖设立课桑局以后，所培育的桑条主要发往皖南各州县，这一方面促进了蚕桑种植规模的扩大，另一方面，桑种的更新，使蚕丝的质量大为提高，如歙县在清末民初因"邑人所植皆湖桑"，所以"吾邑产丝，质不亚于湖绍"⑬。

---

①　光绪《安徽通志》，卷八五，"食货志·物产"。
②　民国《全椒县志》，卷四。
③　光绪《直隶和州志》，卷七，"土产"。
④　康熙《太平府志》，卷五，"地理志·风俗"。
⑤　《推广种桑》，《农学报》，第三三册，光绪二十四年四月下。转引自李文治《中国近代农业史资料》第一辑。
⑥　民国《芜湖县志》，卷三五，"实业志·商业"。
⑦　民国《芜湖县志》，卷三五，"实业志·商业"。
⑧　道光《安徽通志》，卷六四，"食货志·物产"。
⑨　乾隆《续石埭县志》，卷二，"续风土志·风俗"。
⑩　光绪《安徽通志》，卷一四二，"职官志·名宦"。
⑪　嘉庆《泾县志》，卷五，"食货·物产"。
⑫　光绪《广德州志》，卷二二，"物产"。
⑬　民国《歙县志》，卷三，"食货志·物产"。

皖西山区六安州所属各县自康熙以后，也一直以产蚕著名①，但所产丝的质量不太高，像霍山县所出之丝，"以作线甚美，不堪为绮罗"②，这就影响到蚕桑业的发展。

总之，清代安徽蚕桑业的发展水平是很低的，除了江北的全椒县和江南的一些州县蚕桑种植比较多，并时时注意引进新的桑种以外，其他州县养桑饲蚕者很少，所产蚕丝的质量也比较差。

三 嗜食作物

（一）茶叶

茶叶生产在山区占有重要地位。随着商品经济的发展和国内外需求量的提高，清前期茶叶生产不断发展，以额定行销的官引为例，明末清初，行销茶引45000引，雍正时期，新增24980引，共69980引，同时又预颁余引10000道，"遇额引不敷，即给行运"③；到同治时，又先后增颁额引17100引，余引5100引，达到102180引④，是清初的两倍多。"行销官引一道照茶百斤计"⑤，则官方允许制销的茶叶就达1000多万斤。如果再加上当地人民的消费和私下交易，其数量还应远远超过此数。19世纪中期以后，安徽茶叶在国际和国内市场上受到日本绿茶，印度、锡兰红茶的排挤，不断散失国内外的传统市场，销量减少，从而使茶叶生产受到影响。同时，由于清政府不断增加茶捐⑥，茶商无利可图，茶叶生产者负担越来越重，也使得"种茶者亦渐以稀"⑦。

茶叶在淮河以南各地都有分布，但由于受地形、气候和其他自然的与社会的各种因素的影响，各地的生产规模和生产发展程度都不相同。清初颁发茶引的地方主要有潜山、太湖、歙县、怀宁、黟县、婺源、宣城、宁

---

① 乾隆《江南通志》，卷八六，"食货志·物产"；道光《安徽通志》，卷六四，"食货志·物产"；光绪《安徽通志》，卷八五，"食货志·物产"。

② 光绪《霍山县志》，卷二，"地理下·物产"。

③ 《钦定大清会典则例》，卷四九，"杂赋上"。

④ 光绪《安徽通志》，卷七八，"食货志·杂课"。

⑤ 同上。

⑥ 曾国藩：《请免加茶课疏（光绪十一年五月）》，《曾文正公全集·奏稿》。

⑦ 光绪《安徽通志》，卷七八，"食货志·杂课"。

国、太平、贵池、青阳、铜陵、建德、芜湖、六安、霍山、广德、建平和怀宁、桐城、宿松、望江、南陵、泾县、旌德、石埭、东流、当涂等 28 州县，雍正时期，因怀宁、桐城、宿松、望江、南陵、泾县、旌德、石埭、东流、当涂等 10 县地不再产茶，被减除 8900 引，歙县、休宁、黟县、宁国、建德、六安、霍山、婺源等八州县则因茶叶生产不断发展，原定茶引不敷行销，屡次增办茶引。其中以黟县发展最快，共增颁茶引六次，其次是六安、霍山、建德三县，各四次，再次是宁国、歙县、休宁三县，各三次①。在这些产茶的州县中，又以宁国县产量最大，嘉庆时期额销茶引 20000 道，又拨销泾县茶引 5000 道②，共销茶引 25000 道，几占全省额销茶引的四分之一。

在这些颁发茶引的州县中，只有芜湖县不产茶。康熙《太平府志》明确记载，茶"惟繁昌山有，余县不产"③；清代各次所修的《芜湖县志》"物产"一门中也不见有茶的记载。很可能芜湖县是通衢要津，各地的茶叶大都要运到这里交易或重新制作，才在此地颁发茶引吧。其他各州县都与本地方志所记载的情况相符合。

上述各州县全都位于皖南和皖西山区以及皖中丘陵平原区的西部，其中又以皖南和皖西山区各州县生产规模最大，发展最快，皖中丘陵平原区各州县的生产则处于衰退过程之中。这种差异的产生，主要有下列两个原因：

第一，皖南和皖西山区以及皖中丘陵平原区虽都属于亚热带季风性湿润气候，适宜茶叶的生产，但皖南和皖西山区高山林立，云遮雾绕，所产茶叶质量更高。皖南和皖西山区各县都有名茶的出产，如宣城敬亭绿雪茶，南陵格里茶，宁国鸦山茶，泾县白云茶，旌德凫山茶，太平云雾茶，祁门红茶，屯溪绿茶，歙县紫霞茶，池州府的金地茶、茗地源茶、仙人掌茶，广德州的芽茶，霍山的黄芽，六安的小岘春，等等，都是茶中之极品，称名于世。茶叶质量高，自然会扩大销售市场，从而反过来促进生产规模的进一步扩大。

---

① 光绪《安徽通志》，卷七八，"食货志·杂课"。
② 嘉庆《宁国府志》，卷一七，"食货志·田赋下"。
③ 康熙《太平府志》，卷一三，"物产"。

第二，皖南和皖西山区，山多田少，适合种植粮食作物的地方不多，所产粮食不足供民食，山民们为了生存，只有靠山吃山，通过出卖农副产品来换回粮食，茶叶生产既有悠久的传统，又有有利的自然条件，因此，随着人口的迅猛增长，茶叶生产的规模也越来越大。皖中丘陵平原区各州县则着重于粮食的生产，凡是能生产粮食的地方都用来种植庄稼了，因此，本区大部分地方的茶叶都是野生的，很少有人开辟茶园，专门植茶为业，如怀宁县只有"旨泉冲有茶园，居民多以种茶为业"①，其他各地的农民只是偶尔在田边地头栽种若干棵茶树以满足自己的需要。

（二）烟草

清代前期，烟草种植比较广泛。康熙时太平府已有烟草种植的记载，当地俗呼烟草为"相思草"，言其服之每不能断也②。乾隆初年，望江县也开始种植烟草，但还没有用正地来种，到乾隆中期，因"利较稻棉数倍"，开始大片地种植在膏腴之地上③。乾隆时期种植烟草的州县还有石埭县、广德州、歙县④。嘉庆时期，出产烟草的地方就更多了，凤台、合肥和宁国府的一些县份在这一时期所修的地方志中，都有烟的记载⑤。道光时，《宿松县志》中也出现烟草。同治以后，烟草种植进入一个新的时期，不仅种植烟草的县份增多，而且各县的种植规模也迅速扩大，如凤阳县"烟草、罂粟则纵横千里"⑥；五河县到光绪时期种植烟草的人也越来越多⑦；怀宁县因烟质好，产量高，每年六七月间，"扬州烟贾大至，洪家铺、江镇牙行填满，货锱辐辏，其利几与米盐等"⑧；桐城县，本地方志中虽不见有烟草种植的记载，但从其烟叶运往霍山和宁国县在光绪末年

---

① 民国《怀宁县志》，卷六，"物产"。

② 康熙《太平府志》，卷一三，"物产"。

③ 乾隆《望江县志》，卷二，"地理·物产"。

④ 乾隆《续石埭县志》，卷二，"续风土志·物产"；光绪《广德州志》，卷二二，"田赋志·物产"；乾隆：《歙县志》，卷六，"食货志·物产"。

⑤ 李兆洛：《凤台县志论食货》；嘉庆《合肥县志》，卷四，"山水志·水利附"；嘉庆《宁国府志》，卷一八，"食货志·物产"。

⑥ 光绪《凤阳府志》，卷一二，"食货志·物产"。

⑦ 光绪《五河县志》，卷一〇，"食货志·物产"。

⑧ 民国《怀宁县志》，卷六，"物产"。

仿桐城、宿松种烟法种植烟草的记载来看①，本县的种植规模和种植技术在全省都应该是首屈一指的；宁国县于光绪三十年由本县人吴彦之倡导种烟，"仿桐、宿种烟法，开辟利源，普及一乡，价额每年可达六七万金"②，其推广速度之快，由此可见。此外舒城、滁州、蒙城、颍上、霍山等县也都开始有烟草的种植③。

从上可以看出，烟草种植主要集中在三个地区，即皖北平原区的沿淮部分，皖中丘陵平原区的西部沿江平原和东部青弋江与水阳江流域。这些地区都有大片的冲积土，土壤肥沃，是烟草种植和生长的理想地区。

清代末年，由于卷烟的侵销，原有的烟草产区开始受到打击，如宁国县"因卷烟侵销内地，种户日稀，年则不上万金，一蹶不振"④。怀宁县在光绪年间扬州烟商前来收购烟叶的繁荣景象到清末民初亦已零落⑤。光宣之际，产烟最旺的地区是宿松、桐城、凤阳三县，宿松年产三万余担，桐城年产二万余担，凤阳县产量亦与此相侔⑥。

（三）罂粟

罂粟，其果汁干品称鸦片，或称鸦片烟、大烟，亦有简称烟者。鸦片战争以前，安徽各地已有罂粟的零星栽培，但都是用来作花观赏或入药的，很少有提取果汁制作鸦片来吸食的。以制作鸦片为目的而种植罂粟，大约始于光绪初年。光绪七年曾发谕旨："栽种罂粟之害，有妨民食，始于甘肃，延及陕西、山西，近复江苏、河南、山东等省亦有渐行栽种者"⑦；也就是说，江苏、河南、山东三省种植罂粟开始于光绪初年，安徽省与这三省交界，肯定不会不受到影响。鸦片一旦种植，其发展就不可遏制，因为"种罂粟一亩所出，视农田数倍，工力又复减省，州县因之

① 光绪《霍山县志》，卷二，"地理下·物产"；民国《宁国县志》，卷七，"物产志"。
② 民国《宁国县志》，卷七，"物产志"。
③ 光绪《续修舒城县志》，卷一三，"食货志·物产"；光绪《滁州志》，卷二之二，"食货志·土产"；民国《重修蒙城县志书》，卷四，"食货志·物产"；同治《颍上县志》，卷三，"食货"；光绪《霍山县志》，卷三，"地理下·物产"。
④ 民国《宁国县志》，卷七，"物产"。
⑤ 民国《怀宁县志》，卷六，"物产"。
⑥ 程叔度、秦景阜：《烟酒税史》第四章第四节。
⑦ 光绪《大清会典事例》，卷一六八，"户部·田赋"。

添设陋规，私收鸦片烟土税，亦数倍于常赋。官民皆有所利，以至四处蔓延"①。安徽省罂粟种植规模迅猛扩展，1901 年，芜湖关税务司莫锐尔曾做了一个估计，他说在 1896 年以前，对一个好年景的估计产量是 3000担，而到 1901 年，一个好年景的预测收成为 4000 担，而实际数字还要大得多②。到 1906 年，安徽的鸦片产量估计数又达到 6000 担③。根据莫锐尔在估计中所述，当时鸦片亩产量最高为 6 斤，最差为 1 斤，如每亩按 3斤计算，则 1896 年用于种植罂粟的田地约有 10 万亩，1901 年约有 13.3万余亩④，1906 年约有 20 万亩。

罂粟的种植主要集中在皖北平原区的凤阳府和颍州府，皖南山区的徽州府两个地区⑤。另外，泗州所属五河县，皖中丘陵平原区的庐州府和滁州，种植也很广泛⑥。滁州所属全椒县"各处多种鸦片，原隰垄麟，弥望皆罂粟花，嫣红夺目。小户人家均种一二亩、二三亩不等，咸谓利多于禾"⑦，与皖北平原区的阜阳县"春秋以二麦、罂粟为大"，颍上县"民间半种罂粟为生"⑧ 的景况并没有什么两样。根据安徽巡抚朱家宝宣统元年三月十九日在《奏禁烟情形折》中所述，清末安徽各州县的罂粟种植情况是：宿州、涡阳、亳州、阜阳、太和、蒙城为最盛，其次是颍上、凤台、怀远、定远、灵璧，再次是霍邱、凤阳、五河、泗州⑨。这些州县全都在皖北平原区。

---

① 《光绪朝东华录》光绪三年四月丁亥。

② 《海关十年报告》（1892—1901）。

③ 《国际鸦片委员会报告书（*Report of the International Opium Commission*）》第二卷，第 57页，1909 年。转引自李文治《中国近代农业史资料》第一辑。

④ 莫锐尔在估计中云："以每亩 3 斤计算，则生产 4000 担要占地 1333333 亩"，显系错误。若要说 4000 担是 40000 担之误，虽与日本外务省《清国事情》上（转引自《中国近代农业史资料》第一辑）中所说安徽省每年约产鸦片四五万担相符，却又与估计全文及《国际鸦片委员会报告书》的估计数字不相合。两种估计数相差达 10 倍。根据鸦片种植发展情况，较小数字比较合理。

⑤ 日本外务省《清国事情》上，1907 年。

⑥ 光绪《五河县志》，卷三，"疆域七·风俗"；光绪《庐州府志》，卷八，"风土志·物产"；光绪《滁州志》，卷二之二，"食货志·土产"。

⑦ 《益闻录》第 1276 号，光绪十九年五月一日。转引自李文治《中国近代农业史资料》第一辑。

⑧ 光绪《皖志便览》，卷三，"颍州府序"。

⑨ 《华制存考》。转引自李文治《中国近代农业史资料》第一辑。

　　由于种植鸦片有害农功，而吸食鸦片又腐蚀人的精神，戕害人的身体，所以清政府常常号召禁止种植，但总是由于执行不力，效果甚微。光绪三十四年（1908 年），安徽掀起了一次全面的禁种鸦片的运动。这次运动的规模很大，执行得也比较彻底，先由禁种各州县呈报成绩，再由省委员密查复核。据称，经过这次禁种运动以后，"各属向种罂粟地亩，一律栽植嘉禾，间有一二荒僻之区未经改种者，亦经勒令铲除，不准复种"①，好像罂粟种植已经绝迹。但据另一调查所称，情形与此完全相反。茶圃在《各省禁烟成绩调查记》中说："安徽之北部，多以种烟为业，而尤以凤阳、颍州等府为最，前年虽下禁绝之令，然官吏奉行不力，故成效颇少。"② 尽管有如此两种截然相反的报告，但有一点可以肯定，那就是经过这次运动，其种植规模受到了一些打击，种植面积也不会像以前那么广大。

四　染料作物

　　染料作物在农作物结构中所占地位微弱，很少有大面积生产，其产量最多只能维持本省各地需要而已，很少输出，也未见输入。染料作物结构也比较简单，以染青和染红作物为主，其他染色作物只有个别地方志才有记载。

（一）蓝靛

　　蓝靛染青碧。用于提取蓝靛的作物很多，有蓼蓝、马蓝、槐蓝等。蓝靛作物的种植很广，几乎各县都有分布，颍州府属亳州、太和、蒙城、霍邱、颍上、涡阳，泗州及其所属五河县，凤阳府的凤台县，安庆、庐州、池州、太平、宁国等府所属各县，徽州府属之歙县，广德州、六安州，滁州所属之全椒县等，在地方志中，都有"蓝""蓝靛"或"靛"的记载③。其中颍州府的亳州、太和、蒙城三州县靛的生产在清代一直居全省

---

① 前引《皖抚朱家宝奏禁烟情形折》。

② 《国风报》第一年第十八期，宣统二年七月初一日。转引自李文治《中国近代农业史资料》第一辑。

③ 见各地清代所修地方志，此不具列。

之首①。康熙时，太平府青靛"圃人习以为业，贩者多收之"②；光绪时，庐州府在市场交易中，以靛为多③。本府舒城县和安庆府的怀宁县等处所出产的靛还销往霍山④，这些地方蓝靛的生产也应不少。皖南山区各州县，乾嘉时期，流民纷纷涌入深山，开荒种植玉米和靛等经济作物，如宁国府，在嘉庆时期，温州人赁山种靛，"所产甚茂"⑤，蓝靛的种植也有很大的发展。

清末民初，宁国县因为德货侵入，蓝靛的种植渐渐减少，到20世纪30年代，再也见不到蓝靛的踪迹了⑥。其他地方虽未见如此记载，其命运想来也不会比宁国县好多少。

（二）红花

红花染红，分布范围比蓝靛要小得多，见于记载的只有六安州和泗州及其所属各县，颍州、庐州、太平等府所属各县⑦。不过，这些州县的种植面积都比较大，颍州府所属各县和六安州及其所属各县一直保持着领先的地位⑧；太平府在康熙时期，红花"所在有之"⑨；庐州府在光绪时，红花在市场交易中与靛一样，同是大宗⑩。从其分布范围来看，它虽比蓝靛小，但包含在蓝靛的分布范围之内，并未逸出其外，而且两者的主要产区也基本相同，这说明染料作物种植范围基本是一致的，这应是受种植传统的影响。

（原文发表于《中国历史地理论丛》1992年第4辑）

---

①　乾隆《江南通志》，卷八六，"食货志·物产"；道光《安徽通志》，卷六四，"食货志·物产"；光绪《安徽通志》，卷八五，"食货志·物产"。

②　康熙《太平府志》，卷一三，"物产"。

③　光绪《庐州府志》，卷八，"风土志·物产"。

④　光绪《霍山县志》，卷二，"地理下·物产"。

⑤　嘉庆《宁国府志》，卷一八，"食货志·物产"。

⑥　民国《宁国县志》，卷七，"物产志"。

⑦　见各该地清代所修地方志，此不具列。

⑧　乾隆《江南通志》，卷八六，"食货志·物产"；道光《安徽通志》，卷六四，"食货志·物产"；光绪《安徽通志》，卷八五，"食货志·物产"。

⑨　康熙《太平府志》，卷一三，"物产"。

⑩　光绪《庐州府志》，卷八，"风土志·物产"。

清代安徽农业生产的地区差异

安徽省位于亚热带湿润性季风气候向暖温带半湿润性季风气候，我国东南山地丘陵红壤地带向华北平原棕壤地带的过渡地带，境内自然条件复杂，地貌类型多样，各地的农业生产结构和农业生产水平都存在着较大的差异。研究当代安徽农业地理者一般都将安徽划分为淮北平原、江淮丘陵、大别山地、沿江平原和皖南山区五个农业区，这在今天来说，显然是符合实际情况的。清代安徽的农业生产情况与今天有所不同，根据当时农业生产的自然条件、农作物结构、农业生产中存在的主要问题和农业生产水平的差异，可以将安徽划分为皖北平原区、皖西山区、皖中丘陵平原区和皖南山区四个农业区域。

一　皖北平原区

皖北平原区大致包括清代颍州、凤阳、泗州二府一州的全部及江苏徐州府的砀山、萧县两县。本区除东北部和东南部有一些低山残丘外，主要为淮河及其支流冲积而成的广大平原。

这里土壤肥沃，气候优越，开发最早，自古就是我国重要的农业区。早在春秋战国时代，人们就在这里修建了芍陂和鸿沟水利系统，灌溉农田。以后直至宋代黄河南徙夺淮，其间虽有过魏晋南北朝和宋辽金元时期长期的战争，农业一度受到破坏，但只要战争平息，农业生产也就很快得到恢复。隋时，位于今安徽亳县、阜阳等地区的谯郡、汝阴郡是当时农业可以称道的地方之一；唐宋时期，这里仍然是唐都长安和宋都开封的一个主要粮食供应基地。① 1128 年，黄河南决，从此开始了长达六百多年的夺淮入海时期。黄河的夺淮入海，严重地扰乱了淮河及其支流的排水系统。从此以后，淮河流域水旱灾害不断，农业生产一蹶不振。虽然明清二朝都花费了很大的力气来对黄河和淮河进行治理，但由于要维持大运河的漕运，一直采取"保黄济运"和"蓄清涮黄"的政策，把洪泽湖大堤高家堰越筑越高，洪泽湖的面积也愈来愈大。结果许多良田，尽成泽国。自康熙二十三年至雍正十三年，临淮、泗州、盱眙、五河四州县水沉田地达2500 顷 90 亩②；到同治三年，凤阳府因开河筑堤占废、水沉和坍荒的田地更上升到 19625 顷③。这还仅仅是在册田亩数，如按实际田地计算，又当更多矣。再如偌大一个泗州城，也在乾隆四十二年最终被淹没，不得不将州治迁到虹县。洪泽湖水位的提高，又使得淮河中游地区宣泄不畅，常闹水灾。据康熙四十三年一份关于安徽地方情形的报告，凤阳府（按：此时的凤阳府包括颍州府和泗州在内，亦即正当本文的皖北平原区、见《光绪大清会典事例》卷一五二《户部·疆理》）"接壤豫省，地方辽阔，土薄人稀，而近洪泽等湖及淮、濉等河之地，易于淹没，其于湖河隔远者，稍一亢旱，苦无取水河道，如遇雨潦，又无泄泻。凤属一十八州县，每年必有歉收一二"④。

自然灾害的频繁，一方面直接影响到农业生产的收成，另一方面由于灾害的频繁发生，严重地影响了人民生产的积极性，影响了农业生产技术的提高。皖北平原区有一望无际的平原，理论土地垦殖指数在多数地区都能达到 70%⑤，土地资源非常丰富。1819 年，本区人口密度与全省其他地区相比，属于中等，每平方公里在 200 人左右（见表1），人多地少的矛盾远不如其他地区突出。但如此丰富的土地资源并没有得到很好的利

---

①　参见史念海《中国历史地理纲要》第六章"历史经济地理"。山西人民出版社 1992 年版。

②　光绪《安徽通志》，卷六九，"食货志·田赋一"。

③　光绪《安徽通志》，卷七一，"食货志·田赋三"。

④　中国第一历史档案馆编《康熙朝汉文朱批奏折汇编》第 1 册74，《安徽巡抚刘光美奏闻地方情形折》。

⑤　李兆洛：《凤台县志论食货》，《皇朝经世文编》，卷三六，"户政"；同治《霍丘县志》，卷三，"食货志四·物产"。

用，"凤阳一带之民，全不用人力于农工，而惟望天地之代为长养"①，
"即现种田畴，亦不知营治"②，"其渠种，多撒稻，少树秧，不及江南，
此地势所限；其陆种，耕浅而密，略于耕耨，不及齐鲁，实人工之疏"③。
农业生产技术的低下，反过来又使灾害的破坏程度进一步加强，二者相互
影响，形成恶性循环，人变成了自然的奴隶。

　　然而，本区优越的土壤条件在清代还是不时地表现出来，在五风十雨
之年，或者在旱涝灾害比较少的地方，本区的粮食产量还是比较高的。如
涡河两岸冲积平原，"色黄质沙，宜二麦，亩可得一石"，"泡河东趋临
溪，赤壤肥沃，亩可得一石"，"齐山麓土青黎松润，宜蜀秫，亩可石，
且早熟"④；凤台县每亩产量，"当其稔时，黍麦可二石，稻可四五石"⑤。
颍州府和凤阳府的许多州县在丰收之年都有一些余粮粜往外地，寿州的正
阳、瓦埠诸镇是本地米麦豆谷贸易的集中场所⑥。由此可见，本区粮食生
产能力非常大，只要水利建设搞好了，农业就能获得好收成。

　　1855 年，黄河在铜瓦厢北决，结束了长达六百多年的夺淮入海历史。
但是黄河的北徙，对本区的农业生产条件并没有多少改变。黄河虽然北徙
了，但在黄河夺淮的六百多年时间里，黄水多次泛滥，所挟带的大量泥沙
沉积下来，使淮河干支流的河床逐渐垫高，中游河槽变成了半地上河，下
游入海的出路被淤塞，已经造成了淮河水系的紊乱。在淮河水系没有得到
根本疏理的情况下，淮河流域多灾多难的历史也就很难得到改变，阜阳、
颍上等县沿淮一带，淮北涡、肥、茨、泡各河之间依然是遇涨辄涝⑦。直
到新中国成立，淮河流域还是"大雨大灾，小雨小灾，无雨旱灾"，灾荒
连年。清代后期，凤阳县荒额一直在二千六百顷左右，怀远县实收赋额不
到规定的一半⑧，农业生产水平比起清代前期来说，只有下降，未见
提高。

---

①　靳辅：《生财裕饷第一疏》，《皇朝经世文编》，卷二六，"户政"。
②　《清高宗实录》，卷九一七，乾隆三十七年九月。
③　同治《颍上县志》，卷一二，"杂志·风俗"。
④　民国《涡阳县志》，卷八，"食货志"。
⑤　李兆洛：《凤台县志论食货》。
⑥　光绪《寿州志》，卷三，"舆地志·风俗"。
⑦　光绪《皖志便览》，卷三，"颍州府序"；民国《涡阳县志》，卷 8，"食货志"。
⑧　光绪《皖志便览》，卷三，"凤阳府序"。

表1 嘉庆二十四年（1819年）人口、田额分布

府州	人口	田额 （市亩）	面积 （km²）	人口密度 （人/km²）	田额率 （%）	人均田额 （市亩）
全省	34925494	30612055	135579	257.60	15.05	0.88
安庆府	5558926	1986769	15488	358.92	8.55	0.36
徽州府	2679423	1894785	10946	244.79	11.54	0.71
宁国府	3474112	2561813	8925	389.26	19.14	0.74
池州府	2803785	659557	10080	278.15	4.36	0.24
太平府	1540196	1346280	3098	497.16	28.97	0.87
庐州府	3855656	6128940	15015	256.79	27.21	1.59
凤阳府	5049170	8343934	23914	211.14	23.26	1.65
颍州府	4265758	3630253	22129	192.77	10.94	0.85
广德州	621382	950543	3334	186.38	19.01	1.53
滁州	743929	537517	4909	151.54	7.30	0.72
和州	610005	446054	2704	225.59	11.00	0.73
六安州	1339580	1382825	8348	160.47	11.04	1.03
泗州	1236545	360081	6694	184.72	3.59	0.29

说明：六安州人口、田地和土地面积不包括英山县在内，泗州不包括盱眙县在内。

资料来源：人口和田额数字据道光《皖省志略》卷一至卷四，其中田额已按1清亩＝0.9216市亩折算成市亩。土地面积据谭其骧主编《中国历史地图集》第8册图18—19用方格求积法求得。

　　清代后期皖北平原区农业生产水平下降的最重要的原因，当然还是由于19世纪中期的大规模战争所导致。长期的战争，摧毁了皖北平原区近二百年来辛辛苦苦建设所取得的仅有的一些成就。战争过后，凤阳、颍州等处变成"千里蓬蒿，一望无际"[1]，使本来就广阔的原野显得更加空旷凄凉。大量荒芜的土地，以及因黄河北徙而新涸出的肥沃土壤，本应是发展农业生产的好地方，1862年，就有人提出要在淮北各地进行屯田[2]，但事情不了了之。这些肥沃的田地种上的不是麦黍等粮食作物，而是烟草、鸦片等于人民身心健康有害的作物，农业生产出现了畸形化，而且越来

[1]　曾协均：《请开皖北屯田疏》，《皇朝道咸同光奏议》，卷二九，"户政类·屯垦"。
[2]　同上。

严重。

二　皖中丘陵平原区

　　皖中丘陵平原区大致包括清代太平府、和州、滁州一府二州的全部，安庆和庐州二府的大部，池州府的东流、贵池、铜陵、青阳四县，宁国府的宣城、南陵二县和广德州所属之建平县。本区平原和丘陵面积各占一半，平原主要分布在长江两岸、巢湖周围以及青弋江和水阳江中下游地区。在气候方面，本区降水丰沛，热量充足，最适宜水稻的生产，是安徽水稻生产最集中的地区。

　　皖中丘陵平原区的农业在秦汉以前不如皖北平原区发达，农业生产还停留在火耕水耨的水平。[①] 汉以后，随着北方的战乱和北方人民的大量南迁，长江流域的农业生产水平逐渐赶上和超过黄河流域。唐代中后期，包括本区在内的淮南、江西道已是关中粮食供给和财富来源的主要地区之一。[②] 宋元时期，由于北方人民的继续南迁，长江中下游地区人口大增，促进了本地区农业的高速发展。就是在这时，高产稳产的圩田、围田在长江中下游地区大量出现，农业生产达到前所未有的繁荣程度，而昔日农业发达的皖北平原区则因天灾人祸的频繁发生，地位一落千丈，已不可与皖中丘陵平原区同日而语了。到明代中期，本区已出现稻米的长距离贩运，方都韩在《枞川榷稻议》中说："六皖皆产谷，而桐（城）之辐辏更广，所出更饶，计由枞阳达于江者，桐（城）居十之九，怀（宁）居十之六，潜（山）居十之三。"[③] 这种情况在当时还是不多见的，可见本区粮食生产的丰饶。

　　清代，皖中丘陵平原区仍然是安徽最重要的农业区，也是全国重要的稻米输出地之一。本区额田虽然不比皖北平原区多，安庆、宁国、池州、太平、庐州、广德、滁州、和州五府三州总共额田只占全省的 47% 左右（见表 2），但额征米粮数却占全省 75% 以上，漕粮额更达到总数的 80%

---

① 《史记》，卷一二九，"货殖列传"。
② 《资治通鉴》，卷二三七，"唐纪"。
③ 《古今图书集成·草木典》，卷二八。

（见表3）。除额征米粮数以外，本区每年还向外省运销大量粮食。运出粮食的数额虽然没有准确的数字统计，但从一些零星的记载中，仍可窥见一斑。乾隆四十年，高晋在一篇奏疏中说，乾隆二十年以前，崇明商人每年在安庆买米二十多万石，到乾隆四十年时，则增加到三十万石①。光绪二十四年至三十年，从芜湖运往广州、汕头、烟台、宁波等处销售的大米，多至五百余万担，少亦三四百万担②，这些大米大部分都是从安庆、太平、宁国、和州、庐州等府州运来。

表2　　　　　　　　　　清代安徽省各府州田额比重表

府州	1735 年		1784 年		1824 年	
	数额（亩）	占总数%	数额（亩）	占总数%	数额（亩）	占总数%
安庆府	2165625	6.43	2158976	5.85	2151721	6.48
徽州府	2056561	6.11	2506578	7.53	2055973	6.20
宁国府	2783562	8.27	2779658	7.53	2779746	8.38
池州府	718360	2.13	770764	2.09	714493	2.15
太平府	1463457	4.35	1486105	4.02	1460807	4.40
庐州府	6706915	19.93	6917229	18.73	6647806	20.03
凤阳府	9430454	28.02	9685348	26.23	9053748	27.28
颖州府	3991263	11.86	4683718	12.68	3946046	11.90
广德州	1031272	3.06	1031405	2.79	1031405	3.11
滁州	565651	1.68	1379282	3.74	566143	1.46
和州	483503	1.44	933473	2.53	484000	1.46
六安州	1722236	5.12	1875201	5.08	1663572	5.01
泗州	536382	1.59	716914	1.94	63165	1.90
合计	33655254	100	36924651	100	33185580	100

说明：各项数据均不包括卫所屯田。

资料来源：1735 年田额据乾隆《江南通志·食货志》；1784 年田额据乾隆《大清一统志》；1824 年田额据光绪《安徽通志·食货志》。

---

① 高晋：《请海疆禾棉兼种疏》，《皇朝经世文编》，卷三七，"户政"。
② 民国《芜湖县志》，卷三五，"实业志·商业"。原文"广州"作"广东"。

表3　　　　　　　　　**道光四年（1824年）安徽各府州额征米粮数**

府州	本色（石）					漕粮（石）			
	米	麦	豆	合计	占总数%	米	麦	合计	占总数%
安庆府	110853			110853	19.27	98099	2456	103011	27.77
徽州府	29338		1624	32586	5.66	22942		22942	6.18
宁国府	62109		9101	80311	13.96	56082		56082	15.12
池州府	51909		7801	67511	11.74	40756		40756	10.99
太平府	36973		2208	41389	7.19	33060		33060	8.91
庐州府	56103	1031		58165	10.11	38304		38304	10.32
凤阳府	37305	5749		48803	8.48	21283	638	22559	6.08
颍州府	14992	1413		17818	3.10	12375		12375	3.34
滁州	38419		891	40201	6.99	7101		7101	1.91
和州	26027			26027	4.52	8817		8817	2.38
广德州	13764		1553	16870	2.93	11679		11679	3.15
六安州	10404	762		11928	2.07	7140		7140	1.92
泗州	15758	3247	262	22786	3.96	7174		7174	1.93
总计				575248	100			371000	100

资料来源：光绪《安徽通志·食货志》。其中漕粮包括正兑、改兑、正耗、随漕杂项等项；合计数按乾隆四十一年户部议定的安徽省常平仓不同品种粮食折算稻谷办法，黄豆、小麦五斗准折谷一石，折算成稻谷（见《钦定大清会典事例》卷一八九《户部·积储》）；徽州府属应征南米于康熙二十八年因处万山之中，不通舟楫，题定永折（见乾隆《江南通志》卷六八《食货志·田赋》）。

　　皖中丘陵平原区农业长盛不衰，与这里丰富的人力资源是分不开的。本区是全省人口分布最密集的地区，除了滁州和广德州因境内丘陵较多，平均每平方公里不到200人以外，其他各府州每平方公里都在220人以上，太平府更高达每平方公里497人（见表1）。人口的增长速度在全省也是最快的。西部的桐城县在清初有25530人，到1693年超过10万，1724年超过20万，1743年超过40万，1790年超过130万，1819年超过210万，1825年达到244万。[1] 经过一百八十年时间，人口增加了240多

---

[1]　道光《桐城续修县志》，卷二，"田赋志附户口"。

万，平均每年增加 13000 多人。大量的人口，固然增加了粮食的消费量，但也为农业生产提供了充裕的劳动力资源，使得荒山滩地的开垦和农业生产集约经营成为可能。正是由于大量的劳动力存在，才使得清代双季稻的种植在这里得以大面积的推广。每年割早稻栽晚稻的时候，"正大暑土膏发育之时，农人争天时一刻千金，率晨刈、昼犁而夜种之，农家之忙无过于此"，许多农家往往因人力不足，"皆于外乡雇老农并力及时以事晚稻焉"①。如果附近农村没有大量的剩余劳动力，二季稻的栽插将被耽误，从而引起二季稻的减产，最终使农民放弃二季稻的种植。

皖中丘陵平原区的水利建设在本省也是首屈一指，其中圩田的兴修占主要地位。沿江及其他平原地区，土壤肥沃，圩田广布，产量极高，每亩平均产稻四石，多者达六七石②。如果以市亩市斤计之，则每市亩产稻达千斤上下③，达到 20 世纪 80 年代的水平。但这里也是最容易遭受水涝的地区，一旦江潮泛涨，广大粮田就有被淹的危险。为保护沿江两岸的大量圩田，沿江地区的劳动人民在清代二百多年的时间内，没有一时停过对长江大堤的维修。无为州一带因江水的冲刷，在江北修了四道堤坝来保护坝后的圩田④。除了长江大堤的增修外，各地在其他河湖周围连续不断地筑堤造圩，仅怀宁一县，在清代就创筑圩 31 座，得田几十万亩⑤。到光绪年间，庐州府合肥县有圩 77 座，庐江县 163 座，舒城县 36 座，无为州114 座，巢县 85 座⑥。在平原地区的高地及丘陵地区，相对来说，旱灾比涝灾容易发生，这些地方的水利建设主要是修筑蓄水性的堨、塥、陂、塘。清代，江淮丘陵一带的陂塘数目是十分庞大的，它们如串串珍珠点缀在如绣绿野之中。尽管一些地方志中也仔细地罗列了一些地区的陂塘数目，但可以肯定地说，它远远不能包括其全部。

明末清初和 19 世纪中期的两次战乱，对本区的农业破坏是非常严重的，但本地的战后恢复工作却也最为迅速。这一方面固然是由于这里是清

---

① 民国《怀宁县志》，卷六，"物产"。
② 民国《无为县小志》，卷四，"物产"。
③ 各项数据均据吴慧《中国历代粮食亩产研究》：1 清亩 = 0.9216 亩，1 清石稻 = 146 市斤。
④ 乾隆《无为州志》，卷六，"水利"。
⑤ 民国《怀宁县志》，卷五，"水利"。
⑥ 光绪《庐州府志》，卷一三，"水利志"。

代主要漕粮来源地之一，清政府对本地的恢复工作格外重视；另一方面，则与这里人口的迅速恢复有关。本区本是人口最为密集的地方，即使因战乱人口遭到损失，但在损失比率相同的情况下，残存的人口依然比其他地区为多。如西部的安庆府，在经过十余年的太平天国运动之后，仍然是人口输出的地方之一。本区东部各州县人口损失虽然更为严重，但清末来自楚豫的大批客民都分布在这一带（见表4）。人口的迅速恢复，再加上优越的自然条件，农业生产很快得到恢复就很自然了。

表4　　　　　　　　**同治、光绪时期安徽客民情况表**

客民流入地		客民来源地	资料来源
滁州	滁州	光州、安庆	光绪《滁州志》卷二之一
	全椒	合肥、潜山	民国《全椒县志》卷五
池州府	青阳		光绪《皖志便览》卷一
	石埭		光绪《皖志便览》卷一
	贵池	桐城、庐江占全部移民百分之八十；另外还有怀宁、湖北各县	金陵大学农业经济系《鄂豫皖赣四省之租佃制度》
宁国府	宣城	两湖籍占最多数，皖北次之	同上
	南陵	湖南、湖北	《申报》，光绪九年六月十六日。
	宁国	湖南、湖北	民国《宁国县志》卷四
	泾县	湖南、湖北	
广德州	广德 建平	湖北人居四，河南人居三，江北人居一，浙江人居一，他省及土著共得其一	光绪《广德州志》卷末
太平府　繁昌			光绪《皖志便览》卷二
颖州府　霍邱			光绪《皖志便览》卷三

不过，本区有些地方的粮食生产也仅仅能达到自给，这主要是指池州府的东流、贵池、铜陵三县。这三县虽然位于沿江平原，但除了东部的铜陵县稍有圩堤之利外，贵池、东流二县濒江田亩，"圩岸缺如，十年九溢"①，再加上兼葭浮于通郡之田②，"一岁之获不足供半岁之粮，往往易

---

① 光绪《安徽通志》，卷六五，"河渠志·水利一"。
② 乾隆《江南通志》，卷二，"舆地志·池州府图说"。

诸江北及贾舶之米以为食"①。为何会出现这种情况？如果将这里同本区其他地方比较一下，我们就会发现，这里的水利建设落后得多。在有清一代，这里几乎没有什么水利治绩。水利是农业的命脉，水利不兴，农业生产当然也就不会获得什么成绩了。因此，要使这里的粮食生产有所提高，首要前提就是搞好这里的水利建设。这一点，清人也已指出，他们说，如果贵池等沿江一带地区"陂而障之，庶几石田悉化为沃壤欤"②。

三　皖南山区

皖南山区大致包括清代徽州府全府，池州府的建德、石埭二县，宁国府的宁国、旌德、太平、泾县四县以及广德直隶州。本区山地面积广大，约占总面积的90%以上，两山之间的河谷平原和山间盆地，面积虽然不大，但却是本地区的重要粮食产地。

皖南山区农业开发较晚。在唐宋以前，农业生产还局限在一些河谷平原和山间盆地。唐宋以后，随着人口的增长和北方麦豆等农作物在江南的推广，许多中低山地也相继被开垦。有人曾经这样描写徽州地区的山地垦殖情况："大山之所落，深谷之所穷，民之田其间者，层累而上，指十数级不能为一亩，快牛剡耜不得旋其间。"③ 说明本区在宋代山地开垦之普遍和农业生产之艰难。元明时期，这种情况并没有发生改变，山地的开垦仍在继续。到了清代中期，由于人口的迅速增长，外地流民大量涌入，山地开垦规模进一步扩大，田地面积也迅速增加。当然，这种增加在清代田额中是表现不出来的，我们今天也很难准确地推算这种增加的幅度。

皖南山区在清代农业生产中的主要问题是山多田少而引起的粮食生产不足。本区人口密度虽然不高，但因山多田少，人均占有耕地面积在全省中是较低的。不仅如此，就是仅有的这些田地，也多系山田，土壤贫瘠，粮食产量很低。清代，本区各县粮食生产都很难满足本地的需要，每年必须从江浙等邻省和本省其他地区进口大批粮食。这种情况，在明代就已出

① 乾隆《池州府志》，卷二五，"食货志"。
② 光绪《安徽通志》，卷六五，"河渠志·水利一"。
③ 罗愿：《新安志》，卷二，"叙贡赋"。

现，顾炎武曾说："徽郡保界山谷，土田依原麓，田瘠确，所产至薄"，
"壮夫健牛，田不过数亩，粪壅缛耨，视他郡人力过倍，而所入不当其
半。又田皆仰高水，故丰年甚少，大都计一岁所入，不能支十之一"。①
清代，本地地方志中此类的描写更多。道光《徽州府志》说："徽处万山
之中，无水可灌，抑苦无田可耕。硗确之土，仅资三月之食。"②徽州府
以外的其他各县，"（石）埭处万山之中，群峰罗列，宛若屏障，其民多
依山结庐，聚族而居，各成村落，望之不啻鼍画中也。第人稠地狭，厥田
高高下下，无七亩五亩方珪圆璧者，故耕耨不足以给，多贩籴外境"③；
"泾（县）境从广百余里，而山居其半，水又去其一，可耕之田仅三分之
一焉，以是虽火耕水耨，而一岁之食半皆仰给于外"④；"旌邑（旌德）
土地硗确，物产虽有而不多，往往取给于邻邑"⑤；太平县"其平畴宽衍，
号称沃壤者，十不得五，余悉硗瘠……土薄石肥，或一丘不得谷数斤"⑥。
人多田少，且土地出产不高，因此本区的精壮劳力大都出外经商，在家务
农的人很少。如休宁县"山多田少，尽地所出，不足给民食之二三。其
民鲜务农耕，争趋商贾，轻囊薄具，足迹遍四方。民皆恃贾为生，其尽力
于畎亩者，悉贫民也"⑦；歙县东部地区"鲜园林山泽之利，农十之三，
贾七焉"⑧；祁门县也是"农者十之三"⑨。

　　皖南山区粮食产量虽然不高，但本区在清代所取得的成绩还是不小
的，农业生产水平与其他地区相比，也并不算低。这主要表现在三个
方面：

　　首先是域外作物玉米的快速推广。玉米是一种耐旱耐瘠且又高产的作
物，其生长、收获、贮藏都不需要复杂的技术，特别适合交通不便、土壤
瘠薄的山区种植。康熙以后，由于人口的迅速增长，粮食供应状况更趋紧

　　①　顾炎武：《天下郡国利病书》第九册，《凤宁徽》。四部丛刊本。

　　②　道光《徽州府志》，卷四，"水利"。

　　③　康熙《安徽省石埭县志》，卷一，"舆地志·山溪"。

　　④　嘉庆《泾县志》，卷五，"食货"。

　　⑤　嘉庆《旌德县志》，卷五，"食货·物产"。

　　⑥　乾隆《太平县志》，卷三，"风俗"。

　　⑦　康熙《休宁县志》，卷三，"食货·恤政"。

　　⑧　乾隆《歙县志》，卷一，"舆地志·风土"。

　　⑨　同治《祁门县志》，卷五，"舆地志·风俗"。

张，增加垦田面积迫在眉睫。恰在这时，玉米通过流民传入，使荒山瘠地的开垦成为可能。从乾隆到光绪末年，玉米迅速传入皖南山区各地，其间虽然因山地的大规模不合理开垦而导致水土流失，遭到清政府的屡次禁止，但这种传播的趋势并未被打断。玉米的迅速推广，使本地区的土地垦殖率迅速提高，粮食总产量也因而大幅度增加，从而缓解了这一地区粮食供应不足的矛盾。

其次是水利事业的进一步发展。皖南山区山势陡峻，溪流湍急，许多田地都在山坡之上，因此山区农民对水利的建设尤为重视。这里虽然没有皖北平原区和皖中丘陵平原区那种大型的水利工程，都是一些小不足道的塘堨，它们大都灌田在 50 亩到 100 亩，千亩以上的微乎其微，小者只能灌田 10 亩上下。然而这些塘堨都是因地而筑，对本区农业生产的作用并不亚于那些大型水利工程。所以自唐宋以来，皖南山区的塘也征税，"民间贸易，与田同价"①。据不完全统计，到康熙中期，徽州通府共有塘 510所，堨 633 所，陂 112 所，堤 2 所，坝 4 所，渠 2 所②。到道光时，塘已增加到 708 所，堨增加到 840 所，陂增加到 124 所，堤增加到 5 所，坝增加到 5 所③。泾县顺治时有水利工程 360 处，到乾隆时增加了 70 多处，嘉庆间又增加了 20 多处④。除了这些水利工程外，有些地方还凿井汲水灌田；在近河地方，用水撩车汲水灌溉，借助水能，而不用人力；在高埠水不能到的地方，"于山谷出水急流之处筑堤止水，用长大竹筒竖于水中，令水激而入窍，涌上喷出，高田亦得溉灌"⑤。为了那一点点的土地获得好收成，真是无法不想，充分发挥了当地人民的聪明才智。

再次是多种经营的开展。皖南山区虽然不利于水稻的大面积生产，但崇山峻岭，依然是利源所在。当地人靠山吃山，他们利用山区植物品种丰富的优越条件，发展了多种经济作物的种植，其中植茶业在农民的经济生活中最为重要。"徽属山多田少，居民恒藉养茶为业。"⑥ 随着外界需求量

① 同治《祁门县志》，卷一二，"水利志"。
② 康熙《徽州府志》，卷八，"水利"。
③ 道光《徽州府志》，卷四，"水利"。
④ 嘉庆《泾县志》，卷四，"山水·陂泽"。
⑤ 乾隆《续石埭县志》，卷一，"续舆地志·陂塘"。
⑥ 同治《祁门县志》，卷一五，"食货志·茶税"。

的增大，本地区的茶园越来越多，"新安家家治茶"①；茶叶产量也越来越大，以致本区茶引屡不敷行运，不得不多次增办茶引②。除了茶叶以外，徽州农民还经营竹木等。多种经营的开展，不仅活跃了农民的经济生活，对减轻山区水土流失也非常有益，是一种适合当地自然条件，又符合经济规律的农业生产模式。

四　皖西山区

皖西山区大致包括六安州及其所属英山、霍山二县，以及庐州府舒城县西南部和安庆府桐城、潜山、太湖三县的西北部。

本区的自然条件与皖南山区相似，除东北部六安直隶州有一部分靠近淮河平原，地势比较开阔以外，其余均为大别山地。受地形和水源的限制，本区的农田主要分布在山地周围地区，产量也很高。以额田而论，东北部的六安州在清代始终在霍山和英山二县总和的3倍以上③；舒城县西南部虽然多山，但"尤多美田，山泉之利，亦称膏腴"④；霍山县东北部淠河河谷平原也比较开阔，粮食较丰且有余，正好能补本县西南地区的不足⑤。山地中心地区条件虽然差，但山泉溪涧等水源也都得到了很好的利用。霍山县许多农民利用山泉溪涧，叠石为堤，承流作堰，竟然使畈田面积达到十分之二三的程度；甚至在水源较少的地方，勤劳的山区农民也想尽办法，开辟成农田，这些农田"全恃垄头池塘以蓄水"⑥。由于山区农民的勤劳刻苦，"颇事疏筑"，虽然自然条件不如其他地方，但"偶遇旱魃，其灾较他邑恒减"⑦。然而尽管如此，终因山多田少，"平畴阡陌之所登，恒不及三分之一，故谷不足供民食"，山区农民只有靠"采山、伐山、猎山之利以佐之"⑧。同皖南山区一样，其中也以茶叶的生产为最巨，

---

① 乾隆《江南通志》，卷八六，"食货志·物产"。
② 光绪《安徽通志》，卷二八，"食货志·杂课"。
③ 乾隆《江南通志·食货志》；光绪《安徽通志·食货志》等。
④ 光绪《安徽通志》，卷六六，"河渠志·水利"。
⑤ 光绪《霍山县志》，卷二，"地理志下·物产"。
⑥ 同上。
⑦ 光绪《安徽通志》，卷六七，"河渠志·水利"。
⑧ 光绪《霍山县志》，卷二，"地理志下·物产"。

霍山"近县百里皆种茶，民惟赖茶以生"[1]，茶叶生产在山区农民生活中的作用几与粮食生产相等。

（原文发表于《中国农史》1999 年第 4 期）

---

[1] 乾隆《六安州志》，卷六，"食货志"。

清代山西的田地数字及其变动

　　土地垦殖数量的变化不仅是历史农业地理和经济史研究中的一个重要内容，也是人类活动与环境变迁关系史研究中一个不可缺少的层面，它是反映人类活动方式和强度变化的一个重要标尺。我国历史文献中有大量的垦田数字，为我们研究不同时期、不同地区土地利用方式和强度的变化提供了丰富的材料来源。但众所周知，这些材料的性质、含义在不同时期和不同地区是不尽相同的，需要进行具体分析，才能加以运用。本文拟对光绪《山西通志》中所记载的清代山西的田地数字进行考察，以说明清代山西垦田状况的变化情况。

一　光绪《山西通志》所载田地数字的性质和含义

　　有关清代山西各地土地数字的记载很多，清朝和民国年间所修的各府、州、县方志都有当地多个年代的土地数字，《清会典》《清文献通考》和《清一统志》等书中还有不少清代山西各个年代的全省土地数字①，而清代山西全省各府、州、县系统的土地数字记录也有不少，目前能够见到的有康熙、雍正和光绪三朝所修的《山西通志》及顺治、雍正二朝所修的《山西赋役全书》②。其中光绪《山西通志》修成时间最后，在编修过程中大量参考了包括上述文献在内的有关资料，既有光绪年间的土地数字，又有清初和乾隆初年的土地数字，可以进行比较，并且经过今人的整

---

　　①　梁方仲：《中国历代户口、田地、田赋统计》，上海人民出版社 1980 年版。

　　②　刘伟毅主编：《山西文献总目提要》，山西人民出版社 1998 年版。

理，由中华书局出版①，是一份比较理想的研究资料。

光绪《山西通志》成书于光绪十八年（1892 年），由著名学者王轩、杨笃等人纂修，以内容宏富、考证精赅、体例完备、资料翔实著称，被后人视为我国地方志中的精品。其中卷五八至卷六五为《田赋略》，以《赋役全书》为本，参以《奏销底册》，对清初至光绪五年（1879 年）全省和各府、州、县的民、屯、更名各类田地的分合增减，钱粮盈缩，税课分数，起存常额，一一条列，比较清楚地记载了清代山西各地田地数字的变动情况②。

与《清会典》《清文献通考》和《清一统志》等书的记载比较，光绪《山西通志》记载的清初原额、乾隆初额和光绪五年额有很大不同，如上述诸书记载：顺治十八年山西全省田额为 40787125 亩，康熙二十四年 44552136 亩，雍正二年 49242560 亩，乾隆十八年 33979419 亩，嘉庆十七年 55279052 亩，咸丰元年 53285401 亩，同治十二年 53285401 亩，光绪十三年 56609070 亩③。而根据光绪《山西通志》记录统计④，清初原额为 43216933 亩，乾隆初年为 50818685 亩，光绪五年为 48854285 亩⑤。清初原额和乾隆初额分别比顺治十八年和乾隆十八年多出 240 万亩和 1700 多万亩，光绪五年则比光绪十三年少 700 多万亩。其间的差距主要是因为统计口径的不同。顺治十八年的田地数字仅为民田数字，乾隆十八年虽是民田、屯田、学田三项数字的总和，但与各书记载的前后数字都有相当大的差距，殊难理解，估计是首位数抄写出现错误，误"五"为

---

① 本文所引清代山西土地数字除特别注明者外，皆来源于中华书局版光绪《山西通志》。

② 据清山西各府州县志的记载，顺治至雍正时期，不仅有开垦及清出田地，亦有豁免田地，但光绪《山西通志》仅在山西布政司总数下记有乾隆前历年田地豁免数，分府州县下皆未载。

③ 见梁方仲：《中国历代户口、田地、田赋统计》乙表 61。

④ 不包括归绥道。

⑤ 此系按各府分数统计，原记为山西布政司原额地 504764 顷 66 亩，额外地 986 顷 42 亩，光绪五年实在民地并额外各地共 497372 顷 16 亩，并云："《奏销册》：实在民、屯、更名、归并、额外各地，共五十万七千八百一顷九十二亩六分四厘。案：依原册核计，十九府、州实止四十八万二千七百五十顷九十五亩七分。所赢之地当是归绥七厅另案奏销，而总册仍统计入也。然以七厅所征银米之数计之，其地当不止二万五千五十顷九十余亩。今从《全书》以丰宁二厅实在民田一万五百八十八顷七十七亩六分六厘并入内地。其五厅亩数仍俟详考。"可见其间的关系非常复杂，可能永远也不能搞得很清楚。

"三"。光绪《山西通志》记载的数据不仅包括民田、屯田、学田，还包括更名田、更名赡田、操赏地、南粮兴屯地、河滩塞地、军租并给军抵饷地、归并屯田、归并营田、额外养廉地、赏功地、赡军地、牧米地、官厂旗租地等，应该说比较系统和真实全面地反映了当时的垦殖状况。从上述诸书的记载来看，清代山西土地数字最高额出现在光绪十三年，不符合当时的事实，因为从光绪三年至五年山西出现了历史上罕见的"丁戊奇荒"，人口损失惨重，田地大量抛荒，土地数字的最高额不可能出现在这个时候，光绪《山西通志》中记载的光绪五年的土地数字则显得比较合理。

　　光绪《山西通志》中的土地数字虽然比其他史籍中记载的更为系统和真实全面，但也没有包括所有的实耕田地，满兵圈占的田地和乾隆以后新开垦的某些田地并没有统计在内。清政府规定："驻防旗兵，凡由京外放者每将自己在京地亩呈交户部，行文驻防处所，照数圈给民田地。至民田被圈，别将屯田兑补。"① 因为圈地是拨给旗兵的给养地，不缴纳田赋，因而不纳入《赋役全书》的统计。光绪《山西通志》在记录田地分割时虽然也涉及一些圈占土地，如阳曲县更名田地原额444顷22亩2分，内除满兵圈占民田更名田内拨还，共地204顷1亩2分，实在更名田共地240顷21亩；太原县更名田地原额共387顷88亩，内除满兵圈兑过地298顷8亩7分，实在更名田地共89顷79亩。但这样的记载只占极少数，大多数州县没有记录。至于新开垦的田地，根据乾隆三年的规定："山西所属膏腴上地、中地无论开垦亩数，均照水田旱田之例升科。其瘠薄下地，开垦至十亩以上者，亦照例分别水旱升科，如仅止十亩以下，为数奇零不成丘段者，永免升科。"② 可知有不少这样的土地没有统计入《赋役全书》中。

　　不少专家认为，明清时期的册载土地数字都是经过折算的，不是真实的计量亩，仅仅是税额单位。光绪《山西通志》中记载的土地数字是否也是如此？梁方仲先生说："我们检阅明清各地方志的记载，知道折亩的办法至迟到万历年间已几乎普遍实行，除川、云、贵、桂西南四省还未找到折亩实例以外，其余各省皆已盛行折亩，如安徽全省各县几乎没有例外

---

① 光绪《山西通志》，卷五八，"田赋略一"，中华书局1990年版。
② 同上。

地都已折亩，河南除怀庆一府外，似亦已全省折亩，至于南、北两直隶、山东、山西、陕西、浙江、福建折亩的事例亦多。"① 何炳棣先生则云："华北诸省有关折亩的文献以山西的方志最令人失望。"遍检苦索，仅仅得到万历三十七年《汾州府志》所记以下两条：

> 金田系园圃一等地，……银田系平原二等地，……铜田系薄平三等地，……锡田系山坡四等地，……铁田系荒瘠五等地。……万历九年奉例清丈地亩，将锡、铁二田山坡地每四亩折平地一亩。
>
> [永宁州] 万历十年奉例丈地，每平地一亩认粮五升七合四勺；坡地四亩名一镇，认五升七合四勺；水苇地八分认粮五升七合四勺；山地七亩认粮五升七合四勺。

并认为："很显然，不能因为仅发现这两条记载就推论折亩在山西极为例外。"② 事实确实如此，而且各地情况更为复杂。如曲沃县，明万历清丈时，就同时使用两个折地干尺。这两个折地干尺虽都是五尺，但大小不同。一是布政司颁降的官尺折地干，干长 1.6325 米，用于丈量水地、园田、晋府庄田、平阳卫田等肥沃田地。二是本县折地尺之折地干，干长为 1.82 米，用于丈量陡坡沙石等贫瘠地亩。这种折地干尺的使用即是由明代山西广泛流行的折亩惯例而来③。但另一方面，正如陈锋先生所言：折亩的直接动因在于赋税的繁杂，折亩是为了使赋税划一，将计量亩折成纳税亩，使令人缭乱的赋税科则得以划一④。一般而言，凡是折亩的地区，文献记载中都明言折实田若干，一则起科等字样，而在没有实行折亩的地区，文献则对各类田地分别记载其等级和相应税则。光绪《山西通志》中的记载就是如此，除永宁州民田项下明确记载"上次等坡折平地

　① 梁方仲：《中国历代户口、田地、田赋统计》乙表 30 "附记"，上海人民出版社 1980 年版。

　② 何炳棣：《中国古今土地数字的考释和评价》，中国社会科学出版社 1988 年版，第 70—71 页。

　③ 张海瀛：《张居正改革与山西万历清丈研究》，山西人民出版社 1993 年版，第 206—214 页。

　④ 陈锋：《清代亩额初探》，《陈锋自选集》96—97 页，华中理工大学出版社 1999 年版。

五百六十八顷九十四亩三分二厘，每亩征粮五升七合六勺九抄六圭五粒五粟"① 外，其余均同阳曲县如下的格式：

> 原额民田共地……，共征本色粮……，折色粮……。共折色银……，地亩九厘银……，驿站银……。三项共银……。内：稻地……，每亩征粳米粮……，共本色粮……，折色粮……。每石折银……，地亩每亩征银……，驿站每石派银……。平地……，每亩征粮……共本色粮……，折色粮……每石折银……。坡地……，每亩征粮……，共本色粮……，折色粮……。沙地……，每亩征粮……，共本色粮……，折色粮……。碱地……，每亩征粮……，共本色粮……，折色粮……。冈地……，每亩征粮……，共本色粮……，折色粮……。平地以下五等，地亩、驿站俱与稻地同。坡地以下四等，每石折银俱与平地同。②

田地被划分为多个等级，每一等级科则都不相同。如果是折实后的税亩，再这样划分不仅没有起到划一税则的作用，反而使田赋的征收更加混乱。由此推断，清代山西大部分地区可能不再实行划一税则的折亩，而是在清丈土地时通过折地干尺的大小对不同田块的税则进行了处理和调整。

应当指出，光绪《山西通志》中的土地数据并不是通过实际丈量得来的，而是在前代土地数据的基础上根据报垦升科和豁免荒地累加得出的。这主要有两个方面的原因，一是技术方面的，一是当时的税收原则方面的。对此，周荣先生有详细的分析。他说，耕地的测量技术是必须首先考虑的因素。中国历代统治者都有核实田亩、摸清家底的强烈愿望，但直到今天，测量技术仍然是进行全国性土地丈量登记的制约因素，它必须依赖先进的科技手段、庞大的专业人员队伍，假以艰苦细致的工作时日，才能获得相对准确的数据。早在 20 世纪 30 年代，国民政府就开始将航空测量技术应用于地籍测量，但直到 20 世纪末，尚没有全国性的精确的土地测量。国家统计局对外公布的耕地数字依然是历年相沿的统计数据。在科

---

① 光绪《山西通志》，卷六○，"田赋略三"。
② 光绪《山西通志》，卷五八，"田赋略一"。

技高度发达的今天想摸清中国耕地面积的家底尚如此困难，在清前期的条件下进行全国性的精确的土地清丈更是不可能的。当时比较先进的土地丈量技术只可能在局部地区以试点的方式得到实施。即使这种貌似认真的丈量，其可信度也值得怀疑，其目的在于均税，在使田额不受亏损，而不是在索求耕地的精确亩数。因此，清代的册载耕地面积不是建立在清丈基础上的切合实际的数据，只是一种赋税符号①。据张研的统计，清代较大的土地清丈见诸官方记载的约有 50 条。其中涉及全国性清丈土地的 11 条，反映了八次全国性的土地清丈。这八次全国性的土地清丈都不是完全的土地清丈，或者只丈荒地，或者只丈缺额，或者只丈与赋役全书不符者，或者只丈无册者。官方记载的其他 39 条均系地区性的土地清丈，清丈的对象主要是荒地、熟地、涨坍地、垦荒地四类，也不是对所有的田地进行清丈。清官方对于地区性土地清丈的重视程度虽然要高一些，但其方法、程序与全国性的清丈并无二致，至多认真严格一些②。从地方文献的记载来看，清代山西的土地清丈与张研所说的情况基本是一致的。

　　光绪初年，山西阳曲等地③曾进行过一次土地清丈，其中阳曲县的清丈比较彻底、全面，清丈的结果较光绪《山西通志》记载的数字大幅度增加，共各类各色地 1583686 亩，另山地 82955 晌，渠占地 90 段，是光绪《山西通志》记载的 833770 亩的 2 倍多！解州本州清丈的结果，民田及屯田共地 321850 亩，也比光绪五年实在地 286652 亩④多出 12%。为什么会有如此大的差距，是因为折地干尺的大小所致，还是因为隐漏失额，或者因为其他原因？恐怕各种原因都有，而主要是隐漏失额。根据 20 世纪 80 年代山西各地典型调查，广大农村开垦了许多耕地，但多数没有统计在耕地范围内，这部分耕地在丘陵山区一般占现有耕地的 30%—40%，

---

　　①　周荣：《对清前期耕地面积的综合考察和重新估价》，《中国社会经济史研究》2001 年第 3 期。

　　②　张研：《清代经济简史》，中州古籍出版社 1998 年版，第 109—117 页。

　　③　据光绪十八年阳曲知县蔡世佐《阳曲丈清地粮图册》"跋"："清丈一事，行之介休而效，行之解州而益效，且至今无累粮，无荒地"，光绪十八年前阳曲、介休、解州都进行了土地清丈，但今天我们能看到的只有阳曲留下了《丈清地粮图册》，介休和解州是否编印不得而知。清丈的具体时间，据光绪《山西通志》的记载，阳曲县当在光绪九至十二年间，由知县锡良主持；解州在光绪五年，由知州马丕瑶主持。

　　④　光绪《山西通志》，卷六四，"田赋略七"。

有的地方则高达一倍，平川地区一般占现有耕地 10% —15%①。也就是说，在不考虑亩积变动的情况下，清代以来山西耕地的失额率大体保持在 20%—30%。如此，估计清初山西全省耕地面积实有 5400 万—5600 万亩，乾隆初有 6100 万—6600 万亩，光绪五年有 5800 万—6400 万亩。

因此，光绪《山西通志》中的土地数字尽管不是完全通过实际丈量得来的，既包含有前代的折亩基数，又可能经过本朝土地丈量时变换折地干尺的折算，但可以肯定，它应是在以前的基础上通过报垦升科、清查隐漏和豁免荒地等加减得出的。在目前没有其他更为系统全面和准确真实的数字的情况下，其价值是不可替代的。特别是在考虑到资料性质在时间上的前后同一性和空间上的各地相似性情况下，其土地数字的变动应该基本上可以反映清代山西各地土地垦殖的变化情况②。

二　顺治至雍正年间山西田地数字的变动

顺治至雍正年间山西各地的田地数字都有所增长，平均增长 16.52%。各地增长的详细情况见表1。

表1　　　　　　　顺治至雍正年间山西各地田地数字增长表

增长幅度		增长数额	
100% 以上	岢岚州、大同府粮捕厅、浑源州、偏关县、五寨县、垣曲县。(6)	10 万亩以上	岢岚州、浮山县、万泉县、屯留县、孝义县、永宁州、宁乡县、大同县、浑源州、阳高县、天镇县、朔州、平鲁县、神池县、偏关县、五寨县、沁州、忻州、定襄县、静乐县、代州、五台县、稷山县、垣曲县。(24)

---

① 张维邦：《山西省经济地理》，新华出版社 1987 年版，第 216 页。

② 将光绪《山西通志》的记载与山西各府州县的记载进行比较，其间有很多不同，这种不同产生的原因是什么，究竟哪种记载更接近史实，各自的记载是否反映了清代赋税制度制定和执行过程中更深层次的问题，都还有待于深入的研究，本文仅就光绪《山西通志》的记载进行初步分析，希望能得到相关专家的批评和指正。

续表

增长幅度		增长数额	
50%以上	浮山县、岳阳县、吉州、万泉县、石楼县、永宁州、大同县、辽州、静乐县、五台县、大宁县。(11)	5万亩以上	阳曲县、岚县、临汾县、太平县、岳阳县、吉州、临晋县、猗氏县、荣河县、长子县、石楼县、凤台县、阳城县、陵川县、沁水县、大同府粮捕厅、应州、山阴县、灵丘县、右玉县、左云县、武乡县、平定州、崞县、繁峙县、安邑县、夏县、平陆县、绛州、闻喜县、隰州。(31)
10%以上	岚县、兴县、太平县、乡宁县、临晋县、虞乡县、猗氏县、荣河县、长子县、屯留县、黎城县、孝义县、临县、宁乡县、阳城县、陵川县、沁水县、怀仁县、应州、山阴县、阳高县、天镇县、灵丘县、右玉县、朔州、左云县、平鲁县、神池县、榆社县、和顺县、沁州、沁源县、武乡县、平定州、忻州、定襄县、代州、崞县、繁峙县、河曲县、安邑县、夏县、平陆县、绛州、闻喜县、稷山县、隰州、永和县、霍州、赵城县、灵石县。(51)	1万亩以上	太原县、榆次县、太谷县、祁县、徐沟县、文水县、兴县、洪洞县、翼城县、汾西县、乡宁县、永济县、虞乡县、襄垣县、潞城县、黎城县、汾阳县、平遥县、介休县、临县、怀仁县、广灵县、宁武县、辽州、榆社县、和顺县、沁源县、孟县、寿阳县、河曲县、芮城县、绛县、大宁县、永和县、霍州、赵城县、灵石县。(37)
10%以下	阳曲县、太原县、榆次县、太谷县、祁县、徐沟县、交城县、文水县、临汾县、襄陵县、洪洞县、曲沃县、翼城县、汾西县、永济县、长治县、襄垣县、潞城县、壶关县、汾阳县、平遥县、介休县、凤台县、高平县、广灵县、宁武县、孟县、寿阳县、保德州、解州、芮城县、河津县、绛县、蒲县。(34)	1万亩以下	交城县、襄陵县、曲沃县、长治县、壶关县、高平县、保德州、解州、河津县、蒲县。(10)

资料来源:光绪《山西通志》卷五八至六五《田赋略》,中华书局1990年版。

由表 1 可知，从增长的绝对数量来看，增长 10 万亩以上的有 24 个州、县，约占总州县数的 23%，主要分布在晋北大同、朔平、宁武、代州、忻州诸府（州），以及晋西南、晋东和晋西的部分地区。因为有些州县田地原额基数较大，其中增长幅度在 50% 以上的州县仅有岢岚州、大同府粮捕厅、浑源州、偏关县、五寨县、垣曲县、浮山县、岳阳县、吉州、万泉县、石楼县、永宁州、大同县、静乐县、五台县 15 州县。增长 5 万亩以上的有 31 州、县，约占州县总数的 30%，其分布情况与增长 10 万亩以上的地区分布相同。增长 1 万亩以下的仅有 10 个州、县，占总州县数的 9.7%，主要分布在汾河中下游盆地的部分地区和晋东南的潞泽盆地。由此可见，晋北广大的高原丘陵、晋东和晋西丘陵山地，以及晋西南汾涑盆地无疑是乾隆以前山西土地垦殖的重点所在。

乾隆以前山西土地垦殖的这种分布态势与当地的自然条件和开发历史有很密切的关系。山西位于黄土高原东部，境内地形复杂，高原、山地和丘陵占总面积的 80%，水资源缺乏。汾河自东北向西南纵贯山西中部，注入黄河，在其中下游分布有一系列河流沿岸冲积和堆积平原，水土资源丰富，适合农业生产，是我国农业开发最早的地区之一。其南的涑水盆地和晋东南的潞泽盆地与此相似，也是山西地区农业开发较早的地区之一。经过数千年的农业开发，到明代中后期，这些地区成为山西经济最发达也是土地开发最充分的地区。虽然经过明清易代社会动乱的影响，这些地区的经济也遭到一定程度的破坏，但与山西其他地区相比，基础依然比较雄厚，土地垦殖率仍然在 20% 以上，位于晋西南的蒲州府甚至超过 50%（见表 2）。因此，除晋西南地区的一些州县因滨临汾、涑二河下游，平原较为广阔，耕地资源尚较丰富外，位于汾河中游的太原盆地和临汾盆地土地拓垦的空间则很有限。如绛州荣河县，虽然田地基数较大，但仍能够进入增长在 5 万亩以上的行列，与其西滨黄河，近河滩地资源丰富有直接关系[1]。相反，晋北高原丘陵和晋西、晋东丘陵山地由于自然条件较差，农业开发较晚，至明末清初，土地垦殖程度相对较低。清代初年，晋北地区除朔平府的土地垦殖率达到 28% 外，大多数府（州）都在 15% 以下，即使经过顺治至雍正年间的迅速垦殖，到乾隆初年除朔平府超过 30%，达

到 32.33% 以外，其他各府也都在 20% 以下。晋西和晋东丘陵山地地区亦是如此，如沁州，清初土地垦殖率为 10.13%，乾隆初年为 13.13%；辽州，清初土地垦殖率为 7.47%，乾隆初年为 9.47%；平定州，清初土地垦殖率为 7.67%，乾隆初年为 8.27%（见表2）。因此，这些地区在清代前期尚存在为数不少的荒闲土地。虽然这些土地不是很适合农业垦殖，但在人口逐渐增长，其他地区无余地可垦的情况下，必然对靠土地为生的农民产生较大的吸引力，从而成为农业垦殖的重点区域。另外，晋北各地在明代为边防重点区域，明政府曾在此实行大规模军事屯田，明清易代之后，这些田地大多抛荒闲置，对这些抛荒闲置的田地进行复垦比起开垦新地自然无论是从技术上还是从成本上都要便利得多。

表2　　　　　　　　　**清代山西各地土地垦殖率变化表**

地　区	清代初年		乾隆初年		光绪五年	
	田地数额（亩）	垦殖率（％）	田地数额（亩）	垦殖率（％）	田地数额（亩）	垦殖率（％）
太原府	5538613	20.87	5968194	22.47	5890448	22.20
平阳府	4412484	21.20	4898164	23.53	4776683	22.93
蒲州府	2960044	52.14	3465976	61.07	3403514	59.94
潞安府	3487719	27.40	3798969	29.87	3789272	29.80
汾州府	4506954	20.13	5109621	22.80	5097339	22.80
泽州府	2538038	18.20	2796022	20.00	2729703	19.53
大同府	3682181	13.33	5207589	18.87	4954306	17.93
朔平府	3267448	28.07	3761164	32.33	2819071	24.27
宁武府	1092689	12.33	1666816	18.87	1571019	17.73
辽　州	698995	7.47	885561	9.47	819718	8.80
沁　州	827586	10.13	1074790	13.13	1069038	13.07
平定州	983165	7.67	1063360	8.27	1063894	8.33
忻　州	1139299	12.13	1558448	16.60	1542612	16.47
代　州	1772174	12.27	2216477	15.33	2107553	14.60
保德州	77477	1.87	94741	2.27	94741	2.27
解　州	2040060	30.80	2338436	35.27	2333011	35.20
绛　州	2950010	36.94	3428793	42.94	3422562	42.87

续表

地　区	清代初年		乾隆初年		光绪五年	
	田地数额（亩）	垦殖率（%）	田地数额（亩）	垦殖率（%）	田地数额（亩）	垦殖率（%）
隰　州	480224	5.47	592355	6.73	502743	5.73
霍　州	761773	18.87	893209	22.07	867058	21.47

资料来源：各府州田地数字来自光绪《山西通志》卷五八至卷六五《田赋略》，面积系满志敏据谭其骧《中国历史地图集》第八册分省地图用电脑测算得出（转引自葛剑雄主编，曹树基著《中国人口史》第五卷"清时期"，复旦大学出版社 2001 年版，第 716—717 页），其中大同府和朔平府已扣除今山西以外部分。

三　乾隆至光绪初山西田地数字的变动

经过顺治和康熙时期的复垦，至乾隆初年，山西境内易于垦辟的地方基本都已被垦殖，于是，由于受自然条件的限制，耕地的增加速度明显放慢，田地数字增加的地区也明显减少，除荣河、安邑二县田地增加超过 1 万亩外，其余地区大都只有数百亩，有的甚至只有几十亩。详细情况见表 3。

表 3　　　　　　　　乾隆至光绪初山西各地田地数字增长表

增长数额	地　　　　区
10000 亩至 15000 亩	荣河县、安邑县。（2）
1000 亩至 5000 亩	大同县、夏县。（2）
100 亩至 999 亩	永济县、神池县、偏关县、平定州、代州、五台县、繁峙县。（7）
1 亩至 99 亩	虞乡县、浑源州、宁武县、静乐县、崞县。（5）

资料来源：光绪《山西通志》卷五八至卷六五《田赋略》，中华书局 1990 年版。

由表 3 可知，乾隆以后土地垦殖增长的区域总体布局与乾隆以前没有太大的变化，仍然集中在晋北高原丘陵和晋西南汾涑盆地，但晋东和晋西丘陵山地已没有什么增长，而晋西南的汾涑盆地的增长数量又明显超过晋北高原丘陵地区。从各地田地增长的具体情况看，安邑和夏县增加的田地全为归入盐池滩地①，荣河县增加的田地亦分别为嘉庆十一年和道光五年升科的滩地，永济县也是如此②。由此可知，晋北地区的土地垦殖已接近极限，而晋西南地区虽然土地垦殖率已经很高，但一些河湖滩地却继续成为开垦的对象。

一方面新开垦升科田地的数量越来越少，另一方面熟地的抛荒现象却在不断增长。根据光绪《山西通志》的记载，自乾隆至光绪五年前，山西各地（不包括归绥道，下同）新垦升科田地数量为29439亩，而同一时期被豁免田赋的田地则达到135561亩，后者是前者的4.6倍。各地被豁免的具体情况见表4。

表4　　　　　　　乾隆至光绪五年前山西各地田地豁免数额表

豁免数额	地　　区
50000 亩以上	代州。（1）
10000 亩至 20000 亩	荣河县、崞县。（2）
4000 亩至 9999 亩	徐沟县、朔州、定襄县。（3）
1000 亩至 2500 亩	浑源州、静乐县、五台县、平陆县。（4）
1 亩至 50 亩	解州、安邑。（2）

资料来源：光绪《山西通志》卷五八至卷六五《田赋略》，中华书局1990年版。

从表4可以看出，乾隆至光绪五年前田地得到豁免的地区集中分布在晋东北丘陵山地和晋西南汾涑盆地两个地区，而且被豁免田地最多的地区也恰恰是顺治至雍正年间新垦升科土地最多的地区。个中原因究竟是什么，因目前资料掌握不多，无法准确地判断，可能有赋税政策执行过程中出现了某些问题，也有可能是受灾荒和人口损失的影响。但有一点应该可以断定，这不是偶然的巧合，而与当地的自然条件与土地垦殖程度应有很

---

① 光绪《山西通志》，卷六四，"田赋略七"。
② 光绪《山西通志》，卷五九，"田赋略二"。

大的关系。表 4 中所列田地得到豁免的州县除徐沟县属太原府，浑源州属
大同府外，其余各州县分属于晋东北丘陵山地的代州、忻州和晋西南汾涑
盆地的解州和蒲州。代州和忻州在清代初年的土地垦殖率分别为 12.27%
和 12.13%，乾隆初年分别为 15.33% 和 16.60%，是除了晋中和晋南盆地
平原区以外土地垦殖率最高的地区，比其他丘陵山地区普遍要高出三四个
百分点，说明在当地地貌条件下，其土地垦殖程度已达到和超过自然条件
容许的限度，农业生产的稳定性开始降低。解州和蒲州之所以成为这一时
期田地豁免的集中分布区之一，则可能与当地河滩地占有较大比重，坍塌
频繁有关。

　　光绪初年，华北地区发生了历史上极为罕见的大旱灾，山西地区受灾
程度尤为严重。灾害的打击，导致大量人口死亡，田地荒芜，许多地区出
现了人相食的惨景，朝廷于是对一些受灾地区的荒地赋税进行豁免。光绪
《山西通志》记载了光绪五年对山西地区田赋豁免的情况，见表 5。

表 5　　　　　　　　　　　光绪五年山西各地田地豁免数额表

豁免幅度	地区	豁免数额	地区
10% 以上	临汾县、应州、山阴县、朔平府理事厅、朔州、偏关县、隰州、蒲县。(8)	10 万亩以上	应州、朔州。(2)
5% 以上	太原县、交城县、荣河县、沁水县、怀仁县、平鲁县、辽州、榆社县、和顺县、灵石县。(10)	5 万至10 万亩	临汾县、山阴县、朔平府理事厅、偏关县、隰州。(5)
1% 以上	阳曲县、岢岚州、岳阳县、曲沃县、乡宁县、永济县、长治县、介休县、凤台县、阳城县、右玉县、左云县、沁源县、代州、夏县、平陆县、霍州。(17)	10000 至49999 亩	阳曲县、太原县、文水县、永济县、荣河县、介休县、凤台县、沁水县、怀仁县、右玉县、平鲁县、榆社县、和顺县、蒲县、灵石县。(15)
		5000 至9999 亩	曲沃县、长治县、阳城县、左云县、辽州、代州、夏县、平陆县、霍州。(9)

豁免幅度	地区	豁免数额	地区
1%以下	太谷县、兴县、襄陵县、洪洞县、浮山县、太平县、翼城县、临晋县、虞乡县、万泉县、壶关县、高平县、陵川县、宁武县、沁州、武乡县、忻州、定襄县、崞县、繁峙县、芮城县、稷山县、河津县、绛县、赵城县。(25)	1000 到 4999 亩	太谷县、岢岚州、襄陵县、浮山县、太平县、岳阳县、翼城县、乡宁县、临晋县、虞乡县、壶关县、高平县、陵川县、宁武县、沁源县、忻州、定襄县、崞县、芮城县、稷山县、河津县、绛县、赵城县。(23)
		100 亩至 999 亩	兴县、万泉县、沁州、武乡县、繁峙县。(5)
		1 至 100 亩	洪洞县。(1)
未豁免地区	榆次县、祁县、徐沟县、文水县、岚县、汾西县、吉州、狝氏县、长子县、屯留县、襄垣县、潞城县、黎城县、汾阳县、平遥县、孝义县、临县、石楼县、永宁州、宁乡县、大同府粮捕厅、大同县、浑源州、阳高县、天镇县、广灵县、灵丘县、神池县、五寨县、平定州、盂县、寿阳县、静乐县、五台县、保德州、河曲县、解州、安邑县、绛州、闻喜县、垣曲县、大宁县、永和县。(43)		

资料来源：光绪《山西通志》卷五八至卷六五《田赋略》，中华书局 1990 年版。

　　由表 5 可知，光绪五年豁免田赋的地区涉及 60 个州、县、厅，约占总数的 58.25%，主要分布在晋中和晋南各地、晋北中部朔平府至忻州一线，以及晋东的辽州一带。其中豁免数额最多的地带有 5 个，即晋北的朔平府及大同府西南部、晋中的太原府至霍州一线、晋东南的泽州府、晋西南的蒲州府和解州一带、晋东的辽州地区。这种分布态势与光绪三四年旱灾的分布范围既有相似之处，又有不同之处。从旱灾造成的人口损失程度看，人口损失最严重的是晋东的辽州，人口损失率达 70.1%；其次是晋西南的蒲州府、隰州、霍州、解州、绛州、平阳府、太原府等地，人口损失率普遍在 50% 以上；再次是保德州、汾州府、宁武府、忻州、平定州等地，人口损失率大致在 20%—40%；晋北地区人口损失最小，在 10%以下①。晋中的太原府至霍州一线、晋东南的泽州府、晋西南的蒲州府和

① 复旦大学历史地理中心编：《自然灾害与中国社会历史结构》，复旦大学出版社 2001 年版，第 122—123 页。

解州一带、晋东的辽州地区各地的田地抛荒显然与当地的人口严重损失有关。晋北朔平府等地受灾程度较小，人口损失较少，然而却成为田地抛荒最多的地区又是什么原因呢？笔者认为主要还是因为当地自然条件较差，农业生产抗御自然灾害的能力甚低有关。朔平府的土地垦殖率在乾隆初年竟然超过了30%，较周围其他地区高出十几个百分点，这本身就是很不正常的，与当地自然条件所能允许的限度不相称的，很可能在光绪五年之前就已经有不少田地抛荒，只是到了光绪五年才借助旱灾的机会得到蠲免。

四 结 语

因为清代山西从未进行过系统全面的土地清丈，所以光绪《山西通志》及其他史料中记载的田地数字都不是实有面积，从光绪初年阳曲县和解州的土地清丈结果，结合20世纪80年代山西各地的典型调查来看，清代山西未登记的耕地面积估计占载籍田地数字的20%—30%。除此之外，就光绪《山西通志》记载的田地数字而言，情况也非常复杂，它主要是在前代田地数字的基础上通过报垦升科、清查隐漏和蠲免荒地等加减得出的，而不是完全通过实际丈量得来的，它既包含有前代的折亩基数，又可能经过本朝土地丈量时变换折地干尺的折算。因此，即使不考虑20%—30%的失额，光绪《山西通志》中的田地数字也不是真正的耕地面积，而只是税额单位。

尽管如此，在目前没有其他更为系统全面和准确真实的数字的情况下，光绪《山西通志》中田地数字的价值仍然是不可替代的。特别是在考虑到资料性质在时间上的前后同一性和空间上的各地相似性情况下，其土地数字的变动应该基本上可以反映清代山西各地土地垦殖的变化情况。从清代山西各地田地数字的变化情况来看，顺治至雍正年间，山西各地的田地数字都有所增长，其中晋北广大的高原丘陵、晋东和晋西丘陵山地，以及晋西南汾涑盆地是土地垦殖的重点所在。乾隆以后，山西耕地的增加速度明显放慢，田地数字增加的地区也明显减少；相反，熟地的抛荒现象却在不断增长，其中乾隆至光绪五年前田地得到蠲免的地区集中分布在晋东北丘陵山地和晋西南汾涑盆地两个地区，而且被蠲免田地最多的地区也恰恰是顺治至雍正年间新垦升科土地最多的地区，并且光绪五年豁免田地的情况与光绪三四年旱灾的破坏程度也不尽一致，晋北朔平府等地受灾程度较小，人口损失较少，然而却成为田地抛荒最多的地区。清代山西各地田地数字的这种变化与各自的土地垦殖率基数有很大关系，反映了各地自然条件，特别是土地资源的结构和特点对土地利用的限制作用。

（原文发表于《中国农史》2007 年第 1 期）

明清时期农业生产结构的调整[*]

明清时期是我国农业发展史上一个极为重要的时期。一方面，由于民族关系的演变，以及人口的迅速增长，粮食问题愈益突出，传统农业区不断扩展，形成了我国农牧业分布的基本格局；另一方面，由于田赋征收由实物税向货币税的逐渐转化及农村商品经济的发展，农业生产结构也在不断调整，经济作物的种植比重在一些地区迅速提高，专业化农业生产渐趋形成。对于明清时期我国农业生产结构的调整问题，已有许多学者从多个侧面和区域进行过非常深入和细致的研究，但目前还缺少较为全面和系统的论述，本文拟在现有研究的基础上，从农牧区的分布和变化、种植业结构的变化、畜养业结构的变化、专业化种植的发展四个方面对此进行总结和重新审视，阐述自己的观点，期望能有助于对相关问题研究的进一步开展。①

一 农牧区的分布与变化

我国地域广阔，各地自然条件差异很大，其农业生产结构也就存在着明显的差异。总体来说，我国东部地区平原广阔，气候湿润，适宜于农耕，而西部地区则气候干燥，多草原植被，宜于畜牧。早在两千多年前，西汉著名历史学家司马迁就发现了这一差别，他在《史记·货殖列传》

　　* 教育部优秀青年教师资助计划项目。
　　① 本文在写作过程中，参考了大量已有研究成果，特别是陕西师范大学历史地理研究所历届博士和硕士研究生郭声波、吴宏岐、龚胜生、李辅斌、李令福、周宏伟、马波、吕卓民、马雪芹、王双怀、李心纯、陈国生、邱晨音、徐君峰、马曖嬞、田玲、张建军、陶卫宁及作者本人的相关研究成果，因行文需要，未能一一注出，特此声明并谨致谢意。

中说："夫山西饶材、竹、榖、纑、旄、玉石；山东多鱼、盐、漆、丝、声色；江南出楠、梓、姜、桂、金、锡、连、丹沙、犀、瑇瑁、珠玑、齿革；龙门、碣石北多马、牛、羊、旃裘、筋角。"在这里，司马迁根据物产的不同，将全国划分为四个经济区域，其中的龙门、碣石一线被看作是我国最早的农牧地区分界线。① 龙门为今山西河津市和陕西韩城市之间黄河两岸的龙门山，碣石在今河北昌黎县西北。此线以南为农耕地区，以北则为畜牧地区。以后，随着农耕民族和畜牧民族势力的消长，这条分界线曾有过多次摆动，至元代，农牧分界线大致又复回归到司马迁所规划的位置，即由今河北昌黎县西北西南行，经过今北京市和山西太原市北，再横过吕梁山南段至龙门山下，过黄河后继续向西，由关中之北，直达陇山之西。此线以南，以农耕经济为主，以北则以畜牧和渔猎经济为主。不过，今四川西部松潘、茂汶、雅安、汉源一带，当时地近西番，与诸羌杂居，主要是畜牧经济；而包括今云南全境、四川南部、贵州西部在内的元云南行省和湖广行省八番顺元地区，则为西南少数民族聚居地，虽然农业经济有一定程度的发展，但畜牧经济仍占有相当重要的地位，属于半农半牧区。②

　　到了明清时期，这种农牧分布格局开始发生明显的变化。明朝建立后，元代的统治者虽然被逐出中原，但其后裔仍占据大漠南北，与明廷并峙，并不断侵扰明朝的北部边境地区。为了阻止蒙元残余势力的南下侵扰，明人师法前代，亦于边境地区修筑长城，并沿长城屯驻大量军队。当时这些沿边军队分属辽东、宣府、大同、延绥、宁夏、甘肃、蓟州、太原、固原九镇管辖，东起鸭绿江，西抵嘉峪关，绵亘万里，称为九边。九边地区，明朝大兴屯田。据万历《大明会典》的记载，永乐以后，九边共有屯田96990顷，万历初年则增加到307860顷。③ 这些还仅仅是军屯的数字，若再加上民屯、商屯，数量就更多。据当时人所见，宁武关（今山西宁武县）一带，"锄山为田，麦苗满目"；永宁州附近（治今山西离

---

① 史念海：《中国历史地理学区域经济地理的创始》，《中国历史地理论丛》1996年第4辑。

② 参见史念海《司马迁规划的农牧地区分界线在黄土高原上的推移及其影响》，《中国历史地理论丛》1999年第1辑；吴宏岐《元代农业地理》，西安地图出版社1997年版。

③ 万历《大明会典》，卷一八，"户部五·屯田"。

石县）屯田"俱错列万山之中，冈阜相连"；由永宁至延绥（治今陕西榆林市）沿途竟"即山之悬崖峭壁，无尺寸不耕"①。由此可见，长城沿线地区的农牧结构因为屯田的兴盛而大大改变，农业比重迅速增加。

虽然如此，明代的长城沿线南侧并没有变成完全的农耕地区，畜牧业在一些地区仍占有相当大的比重。这一方面是因为战争的需要，明政府不得不于边境地区设置一些牧马草场，饲养马匹；另一方面，因受传统习惯的影响，民间畜牧业仍继续存在并发展着。明代在九边地区设置牧马草场始于洪武三十年（1397年），此年分别设北平、辽东、山西、陕西、甘肃行太仆寺，以管理当地马政。永乐四年，又先后于陕西、甘肃、北京、辽东设苑马寺，每寺各统六监，监统四苑，共96苑。后来，除北京苑马寺在永乐十八年裁撤，"悉牧之民"而外，其他各苑一直维持到明末②。这些苑监的分布范围，据时人杨一清所云，陕西、甘肃二苑马寺所统的12监48苑主要分布在现在甘肃的临洮、榆中、陇西、会宁、通渭、环县、庆阳诸县，宁夏的固原和陕西的定边、靖边、志丹诸县③。辽东监苑的具体分布虽未见记载，按道理亦应分布在边墙沿线及其迤南地区。监苑而外，有条件的军事卫所亦往往设置牧场牧放供卫军调用之马匹。如洪武年间，以宁夏韦州之地宜于畜牧，遂置群牧千户所于此，"专以牧养为事"④；正统初年，因庆王府及土达侵占灵州草场，于正统五年诏令宁夏总兵官史昭等"照所分地定立疆界，不许侵越"⑤；等等。据万历《延绥镇志》的记载，延绥镇下属各镇堡共有牧马草场40处，草场地157493顷70亩。其规模之庞大，甚至超过西北苑马寺所辖之草场。

至于民间畜牧业，虽然有关的记载比较少，但从仅见的资料来看，在西北沿边地区还是很兴盛的。如宁夏镇地区"重耕牧，闲礼义"，所属中卫"人以耕猎为事，孳畜为生"⑥；甘州五卫及山丹卫"牧畜为业，弓马

---

① 庞尚鹏：《清理山西三关屯田疏》《清理延绥屯田疏》《清理甘肃屯田疏》，载《明经世文编》，卷三五九、三六〇。

② 《明史》，卷九二，"兵志四·马政"。

③ 杨一清：《为修举马政事》，载《明经世文编》，卷一一四。

④ 嘉靖《宁夏新志》，卷三，"所属各地·韦州"。

⑤ 《明英宗实录》，卷六四，正统五年二月乙未条。

⑥ 嘉靖《宁夏新志》，卷一，"宁夏总镇·风俗"；卷三，"所属各地·中卫·风俗"。

足尚"①；西宁卫以"畜养为业"②；延安府神木县"善畜牧"③，米脂县"业畜牧"④，甘泉县"重耕牧"⑤；平凉府隆德县"其地高寒……所给唯资耕牧"⑥；巩昌府秦安县"广牧畜"，礼县"以耕地畜牧为生"⑦；临洮府"番汉杂处，各从其习"⑧；等等。山西河北沿边地区的民间畜牧业虽不一定如此兴盛，但据《明史·兵志》所云，明初曾规定"自雁门关西抵黄河外，东历紫荆、居庸、古北，抵山海卫，荒闲平野，非军民屯种者，听诸王驸马以至近边军民樵采牧放，在边藩府不得自占"，畜牧业经济的存在应是没有问题的。

总而言之，在元代农牧分界线以北，直至明长城这一广大地域，其经济结构已发生比较明显的变化，不再是从前的以畜牧业经济占主导地位，而已变成半农半牧地区了。

西南部的云贵高原地区也发生着相似的变化。尽管这时的畜牧业经济在一些地方仍占有不小的比重，但农耕经济无疑获得了长足的发展，地位超过了畜牧业。这一方面表现在垦田面积的迅速增长，另一方面表现在一些少数民族也逐渐改变传统的生产方式，开始经营农业。明政府除在九边大兴屯田外，内地屯田也非常普遍。根据万历《大明会典》的记载，自洪武至永乐年间，云南都司先后屯田共10877顷43亩，贵州都司9339顷29亩；到万历时期，云南都司的屯田上升到11171顷54亩，贵州都司则下降到3921顷12亩⑨。而在元代，云南行省所辖屯田仅为4628顷35亩，贵州所在的八番顺元宣慰司无屯田⑩。屯田而外，云南和贵州二布政使司掌管的田地数量也在不断上升。据万历《大明会典》的记载，洪武二十六年（1393年），云南布政使司尚无田土数目，到弘治十五年（1502年）

---

① 顺治《肃镇志》，卷一，"风俗"。
② 乾隆《西宁府新志》，卷八，"地理·风俗"。
③ 弘治《延安府志》，卷七，"神木县·风俗"。
④ 同上"米脂县·风俗"。
⑤ 同上卷三"甘泉县·风俗"。
⑥ 康熙《隆德县志·户口》。
⑦ 乾隆《直隶秦州新志》，卷六，"风俗"。
⑧ 万历《陕西通志》，卷七，"风俗·物产"。
⑨ 万历《大明会典》，卷一八，"户部五·屯田"。
⑩ 《元史》，卷一〇〇，"兵志三·屯田"。

即达到 3631 顷 35 亩，万历六年（1578 年）进一步上升到 17993 顷 59
亩；贵州布政使司因设省稍晚，永乐十一年（1413 年）始置，因而在弘
治十五年尚未丈量顷亩，但到万历六年，除思南、石阡、铜仁、黎平等
府，贵州宣慰司、清平凯里安抚司仍无顷亩外，仅贵阳府、平伐长官司、
思州、镇远、都匀等府，安顺、普安等州，龙里、新添、平越三军民卫，
即有田地共 5166 顷 86 亩①。农业比重增长之迅速可想而知。

　　云贵地区垦田面积的迅速增长，不仅是军屯和外地移民垦殖的结果，
也与当地一些少数民族改变传统的畜牧业经营方式，从事农业生产有关。
如在澄江一带的罗罗"渐习王化，同于编氓"，"新兴者力田为生"，"撒
弥罗罗……居山者耕瘠土，自食其力"②。散居于滇东北一带山区的侬人、
沙人和土獠"善治田"，"男女同事耕锄"③。哀牢山区的和泥"依山麓平
旷处开作田园，层层相间，远望如画"④。诸如此类的记载还有很多，兹
不赘述。由于当地的这些少数民族改变了原有的经营方式，开始从事农
业，因而在云贵高原的一些地区，农业经济逐渐占据了主导地位，成为新
兴的农业区。据《大明一统志》记载，云南布政司的云南、广南、镇沅、
曲靖、姚安，贵州布政司的思南等地，其习俗或为"勤耕务实"，或为
"男女皆事犁锄"，或为"人皆力耕"，或为"务本力穑"⑤，已完全是农
耕地区的景观了。

　　从明代开始的这种农区不断扩展、牧区不断改牧为农的趋势在清代进
一步加快。

　　陕北的延安、榆林二府和绥德、鄜州二州相当于明代延安府和榆林卫
的范围，明嘉靖时期，延安府夏秋地合计 37563 顷 57 亩，延绥镇所属榆
林、延安、绥德三卫共有屯地 37717 顷 23 亩⑥，两者相加共计 75280 顷
80 亩。万历时期，三卫屯地增长至 39783 顷 85 亩⑦，同期延安府的垦田

---

① 万历《大明会典》，卷一七，"户部四·田土"。
② 天启《滇志》。
③ 正德《云南志》，卷七，"广南府"。
④ 嘉靖《临安府志·土司志》。
⑤ 《大明一统志》，卷八六—八八。
⑥ 嘉靖《陕西通志》，卷三四，"民物二·田赋"。
⑦ 《明神宗实录》，卷一二九，万历十年十月条。

数未见记载，估计也就是 4 万顷左右，两者相加共约 8 万顷。清嘉庆二十五年（1820 年），延安、榆林、绥德、鄜州四府州载籍耕地数共计 13702 顷 79 亩①，不到明万历时期的五分之一。但这并不是真正的垦田数。由于陕北各府州土地瘠薄，收成不稳，因而将所有耕地折为正一等地。如肤施县五亩折正一亩，甘泉县三亩折正一亩，洛川县八亩折正一亩，宜川、延川县四亩折正一亩②。四府州的载籍耕地数应该是折正后的田土数字，如果换算成实际田亩数，应该与明万历年间相差不远。而更主要的是，陕北各府还有许多耕地因为属于免科之列而未被统计。清代初年，为了吸引移民开垦陕西的荒地，曾规定"陕西畸零在五亩以下，俱免升科"③；又规定"陕西、甘肃所属，地处边陲，山多田少，凡山头地角，欹斜逼窄，砂碛居多，听民试种，永免升科"④。因为无须升科纳税，可想而知，这部分田地的数量应该是很大的。在清政府这样的一种政策鼓励下，当地的农民只强调单一的农作物种植，对牧业和林业的选择越来越少，从而导致牧业和林业所占的比重也越来越小。清代末年，除了怀远、榆林一带的养马，靖边、绥德等地的养羊业尚较兴盛外⑤，陕北其他地区不再听说有何牧业了。

甘肃省所属各地也经历着与陕北延安、榆林诸府相似的过程，一方面，耕地面积不断增长；另一方面，牧业所占的地位越来越小。宁夏府是在明宁夏诸卫的基础上建立的，据明万历《朔方新志》记载，当时宁夏诸卫屯田总额为 16847 顷 42 亩⑥。嘉庆二十五年（1820 年），宁夏府田地额为 23317 顷 7 亩⑦，是万历时期的 1.38 倍。明代的陕西行都司所统主要为河西和河湟地区，万历十一年（1583 年），甘肃镇共丈出田地 45992 顷 35 亩⑧。嘉庆二十五年，同一地区的垦田数额为 51761 顷 65 亩，此外尚

---

① 《嘉庆重修大清一统志》，卷二二六—卷二五〇。
② 《清朝文献通考》，卷一，"田赋考一"。
③ 《清史稿·食货志》。
④ 《清朝文献通考》，卷四，"田赋考四"。
⑤ 光绪《靖边县志》，卷五，"物产"；光绪《绥德州乡土志·商务》。
⑥ 万历《朔方新志》，卷一，"食货"。
⑦ 《嘉庆重修大清一统志·宁夏府》。
⑧ 《明神宗实录》，卷一三三，万历十一年二月戊戌条。

有番地 161373 段①。嘉峪关以西地区明前期曾设安定、沙州、赤斤蒙古等卫，并开展屯田，但明中期以后被强大起来的吐鲁番势力所兼并，农耕几近绝迹。清朝建立后，在此设安西州，属甘肃省管辖。据嘉庆《大清一统志》的记载，嘉庆二十五年，安西州有田额 2757 顷 4 亩，数量虽然不大，但给当地经济结构所带来的影响显而易见。耕地面积的增加必然导致宜牧草地的减少，据嘉庆《大清一统志》的记载，清顺治初年曾于甘肃开设的开成、安定、广宁、黑水、清平、万安、武安七监，到嘉庆时都已经废弃了。在嘉庆《大清一统志》中还记载甘肃许多府州有大量的番地和番田，也表明这时的一些少数民族开始变牧为农。不过需要指出的是，虽然清代甘肃地区的农田在不断扩展，牧业的地位在不断下降，但本区毕竟有着悠久的畜牧历史，自然环境也宜于畜牧，因而畜牧经济在许多地区依然存在，成为农业经济的一个重要辅助，不像陕北地区那样无足轻重。根据宣统《甘肃新通志》的有关记载，除庆阳、阶州、甘州等少数地方专力务农外，耕牧结合在当时仍然是普遍的现象②。

　　西南地区的云贵高原以及四川西部农区的扩展也很迅猛。清政府在统一全国后不久，就在云贵地区大力推行改土归流，以加强对西南少数民族的控制。所谓改土归流就是在土司地区实行和汉族地区相同的政治制度，如设立府县、丈量土地、征收赋税、编查户口等。改土归流的实行，不仅加强了清政府对云贵少数民族地区的统治，也促进了当地少数民族和内地经济、文化的交流。道光《普洱府志》卷九云："国初改流，由临元分拨营兵驻守，并江左、黔、楚、川、陕各省贸易之客民，家于斯焉。于是人烟稠密，田土渐开，户习诗书，士教礼让，日蒸月化，凌凌乎具有华风。"所谓华风，在时人看来，首先就是勤耕织，务本业。在这种传统思维定式的引导下，清政府在云贵大力推行奖励垦殖的政策，不仅从内地招民垦种，而且对少数民族愿意垦种者实行优惠措施，不纳粮，不交税，从而在西南地区掀起了一股历史上从未有过的垦殖浪潮，云贵两省的垦田数额也呈急剧增长之势。顺治十八年（1661 年）云南省的田额是 52115 顷 10 亩，贵州省是 10743 顷 44 亩，分别是万历六年（1578 年）的 2.9 倍和

---

① 《嘉庆重修大清一统志》。
② 《甘肃新通志》，卷一一，"风俗"。

2.08 倍；雍正二年（1724 年），两省的田额分别上升到 72176 顷 24 亩和 14545 顷 69 亩；到嘉庆十七年（1812 年），更进一步飙升到 93151 顷 26 亩和 27660 顷 7 亩①。与此同时，云贵两省田赋在全国所占的份额也在迅速提高②。这样，大致在康熙以后，除了云南西北部横断山区中的一些少数民族还在从事牧业经营外③，整个高原地区的面貌都已与内地无异。

川西地区明代的农区大致局限于今平武、茂县、汶川、天全、石棉、西昌、盐边一线以东地区。此线以西，明政府虽然也设置过一些军屯，但农业所占比重并不大，当地的少数民族仍然以经营畜牧业为生。如威州保县（治今理县北）一带"俗本氐羌，多习射猎"④；邛部川罗罗地区"不产五谷，惟畜养牛马，射猎以供饔餮"⑤；等等。清代初年，随着第二次移民高潮的到来，四川盆地掀起了一次规模庞大的垦殖高潮。经过"康雍复垦"和"乾嘉续垦"，盆地内部的垦殖渐趋饱和，几无可垦之地，而这时人口继续以 8.4‰的速度增长。在这样的一种人口压力之下，土地垦殖开始向盆地周边地区扩展。与此同时，为了加强对川西少数民族地区的控制，清政府在平定大小金川叛乱之后，不仅于该地区设置懋功厅，派兵驻守，屯田养兵，对于没有参与叛乱或业经投诚的藏族兵民，亦编屯配给田土，并招募大批汉族农民到金川屯垦，从而使该地的农牧结构迅速改变，到清代中期，农区西界大致已推至岷山、大雪山、锦屏山一线，而雀儿山、沙鲁里山及大雪山一线以南的广大地区则由纯牧区过渡到半农半牧区。⑥

北方长城以外地区农区的扩展规模更大。清朝建立后，实现了多民族国家的空前统一，长城作为农业民族与游牧民族的壁垒作用已不复存在，这就为长城内外的经济文化交流和长城以北地区的大规模开发提供了有利条件。大致自康熙时起，这些以前主要以游牧经济为主的地区先后掀起了农业垦殖的高潮。

---

① 《清朝文献通考》，卷一一卷一二，"田赋"；《嘉庆会典》，卷一一，"户部"。
② 参见梁方仲《中国历代户口、田地、田赋统计》乙表 68。上海人民出版社 1980 年版。
③ ［清］余庆远《维西见闻录》。
④ 正德《四川志》，卷九，"成都府"。
⑤ 谭希思：《四川土夷考》，卷三。
⑥ 本段参考了郭声波《四川历史农业地理》有关章节，四川人民出版社 1993 年版。

　　邻近山西的土默特一带是口外开发较早的地区，早在明朝末年，内地山西的穷苦百姓为了逃避明政府的重赋盘剥，就开始进入这一地区从事农业生产，从而使之成为一个农牧兼有的地区①。康熙年间因连年对西北部用兵，长途转运军需至为艰难，于是于康熙三十一年下令在山西长城的杀虎口外和归化城附近屯田②。与此同时，山西内地许多百姓由于内地人地矛盾渐趋紧张，也纷纷来此定居，进行农业生产。在汉族居民的影响下，一些从事游牧的少数民族也加入农耕的行列③。到乾隆初年，归化城附近已是"开垦无复隙土"④。据乾隆八年的普查，土默特两旗原有牧地75048顷，经过数年开垦，只剩下14268顷，仅占20%⑤。而其东的丰镇一带牧厂在乾隆年间也被大批开垦，据光绪《丰镇厅志》记载，从乾隆二年至乾隆六十年间，仅升科的垦田即达27999.78顷。农垦的迅速发展，使得土默特平原一带从康熙末年开始就成为粮食输出区，不仅"北路军粮，岁给于此"⑥，山西太原、陕西同州也常常由此贩粮而归⑦。此后，内地民人仍源源不断移来垦种，垦殖规模继续扩大，整个归化城地区再也很难见到牧业的经营了。

　　归化城以东的察哈尔一带，草场辽阔，在清代以前一直是蒙古察哈尔部的牧场，清初又设立了御马厂、太仆寺及礼部牧场等。但不久这种情况也开始发生变化。先是清政府在这里设置了132所王庄，并将古北口、罗文峪、冷口及张家口外的大片土地拨给镶、正黄等七旗兵丁作为庄田⑧，使这里逐步开了农业垦殖；接着河北山西长城以内的民人就开始不断涌入，使垦殖的规模不断扩大。雍正二年，察哈尔都统丈量察哈尔右翼四旗的土地，仅私垦一项就有29700顷⑨。到乾隆时期，"口外之绵亘千余里

　　① 《万历武功录》，卷八，"俺答列传"。

　　② 《清圣祖实录》，卷一五四，康熙三十一年条。

　　③ 方观承：《从军杂记》。

　　④ 夏之璜：《入塞囊中集》，卷三。

　　⑤ 《清高宗实录》，卷一九八，乾隆八年八月壬子条。

　　⑥ 方观承：《从军杂记》。

　　⑦ 岳震川：《赐葛堂文集》，卷三，"赠单雪樵先生序"；乔光烈：《最乐堂文集》，卷一，"上陈大中丞论黄河运米赈灾书"。

　　⑧ 《清圣祖实录》，卷三二，康熙九年二月癸未条。

　　⑨ 乾隆《口北三厅志》，卷一，"地舆"。

的大坝（按：指内蒙古高原东南部的大马群山、苏克斜鲁山）以内"，
"皆已招民垦种"①。不过坝上地区因"坡冈重叠，草生不茂，泉流不
长"，"仍系聚牲畜之区"②。特别是多伦诺尔厅所管四境，"地界坝外，
未经招民垦种，并无村窑"，还是正蓝、镶白、正白、镶黄四旗的牧场③。
大致在道光时期，这些地方开始出现前来垦种的流民。道光二十年，已有
人称多伦诺尔北部"俱有游民私行垦种数百顷"④。以后，前来垦殖的流
民愈益增多，坝外多伦诺尔地区也就逐渐演变为一个农牧兼营的地区。

　　直隶北部古北口、喜峰口以外的热河地区在康熙初年"皆为蒙古牧
马地"⑤，还是一个以畜牧业占绝对优势的地区。康熙八年，清政府停止
在内地的土地圈占运动，将古北口外热河一带的荒地拨给部分八旗官兵垦
种，正式拉开了热河地区农业垦殖的序幕。其时热河两岸共有旗地 19900
余顷⑥。同口外其他地区一样，在清政府设立八旗屯垦的同时，内地民人
也开始不断进入本地从事垦殖活动。康熙末年，热河南部地区，包括喀喇
沁草原在内，已是草莱大开，百谷桑麻遍植⑦，而北部及东部的敖汉旗、
奈曼旗地区，也开始有移民进入开垦⑧。随着人口的增加和农垦的深入，
热河地区的行政设置也开始发生很大变化。雍乾之际，相继设立了热河、
喀喇和屯、塔子沟、八沟、四旗、乌兰哈达、三座塔等七直隶厅。乾隆四
十三年升热河厅为承德府，将其他厅分别改为滦平县、建昌县、平泉州、
丰宁县、赤峰县和朝阳县，归承德府管辖。行政设置的这种变化，不仅反
映出热河南部地区已由游牧地区逐步变成了农耕地区，同时也进一步促进
了当地的农业开发，《清仁宗实录》嘉庆十五年二月乙酉条就说，"自乾
隆四十三年改设州县以后，民人集中渐多，山厂平原，尽行开垦"。热河
北部地区这时的农业经济也有相当程度的发展，翁牛特旗在康熙时期还未
见有关农业的记载，可是在乾隆十四年（1749 年）查丈时，竟有耕地

---

　① 孙嘉淦：《口外驻兵疏》，《清朝经世文编》，卷二三。
　② 乾隆《口北三厅志》，卷七，"蕃卫"。
　③ 乾隆《口北三厅志》，卷五，"村窑"。
　④ 《清宣宗实录》，卷三四一，道光二十年十一月乙卯条。
　⑤ 汪灏：《随銮纪恩》，《小方壶斋舆地丛钞》第一轶。
　⑥ 同上。
　⑦ 乾隆《塔子沟纪略》，卷一一，"艺文"。
　⑧ 《清圣祖实录》，卷一九一，康熙三十七年十二月丁巳条。

2926 顷 25 亩①。这样，到清代中期，除了西北部围场一带是皇家秋弥之地，封禁甚严，因而未被开垦②外，承德府大部分地区都已演变成农耕区或半农半牧区了。道光以后，因国事日艰，财政捉襟见肘，围场土地也渐次放垦，一时间围场境内"荷锸云屯，耕氓萃集，而羽猎之场，一变为畎亩耰锄之境"③。据光绪《围场厅志》记载，同治年间，围场垦田已近6000 余顷。

从康熙年间开始的这种垦殖活动并未以此为限，甚至进一步推广至热河以北的内蒙古昭乌达盟和哲里木盟广大地区。居住在这一带的科尔沁、郭尔罗斯、杜尔伯特、扎赉特等部落，在清初虽已开始懂得种植谷物，但播种方法特别粗放，懒于耕耨，听其自生④；平时饮食多肉类兽乳，日用物品也多兽皮制作，家居毡幕，出外乘马。仍然是以畜牧经济为主，所以魏源在《圣武记》中称其为"游牧部落"⑤。康熙时期，哲里木盟等地的农业经济获得了一定发展，但总的来说还不足以改变原有的农牧业结构⑥。这一地带农业垦殖的迅速发展是在乾隆以后。乾隆五十六年（1791年），郭尔罗斯王公恭格拉布坦为收地租之利，首开私自招民垦种先例，不到十年的时间，郭尔罗斯前旗就聚居了 2300 多户流民，开垦了 2656 顷48 亩耕地。清廷无可奈何，只得承认既成事实，于嘉庆四年（1799 年）设置长春厅进行管理，并严申禁令，嗣后"不准多垦一亩，增居一户"。但这些禁令不过是一纸具文，禁者自禁，垦者自垦，根本阻挡不住流民入垦的步伐。到嘉庆十六年（1811 年），郭尔罗斯的民户就发展到 11781户，61755 人⑦。在郭尔罗斯的影响下，科尔沁草原也被开垦。嘉庆七年（1802 年），清廷首先丈放了科尔沁左翼后旗鄂勒克地方的荒段。经过九年的开垦，耕地东西宽 130 里，南北长 52 里，已有相当规模。为了便于

---

① 《翁牛特郡王布达札布致盟长敖汉王文》，东北档案馆所藏档案，第 45 捆，2473 号，引自黄时鉴《清代内蒙古社会经济史概述》。

② 钮仲勋、浦汉昕：《历史时期承德围场一带的农业开发与植被变迁》，《地理研究》第 3卷第 1 期。

③ 光绪《围场厅志》，卷六。

④ ［朝鲜］申忠一：《书启》。

⑤ 魏源：《圣武记》，卷一，"开国龙兴记"。

⑥ 张穆：《蒙古游牧记》，卷一，"哲里木盟游牧所在"。

⑦ 光绪《吉林通志》，卷二九，"食货志二"。

管辖，清政府仿照"长春堡事例"，特别增设昌图厅①。与此同时，西邻的科尔沁左翼前旗，也先后垦辟熟地4620顷。到嘉庆末年，三旗总计已有耕地约44892顷②。截至鸦片战争前，清廷还陆续丈放过长春厅、科尔沁左翼前旗、中旗、后旗的其他牧场。据研究，到鸦片战争前夕，内蒙古东部的昭乌达、卓索图、哲里木三盟，除哲盟北部还未见开地的记载外，其余各地都有了为数不少的垦熟地，形成了一个个农区和半农半牧区③。

明代初年，其北部边境曾推至河套以北，阴山之下，内蒙古西南部的鄂尔多斯高原成为当时重点屯垦的地区之一，农业经济一度获得较大的发展。后来，由于鞑靼势力逐渐强大，并最终占据了整个鄂尔多斯高原地区，当地的农业不复所闻。明末清初，由于战乱，邻近的陕西、山西等地开始有民人进入从事耕种者。不过在清政府统一全国之后，这种垦殖就受到严格的限制，当时规定人民出关垦荒，以边墙五十里为限。康熙中期以后，这种限制开始松动，先是康熙三十六年（1697年）允许民人在边外合伙种地，但必须春出冬归；接着在雍正十年（1732年）因鄂尔多斯荒歉，"复准蒙古情愿招民人越界种地，收租取利者，听其自便"④。在这一政策鼓励之下，鄂尔多斯地区的农业垦殖开始进入全盛时期。当时垦地"奉部文而承种者有之，由台吉私放者有之，由各庙喇嘛公放者有之，开垦颇盛，产粮亦多"⑤。尤其是鄂尔多斯东部的准格尔旗"私垦地特多，汉民在该旗耕种者，几达十万余人"⑥；其北部的河套地区至乾隆初年则已有垦田三四千顷，"岁得粮十万石"⑦。到清朝末年，鄂尔多斯地区的开垦土地已达1427751亩，村庄1942座，居民16100余户⑧，垦区遍及各旗。虽然"各旗牧地未放者固多"，但"已垦亦复不少"⑨，农业经济大

---

① 光绪《吉林通志》，卷二八，"食货一"。

② 宣统《东三省政略·蒙务下》。

③ 参见王毓铨等《中国屯垦史》下册第六章第一节，农业出版社1991年版。

④ 《河套图志》。

⑤ 《清史稿》，卷三〇七，"藩部"。

⑥ 廖兆骏：《绥远志略》。

⑦ 《清高宗实录》，卷一五，乾隆元年三月丁巳条。

⑧ 《河套图志》。

⑨ 督办蒙旗垦务大臣贻谷、山西抚部院巡抚岑春煊："为会筹勘办蒙旗垦务情形之折稿"，《内蒙古档案工作》1988年第6期。

有赶上和超过牧业经济之势。

东北地区在清初除南部辽河下游地区农业经济比较发达，属于半农半牧区外，西北部草原地区是蒙古畜牧生息的牧场，东北部森林草原地区则是女真族采集渔猎的活动场所。由于东北是清朝的发祥地，清政府一直对其实行严格的封禁政策，因此在咸丰十年（1860 年）以前，除了南部辽河下游地区因处于柳条边以内，农业垦殖速度较快外，北部黑龙江流域的农业生产发展很慢。自顺治时期开始，便在辽河东西各地设置旗地，供八旗兵丁耕种。康熙年间，为巩固根据地，抗击沙俄对黑龙江中下游地区的入侵，开始注意经营东北，更进一步鼓励旗人迁居东北，垦荒种地。与此同时，对关内民人出关到奉天地区垦地者，也采取奖励政策。顺治八年，"覆准山海关外荒地甚多，有愿出关垦地者，令山海道造册报部，分地居住"①。十年（1653 年）开始设置管理民政的府县机构，正式颁布"辽东招民开垦条例"，规定凡向辽东招民至百名者文授知县，武授守备；六十名以上者，文授州同，武授千总；招民多者，每百名加一级；所招之民，每人每月给口粮一斗，每百名给牛二十头，垦地一晌给种子六升②。康熙二年，谕令"盖州、熊岳地方安插新民查有附近荒地房基酌量圈给，并令海城县督率劝垦"③。十八年，因奉天锦州等处旗下荒地甚多，特令"除旗下额地之外，具退与州县官员劝民耕种"④。这种劝民垦殖的政策极大地推动了奉天地区荒地的开垦。顺治十年以前，奉天地方尚无民地，康熙七年起科民地就已有 81567 亩，至康熙二十二年，增加到 306342 亩，雍正末年更进一步增加到 2595553 亩⑤。乾隆年间，虽然对奉天地区又实行封禁，但由于内地人口压力越来越重，闯关东的流民源源不断，辽河下游农耕区反而进一步扩大，据嘉庆《重修大清一统志》的记载，嘉庆二十五年，奉天府民地为 2128394 亩，锦州府民地 1536864 亩，总计已达3665258 亩。加上数量众多的旗地和皇庄，奉天地区的农业垦殖已达到相当高的水平，除清政府划定的一些围场、牧厂外，已基本上看不到牧业经

---

① 《八旗通志初集》，卷一八，"土田志"。

② 乾隆《盛京通志》，卷二三，"户口"。

③ 同上。

④ 《奉天通志》，卷二九，"大事"。

⑤ 乾隆《盛京通志》，卷二四，"田赋"。

营了。

　　相反，黑龙江流域在乾隆以前仍然是以畜牧、渔猎经济为主，只是在大河谷地建立了一些分散的农垦据点。乾隆初年，随着内地民人不断进入东北，部分农民开始冲破封禁，越过柳条边，进入第二松花江中游地区从事垦殖活动，从而逐渐形成了第二松花江中游平原农垦区。乾隆八年（1743 年），设于吉林城的永吉州等地汉族农民开垦官荒共 85400 亩①，至乾隆四十三年（1778 年），永吉州在册民地已达 934096 亩②，是乾隆八年的 11 倍。与此同时，吉林地区旗丁和官庄壮丁耕地面积也不断扩大，乾隆四十三年达到 584160 亩③。稍后不久，这种垦殖过程又逐步推进至松花江边拉林河畔，伯都讷（今吉林扶余）、双城堡（今吉林双城）、拉林（今黑龙江阿城县南）的垦田面积都有较大规模的增长。大致到道光时期，拉林等地的农垦区与南部吉林、长春垦区连接起来，第二松花江平原农耕区基本形成。

　　松花江以北以及吉林以东地区这时的农业经济虽然也有所发展，但主要还是集中在各驻防城镇，呈点状分布，没有连成一片，因而对当地经济结构的影响不大。这些地方最后完全成为农耕区是在咸丰十年清政府对东北全面弛禁放垦之后④。

　　新疆地区的农业经营在乾嘉时期也获得了较快的发展。新疆位于我国西北，自然条件适宜畜牧，是古代游牧民族的主要分布地。但在一些绿洲地带，发展农业的条件也比较优越，因而很早就出现了农业经营。西汉、隋、唐及元等朝代都曾在此设置屯田；当地的一些少数民族也有从事垦殖者。但总的来说，农业经营的规模都不大，当地的经济仍然是以畜牧业经营为主。明代版图最盛之时，也仅西至哈密以西，昆仑山以南，新疆地区处于一种割据分离状态，屯田自然是谈不上了。不过当地的一些绿洲，农业经济还是有所发展的，并不亚于前代。据明初陈诚的《西域番国志》记载，位于南疆的于阗、东疆的鲁陈城等地都有农业的经营。进入清代，

---

　　①　《清高宗实录》，卷一八四，乾隆八年二月乙亥。

　　②　乾隆《盛京通志》，卷三八，"田赋"。

　　③　同上。

　　④　李令福：《清代黑龙江流域农耕区的形成与扩展》，《中国历史地理论丛》1999 年第 3 辑。

屯田垦殖重新提上议事日程，康熙帝在平定准噶尔部噶尔丹叛乱后不久，就命于苏尔图等处分兵屯种①。以后次第开创了巴里坤、哈密、吐鲁番三处垦区。但因为当时清政府还未完全统一新疆，当地时战时和，所以垦区仅限于东疆，而且置废频繁，规模有限。乾隆二十四年（1759 年）平定大小和卓之乱以后，清政府终于完成了对天山南北广大地区的统一，各种类型的屯田也随之兴盛。除了平定准噶尔部以前在东疆开创的巴里坤、吐鲁番、木垒等垦区相继复垦以外，伊犁、乌鲁木齐地区也陆续被开辟为两大屯垦基地；而天山南路的许多绿洲也兴办了以回屯为主的垦田活动。根据乾隆三十年（1765 年）的统计，在伊犁、塔尔巴哈台、乌鲁木齐、呼图壁、库尔喀喇乌苏、晶河、玛纳斯、穆垒、蔡巴什湖、塔勒纳沁、喀喇沙尔、乌什等地的兵屯已达 179290 亩，巴里坤、乌鲁木齐的民屯已达 147808 亩②。至乾隆四十二年（1777 年），南北疆兵屯更进一步达到 288108 亩，民屯达到 297758 亩③。鸦片战争爆发前后，北疆东自哈密，西至伊犁，南疆东起喀喇沙尔，西至喀什噶尔，南到和阗的广大地区，基本形成了以绿洲农业为主的农业耕作区④。

二　种植业结构的变化

明清时期种植业结构的变化是全方位的，一方面，经济作物的种植面积不断扩展，在整个种植业结构中的地位有较大提高；另一方面，无论是粮食作物还是经济作物，其品种和结构也较以前有了较大的改变。

经济作物种植面积的扩展与地位的提高大致始于明代中叶。明代前期，除棉、麻、蚕桑和茶叶的栽培在一些地区农家经济生活中占有一席之地外，其他经济作物所占的比例微乎其微，无足轻重。明中叶以后，首先由于田赋征收政策的改变，其次由于商品经济的发达与对外贸易的增多，种植经济作物的收益明显大于种植粮食作物，一些地方的农民开始扩大经

---

① 《平定准噶尔方略》前编卷一。

② 《清朝通典》，卷四，"食货"；《清朝文献通考》，卷一一，"田赋"。

③ 《西域图志》，卷三二、卷三四。

④ 参见张建军：《清代新疆农牧业地理》，硕士毕业论文，陕西师范大学，1995 年 4 月。

济作物的种植规模，经济作物在农村经济中所占的比重迅速提高，扩种经济作物成为许多地方农村家庭致富的一条重要途径。以棉花种植为例，虽然有人说明代前期已是"其种乃遍布于天下，地无南北皆宜之，人无贫富皆赖之，其利视丝枲盖百倍焉"①，但实际上不种植棉花的地区仍然很多。长江流域及其以南地区且不论，即以后来成为我国最重要的棉花生产基地的黄河中下游地区来说，据初步统计，河南地区明代方志中记载植棉的府县仅有 30 个，河北地区有 42 个，山东地区有 35 个。到了清代，这些地区的植棉区域都得到了较大的拓展，清代方志中记载植棉的府县，河南虽然仍为 30 个，但河北则增加到 68 个，山东增加到 53 个②。不仅植棉区域有较大扩展，各棉区的棉花种植面积也在迅速增长，在当地农村经济中所占的比重也在迅速提高。在长江流域，据明末清初松江府上海县（今上海市）人叶梦珠说："吾邑地产木棉，行于浙西诸郡，纺绩成布，衣被天下，而民间赋税，公私之费，亦赖以济。故种植之广，与粳稻等。"③ 苏州府所属嘉定、太仓等地到万历时期，甚至所有的稻田都专种木棉④。在黄河流域，位于鲁西平原的东昌府，其所属高唐、夏津、恩县、范县在万历时期即因本境多种木棉，"江淮贾客列肆贽收，居人以此致富"⑤。至清代中期，棉花的种植面积已超过当地的粮食作物，占播种面积的首位，如嘉庆《清平县志》载："人多种木棉，连顷遍塍，大约所种之地多于豆麦"⑥；高唐州也是"种花地多，种谷地少"⑦。位于河北平原的滦城县，道光时期有地四千余顷，其中植棉者占十分之六，殖稼者仅占十分之四，以致"所收不足给本邑一岁食"⑧。据方观承《棉花图·跋语》所云，河北境内的冀、赵、深、定诸州属，农民艺棉者竟达十之八九。

① 丘浚：《大学衍义补》，卷二二，"制国用·贡赋之常"。
② 孙世芳：《历史上黄河中下游棉花商品性生产的发展及其影响》，《古今农业》1991 年第 1 辑。
③ 叶梦珠：《阅世编》，卷七，"食货四"。
④ 万历《嘉定县志》，卷七，"田赋考下·漕折始末"。
⑤ 万历《东昌府志》，卷二，"物产"。
⑥ 嘉庆《清平县志》，卷八，"户书"。
⑦ 徐宗平：《劝捐义谷约》，载《斯未信斋文编》，卷一，"艺文"。
⑧ 道光《滦城县志》，卷二，"食货"。

　　棉花以外，其他一些经济作物如烟草、蓝靛、甘蔗乃至水果、蔬菜等，其种植规模在不少地区也呈现出迅速增长之势。如福建地区，因"其地为稻利溥，蔗利厚，往往有改稻田种蔗者，故稻米益乏"①；广东地区，因"糖之利甚溥，粤人开糖房者多以致富，盖番禺、东莞、增城糖居十之四，阳春糖居十之六，而蔗田几与禾田等矣"②；广西地区，雍正年间平乐府永安州的佃户因看到"栽烟利较谷倍一值"，而纷纷将平洋腴田改种烟草③；等等。诸如此类的描述在明中期以后的文献记载中可以说是屡见不鲜。

　　明代以前我国粮食作物的品种主要有稻、麦、粟、黍、稷、粱、菽、荞、薯、芋等，而以稻、麦、粟的地位最为重要，种植面积最广。大致在秦岭淮河以北的大部分地区，大、小麦的种植占第一位，其次为粟；而在秦岭淮河以南地区，水稻的生产占第一位，其次为大、小麦④。明代前期，这种粮食作物的构成状况基本没有变化。根据正德《姑苏志》的记载，当地（今江苏苏州）的粮食作物品种有稻、麦、豆、芋等⑤。这大致可以代表当时南方的粮食作物种类。如嘉靖《惠州府志》记载该地（今广东惠州）五谷多占、多粳、多糯、有菽、有麦、有黍、有稷⑥，嘉庆《贵州通志》载贵州布政司宣慰司谷之属有稻、黍、稷、麦、豆、荞、麻⑦。北方地区，嘉靖《陕西通志》记载，陕西境内的粮食作物有麦、黍、稷、粱、豆、稻等⑧，嘉靖《山东通志》记载山东境内的粮食作物有麦、豆、粟、黍、稷、高粱、稻等⑨。也就是说，南北方粮食作物的品种基本相同，主要有麦、稻、豆、粟、稷、高粱等，只是在排列顺序方面存在差异，北方麦居前列，粟、豆、高粱等次之，而南方稻居于前列，麦、豆等次之。各种粮食作物的这种构成状况，在当时的田赋征收中也有所反映（见下表）。

---

　　①　陈懋仁：《泉南杂志》，卷上。

　　②　屈大均：《广东新语》，卷二七，"草语·蔗"。

　　③　雍正《永安县志》，卷九，"风俗"。

　　④　吴宏岐：《元代农业地理》第五章"粮食作物的地域分布特征"。

　　⑤　正德《姑苏志》，卷一四，"土产"。

　　⑥　嘉靖《惠州府志》，卷七下，"赋役志下·物产"。

　　⑦　嘉靖《贵州通志》，卷三。

　　⑧　嘉靖《陕西通志》，卷三五，"民物三·物产"。

　　⑨　嘉靖《山东通志》，卷八，"物产"。

明代全国部分地区田赋征收的品种及比例

地 区	田赋总额（石）	稻米（石）	小麦（石）	大麦（石）	黑豆（石）	粟米（石）
陕西岐山县（西北）	29283 (100)	359 (1.2)	13431 (45.9)	134 (0.5)	1342 (4.6)	14017 (47.9)
河南内黄县（中原地区）②	15170 (100)		4610 (30.4)			10560 (69.6)
江苏徐州（中原地区）	70115 (100)		36966 (52.7)			33149 (47.3)
江苏吴县（太湖流域）	133840 (100)	130400 (97.4)	3400 (2.6)			
湖北汉阳（长江中游）	19793 (100)	15330 (77.5)	2733 (13.8)	1730 (8.7)		
云南云南府（西南地区）	33639 (100)	25789 (76.7)	7850 (23.3)			
广东南海县（华南地区）	52741 (100)	52575 (99.7)	166 (0.3)			

说明：括号内数字为所占百分比数。

资料来源：万历《重修岐山县志》卷二《赋役志·田粮》。嘉靖《内黄县志》卷二《田赋》。嘉靖《徐州志》卷五《地理志下·田赋》。正德《姑苏志》卷一五《田赋》。嘉靖《汉阳府志》卷五《食货志》。正德《云南志》卷二。嘉靖《广东通志初稿》卷二三。

由上表可以看出，不同区域粮食作物的构成状况有比较大的差别，西北地区麦、粟几乎占有同等的地位，分别占45%—48%，其次为豆类，约占5%；黄河中游平原粟的地位超过麦类，粟占70%，麦仅占30%；淮河流域麦的地位超过粟，麦占50%以上，粟不到50%；长江下游地区和华南地区，水稻占有绝对的优势，占97%以上，麦仅占不到3%；长江中游及西南地区，麦类作物的种植比例较高，约占20%多，而稻则占75%以上。总体而言，北方的粮食作物构成中以粟占首要地位，其次为麦、豆，而南方则以稻占绝对优势，其次为麦、豆。

明中期以后，麦的地位有了较大提高，据宋应星《天工开物》中所说："四海之内，燕、秦、晋、豫、齐、鲁诸道，丞民粒食，小麦居半，而黍、稷、稻、粱仅居半。西极川、云,东至闽、浙,吴、楚腹焉,方长六千里中,种小麦者二十分之一,磨面以为捻头、环饵、馒首、汤料之需,而饔餮不及焉。种余麦者五十分而一。"也就是说,明代末年北方地区小麦的种植面积约占 50%,黍、稷、稻、粱的种植面积共占 50%,而在南方地区,小麦的种植面积约占 5%,其余麦类作物的种植面积约占 2%。无论是北方还是南方,麦类作物的种植面积都有较大的增长,尤其是在北方地区,麦的地位已超过粟,居粮食作物的首位。

但明清时期粮食作物结构最明显的变化还是域外作物玉米和番薯的传入与迅速推广。

玉米原产美洲墨西哥、秘鲁等地,大致在 16 世纪上半叶分别由西北、西南及东南沿海三条路线传入我国。明亡以前,先后有 11 个省有栽培玉米的记载,分别是河南、江苏、甘肃、云南、浙江、安徽、福建、山东、陕西、河北、贵州,但这时玉米在粮食生产中并无地位。清朝康熙以后,由于人口的迅速增长,大量荒地被开垦,玉米的推广速度加快,至鸦片战争前后,除青藏高原地区的青海和西藏及东北地区的黑龙江未见种植外,全国大部分地区都有栽培,并且在云南、贵州、广西、湖南、湖北、河南、陕西等省的一些地区跃居为粮食作物之首。进入 20 世纪以后,玉米在全国粮食作物中取代了粟,正式跃升至第三位[1]。

番薯又名山芋、地瓜、甘薯、红薯,原产中美洲,大致在玉米传入我国的同时分别由菲律宾、文莱、越南、缅甸传入我国的福建、台湾、广东、云南等地。番薯传入我国后,因为较早地发挥了优势,得到封建官府的大力提倡,因而传播很快,在明代后期数十年间,闽广就广为种植,江浙也开始发展。从清初到乾隆年间,除甘肃、青海、新疆、西藏、内蒙古及东北三省未见有关番薯记载之外,其他各省都已种植。由嘉庆至道光,番薯的种植在各省区向纵深发展,逐渐成为我国主要粮食作物之一,特别是在台湾、福建、湖南、四川等地山区,番薯的地位甚至超过了稻、麦等传统主要粮食作物[2]。

---

①　咸金山:《从方志记载看玉米在我国的引进和传播》,《古今农业》1988 年第 1 辑。

②　陈树平:《玉米和番薯在中国传播情况研究》,《中国社会科学》1980 年第 3 期;郭松义:《玉米、番薯在中国传播中的一些问题》,《清史论丛》第 7 辑,中华书局 1986 年版。

在明清时期传入我国的粮食作物尚有一种马铃薯。马铃薯又名洋芋、土豆，原产南美，大约在17世纪前期传入我国。据加拿大籍华人学者何炳棣先生研究，1650年荷兰人斯特儒斯到台湾访问，曾见到当地栽培马铃薯，称为"荷兰豆"①。不过，马铃薯在我国的传播比玉米和番薯要慢得多，据吴其浚《植物名实图考》记载②，到鸦片战争以前，马铃薯种植比较著名的地区仅有云南、贵州、山西少数几个地区。

经济作物方面，桑丝和麻一直是我国传统的衣着原料，宋元时期，棉花开始传入我国南方地区，并逐渐向北推广，至元明之际，黄河流域及其以南地区大都有了棉花的种植，从而形成了桑、麻与木棉三足鼎立的局面。明代初年，朱元璋号召农民广植桑、麻，木棉也位列其中，与桑、麻处于同等的地位③。明清时期，棉花的种植规模迅速扩展，取代桑麻而成为最主要的衣着原料。丘浚所说的"至我朝其种乃遍布于天下，地无南北皆宜之，人无贫富皆赖之，其利视丝枲盖百倍焉"，虽然有些夸大，但却反映出棉花在当时社会经济生活中所处的重要地位。特别是在黄河流域，棉花几乎成为大田中唯一的纤维作物，桑麻的栽培虽然在一些地区还存在，但已无法与棉花相比。明清时期桑麻种植比较兴盛的地区主要分布在长江流域及其以南地区，其中太湖流域和珠江三角洲是当时最大的蚕桑基地，而江西、湖北、湖南、浙江、广东、福建、四川等省区的山地丘陵地带则是苎麻的集中产区。

在明以前，我国的油料作物主要有芝麻、油菜两种，其中芝麻在全国都有分布，而油菜则主要分布于长江流域及福建地区。此外尚有苏子、麻子等，但仅在少数地区有种植，不具有全国意义。明清时期，花生的种植范围开始扩展，至鸦片战争前夕，除东北、新疆和西藏地区未见花生的栽培外，全国大多数省区都有花生的种植，并且在东南沿海一些地区种植非常普遍，呈现出取代芝麻、油菜的趋势。据檀萃《滇海虞衡志》记载："（花生），高、雷、廉、琼多种之，大牛车运之以上海船，而货于中

---

①　何炳棣：《美洲作物的引进传播及其对中国粮食生产的影响》，《历史论丛》第5辑。
②　《植物名实图考》，卷六。
③　万历《大明会典》，卷一七，"户部四·农桑"。

国……若乃海滨滋生，以榨油为上，故自闽及粤，无不食落花生油。"①
与广东、福建地区毗邻的台湾地区亦是如此。据乾隆时朱景英《海东札记》记载，台湾"南北路连陇种土豆（即花生），沙壤易滋，黄葩遍野。每冬间收实，充衢盈担，熟啖可佐酒铭，榨油之利尤饶。巨桶分盛，连檣压舶贩运者，此境是资。"②

甘蔗是我国传统的糖料作物，但在明中期以前，除福建、广东两地之外，其他地区生产规模都很小。宋应星《天工开物》称甘蔗"产繁闽、广间，他方合并，得其十一而已"。明代后期，尤其是入清以后，甘蔗的种植规模迅速扩展，除福建、广东两地的种植规模继续扩大外，台湾、广西、浙江、四川、江西等地也先后形成了一些新的生产区。在台湾，顺治十三年（1656年），台南赤嵌附近共有田地8403.2morgen，其中蔗园面积1837.3morgen，占22%。③ 康雍之际，台湾"三县每岁出蔗糖约六十余万篓，每篓一百七八十斤……全台仰望资生，四方奔趋图息，莫此为甚"④。及至乾隆年间，台湾成为当时最大的蔗糖生产基地，据连横《台湾通史》所载，当时台糖"贸易绝盛，北至京、津，东贩日本，几为独揽"⑤。在广西，桂东北、桂东南、左右江流域，以及柳江流域和红水河下游地区都有大面积的甘蔗分布⑥。在浙江，甘蔗全省都有分布，而以中南部种植最盛，如位于金衢盆地的义乌县，嘉庆年间从"温州得其种，乃竟种"⑦；汤溪县，"甘蔗为出产一大宗，淤地尤盛，每岁运往绍兴、萧山等地售，赢利颇丰"⑧；西安县"滨河沙淤地多种之，制糖颇出品"⑨；等等。在四川，则随着东南移民的涌入，出现了种蔗业第二次兴盛期，一方面，潼川府、资州、绵州、简州等传统产区出现了集约生产趋势；另一方面，种植区域在盆地继续扩大，向西发展到嘉定府，向北发展到龙安府，向南发展

①　《滇海虞衡志》，卷十，"志草木"。
②　《海东札记》，卷三，"纪土物"。
③　［日］中村孝志著，赖永祥译《近代台湾史要》，载《台湾文献》6卷2期。
④　黄叔儆：《台海使槎录》，卷三，"物产"。
⑤　《台湾通史》，卷二七，"农业志"。
⑥　周宏伟：《清代两广农业地理》第七章第一节"甘蔗"，湖南教育出版社1998年版。
⑦　嘉庆《义乌县志》，卷一九，"土物"。
⑧　民国《汤溪县志》，卷六，"食货·土产"。
⑨　嘉庆《西安县志》，卷二一，"物产"。

到叙州府①。在江西，甘蔗在中南部也广为分布，其中南康、雩都、泰和等县种植尤多，据同治《南康县志》记载，嘉庆道光时期，该县一年的种蔗收入几可以和广东、福建争雄②。

明以前，我国的嗜食作物仅有茶叶一种。大致在明万历年间，烟草开始传入我国。由于烟草具有"坐雨闲窗，饭余散步，可以遣寂去烦；挥尘闲吟，篝灯夜读，可以远辟睡魔；醉筵醒客，夜语篷窗，可以佐欢解渴"③的特殊功能和种烟"一亩之收可敌田十亩"④的丰厚利润，不久便迅速传遍大江南北，长城内外，彻底改变了茶叶种植独霸天下的局面，成为我国最主要的嗜食作物。据研究，至明亡以前，烟草已传至除新疆、西藏和青海以外的我国绝大多数省份，而到了清前期，烟草种植进一步扩展，"人情射利，弃本逐末，向皆以良田种烟"，"城埂山陬，弥望皆是"几乎成为全国普遍的现象⑤。

明清时期我国的蔬菜种植结构也发生了较大的变化。这种变化首先表现在由于商品经济的发展，城市人口的增多，蔬菜种植开始改变以往农家自给自足的性质，出现了专以出售赢利为目的的蔬菜种植户，蔬菜种植在农家经济生活中的地位逐渐提高⑥。其次表现在这时又有一些新的蔬菜品种从境外传入我国，并逐渐得到推广，成为主要蔬菜品种。这些新传入的蔬菜主要有辣椒、番茄、菜豆、结球甘蓝等⑦。

三 畜养业结构的变化

作为自给自足自然经济的一部分，畜养业在我国有悠久的历史。明清

---

① 郭声波：《四川历史农业地理》第二篇（上）第二章第二节，四川人民出版社1993年版。

② 同治《南康县志》，卷一，"地理·土产"；光绪《雩都县志》，卷五，"物产"；光绪《泰和县志》，卷二，"物产"。

③ 陈琮：《烟草谱》。

④ 杨士聪：《玉堂荟记》。

⑤ 陶卫宁：《中国烟草业历史地理研究》（未刊），硕士学位论文，陕西师范大学，1997年3月。

⑥ 参见郑昌淦《明清农村商品经济》第四章第五节，中国人民大学出版社1989年版。

⑦ 闵宗殿：《海外农作物的传入和对我国农业生产的影响》，《古今农业》1991年第1期。

时期，我国的畜养业有了较大发展，畜养业的经营方式和部门结构都有比较明显的变化。

明长城以北和祁连山—岷山—大雪山以西地区在我国历史的大部分时期都是以畜牧业占主导地位。明以前，因缺少比较详细的史料记载，上述畜牧业地区的畜牧业经营状况并不是十分清楚。从当时中原王朝与边疆少数民族政权的斗争形势及茶马贸易的兴盛来判断，养马业应当占有举足轻重的地位。马以外，尚有羊、牛、驼等畜种。据《马可波罗游记》的记载，宁夏、河西及天山南北地区皆盛产羊、马、牛、驼等畜①。明代的情况大致与此相似。因为战争的需要，明政府对马匹特别重视，除在内地及沿边地区设立监苑，孳养马匹外，与周边各族的茶马贸易也很频繁。《明史·食货志》载："番人嗜乳酪，不得茶，则困以病。故唐宋以来，行以茶易马法，用制羌、戎，而明制尤密。有官茶，有商茶，皆贮边易马。""山后归德诸州，西方诸部落，无不以马售者。"为了换取明朝的茶叶，周边少数民族自然会大量蓄养马匹。

养马业在周边各少数民族中占有的突出地位，从当时明王朝在对其战争中的俘获也可略见端倪。兹举数例：

1. 明代初年，大将蓝玉在捕鱼儿海（今中蒙边境贝尔湖）大败元旧将脱古思贴木儿，"获其次子地保奴及妃主五十余人，渠率三千，男女七万余，马驼牛羊十万，聚铠仗焚之"②。

2. 正德四年，明总兵马昂与鞑靼别部亦孛来战于木瓜山，"胜之，斩三百六十五级，获马畜六百余，军器二千九百余"③。

3. 万历二十四年，总督三边李旷袭鞑靼卜失兔营，"共斩四百九级，获马畜器械数千"④。

4. 成化九年，辽东总兵欧信以偏将韩冰等败朵颜部于兴中，"追及麦州，斩六十二级，获马畜器械几数千"⑤。

---

① 《马可波罗游记》第 1 卷第 38、39、43、45、58 章，陈开俊等译本，福建科技出版社 1982 年版。

② 《明史》，卷三二七，"外国八·鞑靼"。

③ 同上。

④ 同上。

⑤ 《明史》，卷三二八，"外国九·朵颜"。

5. 洪武十二年秋，征西将军沐英进击西番，"大破之，尽擒其魁，俘斩数万人，获马牛羊数十万"。①

6. 永乐二十二年，安定卫指挥哈三孙散哥及曲先卫指挥散思等邀劫明朝出使乌思藏使者，都指挥李英等率西宁诸卫军讨之，于雅令阔（今昆仑山一带）击败之，"斩首四百八十余级，生擒七十余人，获驼马牛十四万有奇"。②

7. 洪熙五年，因曲先卫副指挥散即思屡劫杀朝使，都督史昭等率众征之，"杀伤甚众，生擒脱脱不花及男妇三百四十余人，获驼马牛羊三十四万有奇"。③

从上述数次争战中可以看出，明王朝俘获的畜种，马占有重要地位。马以外，驼、牛、羊等数量也很多，上述第一条、第五条、第六条、第七条，在俘获大量马匹的同时，还有大量的驼、牛、羊等牲畜。实际上，明王朝在边境设立马市，以茶易马，但周边少数民族用来易茶的并不仅仅是马匹，也有其他牲畜，只是以马为主而已。

清朝建立后，这种情况开始发生变化。为了巩固边防，繁荣当地的经济，清政府在统一天山南北之后，不仅大规模设置屯田，还兴办牧厂，发展官营畜牧业。与以前各代在边疆地区兴办的官营牧厂不同，清代的牧厂不仅包括马厂，还有牛、羊、驼等厂，表明这时牛、羊、驼的生产也有了较大的发展。而从畜种的数量上来说，羊的数量远远超过马、牛等，占第一位。如位于伊犁河流域的伊犁牧厂，就包括马、驼、牛、羊四厂，各厂又分为孳生厂和备差厂，据《伊江汇览》一书中抄录的一份乾隆四十四年牧厂各类牲畜数量奏报单的统计，共有羊222505只，驼3017只，马24307匹，牛27480只。又如塔尔巴哈台牧厂，到乾隆五十七年时，孳生厂已有"大马九千六百七十九匹，马驹三百七十一匹；大牛四千一百五十四只，牛犊一千一百二十只；大羊七万八百六十三只，羊羔八千三百三十只"；备差厂有"马四千三百六十七匹，牛一千六百九十八只，羊三万

① 《明史》，卷三三○，"西域二·西番诸卫"。
② 同上"安定卫"。
③ 《明史》，卷三三○，"曲先卫"。

四千二百五十五只"①，合计羊共 113448 只，马 14417 匹，牛 6972 只。

在官营畜牧业的带动下，民间畜牧业也获得了较快发展，而其畜种结构也与官营牧厂相似，以羊占绝对多数，其次为牛、马，再次为驼、驴等其他牲畜。如轮台县"羊、牛、马、驴、黄羊，以上四项均为民间畜养，系本境常产"，而"羊只孳生极繁，系大宗出产"②；沙雅"动物以牛、羊为大宗，每年孳生约十余万"③。宣统《新疆图志》所云"凡畜牧孳生之数，惟羊群最蕃，获利亦最厚"④，清楚明白地指出了牧羊业在整个新疆地区畜牧业生产中所占有的重要地位。

蒙古高原地区的畜牧业结构，除个别畜种与新疆地区有所不同外，牛羊业的地位也有较大上升，与牧马业处于同等的地位。奕湘《定边纪略》云："蒙古赋性不谙耕作，无贫富皆赖驼、马、牛、羊四项牲畜，以资度日。"而在青藏高原地区，据《西藏志》记载，主要牲畜有马、骡、驴、牦牛、黄牛、长毛牛、猪、羊等，其中亦以牛羊为大宗，如"拉里不产五谷，以牧畜牛羊为食"；"拉萨东北由哈拉尔苏至达木一带，皆蒙古与霍耳人错居，不产五谷，惟藉牛羊"⑤。

明长城以南和祁连山—岷山—大雪山以东地区是我国的传统农区。总体而言，为农业生产提供动力之用的马、牛、驴和为农家日常生活提供副食品的羊、鸡、狗、猪等的饲养是我国农区生产经营的一个重要特色，但在不同时期和不同地域，由于国家政策和各地自然环境的差异，饲养业结构也存在着相当大的差别。

明政府对马政极为重视，除在边境地区设立多处马市，以茶换取周边各族的大量马匹外，还在长城沿线和内地诸处设立监苑，专司牧马。据万历《大明会典·马政》记载，明代马政由太仆苑马寺专理，而统于兵部，其经营方式大致分为监苑养牧、军卫孳牧、民间孳牧三种。监苑养牧主要分布于北平、辽东、山西、陕西、甘肃沿边地区；民间孳牧分布于北直隶保定、河间、真定、顺德、广平、大名、永平诸府，南直隶应天、凤阳、

---

① 《塔尔巴哈台事宜》，卷四，"官厂牲畜"。

② 光绪《轮台县乡土志·物产》。

③ 光绪《沙雅县乡土志·风俗地理》。

④ 宣统《新疆图志》，卷二八，"实业一·牧"。

⑤ 《西藏志·物产》。

镇江、扬州、淮安、庐州、太平、宁国、滁州、和州、徐州、广德诸府州，河南开封、彰德、归德、卫辉诸府，以及山东济南、兖州、东昌等府，弘治年间定额为种马共 125000 匹；军卫孳牧则"凡在京在外卫所，俱有孳牧马匹，以给官军骑操"，更是遍布全国。在这样一种形势下，整个农区的养马业都比以前有了较大的发展，尤其是今河北、山西、陕西、甘肃、北京、天津、辽宁、河南、山东、安徽、江苏等地，养马业更是达到了前所未有的繁荣。

上述由国家划定的牧马区而外，云南、贵州二省的牧马业也非常发达。师范《滇系·赋产篇》云，"南中民俗，以牲畜为富，故马独多。春夏则牧之于悬崖绝谷，秋冬则放之于水田。故水田多废不耕，为秋冬养牲畜之地。重牧而不重耕，以牧之利息大也。马牛羊不计其数，以群为名。或百为群，或数百及千为群。论所有，辄曰：某有马几何群，牛与羊几何群。其巨室几于以谷量马牛。凡夷俗无处不然，马产几遍滇"。由于马匹众多，明政府曾多次于云南、贵州两地市马。如洪武十七年，户部以棉布往贵州易马 1300 匹；洪武十九年二月，朝廷为讨伐西南，于乌撒等处市马 755 匹；洪武十九年五月，于云南东川等军民府市马 2280 余匹；洪武二十一年，于武定、会川、德昌等府市马 3000 匹；洪武二十八年，于贵州、乌撒、宁州、毕节等卫市马 6729 匹[①]。除市马外，云南、贵州两地还多次向朝廷贡马。根据对《明实录》的统计，洪武、永乐、洪熙、宣德四朝，云南各地及邻近地区共向朝廷贡马达 236 次，其中仅洪武十五年，献马就达 12560 匹。

在养马业获得发展的同时，北方地区的养羊、养牛业和南方地区的养猪和家禽饲养等也有一定的发展。

在北方，灵州千户所（今宁夏灵武）的别黑的等家，"马多者千余匹，少者七八百匹，牛羊动以万计"[②]。景泰元年三月，鞑靼蒙古内侵，一次就掠走宁夏、庆阳等地马驼牛羊 27 万头[③]。嘉靖十年，王琼作《甘露降固原奏议》，称固原"耕者黍麦盖藏，牧者牛羊被野，人得生气，和

---

① 《明太祖洪武实录》。
② 《明英宗实录》，卷一六，正统元年四月庚申条。
③ 《明代宗实录》，卷一九〇，景泰元年三月癸丑。

气上达"①。仅此数条，便足以说明北方地区牛羊等饲养的繁盛。

在南方，太湖流域的养羊、养猪及鸡、鸭、鹅等家禽的饲养非常普遍，明末沈氏《农书》对养羊、养猪及鸡鸭等的利息计算极为精详，反映了当地这种情况已是司空见惯。沈氏《农书》并云："近时粪价贵，人工贵，载取费力，偷窃弊多，不能全靠租窖，则养猪羊尤为简便。古人云：租田不养猪，秀才不读书。必无成功。则养猪羊，乃作家第一著。"更进一步说明猪羊养殖对于农家经营的重要及其悠久的传统。其实这种情况并非太湖流域所独有，整个南方农区都是如此。1585 年首次出版的西班牙人门多萨的《中华大帝国史》对此有多处记载。该书第一部第一卷第四章写道："还有大量的牛，价钱便宜到你可以用 8 里亚尔钱币买一头很好的；并且可半价买到牛肉；一整只鹿卖 2 里亚尔；大量的猪，……再有极多的羊及其他供食用的动物，这是它们不值钱的原因。养在湖畔河岸的飞禽是那样多，以致该国一个小村子每天都要消耗几千只，而最多的是鸭。"第二部第三卷第十七章写道："大量的马，而尽管上述修士看见的马匹很少，据共同的说法和传闻，十五省中几个省有很多，但修士们没有到那里去，因此他们不能说他们看见了它们。但鸡、鹅、鸭和其他家禽，在这个国家各地都不计其数，所以它们不值甚么；海里和河里的鱼都同样丰富，在这点上他们的说法一致。"②虽然门多萨本人没有到过中国，但本书是根据一些到过中国的传教士的记述编写的，这些传教士曾经到过中国的福建、广东、广西等地，可以说，这些记载都是他们当时的亲身见闻，真实地反映了当时南方地区的情况。

同明朝一样，清政府对马政也非常讲求。但一方面，由于害怕汉族拥有马的数量过多，构成对满清王朝的威胁；另一方面，鉴于明朝在内地牧马的诸多弊病，清政府将养马的重点放在宜于畜牧的察哈尔以北及甘肃以西的地区，不仅废除了明王朝在内地的官督民牧制度，而且对于农业区的牧马业采取了种种限制措施。清初规定，除现任官吏可以养马外，"余悉禁之"；康熙元年，又"禁民人养马。有私贩马匹，为人首告者，马给首

---

① 嘉靖《固原州志》，卷二，"奏议"。

② 《中华大帝国史》，何高济译，中华书局 1998 年版。

告之人。其主有官职，予重罚。平民荷校鞭责"①。在这样的政策影响之下，除云南地区的养马业因为是少数民族聚居区而继续繁盛外，整个农区的养马业急剧衰退，从现存的清代各地方志的记载来看，很难再看到养马业的记载。

与养马业急剧衰退的情况相反，由于商品经济的发展，经营农副业的收益大于种植业，清代牛、羊、猪及各种家禽的饲养逐渐走向繁荣，农区各地都出现了较大规模的家禽家畜的饲养。

就牛、羊的饲养而言，仍然以北方旱作区较多。如河北正定一带，据民国《元氏县志·物产》云："山村多蓄牛羊，以为生息。"邢台等地，"羊则山坡草地，湿耳成群，颇称蕃息"②。山东临朐县，"六畜，羊尤蕃息。冬月，北郭市场群集数万，贩者杂沓，远达京师"③。陕西保安（今陕西志丹县）一带，据光绪《保安志略》下卷"物宜篇·畜牧"载，"保安畜有六扰，马、牛、羊其大宗也"，"而保安民多牧羊，坐食其利，其饶益马牛为广"。这时甚至还出现了借地养牧和替人养牧的情况。如河南延津县，据康熙《延津县志》卷九"条陈"所言，"山陕牧馀者，多远牧于延，一群少者数千，多者盈万。民间多争款牧其地。"而山西偏关一带，"闲民大半以牧羊为职业者，有自牧者，有为人牧者。其为人牧者，合数家或数十家之羔，达以时，孳乳而蕃息之，取其佣值"④。

猪及家禽的饲养则以南方为盛。如陕西汉中一带，"山民馇粥之外，盐布零星杂用，不能不借资商贾。负粮贸易，道路辽远。故喂畜猪只，多者至数十头。或生驱出山，或腌肉作脯，转卖以资日用"⑤；凤县，"邑惟畜产丰饶，牛、羊、马、骡，家有其物。尤善养鸡、猪，其值甚廉，贩买者咸接踵至，自汉南来者尤多"⑥。四川城口县，"地多险峻，稻不过十分之一，全赖锄挖山坡，遍种杂粮，以资衣食。但津河不通，粮食无从运

① 《清史稿》，卷一四一，"兵十二·马政"。
② 光绪《邢台县志》，卷一，"舆地·物产"。
③ 光绪《临朐县志》，卷八，"风土·物产"。
④ 道光《偏关志》，卷上，"地理志·风土"。
⑤ 严如熤：《三省边防备览》，卷一一，"策略"。
⑥ 光绪《凤县志》，卷八，"风俗·民风"。

销，惟以包谷饲猪，变易盐茶布匹"①；昭化县，"民间善养猪，家设猪圈一所，少者四五只，多者数十只"，"宰杀不尽者，贩户囊金采买，向他处卖之"②；中江县，"鸡鹜家家饲养，非有故，亦不杀"③；温江县，"豕，一名猪，农家皆畜之"④。湖北武昌县，"羽之属有鸡、有鸭，乡人有成群饲之者，曰放排鸭，夜宿竹棚中"⑤。湖南宁乡县，"猪多黑色者，家家畜之"⑥；湘潭县，鸭"重阳后肥 盾味美，家自为畜。亦有不以雌伏，用糠秕沃出，多至数千，谓之湖鸭"⑦。江苏扬州一带，"家鸭，江湖间养者百千为群，高邮、泰州极多"⑧；吴江县，乾隆以前，"绍兴人多来养鸭，千百成群，收其卵以为利"，"后皆土人畜之。其羊豕鸡鹅之类，土人亦常畜之"⑨。浙江嘉兴一带，"猪羊皆四乡常畜之物，而羊之销路视昔尤广。鸡鸭，每岁所畜之数，视米粮贵贱为增减"⑩。福建霞浦县乡村，"凡畜牛之家百之三四，羊百之五六，豕十之八九"⑪。广东新宁（今台山），"居民善牧豕，香山、澳门等处销售颇广"⑫；吴川县，"猪，邑人家豢之，海舶贩以取利"⑬；顺德县，居民"不事远贾，惟种树豢鸭，鼓棹而行"⑭。

北方也有部分地区多产猪鸭等禽畜。如陕西延长县，"多畜猪羊，间有贩牵赴鬻晋省者"⑮；甘泉县，"所产之物运出外境者，以猪为大宗，每年约能销一千八百馀口"⑯。河南淅川，动物以猪为大宗，"民间饲养最

① 乾隆《太平县志·风俗志》。
② 乾隆《昭化县志·风俗志》。
③ 道光《中江县新志·风俗志》。
④ 嘉庆《温江县志·物产志》。
⑤ 光绪《武昌县志》，卷三，"物产"。
⑥ 嘉庆《宁乡县志·物产志》。
⑦ 嘉庆《湘潭县志·物产志》。
⑧ 嘉庆《扬州府志》，卷六一，"物产志"。
⑨ 乾隆《吴江县志·生业志》，卷三八，"风俗·生业"。
⑩ 朱士楷：《新塍镇志·物产志》引光绪志。
⑪ 民国《霞浦县志》，卷一八，"灾业志"。
⑫ 金武祥：《赤溪杂志》，卷下。
⑬ 光绪《吴川县志》，卷二，"物产"。
⑭ 咸丰《顺德县志》，卷三，"舆地略·风俗"。
⑮ 乾隆《延长县志》，卷五，"风俗志·生计"。
⑯ 光绪《甘泉县乡土志·商务》。

多，除供本境食用外，运赴湖北老河口销售"①。河北永平，"猪，州产颇多，乐亭民间有以此致富者"②；满城，"猪，毛鬃皆为出口货，粪可肥田，乡民多畜之"③；山东青州博兴县，"滨小清者，尤以哺鸭为业"④。

牛、羊及家禽家畜的饲养以外，家鱼、蜜蜂、桑蚕的饲养在这时也有一定的发展，甚至在一些地区已占有相当重要的地位，不过仍然局限于少数地区，不具有普遍意义，在此不赘。

四　专业化种植的发展

在明代以前，广大农村的农业生产主要是为了满足生产者自身的需要，生产者很少计较其间的利益大小，除了受自然条件的限制以外，大部分地区的种植业结构基本相似，粮食作物的种植占主要地位，同时还兼营少量棉、麻、桑等经济作物，基本上看不到区域专业分工的现象。明代初年，朱元璋曾命令天下农民，"凡有田五亩至十亩者，栽桑、麻、木棉各半亩，十亩以上者倍之。田多者以是为差，有司亲临督视，惰者有罚，不种桑者使出绢一匹，不种麻者使出麻布一匹，不种木棉者使出棉布一匹"⑤，正是这种自给自足经济的反映。随着农业经济的恢复和发展，农业生产水平的提高，以及商品经济的发展和商品流通的扩大，各种农作物的生产也逐渐被纳入流通领域中，与市场联系起来，广大农民开始对他们的劳动成果进行利益权衡；而这时又恰逢赋税制度发生变化，田赋和徭役向货币税转化，为农作物的商品化生产扫除了最后一道障碍，广大农民对自己该种植什么作物有了更多的选择自由，在那些生产条件不太好、生产无利可图的地区，其种植面积逐渐缩小，而在另外一些条件比较优越的地区则迅速扩大，从而形成了一些集中生产区，出现了区域种植专业化的趋向。

由于商品经济的发展，种植经济作物的收益明显大于粮食作物，因而

---

① 光绪《淅川直隶厅乡土志·物产录》。

② 康熙《永平府志》，卷五，"物产"。

③ 民国《满城县志略》，卷九，"风土·物产"。

④ 咸丰《青州府志》，卷三二，"风土考·物产"。

⑤ 万历《大明会典》，卷一七，"户部四·农桑"。

棉花、蚕桑、烟草、甘蔗、茶叶等的专业化种植趋向更为明显。

棉花大致在宋代初年即已传至我国，宋末元初，长江流域及陕西等地多有种植。明清时期，棉花的种植范围和种植规模进一步扩大。明丘濬在《大学衍义补》中说："至我朝其种乃遍布于天下，地无南北皆宜之，人地贫富皆赖之，其利视丝枲差百倍焉。"[1] 清李拔《种棉说》则云："北至幽燕，南抵楚粤，东游江淮，西极秦陇，足迹所经，无不衣棉之人，无不宜棉之土。"[2] 正是由于棉花的需求量极大，全国各地都不可或缺，因而很早就进入流通领域，成为获利颇丰的商品，吸引着一些生产条件较好的地区专门从事棉花的种植。

明清时期棉花种植最集中或者说专业化种植程度最高的地区有两个，一是长江下游三角洲，一是黄河下游平原的河南、山东、河北一带。长江三角洲的棉花种植主要集中在濒江沿海的冈身沙地地区。据徐光启估计，到明代末年，松江府（今上海市）沿海官民军灶共垦田大约 200 万亩，其中大半用于种棉[3]，而苏州府所属嘉定、太仓等地，"版籍虽存田额，其实专种木棉"[4]。至清乾隆时，松江府、太仓州、海门厅、通州及其所属各县，种棉者已达十分之七八，种稻者仅有十分之二三[5]。由于棉花种植排挤了粮食作物的种植，当地的粮食供给严重不足，完全依赖客商贩运，"以花织布，以布贸银，以银籴米，以米兑军，运他邑之粟充本县之粮"[6]，成为这一带棉产区的普遍现象。其实，除了土壤条件比较适宜以外，当地的其他自然条件并不是非常有利于棉花的生长，尤其是沿海地区经常发生的风潮对棉花生长的危害极为严重。根据有关材料的记载，当地的棉花亩产平均而论，在一百斤至二百斤间，少者不过四五十斤，与山东、余姚等地的"亩收二三百斤以为常"相差甚远[7]。但当地农民依然义无反顾地改稻种棉，主要是因为当地棉纺织业在全国首屈一指，棉花需求

①　丘濬：《大学衍义补》，卷二二，"制国用·贡赋之常"。
②　李拔：《种棉说》，《皇清经世文编》，卷三七。
③　徐光启：《农政全书》，卷三五，"蚕桑广类·木棉"。
④　万历《嘉定县志》，卷七，"田赋考下·漕折始末"。
⑤　高晋：《请海疆禾棉兼种疏》，《皇清经世文编》，卷三七。
⑥　万历《嘉定县志》，卷七，"田赋考下·漕折始末"。
⑦　参见王社教：《苏皖浙赣地区明代农业地理研究》第六章第一节，陕西师范大学出版社1999 年版。

量甚大，种棉比种稻收益更大。对此，高晋在乾隆年间曾做过调查，他在
《请海疆禾棉兼种疏》中说："臣从前阅兵，两次往来于松江、太仓、通
州地方，留心体察，并询之地方府厅州县，究其种棉而不种稻之故，并非
沙土不宜于稻，盖缘种棉费力少而获利多，种稻工本重而获利轻。"

黄河下游地区引种棉花的时间比长江流域虽然要晚，但由于其自然条
件非常适宜，因而棉花的种植发展很快，在明代初年就出现了以出售营利
为目的的专门生产。张履祥《杨园先生全集》引钱懋登《原语》记载：
宣德进士，后任首辅的文达公李贤的曾大父，南阳李义卿，"家有广地千
亩，岁种棉花，收后载往湖湘间货之"。① 万历时期，这种趋势进一步加
剧，据钟化民所言："中州沃壤，半种木棉，乃棉花尽归商贩，民间衣
服，率从贸易。"② 与河南地区相仿，山东西部和河北中南部的棉花种植
规模也在迅速增长，出现了许多集中产区。嘉靖《山东通志》记载，棉
花"六府皆有之，东昌尤多，商人贸易四方，其利甚溥"③，其所属高唐、
夏津、恩县、范县等地，每到收获季节，"江淮贾客列肆赍收，居人以此
致富"④。与之相邻的兖州府实际上也不亚于东昌，据隆庆《兖州府志》
称，本地木棉"转鬻四方，其利颇盛"，"其地亩供输与商贾贸易甲于诸
省"⑤。至清代，兖州府一带由于花生、烟草等的排挤，棉花种植迅速衰
落，大都成为缺棉地区⑥，但东昌府却依然保持着长盛不衰的局面，如夏
津县，"自丁字街又北，直抵北门，皆棉花市，秋成后花绒纷集，望之如
茶，否则百货不通，年之丰歉率以为验"⑦；清平县"人多种木棉，连顷
遍塍，大约所种之地多于豆麦"⑧。河北中南部地区的棉花生产及贸易在
明代中期也非常兴盛，万历《沧州志》记载，沧州"东南多沃壤，木棉
称盛"，"负贩者皆络绎于市"⑨。据方观承的估计，乾隆年间，河北种棉

---

① 张履祥：《杨园先生全集》，卷四三，"近古录一·立身第一"，中华书局2002年版。
② 钟化民：《救荒图说·劝课纺织》，《荒政丛书》，卷五。
③ 嘉靖《山东通志》，卷八，"物产·东昌府"。
④ 万历《东昌府志》，卷二，"物产"。
⑤ 隆庆《兖州府志》，卷二五，"物产"。
⑥ 参见李令福：《明清山东农业地理》第五章第一节，台湾五南图书出版公司2000年版。
⑦ 乾隆《夏津县志》，卷二，"街市志"。
⑧ 嘉庆《清平县志》，卷八，"户书"。
⑨ 万历《沧州志》，卷三，"物产"。

之地约居十之二三，"每当新棉入市，远商翕集，肩摩踵错。居积者列肆以敛之，懋迁者牵车以赴之，村落趁墟之人，莫不负挈纷如，售钱缗，易盐米"①。一些地区开始出现改麦种花，棉花种植超过粮食种植的局面。如保定以南地区，"以前凡有好地者多种麦，今则种棉花"②；正定府栾城县，粮食作物的种植面积仅占十分之四，棉花的种植面积则占十分之六③。同其他棉花集中产区的形成一样，除了当地自然条件比较适合棉花的生长以外，更主要的还是受利益的驱动，正如黄可润所分析："棉花之地，虽岁收止一次，而利甚大。麦收合秋收计之，虽足以相当，而愚民终以种棉用力少而利等，功从其省。"④

　　蚕桑业在我国有悠久的历史，分布范围非常广泛，特别是黄河流域，蚕桑业一度非常兴盛，占有非常重要的地位。据《宋会要辑稿》的记载，北宋时期全国各路都有罗绫绢绸等丝织品的输纳，其中北方黄河中下游地区的开封府和京东、京西、河北、河东、陕西诸路罗绫绢绸的输纳数为1277081匹，丝绵的输纳数为2785533两，南方两浙、淮东、淮西、江东、江西、福建诸路罗绫绢绸的输纳数为1463969匹，丝绵的输纳数为4663258两⑤。可见这时全国各地的蚕桑业发展虽然存在一定的差异，但尚未形成明显的集中产区。明清时期，随着棉花种植的日益扩大和大量进入市场，全国大部分地区的蚕桑业都开始迅速衰落，最终只剩下太湖流域和珠江三角洲两个范围很小，但专业化水平却很高的集中产区。

　　太湖流域的蚕桑生产主要集中在太湖周边及其以南的浙西平原上，这里地势低洼潮湿，土壤肥沃，非常适合于桑树的生长，而当地发达的丝织业和城镇经济又为蚕桑业的发展提供了广阔的市场。两方面因素的共同作用，当地桑叶产量大，价值高，种桑的收益远远超过种稻的收益，几乎所有的农民都把主要精力放在蚕桑种植和桑蚕的喂养上。如苏州府所属吴县近太湖诸山家皆以蚕桑为务，"地多植桑，生女未及笄，教儿育蚕。三四

----

① 方观承：《棉花图·收贩》。
② 黄可润：《畿辅闻见录》。
③ 同治《栾城县志》，卷二，"舆地志·物产"。
④ 黄可润：《开井》，《牧令书》，卷九。
⑤ 《宋会要辑稿·食货》六四。

月谓之蚕月，家家户户不相往来"①。吴江县有"蚕桑盛于两浙"之谚②，其境内之盛泽镇，居民"俱以蚕桑为业，男女勤谨，络纬机杼之声，通宵彻夜"③。嘉兴府崇德县，"公私仰给，惟蚕息是赖"④；桐乡县，"蚕桑之利厚于稼穑，公私赖焉"⑤；海盐县，天启年间"桑柘遍野，无人不习蚕矣"⑥。而蚕桑业最为繁荣的地区是湖州府，据朱国祯《涌幢小品》，卷二，"蚕报"记载，桑树"在在有之"。当地农家岁计，惟赖以蚕，"胜意则增饶，失手则坐困"，为他郡所无⑦，每岁进入蚕月，不仅亲朋好友不相往来，夫妇犹不共榻，"贫富彻夜搬箔摊桑"，官府也停征罢讼⑧。

　　珠江三角洲的蚕桑生产是随着三角洲的进一步开发而迅速发展起来的。明代中期以后，珠江三角洲地区开始了新一轮的垦殖高潮，其主要的表现就是围垦河流下游两岸的沼泽荒滩和沿海滩涂。在围垦过程中，挖深为塘，复泥为基，逐渐摸索出了基上栽桑，塘中养鱼，栽桑、育蚕、养鱼三者有机结合的生态农业系统，大大提高了土地利用效益，解决了不同农业生产部门间的矛盾。据嘉靖《广东通志》的记载，明代中期，珠江三角洲地区已是"桑树遍野"⑨。不过这时专业化程度还不明显，还未出现桑田排斥稻田的现象，种桑养蚕还未走出传统的男耕女织的藩篱，即以当时蚕桑种植最为繁盛的南海县九江乡来说，虽然"近来墙下而外，几无隙地"，但仍不过是"女红本务，于斯为盛"⑩。乾嘉时期，随着广州、佛山等地丝织业的发展和国际生丝需求量的增大，生丝价格不断上扬，作为当时全国唯一对外贸易港口广州所在的珠江三角洲地区独占先机，掀起了一股"废稻种桑"的热潮，很快形成了以南海和顺德二县为中心的蚕桑专业区。如南海县九江乡，据嘉庆《九江乡志·物产》记载，境内桑田遍布，而无稻

---

① 崇祯：《吴县志》，卷十，"风俗"。
② 康熙《吴江县志》，卷一六，"风俗"。
③ 冯梦龙：《醒世恒言》，卷一八，"施润泽滩阙遇友"。
④ 《天下郡国利病书》原编第二十二册，浙江下。
⑤ 张履祥：《补农书》。
⑥ 天启《海盐县图经》，卷四，"方域篇四·县风土记"。
⑦ 万历《湖州府志》，卷三，"物产"。
⑧ 陆容：《菽园杂记》，卷一三；王士性：《广志绎》，卷四，"江南诸省"。
⑨ 嘉靖《广东通志》，卷一八，"土产"。
⑩ 顺治《九江乡志》，卷二，"物产"。

田，"米谷仰籴于外"；顺德县龙江乡，据道光《龙江志略·风俗》称，"乡无耕稼，而四方米谷云集；旧原有田，今皆变为基塘，民务农桑，养蚕为业"。顺德县龙山乡虽还保留有一部分稻田，但面积已"不及百顷"[1]；南海县沙头乡道光间"地土所宜，蚕桑为最，稻田仅十之一五"[2]。又如鹤山县，道光间"皆以蚕为业，几于无地不桑，无人不蚕"[3]。

　　烟草种植最集中的地区在福建、广东及江西南部一带。作为最早引种烟草的地方之一，福建地区的烟草种植发展很快，据称在清代初年，就已是"无地不种，无人不食"[4] 了。乾隆时期，郭起元称福建"烟草之植，耗地十之六七"[5]，虽不免有所夸张，但足可证明福建烟业之盛。特别是位于闽西汀江流域的汀州府，据王简庵《临汀考言》称，其所属八县"膏腴田土，种烟者十居三四"。广东也是烟草的最早传入地之一，大约在明朝末年就已具有相当规模，崇祯《恩平县志》即称烟叶"今所在多有"[6]。清代中期，广东的烟草种植获得进一步发展，道光年间，位于珠江三角洲西南部的新会县河村、天等一带农民"种烟者十之七八，种稻者十之二三"[7]；鹤山县"种烟村落甚多，以古蚕、芸廖、沐河为上"[8]。嘉庆时，位于粤东北丘陵山地地区的大埔县，所属同仁、白堠一带即"有烟草以贩运外省者"[9]。而位于粤北山区的南雄州，到嘉、道之际，烟叶"每年约货银百万两，其利几与禾稻等"，该县山岭高阜，大多被垦辟种烟[10]。江西南部的赣州、宁都、南安等地，东与福建汀州相接，南与广东为邻，也颇得种烟之风气。如安远县，据乾隆《安远县志·物产志》称，烟草"今则无地不种"；兴国县，同治《兴国县志·土产志》云，"兴邑种烟甚广，以县北五里亭所产为最，秋后，吉郡商贩踵至，利视稼

①　嘉庆《龙山乡志》，卷四，"田塘"。
②　宣统《南海县志》，卷一一，"艺文略·沙头通堡事略·序"。
③　道光《鹤山县志》，卷二，"物产"。
④　《闽产录异》，卷一，"货属·烟叶"。
⑤　郭起元：《论闽省务本节用疏》，《皇明经世文编》，卷三六。
⑥　崇祯：《恩平县志》，卷七，"地理"。
⑦　道光《新会县志》，卷二，"物产"。
⑧　道光《鹤山县志》，卷二，"物产"。
⑨　嘉庆《大埔县志》，卷八，"风俗"。
⑩　道光《直隶南雄州志》，卷九，"舆地·物产"。

圃反厚";瑞金县,同治《瑞金县志·物产志》云,"当春时,平畴广亩,弥望皆烟矣";等等。除此之外,位于黄河流域的山东省和位于西南地区的四川省也有一些地方大规模的种植烟草。在山东,滋阳县(今兖州)早在康熙年间就已"遍地栽烟,每岁京客来贩,收卖者不绝,各处因添设烟行"①;乾隆时,泰安县烟草"处处有之,西南乡独盛"②;寿光县,"自康熙时有济宁人家于邑西,购种种之,获利甚赢,其后居人转相慕效,不数年而乡村遍植,负贩者往来如织"③。在四川,到乾隆中期,"河坦、山谷、低峰、高原,树艺遍矣,驳驳乎与五谷争生死也"④。而其中又以成都平原为最盛。据乾隆《郫县志·物产志》记载,该县烟草"生产最多,上通蛮部,下通楚豫,氓以其利胜于谷也,遂择上则田地种之";道光《新津县志》,卷二九,亦云该县"良田熟地种之殆遍,六七月中,烟市堆积如山"。

甘蔗种植的区域专业化趋势也很明显,福建、台湾、广东三省是当时种植规模最大、生产最为集中的地区。甘蔗在福建各地都有较大规模的生产,而尤以闽南漳、泉一带为盛。万历《闽大记》卷一一"食货考"说,"糖产诸郡,泉、漳为盛","种蔗皆漳南人,遍山谷"。陈懋仁《泉南杂志》亦云:"甘蔗干小而长,居民磨以煮糖,泛海售焉。其地为稻利薄,蔗利厚,往往有改稻田种蔗者。"台湾的植蔗业大致在明末清初才大规模发展起来⑤。康熙初年,曾由于蔗园面积增长过快,妨碍了稻谷的正常生产,地方官不得不发令禁种⑥。但利之所在,人之所趋,甘蔗种植规模并未因此而减小,仍在不断扩大。康雍之际,台湾"三县每岁所出蔗糖约六十余万篓,每篓一百七八十斤",不仅行销江苏、浙江等地,还贩运至日本、吕宋(菲律宾)诸国⑦。广东的甘蔗种植主要集中在珠江三角洲、韩江三角洲和雷琼台地三个区域,而以珠江三角洲最盛。清初屈大均

---

① 康熙《滋阳县志》,卷二,"物产"。
② 乾隆《泰安县志》,卷八,"风土·物产"。
③ 嘉庆《寿光县志》,卷九,"物产"。
④ 彭遵泗:《蜀中烟说》,嘉庆《四川通志》,卷七五。
⑤ 马波:《清代闽台农业地理》第六章第一节,博士学位论文,陕西师范大学,1993年,未刊。
⑥ 高拱乾:《禁饬插蔗并力种田示》,康熙三十五年《台湾府志》,卷十,"艺文"。
⑦ 乾隆《台湾府志》,卷一七,"物产"。

《广东新语》载："糖之利甚溥，粤人开糖房多以致富。盖番禺、东莞、增城糖居十之四，阳春糖居十之六，而蔗田几与禾田等矣"①；东莞县篁村、河田等地，"白、紫二蔗，动连千顷"②。当然，福建、台湾、广东以外的其他地区，如江西、四川、广西、浙江等地，也有一些地方有较大规模的甘蔗种植，而且在川西平原的潼川、资州、绵州、简州一带还出现了集约生产趋势，但总体而言，都不如福建、广东、台湾三地突出。

与上述作物相比，茶叶生产的中心并不突出，大抵秦岭淮河以南地区的低山丘陵地带都有较大规模的种植。不过就区域内部来说，分工仍然比较明显，各地都有一些以植茶为业的专业茶户或专业产茶区。以珠江三角洲为例，早在清初，就形成了南海县西樵山和广州"河南"两个较大规模的专业产茶区③。到道光年间，西樵山一带已无"荒而未垦之区"，即使"间有隙地，类皆辟治种茶，以为恒产"④。番禺县的蓼涌、南村、市头等地在同治时期也皆已被辟成茶园⑤。特别是位于三角洲西缘的鹤山县，清初尚少见茶树种植，到乾隆年间，其境内古劳一带的丽水、冷水等地，"山埠间皆植茶"⑥，道光时期，则"自海口至附城，毋论土著客家，多以茶为业"，其中葵根山、大雁山等地，举目所见，"一望皆茶树"，"来往采茶者不绝"⑦。

以上各种经济作物之外，蓝靛、花草、蔬菜、果树等也都先后程度不同地出现了专业化种植区域⑧。这种专业化种植的发展，是商品经济发展的结果，同时也反映出人们对自然资源的开发和利用有了进一步的认识，已经开始结合经济发展的需要来最有效地利用当地的自然资源，它标志着我国的农业生产已达到相当高的水平，进入一个新的阶段。

（原文发表于朱士光等主编《西北地区农村产业结构调整与小城镇发展》，西安地图出版社 2003 年版）

---

① 屈大均：《广东新语》，卷二七，"草语·蔗"。
② 同上卷二，《地语》。
③ 同上卷一四，《食语·茶》。
④ 道光《南海县志》，卷八，"风俗"。
⑤ 同治《番禺县志》，卷八，"舆地·物产"。
⑥ 乾隆《鹤山县志》，卷七，"物产"。
⑦ 道光《鹤山县志》，卷二，"物产"。
⑧ 参见郑昌淦：《明清农村商品经济》有关章节，中国人民大学出版社 1989 年版。

明清时期西北地区环境变迁与
农业结构调整

农业是自然再生产和社会再生产相结合的过程，与其他生产部门相比，受自然环境的影响更为明显，环境的变化必然引起农业结构的调整。有关明清时期西北地区农业结构调整的直接记载很少，但并不能否认这种调整的存在，从目前所掌握的史料看，西北地区这一时期农业结构的调整主要表现在两个方面：一是土地垦殖的主要区域有较大的变化，二是农作物结构也发生了明显的变化。诚然，引起这两种变化的原因非止一端，既有自然方面的，也有社会经济方面的，本文拟就其与自然环境变化之间的关系进行探讨。

一　明清时期西北地区农业结构调整的主要表现

农业结构调整的内涵较为丰富，包括农牧业结构、农业经济结构、农作物结构多个方面。从目前所掌握的史料看，明清时期西北地区农业结构的调整主要表现在两个方面：一是土地垦殖的主要区域（反映的是农牧业结构或农林业结构）有较大的变化；二是农作物结构也发生了明显的变化。

（一）土地垦殖的地区变化

这一时期土地垦殖变化较明显的有两个地区，一是陕北长城沿线和河套地区，一是陕南秦巴山地。

陕北长城沿线和河套地区在元代为蒙古王公的驻牧地，经济结构以畜牧为主①。明朝建立后，很快将蒙元势力逐出阴山以北，其封略"东起朝鲜，西据吐蕃，南包安南，北距大碛"②，河套为明朝内地，农业比重迅速增加。史载：

> 河套在陕西黄河之南，自宁夏至山西偏头关凡二千里，古有城池屯堡，兵民耕牧其中，后以阔远难守，内徙而弃之。自是草木深茂，人迹罕到。天顺间虏酋阿罗出入居之，时出劫掠。成化初毛里孩、乩加思兰、孛罗忽、满都鲁继至，初犹去住不常，六年以后始为久居计，深入诸郡，杀掠人畜，动辄数千百万，岁常四三入。③

魏焕在《皇明九边考》中对其间的曲折变化说得更为详细：

> 河套外皆中原之地……元末为王保保所据，国初追逐之，筑东胜等城，屯兵戍守。正统间失东胜城，退守黄河，套中膏腴之地令民屯种，以省边粮。厥后易守河之役为巡河，易巡河之役为哨探，然犹打水烧荒而兵势不绝，故势家犹得耕牧而各自为守。后此役渐废，至成化七年虏遂入套抢掠，然犹不敢住牧。八年，榆林修筑东、西、中三路墙堑，宁夏修筑河东边墙，遂弃河守墙，加以清屯田、革兼并，势家散而小户不能耕，至弘治十三年虏酋火筛大举踏冰入套住牧，以后不绝，河套遂失。议者谓驱河套之虏易而守河套难，盖地广人稀故也。④

也就是说，在明初至成化初的一百年内，河套地区有大量人口在从事耕种，农业垦殖非常兴盛。成化以后，这里再次被蒙古诸部所占据，农地尽废，畜牧业经济占绝对主导地位。

河套以南的陕北长城沿线地区因为毗邻河套，畜牧业经济也一直占有

---

① 吴宏岐：《元代农业地理》，西安地图出版社1997年版，第27—28页。
② 《明史》，卷四十，"地理志一"。
③ 《明宪宗成化实录》，卷一二一，成化九年冬十月壬申条。
④ 魏焕：《皇明九边考》，卷七，"榆林考"，"经略考"。

较大的比重，明朝在弃套之后，这里成为防御蒙古诸部入侵的唯一一道防线，军事地位迅速增加，屯田也随之大规模开展起来。在成化以前，陕北地区的农业以传统农业为主，兼营畜牧业，榆林一带虽设有营堡，但一直没有额设田土，粮草供应俱赖腹里州县输送。成化六年（1470 年），延绥边墙筑完，明廷遂颁令延绥镇广开屯田①。据嘉靖年间统计，其时延安卫有屯地 3053 顷 83 亩，绥德卫有屯地 6698 顷 40 亩，榆林卫有屯地 27965 顷，三卫屯地共计 37717 顷 23 亩，已超过延安府民地 37563 顷 57 亩的数额②。万历时期，三卫尤其是榆林和绥德卫的屯地进一步增加，据万历《延绥镇志》记载，榆林卫的额设屯田额为 34640 顷，绥德卫为 34200顷③。垦田面积的增长必然是以开垦草场为代价的。不过嘉靖以后的这种增加只是一种表面现象，这时的屯田已遭到破坏，其巨大的数额中实际上包含了大量的抛荒田地。万历十一年（1583 年），陕西高文荐题称：“延、宁二镇丈出荒田一万八千九百九十余顷”，希望“招过流移耕种，三年起科，以充军饷”，但是遭到阅视都给事中萧彦的批驳，经户部复议，认为“二镇地方沙碛，领过田数未必处处可耕，若屯粮额完，自足原派供边之费，旱荒相继，安能驱待毙余丁领久荒之田，认无影之税”，建议“应听军民告官自垦，永不起科”④。万历十七年（1589 年），宁夏巡抚梁问孟也说：已开垦荒田 108041 亩，除余丁商人陆续认过外，见在军士实垦田仅 30882 亩；而“已领余丁将所领之地不行开垦，专务草苗，以鬻之商人上纳草束，遂使原田复就荒芜”⑤。据雍正《陕西通志》记载，明代后期延安府原额民田为 12858 顷 21 亩，清初实熟为 1819 顷 79 亩，绥德州原额民田为 3953 顷 29 亩，清初实熟为 1352 顷 4 亩，葭州原额民田为 2213顷 10 亩，清初实熟为 1508 顷 88 亩；榆林府原额屯田为 43261 顷 45 亩，清初实熟为 3491 顷 69 亩；延安府米脂县原额屯田为 1551 顷 22 亩，清初

---

① 吕卓民：《明代西北农牧业地理》，（台湾）洪叶文化事业有限公司 2000 年版，第 71—72 页。

② 嘉靖《陕西通志》，卷三四，“民物二·田赋·附屯田”。

③ 万历《延绥镇志》，卷二，“钱粮·附屯田”。

④ 《明神宗实录》，卷一三二，万历十一年正月丁卯。

⑤ 《明神宗实录》，卷二〇九，万历十七年三月乙卯。

实熟为 180 顷 66 亩①。民田实熟数额多者仅及原额的 2/3，少者只有 14%；屯田荒废更为严重，实熟数额甚至还不到原额的 1%！由此可知，陕北长城沿线地区的大规模土地垦殖和农业开发大致延续到万历初年，万历以后，也就很快衰退了。

1644 年清朝统一后，长城已失去防御作用，不再是一条政治和军事分界线，长城沿线地区的农业生产环境与明代有很大不同。大规模的屯田自然是时过境迁，没有存在的必要了，农业开发恢复到正常状态。陕北各地在清代前期农地垦殖非常缓慢，至雍正五年（1727 年），历年开垦、清丈升科的田地延安府仅有安定县 14 亩，绥德州仅有清涧县 61 亩，葭州空白，榆林府稍多，也只有 182 顷 53 亩②。乾隆年间开始，陕北的农地垦殖似乎又有较大的发展，嘉庆二十五（1820 年）年延安府有额征田地 4401 顷 57 亩，榆林府有额征田地 4240 顷 71 亩，绥德直隶州有额征田地 2206 顷 63 亩③，较雍正时期实熟田额均有较大增长。此后，本区的农地垦殖率基本维持在这一水平，没有太大的变化。据民国《续修陕西通志稿》的记载，光绪十三年（1887 年）延安府额征田地为 4458 顷 41 亩，榆林府额征田地为 4259 顷 1 亩，绥德直隶州额征田地为 2206 顷 6 亩④。

清代初年，为了恢复、发展和保护蒙古高原的畜牧业，清政府划定蒙古各旗盟的游牧界线，禁止越界放牧，同时为防止汉蒙联合反清，对蒙古地区实行封禁，规定鄂尔多斯南面长城边墙外五十里为禁留地（又称黑界地），汉人不得在其内耕种，蒙民亦不得入内放牧。因此在清初的大约 50 年里，河套地区的经济结构仍延续着明代的状态，畜牧业占绝对的主导地位，基本上没有农地垦殖。康熙二十一年（1682 年），清廷应鄂托克贝勒请求，允许蒙古牧民在黑界地内近四十里游牧，黑界地首先向蒙古人开放⑤，陕甘和伊盟之间的禁留地真空状况被打破。康熙三十二年（1693 年），清廷又答应鄂托克旗贝勒的请求，允许蒙古族扎萨克招内地汉人到黑界地开荒种地，收取租税，黑界地的农业垦殖正式拉开帷幕。康熙五十

---

① 雍正《陕西通志》，卷二四至卷二五，"贡赋"；卷三七，"屯运"。
② 同上。
③ 嘉庆《重修大清一统志》，卷二二六至卷二五〇。
④ 民国《续修陕西通志稿》，卷二六至卷二七，"田赋"。
⑤ 道光《神木县志》，卷三，"建置上·边维"。

八年规定汉人开地的新界址，长城以外有沙者三十里立界，无沙者二十里立界，其内允许汉人开荒种地，其外为蒙古人游牧地。雍正八年（1730年），在旧界外再展二十里或三十里，以原禁留地五十里为界。至此，清初划定的陕北长城以外的禁留地已全部被允许开垦种植了。之后，农地垦殖的北界不断被打破，鄂尔多斯南部垦区继续向北扩张，到道光时期，不仅伊克昭盟周边地区均已有移民进入，大片牧场被开垦成农田，而且已经有移民深入到伊克昭盟腹地开垦牧场，进行农耕了[①]。光绪二十八年清政府实行新政，放垦蒙地为新政主要内容之一，河套地区的农地垦殖进入新一轮高潮。当时设立了蒙旗垦务总局专门负责各蒙旗的放垦工作。至光绪三十四年（1908年），共计在蒙古西部放垦土地约84000余顷，以后又在乌伊两盟续放垦地3300余顷。总计在清末新政的十年里，在内蒙古西部地区新放垦土地约87000余顷。通过这次放垦，内蒙古西部的农耕区有了空前的扩大，察哈尔左右翼、归化城土默特、后套地区，凡属可耕地几乎垦辟殆尽，基本上变成了纯农业区，伊克昭盟中、东部的郡王、扎萨克、准噶尔、达拉特旗以及大青山后的广漠高原上也出现了成千顷连绵的大面积农田[②]。

　　综上所述，在明至清的五百四十余年里，陕北长城沿线和河套地区的土地垦殖可以划分为明显的四个阶段，即明初至15世纪中叶的一百年时间里，农地垦殖兴盛，农垦区扩展，牧区退缩；自15世纪中叶开始，农垦区迅速向南退缩，但由于军事斗争的需要，陕北长城沿线的屯田垦殖反而得以兴盛，当地的畜牧业经济比重降低，这种情况大概持续到嘉靖年间，即16世纪中叶；嘉靖以后至清康熙初年（17世纪中叶）约一百年时间，农垦衰落，农区萎缩，牧区扩展，畜牧业比重增加；清康熙中期至清末约二百五十年时间，农业垦殖规模又逐渐扩大，农区再次向北扩展，牧区退缩，畜牧业比重再次降低。

　　陕西南部川陕豫鄂交界地带的秦岭、大巴山区在明代以前原是一片原始森林，自陕西的略阳、凤县迤逦而东，经宝鸡、眉县、周至、洋县、宁

---

　　① 郝文军：《畜牧业生产的环境效应分析——以清至民国时期的鄂尔多斯高原为例》，硕士学位论文，陕西师范大学，2005年。

　　② 邹逸麟：《明清时期北部农牧过渡带的推移和气候寒暖变化》，《复旦学报》（社会科学版）1995年第1期。

陕、孝义、镇安、山阳、洵阳至湖北的郧西，中间高山深谷，千枝万派，统谓之南山老林；由陕西的宁强、褒城迤逦而东，经四川的南江、通江、巴州、太平、大宁、开县、奉节、巫山，陕西的紫阳、安康、平利至湖北的竹山、竹溪、房县、兴山、保康，中间高山深谷，千峦万壑，统谓之巴山老林。在元末明初的一段时间里，有一些当地居民为逃避赋役不耕种平川膏腴之水田，而宁愿逃居深山，开山种植。不过经过政策调整和努力动员，这种情况不久就得到改变。至明中期以后，由于中原及陕西关中等地区发生饥荒，大批流民逃亡到秦岭山地，商洛诸县与汉中府属各县为流民的重要聚集地，秦巴山地开始进入史无前例的土地垦殖高潮①。据嘉靖《陕西通志》的记载，嘉靖年间汉中府所属共有夏秋地 4852 顷 31 亩，商州、镇安、洛南、山阳、商南一州四县共有夏秋地 2530 顷 25 亩②，而据雍正《陕西通志》的记载，明末原汉中府所属共有民地为 31892 顷 73 亩，商州等五县共有民地 7729 顷 2 亩③，分别是嘉靖年间的 6.57 倍和 3.05 倍。

　　明末清初，由于战乱的影响，秦巴山地的土地垦殖曾有过短暂的停滞，"汉中等处，民间所种熟田，不过近城平衍之处，其余荒芜弥望，久无耕耨之迹"④。不过这种情况是暂时的，清初政局安定之后，秦巴山区又开始成为外地移民迁往的主要目的地。据康熙《西乡县志》记载，"楚粤等处扶老携幼而来者，不下数万"，而"徕民行得至中道而复被驳回原籍者，何止数万"⑤。在清初至雍正时期，秦巴山区各县都有新开垦清丈升科的田地，而且数目可观，这与陕西其他地区尤其是陕北地区有明显的不同⑥。

　　到了乾隆、嘉庆时期，涌入秦巴山地开荒种植的外省移民越来越多。如商南县，"乾隆二十年后，江南安庆数县人襁负迁商，爰得我所，闻风

---

① 吕卓民：《明代西北农牧业地理》，（台湾）洪叶文化事业有限公司 2000 年版，第 78—82 页。

② 嘉靖《陕西通志》，卷三四，"民物二·田赋"。

③ 雍正《陕西通志》，卷二四至卷二五，"贡赋"，"民地民丁"。

④ 故宫档案《孟乔芳揭贴》，顺治七年八月初一日。转引自耿占军《清代陕西农业地理研究》，西北大学出版社 1996 年版，第 18 页。

⑤ 康熙《西乡县志》，卷九，"招徕始末"。

⑥ 雍正《陕西通志》，卷二四至卷二五，"贡赋"，"民地民丁"。

兴起，接踵者日益众"①；兴安州，自乾隆三十七八年以后，川、楚"穷民就食前来，旋即栖谷依岩，开垦度日。而河南、江西、安徽等处贫民亦多携带家室来此认地开荒，络绎不绝，是以近年户口骤增至数十余万"②；嘉庆时期，"流民之入山者，北则取道西安、凤翔，东则取道商州、郧阳，南则取道重庆、夔府、宜昌，扶老携幼，千百为群，到处络绎不绝"③。由于外来人口的大量涌入，昔日的深山老林多被垦辟成农田，为了加强管理，清政府在乾隆四十七年（1782 年）将兴安直隶州升为府，又先后于乾隆、嘉庆、道光年间在秦巴山区添设了宁陕、孝义、留坝、定远、佛坪等厅④。曹树基认为，孝义、宁陕和佛坪三厅的设立时代表明陕南秦岭山地存在一个由东到西渐次开发的过程，这一过程始于乾隆年间，终止于道光年间，陕南地区的人口迁移至道光年间已基本完成⑤。

由上可知，明清时期的大部分时间陕南秦巴山地一直是农业垦殖的重点地区之一，其中尤以明代中期和清代乾嘉时期最为显著，至清代道光年间以后，这一地区的土地垦殖活动才渐趋于沉寂。

（二） 农作物结构的变迁

明清时期西北地区农作物结构的变迁较为复杂，既有传统的优势作物被淘汰和新的优势作物的引入和扩大种植，又有各种作物种植比重和地位的此消彼长，而且在不同的地区表现也有所差别，其中最引人注目的变化是玉米、番薯、马铃薯的传入和地位的不断提高。

西北地区引种玉米⑥最早的地区是甘肃，成书于嘉靖三十九年的《平凉府志》在卷四和卷一一中分别记述有"西天麦"，据考证，此所谓"西

---

① 民国《商南县志》，卷二，"舆地志"。

② 严如熠：《三省边防备览》，卷一四，"艺文下·兴安升府疏"。

③ 严如熠：《三省山内风土杂识》。

④ 严如熠：《三省边防备览》，卷一四，"艺文下·南山垦荒考"。

⑤ 曹树基：《中国移民史》第六卷，《清 民国时期》，福建人民出版社1997年版，第125页。

⑥ 关于玉米、番薯和马铃薯在中国的引种和传播，研究成果甚多，本文主要参考的是陈树平、佟屏亚、耿占军、曹玲等人的研究结果，分别见陈树平《玉米和番薯在中国传播情况研究》（《中国社会科学》1980 年第 3 期）、佟屏亚《中国玉米科技史》（中国农业科技出版社 2000 年版）、耿占军《清代陕西农业地理研究》（西北大学出版社 1996 年版）、曹玲《明清美洲粮食作物传入中国研究综述》（《古今农业》2004 年第 2 期）。

天麦"即为玉米之异称。不过在此后很长的一段时间玉米并没有得到快速推广，除了明季《河州志》《肃镇志》《华亭县志》有玉米的记载外，其他史籍皆未见提及。至嘉庆时期，华亭县的玉米种植已经很多，到道光年间，东部的镇原县，西部的敦煌县，也都有种植记载，光绪《文县志》也说"玉米……之类，贫民藉以养生，则处处产焉"，表明在清代中期以后玉米种植已向全省范围发展。玉米传播最快、影响也最大的是清代的陕西。玉米在陕西的种植也始于明代，万历《新修安定县志》中有玉米种植之记载。清朝初年，关中的咸宁县、陕南的西乡县、山阳县等地也有了玉米的种植，但分布范围狭小。乾隆前、中期，随着外省移民的大量涌入以及山地的大量开垦，玉米在陕南山区开始得到普遍推广，至乾隆三十年，已有西乡、石泉、山阳、洋县、略阳、镇安等许多县种植玉米，不过这时玉米的种植面积仍位居稻、麦和黍粟类作物之后。乾隆三十年后，山区的玉米种植出现了一次飞跃，据道光《石泉县志》记载，"乾隆三十年以前，秋收以粟谷为大庄，与山外无异。其后，川楚人多，遍山漫谷皆包谷矣"。严如熤在《三省边防备览》中也说，陕南汉中府之留坝、凤县、宁羌、略阳、定远、洋县六邑，商州之镇安、山阳、商南、洛南四邑，兴安府属之安康、石泉、紫阳、洵阳、白河五邑，"其民食皆以包谷杂粮为正庄稼"。玉米的种植面积超过了粟谷等杂粮而跃居于旱粮作物的首位。与此同时，玉米开始向北部的关中地区和陕北地区漫延，大致在乾隆末年，同州府、凤翔府也开始种植玉米，嘉庆年间，玉米传入邠州、鄜州等地，道光时，陕北的延安、绥德和榆林地区也都有了玉米的种植。甘肃和陕西而外，宁夏和新疆的玉米在清代中期以后也得到较快的发展，在乾隆四十年编纂的《伊江汇览》中记述有伊犁地区种植的 17 种农作物，倒数第二位的才是玉米，至清朝末年，玉米在新疆地区已发展成为仅次于小麦的第二大粮食作物。

番薯俗称很多，又名甘薯、红薯等。番薯传入西北的时间比玉米要晚，始于清乾隆九年至十一年，首先在陕西种植。乾隆十年十二月陕西巡抚陈宏谋发布《劝民领种甘薯谕》称："前曾刊发告示劝种甘薯，并令各官就便寻觅薯种试种，今已据蒲城张令、潼关王令、临潼刘令、兴平许令、略阳柳令、署甘泉唐令等县，从江、浙、豫、蜀各省购觅薯种，并雇有善种之人到陕，或署中现有曾经种薯之人，盩厔县彭令禀称已经从家乡觅种雇人等情，宁羌侯牧亦有由川购觅薯种之说。……谕知近省之西、凤、同、邠、乾六府州所属，各就附近有薯种之各县，相订于春和时乘便取种……其榆林、延安、绥德、鄜州、汉中、兴安六府州，或边地严寒，或隔省较远，俟近各处种成，由近及远，再为推广。"① 由此可知，陕西最早种植番薯的地区当为关中各府、州和陕南近川之略阳、宁羌二州县。自此以后许多地方官都大力劝民种薯，但在道光以前，只有盩厔（今周至）、鄠县（今户县）因水土相宜，种植很多以外，咸阳、凤翔、汉中等地虽也有种植，但并不多。道光以后，陕南山区种植也逐渐增多。除此之外，陕北地区及甘肃、宁夏、新疆等地的清代史籍都缺少有关的记载。

关于马铃薯在西北地区的引种和传播，史料记载不多，据陕西省道光时举人张鹏飞所言："洋芋来自海岛，自兴平杨双山载归种于南山，乾隆时知食者少，嘉庆时渐多，近则遍高山冷处咸莳之，其生甚蕃，山民遇旱，咸资此养生。"② 由此可知，马铃薯是在乾隆时才传入陕西，嘉庆时开始推广，道光时趋于繁盛。道光时期，不仅陕南山区马铃薯种植很普遍，关中、陕北各地也都有马铃薯种植的记载。除陕西而外，据民国初年黄土高原西部的一份调查，其作物构成依次是大小麦、豆类、黍类、高粱、荞麦、菜籽、洋芋、青稞、蔬菜类、瓜果类③，说明清代后期甘肃东部地区也有马铃薯的种植。

从玉米、番薯、马铃薯在西北地区的引种和传播来看，明清时期西北地区农作物结构的变化主要发生在乾隆、嘉庆和道光时期。

二 农业结构调整与环境变迁的关系

影响农业结构调整的因素很多，有各种政策的调整，有经济利益的驱动，有农业技术的改良，也有环境变化的影响。本文主要探讨农业结构调整与环境变迁的关系。

---

① 陈宏谋：《培远堂偶存稿·文檄》，卷二二。转引自耿占军《清代陕西农业地理研究》，第89—90页。

② 张鹏飞：《关中水利议》。

③ 民国《渭源风土调查录·实业》。

　　明清时期西北地区的环境变迁主要表现在三个方面，即水资源的紧张、土地资源的恶化和大的水旱灾害的增多。

（一）　水资源的紧张对农业结构的影响

　　邹逸麟曾经对明清时期我国北部农牧过渡带的推移与气候寒暖变化之间的关系进行过深入研究，认为 15 世纪初明朝北部卫所的统一内迁，主要原因是 15 世纪初我国北部气候转寒，农耕无法维持卫所军士及其家属的生存所致；18 世纪前期，我国北方气候又一度转暖，农牧过渡带北移，出现康乾时代农业经济的盛世。20 世纪开始，又有一个转暖期，这就是光绪末年大力开垦蒙地，将农田推至大青山、西拉木伦河以北的气候背景①。明清时期陕北长城沿线和河套地区的土地垦殖和农业发展与当时整个中国北方农牧过渡带的情况基本上是同步的，因此，气候的冷暖波动是影响陕北长城沿线和河套地区农业结构调整的一个重要因素。

　　由于西北地区大部分处于半湿润、半干旱和干旱地带，农业生产对水环境的变化表现得也极为敏感，因此，除了气候冷暖变化的影响以外，水资源的变化也是明清时期西北地区农业结构调整中不可忽视的一个重要因素。

　　钟巍等根据湖泊、山地冰川、黄土与古土壤序列、泥炭及沙漠演变等多种地质记录的综合对比分析，重建和恢复了我国西部地区全新世以来的自然环境演变序列及特征，认为小冰期（17—19 世纪）以来气候的冷暖波动可恢复大致如下：15 世纪末—16 世纪中叶、17 世纪—18 世纪中叶以及 19 世纪后半叶—20 世纪前半叶有三次较大的寒冷期，以温暖时期为其间隔。在 100 年尺度上的气候变化中，新疆地区仍以冷湿与暖干的交替为主要特征，但温度与降水却分别呈持续上升和减少趋势②。也就是说，在明清小冰期，西北地区的气候有向暖干化发展的趋势。但降水减少的幅度和具体过程如何，因缺少直接的资料，目前探讨不多。一般而言，降水的

---

　　① 邹逸麟：《明清时期北部农牧过渡带的推移和气候寒暖变化》，《复旦学报》（社会科学版）1995 年第 1 期。

　　② 钟巍、王建力：《中国西部地区全新世自然环境演变序列与特征》，《新疆地质》1996 年第 14 卷第 4 期。

减少与旱情的增加成正相关，因此旱灾频率的变化也就可以显示水资源的变化情况。

据袁林在《西北灾荒史》①中的统计，明王朝二百七十七年中，陕西地区共发生旱灾 162 次，其中大旱灾、特大旱灾、毁灭性大旱灾共 93 次；甘宁青地区共发生旱灾 154 次，大旱灾以上旱灾共 51 次。这个时期西北地区大致有 12 个较大的旱灾期，即 1369—1373（5）、1434—1455（13）、1459—1474（7）、1481—1490（10）、1493—1501（8）、1505—1522（8）、1527—1535（7）、1539—1555（12）、1558—1572（6）、1582—1588（6）、1597—1616（6）、1626—1643（11）。清代二百六十八年中，西北地区大致有 10 个较大的旱灾期，即 1667（1）、1691—1701（4）、1720—1721（2）、1745—1759（5）、1762—1780（15）、1800—1814（6）、1821—1847（13）、1857—1871（7）、1877—1884（8）、1892—1909（8）。在这里我们可以注意到除了明代初年有过一次短期的旱灾期外，14 世纪末至 15 世纪前期七十余年没有发生过较大的旱灾，这也许就是为什么 15 世纪初气候开始转寒而陕北长城沿线和河套地区的农业垦殖仍然较为兴盛的一个重要原因。

如果进一步分析不同地区的旱灾情况，问题会更明显。表 1 是近五百年来西安、汉中、榆林、兰州和银川偏旱和旱年份及在各统计时段所占比例的统计，西安反映的是关中地区的情况，汉中反映的是秦巴山区的情况，榆林反映的是陕北长城沿线和河套地区的情况，兰州反映的是河西走廊地区的情况，银川则反映的是宁夏平原地区的情况。由表 1 可以看出，榆林地区自 15 世纪中叶开始进入一个旱灾频繁的阶段，偏旱及旱年高者竟占统计时段的 70%，最少也接近 40%，反映当地的水资源趋于紧张。这种情形一直持续到 17 世纪中叶。17 世纪是明清小冰期最寒冷的期间，特别以公元 1650—1700 年为最冷②，但在 17 世纪中叶以后，榆林地区的偏旱及旱年比例开始减小，其中在 17 世纪中叶至 17 世纪末仅占 24%，显示气候比前期湿润，水资源紧张状况有所缓解。陕北长城沿线和河套地区自 15 世纪中叶开始农区迅速向南退缩，而自 17 世纪中叶开始又继续向

---

① 袁林：《西北灾荒史》，甘肃人民出版社 1994 年版。

② 竺可桢：《中国近五千年来气候变迁的初步研究》，《考古学报》1972 年第 1 期。

北扩展，这与榆林地区水旱状况的变化基本上是同步的。

水资源的紧张对农作物构成的变化也是很显著的。萧正洪指出："我们在清代西部的农业发展中经常见到，一个地区作物结构的改变，往往是以水资源利用方式的变化为先导的"，"如果没有多样化的水资源利用方式，原有作物结构的改变一般来说是很困难的，有时甚至是不可能的"。①也就是说，水环境的改变是导致清代西部地区农作物结构变化的一个关键性因素，要么通过水资源利用方式的改变来改变作物种植结构，要么水资源利用方式不变，水资源本身发生了变化，这样也会导致作物种植结构的改变。最突出的事例是清代渭北地区的一些灌溉渠道因无水可引而废弃，一部分土地名为水地，实际"久不能灌"，成为所谓的"水粮旱地"②。玉米、番薯、马铃薯自清代中后期开始在西北地区迅速传播与水资源的紧张究竟存在什么样的关系，因缺少具体的史料现在还无法深究，但有一点是可以肯定的，即这些作物对于气候条件的要求虽各有不同，但比其他作物更耐旱是其共同特点。

表 1　　　　　　　　　明清时期西北各地偏旱和旱年份统计表

年区 年代	西安		汉中		榆林		兰州		银川	
	年数	%	年数	%	年数	%	年数	%	年数	%
1470—1500	17	54.84	11	35.48	22	70.97	7	22.59	15	48.39
1501—1550	18	36.00	11	22.00	23	46.00	10	20.00	16	32.00
1551—1600	15	30.00	11	22.00	19	38.00	9	18.00	18	36.00
1601—1650	23	46.00	16	32.00	25	50.00	16	32.00	20	40.00
1651—1700	14	28.00	6	12.00	12	24.00	14	28.00	11	22.00
1701—1750	18	36.00	5	10.00	16	32.00	15	30.00	19	38.00
1751—1800	14	28.00	7	14.00	21	42.00	16	32.00	11	22.00
1801—1850	19	38.00	5	10.00	21	42.00	9	18.00	11	22.00
1851—1900	16	32.00	8	16.00	18	36.00	15	30.00	20	40.00
1901—1910	1	10.00	1	10.00	5	50.00	3	30.00	2	20.00

资料来源：中央气象局气象科学研究院主编《中国近五百年旱涝分布图集》"历年旱涝等级分布图"，地图出版社 1981 年版。

---

① 萧正洪：《环境与技术选择——清代中国西部地区农业技术地理研究》，中国社会科学出版社 1998 年版，第 218 页。

② 同上书，第 256—257 页。

（二） 土地资源的恶化对农业结构的影响

明清时期西北地区土地资源的恶化主要是指土地的沙漠化、水土流失的加重及随之而来的土地生产力的衰减。

土地的沙漠化应该说是由水资源的紧张而造成的，明清时期西北地区土地沙漠化发展最突出的地区是河西走廊及长城沿线地区，而水土流失的加剧在秦巴山区和黄土高原地区都有突出表现，这已是学界公认的结论。河西走廊及长城沿线地区的土地沙漠化以及黄土高原地区水土流失的加重大致在明代中期开始出现。长城以北的鄂尔多斯地区，明弘治年间文贵所修的长城大致在毛乌素沙地南缘，但之后流沙发展迅速，一些低平地带的长城很快就遭遇流沙，到万历中期，流沙堆积在部分长城之外，甚至淹没了长城，使得长城失险①。长城以南的情况也很糟糕，成化初年，固原一带还是"延袤千里，水草丰茂，畜牧蕃多"②，到了隆庆初年则已是"一望沙漠，尤多易犯之区"了③。据景可等人的研究，在全新世中期（距今6000—3000年）黄土高原年侵蚀量约为10.75亿吨，全新世晚期（公元前1020年—公元1194年）黄土高原年侵蚀量为11.6亿吨，较前一时期增加了7.9%；公元1494—1855年黄土高原的年平均侵蚀量为13.3亿吨，较前一时期增加了14.6%。④ 伴随土地沙漠化的发展和水土流失的加剧，是农牧业生态环境的严重恶化，土壤贫瘠，产量下降。最终的结果是，轻者实行歇耕，重者不得不作抛荒处理。乾隆《环县志》卷二说："风高土燥，秋早春迟，每年只有一种。又多沙碛，水性咸卤，山坡圠地，有种一年歇一年者。"民国《甘肃通志稿》卷七六亦谓："东路庆（阳）平（凉）等处，原高土燥，今岁所耕，明岁有不可复种者，谓之歇田。"前文所引万历十一年户部复议高文荐题称和万历十七年宁夏巡抚梁问孟奏折均表明这一时期陕北长城沿线地区抛荒田地的大量存在，其抛荒的原因也

---

① 韩昭庆：《明代毛乌素沙地变迁及其与周边地区垦殖的关系》，《中国社会科学》2003年第5期。

② 《明宪宗实录》，卷六三，成化五年二月戊子。

③ 《明穆宗实录》，卷三三，隆庆三年六月乙未。

④ 景可、陈永宗：《黄土高原侵蚀环境与侵蚀速率的初步研究》，《地理研究》1983年第2期。

正在于土地的沙漠化。一方面是新地的不断垦殖，另一方面是旧有熟地的不断抛荒，其结果是新开垦升科田地的不断减少，整个陕北黄土高原直到清末虽然地广人稀，但却不再可能成为土地扩垦的重点区域。

秦巴山区的水土流失则是在清代中期大规模垦殖以后才出现的新情况。由于大批流民涌入秦巴山区，垦山种植玉米、红薯等杂粮，并兼营木厂、炭厂、铁厂、造纸厂等各种生业，使得山区的大批原始森林遭到毁灭性的破坏，从而导致严重的水土流失，并引起地区小气候的变化。这在清嘉庆以后所修的地方志及相关历史文献中都有记述，说明是一个普遍的严重问题。同黄土高原地区一样，水土流失的结果便是地力的衰竭和作物产量的下降，以此为生的农民最终不得不另徙他处，将旧有田地作抛荒处理。据严如熤说，清代秦巴山区的山地垦殖一般都经历了这样一个过程："挖土既松，水雨冲洗，三四年后，辄成石骨，又必别觅新山，抛弃旧土。"[1] 光绪《凤县志》也称："嘉道之间户口繁庶，光绪初年旱荒，山外旷地多，老林地力渐薄，棚民辄外徙，势使然也。"[2] 由于土地资源的恶化，秦巴山区不再是一块吸引流民的乐土，甚至出现了流民外徙的现象，自明中叶以来持续了近三百年时间的土地垦殖运动终于趋于沉寂。

（三）大的水旱灾害与农业结构调整之间的关系

明清时期西北地区爆发过多种自然灾害，有干旱、水涝、霜雪冻、风沙、地震、滑坡、虫害等，但影响最大的主要是旱灾。这一时期西北地区饥荒的产生，尤其是大范围饥荒的产生大多与旱灾有关[3]。根据袁林的研究，明朝时期西北地区较明显的饥荒期有 13 个，即 1369—1373、1434—1445、1460—1470、1484—1489、1504—1506、1514、1528—1534、1544—1556、1569—1572、1582—1587、1601、1628—1634、1635—1644；清代西北地区比较明显的饥荒期有 10 个，即 1647、1667—1669、1691—1692、1720—1721、1751—1760、1762—1780、1800—1806、1868—1877、1900—1901、1909。将这些饥荒期与前文所列举的旱灾期进

---

① 严如熤：《乐园文钞》，卷七，"复查山内匪徒禀"。
② 光绪《凤县志》，卷一，"地理"。
③ 参见袁林《西北灾荒史》下编 "西北饥荒志"。

行比较，可以发现相互间有着非常高的一致性。每一次饥荒的发生，都会带来社会和经济的震荡，为农业结构的调整提供契机。

饥荒对农业结构调整的影响首先表现在导致劳动力的大量死亡和逃徙，使得农地荒芜，农区萎缩。这是历史时期普遍的现象，在明清时期西北地区表现得也非常突出，陕北长城沿线和河套地区几乎每一次农业垦殖的波动都有旱荒背景。如明成化四年至十年（1468—1474 年）陕西发生了连续七年的大规模旱灾，导致连年饥馑，出现了"人相食"的惨状，"平凉、延安、庆阳等府所属人户，为因年荒贼扰，逃移外郡十有七八"，"平凉以西，赤地千里"。嘉靖共四十五年（1522—1566 年），陕北地区共有十九年发生了旱灾，其中 1527—1529、1531—1533、1537—1539、1558—1561 都是连续三四年的大旱，分别引发了当地多次饥荒，尤以1528—1534 年最严重，"人相食"的惨状再次出现，"延绥、榆林诸处，凶歉连岁，人烟几绝"。同样的事例在相关的历史典籍中俯拾皆是①。

饥荒对农业结构调整的影响还表现在引发新农区的开发。清代中期鄂尔多斯草场的全面解禁是在雍正十年，起因正源于这一年"鄂尔多斯荒歉"，"蒙民乏食"，当地蒙古王公向清廷提出"情愿招民人越界种地，收取租利"，清廷"听其自便"，"从此内地民人以口外种地为恒产，蒙古人亦资地租为养赡"②。明代中期流民开始进入秦巴山区进行垦殖，揭开秦巴山区农业开发的帷幕，清代乾嘉时期流民大规模涌入秦巴山区，掀起秦巴山区农业开发的高潮，也都与饥荒的发生有直接的联系③。

饥荒还促使作物结构的调整速度加快。玉米在明代即已传入西北地区，但直至乾隆三十年左右才开始得到全面推广，番薯和马铃薯在乾隆时期引入，但到道光以后才得到迅速传播。据前所述，在乾隆以前的 17 世

---

① 参见袁林《西北灾荒史》和中央气象局气象科学研究院主编《中国近五百年旱涝分布图集》。

② 民国《河套图志》，卷四，"屯耕"；道光《神木县志》，卷三，"建置上·边维"。

③ 毕沅：《陕省农田水利牧畜疏》中说："窃见汉中、兴安、商州各府州属延亘南山，水土饶益，迩年楚、蜀、陇、豫无籍穷黎扶老携幼，前来开垦者甚众。但疆里绵邈，高原下隰，闲旷尚多，近者山南一带添设府厅佐贰等官，以资控制，将来拟即令其详加相度，广劝耕屯，以无业之民而辟可耕之土，若成熟后按夫计亩，全活自多。即如乾隆四十三四等年两湖偶被灾祲，小民流徙，络绎前来，臣彼时阅兵汉南，目击情形，督率有司，妥为安插，分令就地开荒，男妇不下十余万人，俱得安然乐业，遂成土著。"载《皇朝经世文编》，卷三六，"户政十一·农政上"。

纪，西北地区共出现过三次饥荒期，但延续的时间都不长，最多是三年，而在乾隆朝所在的 18 世纪，虽然也只出现过三个饥荒期，但延续的时间都很长，特别是在乾隆三十年前不久，出现过 1751—1760 年长达十年的饥荒，时隔仅一年，又出现了下一轮饥荒期。玉米在这个时候得以全面推广，番薯和马铃薯在这个时候被引入，与此不无关系。番薯和马铃薯在道光以后迅速推广，但种植最兴盛的地区还是陕南山区。道光时期西北地区虽然没有出现饥荒期，这是就整体而言，陕南地区的饥荒发生并不少，道光四年、七年、十一年、十三年、十五年、二十三年都出现过较大范围的灾荒①。道光《宁远厅志》谓马铃薯 "山多种之，山民藉以济饥者甚众"②，光绪《鄠县乡土志》所云 "南山近年歉收，四民恃此度岁"③，正是说的这一背景。

　　农业结构调整不仅受区内饥荒的影响，也受区外饥荒的影响，陕南秦巴山区移民的主体主要来自湖广、安徽、广东、江西等地，他们之所以千里迢迢迁往陕南，有很多是因为原居地发生了灾荒，无法生活下去。嘉庆《安康县志》载："通计地方四千余里，从前俱系荒山僻壤，土著无多，自乾隆三十七八年以后，因川楚间有歉收处所，穷民就食前来，旋即栖谷倚岩，开垦度日。"④嘉庆《山阳县志》亦载："及（乾隆）四十三四年，安徽、两湖数省屡被灾褫，小民络绎前来。"⑤他们的到来，不仅使秦巴山区的垦殖速度加快，而且带来了作物结构的改变。乾隆四十年（1775年），由于河南屡经被旱遭灾，乾隆帝曾要求河南巡抚毕沅等人到福建、山东各地寻觅薯种在河南推广，并命将陆燿所撰《甘薯录》 "多为刊布传钞，使民间共知其利，广为栽种，接济民食"。从有关的历史记录来看，乾隆对此事非常重视⑥，西北地区番薯在乾隆以后传播速度加快，与此应该有一定的联系。

---

① 见袁林：《西北灾荒史》下编 "西北饥荒志"。

② 道光《宁远厅志》，卷一，"舆地志·物产"。

③ 光绪《鄠县乡土志》，卷下，"商务"。

④ 嘉庆《安康县志》，卷一七，"文征"。

⑤ 嘉庆《山阳县志》，卷一二。

⑥ 参见《清高宗实录》，卷一二三二，乾隆五十年六月庚寅；卷一二三四，乾隆五十年七月辛酉；卷一二三五，乾隆五十年七月甲子；卷一二三六，乾隆五十年八月庚辰。

三 结 论

明清时期西北地区的环境有过较大的变化，主要表现在水资源的紧张即干旱化、土地资源的恶化即荒漠化和地力下降以及大的水旱灾害的增多三个方面。这些变化对西北地区农业结构的调整都有一定的影响，但因为变化的强度、速度不同，对农业结构调整的内容也有所区别，其中土地资源的恶化和水资源的紧张是一个渐变的过程，而大的水旱灾害的发生则属于突变事件。前者对农业结构的影响是缓慢、渐进的，在短期内表现不很明显；但从长时段来看，却是根本性的。后者对农业结构调整的影响非常强烈，二者的发生在时间上具有很高的一致性。总体来看，明清时期西北地区农业结构的调整主要是通过水旱灾害所引发的灾荒为直接动因促成的，正是通过灾荒的不断发生，农业结构得到普遍性的调整。是大的灾荒为农业结构调整提供了契机。前者与后者之间存在一种必然和偶然的关系。

环境变迁对农业结构调整的影响不是简单的一对一的响应过程，不是每一次环境要素的变化都会导致农业结构的调整，也不是环境要素每一次相同的变化都会对农业结构的调整带来相同的结果，有时候可能是同样的环境变化而带来完全相反的结果。农业结构调整是在多种因素共同作用下完成的，环境变迁为农业结构的调整提供了动力，但农业结构是否能够实现调整，还要社会政治经济环境和农业技术环境的配合，所有的时机都成熟了，农业结构的调整也就可以实现了。

（原文发表于《陕西师范大学学报》（哲学社会科学版）2006 年第 1 期）

殊途同归：明清时期玉米和番薯在中国的传播和推广

　　玉米和番薯是明清时期传入中国的最重要的两种粮食作物，对我国农作物结构和社会经济生活带来了重要影响。关于玉米、番薯传入我国的时间和途径，玉米和番薯在我国各地的传播和分布情况，以及它们的传入对我国农业生产、社会经济和其他方面产生的影响等问题，学术界已做过相当深入的探讨[①]，其中尤以何炳棣[②]、陈树平[③]、郭松义[④]、曹树基[⑤]、闵宗殿[⑥]、佟屏亚[⑦]和蓝勇[⑧]等的研究具有代表性，影响较大。虽然至今学者在某些方面还存在不同观点，但本文不打算就此进行讨论。本文写作的目

[①]　曹玲：《明清美洲粮食作物传入中国研究综述》，《古今农业》2004年第2期，第95—103页。

[②]　何炳棣：《美洲作物的引进、传播及其对中国粮食生产的影响》，王仲荦编《历史论丛》第5辑，齐鲁书社1985年版，第175—223页。

[③]　陈树平：《玉米和番薯在中国传播情况研究》，《中国社会科学》1980年第3期，第187—204页。

[④]　郭松义：《玉米、番薯在中国传播中的一些问题》，中国社会科学院历史研究所清史研究室编《清史论丛》第7辑，中华书局1986年版，第80—114页。另外，郭松义、邓自燊还合编了"有关玉米、番薯在我国传播的资料"专辑，对散落在各种文献数据中的有关记载进行了较为系统全面的收集，为继续研究奠定了重要的基础，见中国社会科学院历史研究所清史研究室编《清史资料》第7辑（中华书局1989年版）。本文撰写中所用的主要材料即来自该资料专辑。

[⑤]　曹树基：《玉米、番薯传入中国路线新探》，《中国社会经济史研究》1988年第4期，第62—74页；曹树基：《清代玉米、番薯分布的地理特征》，复旦大学历史地理研究所编《历史地理研究2》，复旦大学出版社1990年版，第287—303页。

[⑥]　闵宗殿：《海外农作物的传入和对我国农业生产的影响》，《古今农业》1991年第1期，第1—10页。

[⑦]　佟屏亚：《中国玉米科技史》，中国农业科技出版社2000年版。

[⑧]　蓝勇：《明清美洲农作物引进对亚热带山地结构性贫困形成的影响》，《中国农史》2001年第4期，第3—14页。

的是希望通过玉米和番薯在中国传播途径和方式的考察，说明当时的官方和民间在面对人口压力和生态环境恶化这一矛盾时所面临的两难选择，强调维持最基本的生存需要自始至终一直是人们考虑的首要问题。

一　玉米的传入和传播

玉米传入中国的时间大致是在 16 世纪前期，明嘉靖、万历时期的一些历史文献开始有玉米的记载。根据郭松义《玉米、番薯在中国传播中的一些问题》一文附表三"雍正前各地引种玉米情况表"的统计，甘肃省嘉靖《平凉府志》，河南省嘉靖《鄢陵县志》、嘉靖《尉氏县志》、嘉靖《襄城县志》、嘉靖《巩县志》、万历《原武县志》，福建省万历《泉州府志》，浙江省万历《山阴志》，上海市万历《崇明县志》，以及万历初年田艺蘅的《留青日札》和隆庆、万历年间的《金瓶梅词话》都有玉米的记载。另外，江苏省的嘉靖《兴化县志》、甘肃省嘉靖《华亭县志》、云南省嘉靖《大理府志》、安徽省万历《太和县志》、山东省万历《诸城县志》、陕西省万历《汉阴县志》亦有记载。[①] 由此亦可见，玉米很可能是分次从西南、西北陆路和东南海路通过多种途径传入我国的，并且到明朝末年，全国已有半数以上的省份引种了玉米。

佟屏亚认为，从古籍和方志记述中看出，我国最初是把玉米作为一种"救荒作物"而在丘陵山地垦荒种植的[②]。但作者并没有举出具体的例证，事实可能并非如此。在前述明代嘉靖、万历时期的地方志中，对玉米的记载多只是简单地罗列一下名称；李时珍的《本草纲目》、王象晋的《二如亭群芳谱》、徐光启的《农政全书》等虽然有玉米性状的比较详细的描写，但也都没有提到玉米的救荒功用；甚至一些专门论述荒政的著作也很少提到玉米[③]。如果玉米确系救荒作物而被引种，在明末的连年大灾荒中应该得到快速推广，但实际上，直到清朝康熙年间，玉米虽然传遍了各省

---

① 咸金山：《从方志记载看玉米在我国的引进和传播》，《古今农业》1988 年第 1 期，第 99—110 页。

② 佟屏亚：《中国玉米科技史》，中国农业科技出版社 2000 年版，第 28 页。

③ 李文海、夏明方：《中国荒政全书》第 1 辑，北京古籍出版社 2003 年版；李文海、夏明方：《中国荒政全书》第 2 辑，北京古籍出版社 2004 年版。

区，其在各地的种植规模依然很小，大多还没有进入主要粮食作物的行列。如屈大均在谈到明清之际广东农村种植玉米情况时说："玉膏黍，一名玉膏粱，岭南少以为食。"① 山东顺治《招远县志》说："玉蜀黍即玉膏粱，有五色，田畔园圃间艺之。"② 河北乾隆《献县志》："玉蜀秫，土不多种，惟园圃间有之。"③ 四川嘉庆《温江县志》："玉麦，山中人名包谷，一名玉蜀麦，土人于园圃篱畔间植之。"④ 嘉庆《郫县志》："玉蜀黍，一名御麦，以其曾为御用也。俗名包谷。郫中园圃篱畔间植之，可作篱寨，兼利其子。"⑤ 安徽乾隆《霍山县志》："玉芦，一名玉秫秫，俗名玉榴。……四十年前，民家惟菜圃间偶种一二以娱孩稚。"⑥ 在曹树基统计的清代玉米集中产区中，乾隆以前大量种植玉米或玉米作为主要作物和主要粮食的地区一个也没有。⑦

　　玉米的迅速传播和广泛种植是在清乾隆中期以后。经过康熙到乾隆初年七八十年的经济恢复，我国传统农业区的农业生产水平和人口增长都达到了一个新的高度，尤其是人口，至乾隆四十一年（1776 年）已达到31150 万，超过了历史最高值明崇祯三年（1630 年）19250 万近 62%⑧。人口的快速增长造成了土地紧张，在一些传统的农业生产区，出现了"人浮于地"的情况，人们开始将土地垦殖的目标转向田边地角和广大山区。如乾隆五年，"谕曰：……朕思则壤成赋，固有常经，但各省生齿日繁，地不加广，穷民资生无策，亦当筹划变通之计。向闻山多田少之区，其山头地角闲土尚多，或宜禾稼，或宜杂植，即使科粮纳赋，亦属甚微，而民夷随所得之多寡皆足以资口食，即内地各省似此未耕之土不成丘段者亦颇有之，皆听其闲弃，殊为可惜。嗣后凡边省内地零星地土可以开垦者

　　① 屈大均：《广东新语》，中华书局 1985 年版，第 377 页。

　　② 中国社会科学院历史研究所清史研究室：《清史资料》第 7 辑，中华书局 1989 年版，第 204 页。

　　③ 同上书，第 15 页。

　　④ 同上书，第 64 页。

　　⑤ 同上书，第 65 页。

　　⑥ 同上书，第 163 页。

　　⑦ 曹树基：《清代玉米、番薯分布的地理特征》，复旦大学历史地理研究所编《历史地理研究 2》，复旦大学出版社 1990 年版，第 287—303 页。

　　⑧ 葛剑雄、曹树基：《中国人口史》第 5 卷，复旦大学出版社 2001 年版，第 831—832 页。

悉听本地民夷垦种,并严禁豪强首告争夺,俾民有鼓舞之心而野无荒芜之壤"。乾隆三十一年,"户部遵旨议定:凡内地及边省零星地土,悉听该处民人开垦种植"①。自乾隆至嘉庆、道光时期,形成了一个开垦"荒闲土地"的高潮,出现了一场声势浩大的流民垦荒运动。而玉米因为根系发达,穿透力强,吸收养分的能力强,因而耐瘠力强,加上茎秆粗壮,抗逆性强,适宜于山地种植,随着流民的垦荒运动在秦岭以南的南方广大山区得到迅速传播和广泛种植,成为山区的主要粮食作物。

根据曹树基的研究,大致到嘉道时期,跨越陕鄂川湘贵桂六省的巨大玉米种植带已经形成。此玉米带以秦岭为北界,其西沿陕南西境入四川,又沿川北、川东南山地入贵州,再沿贵州北部、西部折入桂西;其东界沿陕南东界至湖北谷城、南漳一线,大致沿东经111.5°南下,经宜昌、湖南澧州、桃源、新化、邵阳,然后再折入贵州。西部玉米区实际上是山地玉米区,玉米集中产区主要分布于秦岭山区、大巴山区、巫山山区、武陵山区、雪峰山区及贵州高原。而在东部地区,位于苏皖浙赣交界地带的丘陵山地以及鄂皖毗邻地带的大别山区,也因为楚皖流民的活动,而成为玉米的集中产区②。这些地区玉米种植的规模以及玉米在当地粮食结构中的重要性,在清代地方志和其他历史文献中有大量的记载,在前辈学人的论著中也有大量的引用,在此不再罗列。

由于玉米在山区的迅速传播和广泛种植,不可避免地带来山区严重的水土流失,从而引起当地百姓和清朝官府的注意,一些地区采取了禁止种植玉米的行动。

清代禁止流民垦山种植玉米最突出的地区是皖南徽州地区及毗邻的苏南和浙西山地地区。早在乾隆年间,因棚民垦山种植玉米而引起水土流失的问题就已受到当地各阶层的重视。嘉庆《绩溪县志》的作者指出:"乾隆年间,安庆人携苞芦入境,租山垦种,而土著愚民间亦效尤。其种法必焚山掘根,务尽地利,使寸草不生而后已。山既尽童,田尤受害,雨集则砂石并陨,雨止则水源立竭,不可复耕者所在皆有,渐至壅塞大溪,旱弗

①　嵇璜:《清朝文献通考》,浙江古籍出版社2000年版,第4890页。
②　曹树基:《清代玉米、番薯分布的地理特征》,复旦大学历史地理研究所编《历史地理研究2》,复旦大学出版社1990年版,第287—303页。

能畜,潦不得泄,原田多被涨没。一邑之患莫甚于此。"① 乾隆间黟县邑绅孙学治在《和施明府源黟山竹枝词》中亦云:"腊腊包芦满旧蹊,半锄沙砾半锄泥。沙来河面年年长,泥去山头日日低。"其自注曰:"棚民租山种苞芦,休宁、祁门皆受其害,黟近亦渐有之。"② 为此,大致在乾隆五十四年(1789年),当地官府即采取了驱逐棚民、禁种玉米的行动。嘉庆《旌德县志》载:"种苞芦者都系福建、江西、浙江暨池州、安庆等府流民,租山垦种,用锄开挖冈陇,土松石动,每逢淋雨,石、沙随雨水奔下,填溪塞路,毁坏良畴……乾隆五十四年,抚院以徽属地方蛟水陡发,庐舍漂没,田亩沙压,皆因棚民挖山之故,严饬概行驱逐。"③ 这一行动得到了当地民众的支持。据当地土地契约文书记载,乾隆六十年,山主十六都锦城约、清溪约和十五都奇峰约三约人,以"锄种苞芦为害,复立《合同文约公禁》"④。但这一措施似乎并没有能够阻挡棚民租山垦种的步伐,形势反而越来越严峻。"今棚民更多于昔,地方官亟宜禁止也。"⑤ 因而又有了嘉庆初年更进一步的禁种玉米行动。

嘉庆六年(1801年)十月,浙江各属"立棚民保甲法",因"浙江各山邑,旧有外省游民,搭棚开垦,种植苞芦、靛青、番薯诸物,以致流民日聚,棚场满山相望。山顶沙石乘雨而下,淤塞沟浍,争端滋起,大为禾稼之害。且户口庞杂,莫可究诘,往往因有山绅士居民贪其租利,容匿不发",至是为严立条规:

"一、现在棚民免其驱逐,编造保甲清册,并绘山溪全图;

一、清查后不许外省棚民再行重入;

一、自嘉庆七年以后,仍有以山地出租棚民者究治;

一、租山地已满年限者,着陆续赎回;

一、每年底各该县出具棚民有减无增印结;

---

① 中国社会科学院历史研究所清史研究室:《清史资料》第7辑,中华书局1989年版,第159页。

② 欧阳发、洪钢:《安徽竹枝词》,黄山书社1993年版,第74页。

③ 中国社会科学院历史研究所清史研究室:《清史资料》第7辑,中华书局1989年版,第161页。

④ 杨国桢:《明清土地契约文书研究》,人民出版社1988年版,第152页。

⑤ 中国社会科学院历史研究所清史研究室:《清史资料》第7辑,中华书局1989年版,第161页。

一、禁种苞芦；

一、租山地未满年限者，量为赎回，改种靛青、番薯、茶叶等物。"①

嘉庆八年（1803 年）十月休宁县浯田岭《严禁私召棚民入山垦种碑》规定："嗣后如有不法之徒故智复萌，混将山业私召异民入境搭棚开种苞芦，为害地方者，许该处地保、山主、邻佑查实，指名禀县，以凭立拿究，决不宽贷。"②

而嘉庆十二年（1807 年）休宁县的一桩命案更是惊动了朝野，促使官府采取更严密的措施来解决棚民垦山租种苞芦问题。先是嘉庆七年（1802 年），休宁县因当地无业地棍程金谷等盗租山场给棚民方会中等私行开垦，种植玉米，引起严重的水土流失，本地居民呈请县府通详严禁。但因棚民众多，驱逐困难，当地居民程金官一怒之下将程金谷打死，从而导致程柏遭押毙、程靳被捆山棚，土、棚矛盾严重激化，当地耆民程元通等因案件屡拖不决，状告到左都御史衙门。左都御史会同各官对该案进行了会审，最后提出了两点带有根本性和全局性的建议，具奏朝廷：一是认为"该民等籍隶怀宁、潜山、太湖、宿松、桐城等处，间有江西、浙江民人。徽属距伊等原籍甚近，尽可挈眷归，似毋庸就近安插。惟伊等挟赀而来，自不便使其失所而去，必得设立禁约，责令逐渐迁移"；二是要求"土民在山自行开垦，种植茶荪杂粮，就近搭棚栖止，应听其便，不在禁例。至收回棚民各山，亦只准土民种植茶荪杂粮等物，不准再种苞芦，并饬查禁，随时究儆。其附近徽州府属之宁国、池州、广德各属境内，间有山地召租棚民，虽为数无多，亦请一律查照办理"③。经部议，拟定了如下几点方案，奉谕施行："棚民契约载有年限，概俟限满退山回籍；其年限已满并未载明年限而承种已逾十年者，再种二年退回；如年限未满业主情愿还租及讦讼到官，饬退租价，按年分摊；如置有田产与土著民人缔姻编入保甲者，与土著无异，应令入籍。至棚民退山后，不得仍种苞芦，改

① 中国社会科学院历史研究所清史研究室：《清史资料》第 7 辑，中华书局 1989 年版，第 176—177 页。

② 卞利：《明清时期徽州森林保护碑刻初探》，《中国历史》2003 年第 2 期，第 109—115 页。

③ 中国社会科学院历史研究所清史研究室：《清史资料》第 7 辑，中华书局 1989 年版，第 157—158 页。

种茶、松，培蓄柴薪，以免坍泻。如仍有将山场混召异籍之人搭棚开垦至五十亩者，无论公业私业，发边远充军；不及五十亩者，减一等，租价入官。承租之人不论山数多寡，照强占官民山场律满流；为从减一等。"①

但正如当地官员们所言："其初起于租山者之贪利，荒山百亩，所值无多，而棚户可出千金数百金租种。棚户亦因垦地成熟后布种苞芦，获利倍蓰，是以趋之若鹜。"② "虽屡奉严禁，而蘖芽未除。"③ 所以到道光三十年（1850 年）御史汪元方再次请饬查禁④。

类似的禁种行为在其他地区也有存在。如四川光绪《定瞻厅志略》云："包谷亦出，然前禁不准种者也。"⑤ 浙江嘉庆《西安县志》载："西邑流民向多垦山种此，数年后土松，遇大水，涨没田亩沟圳，山亦荒废，为害甚巨。抚宪阮于嘉庆二年出示禁止。"⑥ 虽然禁种的声势可能没有皖南地区浩大，却表明因为玉米的迅速传播和广泛种植而引发山区的水土流失是一个普遍的现象，已经引起了时人的重视，并采取了一定的措施。

二　番薯的引进和推广

番薯大致在明万历初年由东南海路传入我国，一开始主要是由一些在南洋经商的广东和福建商人引进的。据梁家勉、戚经文的研究，万历十年（1582 年）之前林怀兰将番薯从越南引种入广东电白，万历十年陈益从越南引种番薯至广东东莞，万历二十一年（1593 年）陈振龙从菲律宾引种番薯至福州长乐县⑦。其中以陈振龙的引种因得到当地地方官员的支持而影响最大。万历二十一年六月陈振龙的儿子陈经纶上书福建巡抚金学曾，

① 中国社会科学院历史研究所清史研究室：《清史资料》第 7 辑，中华书局 1989 年版，第 159 页。

② 同上书，第 157 页。

③ 同上书，第 159—160 页。

④ 《清实录·文宗显皇帝实录》，卷二○，道光三十年十月辛巳条，中华书局 1986 年版。

⑤ 中国社会科学院历史研究所清史研究室：《清史资料》第 7 辑，中华书局 1989 年版，第 85 页。

⑥ 同上书，第 187 页。

⑦ 梁家勉、戚经文：《番薯引种考》，倪根金主编《梁家勉农史文集》，中国农业出版社 2002 年版，第 381—384 页。

历陈种薯之利，希望"行知各属效法栽种"，金学曾批曰："据禀，夷国之薯，气味甘平，可补谷食之不逮。该生涉险带种而归，事属义举。诚恐土性不合，所献薯藤是否可种可传，尔父既为民食计，速即觅地试栽，俟收成之日，果有成效，将薯呈验，另行通饬。"陈经纶得此批示，"即在本屋后门纱帽池边隙地试栽"，获得成功，于当年十一月再次上书金学曾汇报试种情况。金学曾迅即给予批复说："所呈地瓜，剖煮而食，味果甘平，可佐谷食。该生沥陈六益八利，洵不虚也，如禀准饬各属依法栽种。"并颁发"海外新传七则"，详细介绍了番薯高产、多用、易活的好处及种植番薯的方法①。番薯很快以福建为中心向周围地区迅速推广。根据陈树平的研究，番薯传入后传播很快，在明代后期数十年间，闽广两省就广为种植，江浙也开始发展。从清初到乾隆间，除甘肃、青海、新疆、西藏、内蒙古及东北三省未见有关番薯记载外，其他各省都已种植。由嘉庆至道光，番薯的种植在各省区向纵深发展，逐渐成为我国主要粮食作物之一，在社会经济中占了重要地位②。

番薯的传播主体也主要是流民，但与玉米在我国的传播过程中农学家们所给予的关注甚少和官府采取的禁种措施不同，番薯在中国得到了农学家们、政府官员们及众多学者的大力推广。

我们只要稍微留意一下现存古农书对玉米和番薯的记载，就会发现农学家们对二者重视程度的差别。在我国古代最著名的农书之一明徐光启编著的《农政全书》中，对于玉米的记载仅有"别有一种玉米，或称玉麦，或称玉薥秫，盖亦从他方得种。其曰米、麦、薥秫，皆借名之也"寥寥数语③；而对番薯的记载，则洋洋洒洒数千言，不仅详细介绍了番薯的性状、栽种和收藏方法，还具体阐述了种植番薯的十三大好处④。再如明天启时王象晋所作的《二如亭群芳谱》，对于玉米的介绍亦仅百余字⑤，而

---

① 中国社会科学院历史研究所清史研究室：《清史资料》第7辑，中华书局1989年版，第208—211页。

② 陈树平：《玉米和番薯在中国传播情况研究》，《中国社会科学》1980年第3期，第187—204页。

③ 中国社会科学院历史研究所清史研究室：《清史资料》第7辑，中华书局1989年版，第3页。

④ 同上书，第212—217页。

⑤ 同上书，第3页。

对番薯的介绍，则包括其性状、制用、树艺、藏种、用地及前人有关论述等多方面内容，不下二千余字①。又如乾隆时期官修的《授时通考》，对二者的介绍亦有明显的区别②。迄今所知，在我国古代农学著作中，有陈世元的《金薯传习录》、陆燿的《甘薯录》等多种专门介绍番薯性状及种植等情况的著作，却不见一本有关玉米的专门著述③。甚至在一些救荒著作中，玉米的重要性也没有番薯凸显，如乾隆时期姚碧所辑《荒政辑要》对番薯的特性和种法有详细介绍，而对玉米没有提及④。

至于其他学者对番薯的赞美就更多了。如《闽书》作者何乔远特别作有《番薯颂》，对番薯广为宣传。又如《广东新语》的作者屈大均，也在书中极力称赞番薯的长处。还有谢肇淛、章杏云、包世臣等亦在各自的著作中对番薯的性状和长处作了记述⑤。兹不赘述。

朝廷和地方官员们对番薯种植的推广可以说是自始至终的，郭松义对清乾隆年间封建官府在番薯推广种植中的积极推动作用有详细论述，并列有乾隆时有关清朝官府劝种番薯事例表，现转引如下：

表1　　　　　　　　乾隆时有关清朝官府劝种番薯的事例⑥

年代	倡导者	事例	资料来源
乾隆初	江西大庾知县余光璧	见民人种番薯未得其法，故不能多生，尝出示告以种法。	乾隆《大庾县志》
五一八年间（1740—1743年）	河南汝州知州宋名立	觅种教艺，人获其利，种者寖多。	乾隆《禹州续志》

---

① 中国社会科学院历史研究所清史研究室：《清史资料》第7辑，中华书局1989年版，第217—222页。

② 同上书，第5、225页。

③ 王毓瑚：《中国农学书录》，中华书局2006年版；犁播：《中国农学遗产文献综录》，农业出版社1985年版。

④ 李文海、夏明方：《中国荒政全书》第2辑，北京古籍出版社2004年版。

⑤ 中国社会科学院历史研究所清史研究室：《清史资料》第7辑，中华书局1989年版，第222、239—240、241页。

⑥ 郭松义：《玉米、番薯在中国传播中的一些问题》，中国社会科学院历史研究室编《清史论丛》第7辑，中华书局1986年版，第80—114页。

续表

年代	倡导者	事例	资料来源
六一九年间（1741—1744年）	湖南平江知县谢仲坑	作种薯说，亲临畎亩，劝谕栽培。	乾隆《平江县志》；嘉庆《平江县志》
十年（1745年）	陕西巡抚陈宏谋	发《劝种甘薯檄》等示谕多件。	陈宏谋：《培远堂偶存稿》。
十年（1745年）	安徽望江县令徐斌	购种谕民遍种。	乾隆《望江县志》
十四年（1749年）	直隶总督方观承	抚浙时稔其利，乃购种雇觅宁台能种者二十人来直，将番薯分配津属各州县，生活者甚众。人皆称为"方芋"。	黄可润：《畿辅见闻录》
十四一十九年间（1749—1754年）	贵州布政使温福	开泰县儒学训导作《红薯利民通禀》，藩司温据此通饬全省广种。	光绪《黎平府志》；乾隆《开泰县志》
十六一十七年间（1751—1752年）	河南巡抚陈宏谋	募闽人种红薯。	檀萃：《滇海虞衡志》
十七年（1752年）	山东布政使李渭	颁《种植红薯法则十二条》，各县奉文劝种。	《金薯传习录》；乾隆《泰安府志》等
二十三年（1758年）	直隶总督方观承	饬各属劝民种植以佐食用。	乾隆《通州志》、光绪《保定府志》等
二十五年（1760年）	安徽寿州知州郑基	教民种山薯芋。	光绪《凤阳县志》
三十年（1765年）	四川江津知县张受一	将红薯种，偕夫人到民间教栽种之法。	民国《江津县志》
三十三年（1768年）	安徽望江知县郑交泰	详言红薯之利并种植之法刊布四乡。	乾隆《望江县志》
三十五年（1770年）	四川黔江知县翁若梅	告民以种植红薯之法与种植之利。	光绪《黔江县志》

年代	倡导者	事例	资料来源
三十六—三十九年间 （1771—1774年）	湖南宁远知县陈丹心	教民种薯。	嘉庆《宁远县志》
四十一年（1776年）	山东按察使陆燿	颁刻《甘薯录》以广劝导。	陆燿《甘薯录》
五十年（1785年）	乾隆帝弘历	下旨传谕福建巡抚富勒浑：即将番薯藤种多行采取，并开明如何栽种浇灌之法，一并由驿迅寄豫抚毕沅，饬被旱各属，晓谕民人依法栽种。又令毕沅等将陆燿《甘薯录》多为刊布传钞，使民间共知其利，广为栽种，接济民食。	《清高宗实录》卷一二三二、一二三六
五十一年（1786年）	乾隆帝弘历	因内阁学士张若淳之请，谕令各属广为栽种甘薯，以济民食。	《清高宗实录》卷一二六八
五十二年（1787年）	江西巡抚何裕城	重刊陆燿《甘薯录》，俾吏民转为流播。	乾隆《南昌府志》

　　乾隆时官府对番薯的推广种植自然是已形成风气，明清其他时期官府对番薯种植的提倡其实也不少，除前述金学曾在福建的推广，尚有如下二例：

　　"陈仪……嘉庆十八年举于乡。……（道光）十五年调（陕西）紫阳……邑环境皆山，以苞谷为正粮，仅虑不能久藏，劝民种番薯以备灾。"（光绪《鄞县志》卷四四，《人物传十九》。）

　　"种薯可以救荒，前宁远陈邑令丹心，今李鄼守宗传，皆劝民广种，其法最为详尽。"（道光《永州府志》卷七上，《食货志·物产》。）

　　另外，江苏吴江人王锟在乾隆末任直隶保定知府时亦曾令民多种番薯：

　　"王锟……乾隆四十三年进士，授兵部主事，迁郎中，出为直隶大名府……调保定。……保定地高苦旱，锟令民多掘井以溉田，又令民多种甘薯，以薯性耐旱也。"（光绪《吴江县续志》卷一七，《治绩·王锟》。）

福建安定人吴焕彩在乾隆二十五年任山东范县知县时也教民种番薯：

"吴焕彩，字蕴之，福建安定人。乾隆二十五年进士，授山东范县知县。……碱地民苦纳租，欲请免而格于例，代输租之半，教之种番薯，民困乃纾。"（《清史稿》卷四七七。）

应该说，明清时期的农学家、官府官员以及有关学者对番薯在我国的推广起了相当大的作用。

三　殊途同归

由上可知，明清时期玉米和番薯这两种作物在我国的传播途径和方式是不完全相同的。两者的传播主体虽然都是流民，但番薯自一开始就得到各级政府和官员的青睐，曾不遗余力地进行宣传和推广，其在中国的传播可以用"推广"一词来形容；玉米则不同，很少有官府的推动力量，有时甚至还因为其他因素受到一定程度的抑制，其在中国的传播主要是民间的一种自发的过程，可以用"传播"一词来形容。

对于玉米和番薯在我国传播过程中存在的差异，郭松义已经注意到，并分析了其中的原因。郭先生认为番薯传播比玉米顺利的原因有三：一是"番薯从它传入之日起，几乎很快就在传统的农业区生了根"；二是"番薯的产量也足以使人感到鼓舞"；三是"当灾荒降临的年代，番薯其种既在高地，'亦可救水灾也'"。而玉米虽和番薯一样，对土地的要求虽然不高，但比较起来，其优势更多的是在不宜稻麦的山区；因为玉米的种植以山区为主，大规模的开发常常造成严重的水土流失，而大批流民聚居深山老林又引起统治者的惊恐和不安，因而清朝统治者采取了限制和禁绝政策[①]。确实如此，玉米和番薯在早期传播过程中的这种不同与二者的生长特点和在当时的主要分布地域及所造成的环境影响有很大关系。如前所述，玉米的生长特性使其更适宜于山地种植，而番薯为块根作物，要求土壤厚且疏松，在丘陵地区或山脚种植易获得较高的产量。因此玉米的种植

---

① 郭松义：《玉米、番薯在中国传播中的一些问题》，中国社会科学院历史研究所清史研究室编《清史论丛》第7辑，中华书局1986年版，第80—114页。

一开始就主要是以山地为主，而番薯则主要分布在平原周围的丘陵地带。受地形影响，与前者相伴随的是严重的水土流失，而后者所带来的环境问题则不明显。

由于玉米的种植而引起严重的水土流失问题可谓史不绝书，在当时是一个普遍现象。皖南山地的情况已于前述，其他地区亦是如此。如位于鄂西山区的鹤峰州"田少山多，坡陀硗确之处皆种苞谷。初垦时不粪自肥，阅年既久，浮土为雨潦洗净，佳壤尚可粪种，瘠处终岁辛苦所获无几"①。宜昌在"州设流以后，常德、澧州及外府之人入山承垦者甚众。老林初开，苞谷不粪而获……迨耕种日久，肥土为雨潦洗净，粪种亦不能多获者，往时人烟辏集之处，今皆荒废"②。位于赣西北山区的武宁县，嘉庆后，"自楚来垦山者万余户，嶙巇密嶂，尽为所据，焚树掘根，山已童秃"，每遇大雨，"溪流湮淤"，"沃土无存，地力亦竭"③。位于浙南山区的云和县，"玉蜀黍……多种山中，山经垦，易崩，颇为田害"④。宣平县，"苞萝，亦名包芦，种高山中……宣初无此物，乾隆四五十年间，安徽人来此，向土著租赁垦辟，虽陡绝高崖，皆可布种，止宜去草，不必用肥。……但山中种此则土松石出，每逢大雨，山石随势下坍，溪涧垫淤"，"山种苞萝十余年必败，并不可栽竹木，利尽而害随之矣"。⑤

因番薯的推广种植而引起的水土流失等环境问题实际上在清代也有显现。如位于浙西山地的余杭县，嘉庆初因为闽粤棚民的到来，"不种苎麻，即种番薯，山遭垦松，遇潦即沙土随水入河，溃堰淤港，屡为农田水利之患"⑥。湖州府西部诸山，"绵亘绝壑，穷崖石多，土薄不宜黍稻，从未有耕稼者"，嘉庆初有温州民来垦荒赁种，"荷锄成群，随垦结厂栖身，所种山茹或落花生"，"由是地日益辟，类日以聚"，"深山之中，几无旷

①　中国社会科学院历史研究所清史研究室：《清史资料》第7辑，中华书局1989年版，第143页。

②　同上书，第141页。

③　张绍玑等：《武宁县志》，1824年刊本，卷一一。

④　中国社会科学院历史研究所清史研究室：《清史资料》第7辑，中华书局1989年版，第189页。

⑤　同上书，第189—190页。

⑥　同上书，第390页。

土"，"山尽垦松，一雨挟沙而下，久霖更甚，河遍填淤，水无可蓄"①。但因为番薯的种植主要是在丘陵地区或山脚地带，只是在局部地区才引起水土流失，所以在文献的记载中远没有玉米那么突出。

即使是在相同的地块，种植玉米比种植番薯对水土流失的影响也要大。据相关历史文献记载，明清时期玉米和番薯皆属夏季作物，实行单一种植制度。玉米一般农历三月点种，六七月开花成穗，八九月收获。番薯则农历二三月至七八月皆可种，九十月收之，通常种于五六月间。影响水土流失的因素很多，其中降雨强度是重要影响因素之一。我国的暴雨主要集中于夏季风盛行期间，其中长江中下游地区以6月（阳历）及其前后暴雨最多；华南地区暴雨最多的季节有两个，分别是在5—6月和8—9月；西南地区集中在6—9月②。这一时期正是玉米和番薯的大田耕作和田间管理时期，在当时的生产技术条件下，不可避免地会出现严重的水土流失。但因为玉米属高秆作物，番薯是藤蔓作物，两者的地表覆盖度不一样，因而对水土流失的影响也大不一样。李成亮等在江西省余江县对1994—1996年和2001—2002年坡地不同种植制度与地表径流的关系进行了探讨，发现荒坡地开垦为农田后地表径流量增加，但不同的种植制度对地表径流量的影响不同，种植玉米要明显大于种植红薯③。吴文荣等在滇东南岩溶地区采用随机区组设计，在坡度为22°—25°的坡地上分别种植玉米、马铃薯、荞麦和混合牧草，测定了三次降雨过程的地表径流和土壤侵蚀，结果表明在三种农作物中，玉米地的径流量和土壤侵蚀量均最大④。蔡昆争等则通过广东省南亚热带低丘荒坡地不同作物利用方式对水土流失影响的研究，发现坡地种植甘薯的水土保持效果最好，可减少地表径流的24.74%—97.30%，减少土壤侵蚀量的89.86%—97.60%，降低土壤酸性，流失的有机物和无机物也最少，甚至因此建议在雨季大力推广

---

① 中国社会科学院历史研究所清史研究室：《清史资料》第7辑，中华书局1989年版，第392页。

② 张家诚、林之光：《中国气候》，上海科学技术出版社1985年版，第155页。

③ 李成亮、何圆球、林天：《种植制度对地表径流的影响》，《水土保持学报》2004年第24卷第1期，第29—31、42页。

④ 吴文荣、袁福锦、奎嘉祥：《滇东南岩溶坡地种植牧草和农作物水土流失对比研究》，《四川草原》2005年第11期，第6—8、23页。

坡地甘薯种植①。由此足以证明，历史文献中记载的因种植玉米而导致严重的水土流失现象在当时确实存在，一些地区对其进行限制和禁绝并不完全是因为社会因素，主要还是基于保护生态环境的考虑。

然而，玉米虽然很少得到农学家和官府的提倡，甚至因为在其传播过程中引起严重的水土流失问题而受到官府的限制和禁绝，但因其本身所具有的相对优势，特别是因其适宜于在其他粮食作物皆不能很好生长的山地种植，在清康熙以后人口迅速增长、耕地资源愈来愈紧张、人们的生存问题受到威胁的情况下，仍然得到迅速传播。面对人口增长而导致的生存压力，如何扩大粮食的生产和供应成为人们首要考虑的问题，环境问题则变得很次要。如乾隆《宝庆府志》的作者郑之侨即云："近得包谷一种，俗名玉米，不畏旱涝，人工少而所获多，凡山头地角种之，可为粒食之助，劝课开垦，亦关政要。"② 乾隆《辰州府志》载："玉蜀黍，俗名玉米，一名玉芦，一名苞谷，一名穗谷。……今辰州旧邑新厅，居民相率垦山为陇，争种之以代米。……山家岁倚之，以供半年之粮。……故数十年来种之者日益多。"③ 道光《桐城续修县志》说："玉粟，一名玉麦，一名玉芦，俗称陆谷，北方呼为棒子，江南呼为苞芦。垦山种植，接畛连畦。……或蒸或炒，或磨为糜，皆可食，赖以济荒，故种之者广。"④ 乾隆《沅州府志》的作者白璐珠等甚至在本境已有较大规模种植的情况下，建议进一步扩种："玉蜀黍，俗名玉米，亦名苞谷。……此种近时楚中遍艺之。凡土司之新辟者，省民率挈孥入居，垦山为陇，列植相望。……郡境虽有种植，而闲土尚可糯锄，不妨广布其种，收实而储之仓庾，未必不愈于蕨根草实也。"⑤

最突出的事例莫过于位于川鄂豫陕四省毗邻的秦巴山区。无论是就移民规模来说，还是就水土流失的严重程度来说，秦巴山区都要远远超过皖

---

① 蔡昆争、段舜山、陈荣均：《南亚热带荒坡地不同作物种植方式对水土流失的影响》，《水土保持研究》1998 年第 5 卷第 2 期，第 104—107、172 页。

② 中国社会科学院历史研究所清史研究室：《清史资料》第 7 辑，中华书局 1989 年版，第 119 页。

③ 同上书，第 122—123 页。

④ 同上书，第 156 页。

⑤ 同上书，第 124 页。

南山区。秦巴山区在明代以前原是一片原始森林，大致在明中期以后，由于中原及陕西关中等地区发生饥荒，大批流民逃亡到秦岭山地，商洛诸县与汉中府属各县为流民的重要聚集地，秦巴山地开始进入史无前例的土地垦殖高潮[①]。明末清初，由于战乱的影响，秦巴山地的土地垦殖曾有过短暂的停滞，但在清初政局安定之后，秦巴山区又开始成为外地移民迁往的主要目的地。据康熙《西乡县志》记载，"楚粤等处扶老携幼而来者，不下数万"，而"徕民行得至中道而复被驳回原籍者，何止数万"[②]。到了乾隆、嘉庆时期，涌入秦巴山地开荒种植的外省移民越来越多。如商南县，"乾隆二十年后，江南安庆数县人襁负迁商，爰得我所，闻风兴起，接踵者日益众"[③]；兴安州，自乾隆三十七八年以后，川、楚"穷民就食前来，旋即栖谷依岩，开垦度日。而河南、江西、安徽等处贫民亦多携带家室来此认地开荒，络绎不绝，是以近年户口骤增至数十余万"[④]；嘉庆时期，"流民之入山者，北则取道西安、凤翔，东则取道商州、郧阳，南则取道重庆、夔府、宜昌，扶老携幼，千百为群，到处络绎不绝"[⑤]。外地移民的大量进入，也将玉米等适宜山区种植的作物带来，使得昔日的深山老林被垦辟成农田成为可能，玉米等也很快成为秦巴山区最主要的粮食作物。嘉庆时严如熤说："数十年前，山内秋收以粟谷为大庄，粟利不及苞谷，近日遍山漫谷皆苞谷矣。"[⑥]道光时林则徐说："陕省南山一带，及楚北之郧阳上游，深山老林，尽行开垦，栽种苞谷。"[⑦]

山地的过度垦殖，不可避免地带来水土流失，对此，林则徐曾有明确

---

① 吕卓民：《明代西北农牧业地理》，台北洪叶文化事业有限公司 2000 年版，第 78—82 页。

② 王穆：《西乡县志》，卷九，康熙五十七年刻本。

③ 路炳文：《商南县志》，《中国方志丛书》据民国八年铅印本影印，台北成文出版社 1976 年版，第 135 页。

④ 严如熤：《三省边防备览》，《续修四库全书》第 732 册，上海古籍出版社 2002 年版，第 336 页。

⑤ 严如熤：《三省山内风土杂识》，《中国风土志丛刊》，扬州广陵书社 2003 年版，第 58 页。

⑥ 中国社会科学院历史研究所清史研究室：《清史资料》第 7 辑，中华书局 1989 年版，第 41 页。

⑦ 林则徐：《林则徐集·奏稿》，中山大学历史系中国近代现代史教研组、研究室编，中华书局 1965 年版，第 437 页。

论述，他在"筹防襄河新旧堤工折"中说："查襄河河底从前深皆数丈，自陕省南山一带及楚北之郧阳上游，深山老林，尽行开垦，栽种苞谷，山土日掘日松，遇有发水，沙泥随下，以致节年淤垫，自汉阳至襄阳，愈上而河愈浅。"① 当时的一些地方官员认识也很深刻，他们都明确地指出了由于超规模的土地垦殖和森林砍伐，从而引起水土流失的加重，导致河流淤塞，水利工程毁坏，洪涝灾害增加②。不过，包括林则徐在内，他们并没有就这一问题的解决办法进行探讨，似乎也没有意识到要对此采取什么措施以避免问题的进一步加重，更没有像在皖南地区那样，提出驱逐棚民、禁种玉米的举措。相反，为了加强管理，清政府在乾隆四十七年（1782 年）将兴安直隶州升为府，又先后于乾隆、嘉庆、道光年间在秦巴山区添设了宁陕、孝义、留坝、定远、佛坪等厅③。这实际上是承认了流民定居本地的合法性，鼓励更多的外地流民前来垦荒种植。个中原因，不是秦巴山区没有水土流失而皖南山区有水土流失的问题，而是因为皖南山区客民数量较少、土民势力强大而秦巴山区客民数量占有绝对优势的问题，在秦巴山区并没有出现像皖南山区那样严重的主客矛盾。实际上，有清一代，社会关注的热点前后虽有所变化，但如何扩大耕地数量，发展农业生产，使农民有田可耕，有地可种，安居乐业，始终是社会各阶层关注的首要问题，至于由于土地的大规模垦殖所导致的环境破坏和保护问题一直很少进入人们的视野。④

　　在面临生存问题的严重压力下，玉米的种植虽然没有受到农学家和政府官员的重视，但却和番薯一样，受到广大农民的青睐，很快成为我国的主要粮食作物之一。许道夫《中国近代农业生产及贸易统计资料》对1914 年至 1949 年各省粮食作物的种植面积、产量及产额进行了统计，本文从中选取资料时间较早且统计时间能够一致的 1924 年至 1929 年各省玉

---

　　① 林则徐：《林则徐集·奏稿》，中山大学历史系中国近代现代史教研组、研究室编，中华书局 1965 年版，第 437 页。

　　② 王社教：《清代西北地区地方官员的环境意识》，《中国历史地理论丛》2004 年第 1 辑，第 138—148 页。

　　③ 严如熤：《三省边防备览》，《续修四库全书》第 732 册，上海古籍出版社 2002 年版，第 369 页。

　　④ 王社教：《清代西北地区地方官员的环境意识》，《中国历史地理论丛》2004 年第 1 辑，第 138—148 页。

米和番薯常产情况，列如表 2。由表 2 可知，至 20 世纪 20 年代，玉米的分布地域和播种面积都已远远超过番薯。

综上所述，玉米和番薯这两种在明代新传入我国的粮食作物，其传播途径和方式在明清时期有着明显的差异。番薯的传入不仅有明确的时间和地点，而且还有具体的传入主体和明确的目的性，可以说番薯的传入是有意识的"引进"。而在番薯引进之后，一开始就得到农学家们及各级政府和官员的青睐，曾不遗余力地进行宣传和推广，其在中国的传播可以用"推广"一词来形容。玉米则不同，史籍中没有其具体传入时间和路线的记载，它的传入相对番薯来说可能是无意识的、偶然的，或者说是出于一种新奇才引入的。而在玉米传入我国之后，虽然受到一些农学家的注意，但并没有得到重视，很少像对番薯那样对玉米进行宣传和推广；玉米在传播过程中，也很少有官府的推动力量，有时甚至还因为其他因素受到官府一定程度的抑制，其在中国的传播主要是一种农民自发的过程，可以用"传播"一词来形容。虽然如此，但最终玉米与番薯一样，都成为中国主要的粮食作物之一。明清时期玉米和番薯在中国的传播和推广这一具有明显差异的过程，以及其最终的结果，反映出当时的官方和民间在面对人口压力和生态环境恶化这一矛盾时所面临的两难选择，结果是解决粮食问题战胜了保护环境问题，这也说明维持最基本的生存需要自始至终一直是人们考虑的首要问题。

表 2　　　　　　1924 年至 1929 年各省玉米和番薯常产情况表①

省别	玉　米			甘　薯		
	种植面积（千市亩）	产量（千市担）	产额（市斤/市亩）	种植面积（千市亩）	产量（千市担）	产额（市斤/市亩）
山西	3748	7191	192	332	2302	693
河北	14293	24489	171	1009	15603	1546
山东	5516	9357	170	1897	24397	1286
河南	7953	11794	148	2016	28229	1430

① 许道夫：《中国近代农业生产及贸易统计资料》，上海人民出版社 1983 年版，第 12—86 页。

续表

省别	玉 米			甘 薯		
	种植面积（千市亩）	产量（千市担）	产额（市斤/市亩）	种植面积（千市亩）	产量（千市担）	产额（市斤/市亩）
江苏	3620	6566	181	3200	43720	1366
浙江	1019	2147	211	869	15220	1751
安徽	467	1049	225	479	6294	1314
湖南	1650	2992	181	2086	22861	1096
湖北	6028	16558	275	1891	27166	1434
江西	74	137	185	1359	12177	896
福建				1395	19419	1392
广东	131	297	163	1787	20740	1161
广西①	1219	2194	180	1640	17759	1083
四川	11756	26492	225	5498	71515	1301
云南	3585	6954	194	222	4067	1832
贵州	2928	7143	244	167	1516	908
甘肃	1187	2328	196	202	1413	700
陕西	3478	6245	180	101	858	850
青海②	12	16	133			
宁夏	16	38	238			
绥远	47	136	278			
察哈尔	385	1068	277	59	534	905
黑龙江	2464	5297	215			
吉林③	3743	2939	72	502	204	
辽宁	8488	21419	252	331	1973	596
热河	297	406	137			
新疆	2432	7076	291			
合计	86536	172328	200	27042	337967	1177

说明：①1938 年数据；②1935 年数据；③1918 年数据。

（原文发表于刘翠溶主编《自然与人为互动：环境史研究的新视角》，台湾"中央研究院"、联经出版公司 2008 年版）

第三编　城乡发展

论西汉定都长安与关中经济发展的新格局

关中位于陕西中部，平原广阔，水源丰富，土壤疏松肥沃，自然条件颇为优越，有"沃野千里"之称，是我国开发历史最为悠久，也是我国古代经济发展水平最高的地区之一。特别是由于西周、秦将都城定于其中部的西安附近，其经济发展速度进一步加快，从而为西汉再次定都于此打下了良好的经济基础，正如娄敬在劝刘邦西都关中时所说："秦地被山带河，四塞以为固，卒然有急，百万之众可具也。因秦之故，资甚美膏腴之地，此所谓天府者也。"①

西汉定都长安，是由于关中优越的地理位置和良好的经济基础；西汉定都长安之后，围绕都城的建设和发展以及其他一系列的政治、军事和经济的需要，作为京畿之地的关中，又无不在各个方面受其影响，展现出与此前大不相同的新面貌。以经济的发展来说，一方面由于都城政治中心的作用促进了农业、手工业和商业的全面发展，手工业和商业在经济中的地位大幅度上升，经济结构发生了明显的变化；另一方面，由于西汉都城的具体位置与以前相比有所变化，关中不同地区与都城间相互位置发生转化，从而导致各区域的经济功能产生差异，区域差异性特征日益明显。本文试就以上两个方面进行探讨，就教于各位同仁方家。

一 经济结构的变化

西汉时期是关中经济发展史上最重要的时期之一，关中地区的经济结构与以前相比发生了很大变化，农业、手工业和商业获得了全面发展，因

---

① 《史记》，卷九九，"刘敬叔孙通列传"。

而成为当时全国最富庶的地区。

（一）农业

农业在关中地区经济中一直占主体地位，是关中地区成为全国政治、经济和文化中心的基础。西汉定都长安之后，关中作为京畿之地，其农业发展受到中央政府的格外重视，无论是从生产规模，还是从生产技术来说，都较以前有了很大的提高，在全国处于领先地位。

西汉时期关中农业的发展首先表现在水利的大规模兴修。西汉以前，除了战国时期秦国在关中修有著名的郑国渠以外，基本上没有什么其他的大型水利工程①。西汉时期，除在郑国渠灌区修建了六辅渠和白渠外，还修建了漕渠、龙首渠、成国渠、灵轵渠、沣渠等一系列水利工程。西汉一代关中地区纯粹为了农田灌溉而兴修的水利数目是其他地区无法相比的。据《汉书·沟洫志》的记载，西汉时期全国共兴建水利工程二十四项，其中因漕运目的而兴修的工程三项，由于黄河决堤而被迫兴修的工程六项，因农田灌溉而主动发起的水利工程仅十五项。在这十五项中，关中地区就有六项，占全国的五分之二②。此外，漕渠的灌溉作用也不小。这些水利工程分布于关中各主要农业区，使关中地区的农田灌溉面积大大增加，农业产量有了大幅度的提高。

其次，关中地区因其得天独厚的地理位置优势，成为先进农业生产技术最先推广的地区。西汉时期，曾在全国各地设铁官，专门生产和出售铁制农具。据《汉书·地理志》的记载，汉元始二年，全国共有县、邑、道、侯国 1587 个县级政区，铁官共 49 处，平均约 32 县才有 1 铁官，而关中所在的三辅地区 57 县就设有郑、夏阳、雍、漆 4 处铁官，平均约 14 县就有 1 处铁官，密度远远大于其他各地。此外，西汉时期赵过、氾胜之等人所发明和总结出来的代田法、区种法、溲种法等精耕细作的农业技术也首先在关中地区得以推广。《汉书·食货志》记载，汉武帝末年赵过被任命为搜粟都尉，受命"教田太常、三辅"，后及边郡，"民皆便代田，用力少而得谷多"。而氾胜之因"督三辅种麦，而关中遂穰"的功绩直至

---

① 《汉书》，卷二九，"沟洫志"；卷二八上"地理志上"。
② 《汉书》，卷二九，"沟洫志"。

西晋时期还在广为流传，被奉为推广先进农业技术，促进农业发展的典范[1]。

农田灌溉条件的改善，农业先进技术的推广，使得关中地区的农业单产和总产都较前代有了大幅度的提高。据著名农史学家吴慧先生的研究，秦以前，中原地区平均亩产粟最高为 3 小石，折合今量为每市亩 247 斤。西汉时，郑国渠灌区亩产皆在一钟左右，折合今量则为每市亩 937 斤；氾胜之通过小区试验种植的区田，曾亩收 40 小石，折合成今量则高达每市亩 1500 余斤[2]。郑国渠灌区有地 4 万余顷，亩产一钟，总产达 2500 余万石，是每年从关东漕粮的 6 倍多[3]。可以说，西汉长安的繁荣与关中地区农业的发展是分不开的。

（二）手工业

关中地区的手工业在西汉以前即有一定程度的发展，西周青铜器的大量出土和秦兵马俑的发现，表明当时的手工业已达到相当高的水平。但无论是西周时期，还是在秦代，手工业在经济中所占的地位都不重要，手工业主要由官府组织管理，手工业品的制造也主要是为了满足皇室的特殊需要。西汉时期，手工业在经济中的地位有了很大提高，不仅规模进一步扩大，与市场的联系也日益广泛。

关中地区的手工业生产部门多，规模大，技术先进，这在当时国内其他地区是没有的。当时关中地区的主要手工业部门当推建筑业、制陶业、纺织业、冶铸业和造船业等。自汉初萧何主持修建长乐宫、未央宫起，到汉末王莽坏建章，立九庙，围绕汉都长安城的建筑活动就从来没有停止过。关中地区离宫别馆建筑之多，道路桥梁建筑之繁，在全国也是首屈一指的。每一次建筑活动，少则动用数千人，多时则达十几万。这些建筑物大多布局得体，构造精致，宏伟华丽，表现出无与伦比的高超建筑技术。与建筑业一样，制陶业也因都城建设的需要而迅速发展起来，据《三国

---

① 《晋书》，卷二六，"食货志"。

② 参见吴慧《中国历代粮食亩产研究》，农业出版社 1985 年版。

③ 《史记》，卷二九，"河渠书"；《汉书》，卷二九，"沟恤志"、卷二四上，"食货志上"。

志》的记载，汉武帝时期，在杜陵以南和终南山北麓之间就有瓦窑数千
处①。考古工作者还在今西安西郊三桥镇南、西安北郊草滩农场及今西安
市未央区六村堡村南发现多处制陶遗址②。纺织业除了少府属官所主管的
东、西织室外，私人开办的纺织工场也有不少。像著名的高官张安世，就
通过他的妻子，雇用了七百名工人从事纺织生产③。又据《西京杂记》的
记载，汉宣帝时，河北钜鹿有位民间纺织专家陈宝光的妻子，因发明了
"一百二十综，一百二十蹑"的提花机而被大贵族霍光家召到长安为其织
作。冶铸业方面，关中地区平均每十四县就设有一处铁官的事实，即表明
其铁器铸造业要比其他地区发达。西汉铜政由水衡都尉统一掌管，各郡国
不得铸钱，铸币业由均输、钟官、辨铜三官负责，而此三官即设在长安城
郊的上林苑中④。关中地区有船司空县，据颜师古所云："本主船之官，
遂以为县。"⑤ 这是当时全国唯一的一个以船官而设的县。汉武帝时修昆
明池，"中有戈船各数十，楼船百艘，船上建戈矛，四角悉垂幡旄葆
麾"⑥。这些船只自然也是就近制造的。

　　上述手工业部门，既有官营的，也有私营的，无论是官营还是私营，
都与市场有广泛的联系。上文所说张安世，即因家有七百人的纺织工场，
财富超过当时的权臣霍光。据《西京杂记》记载，当时上林苑昆明池放
养的鱼，除供给陵庙祭祀之用外，还要送到长安市上去卖。由此可见官府
与市场联系之紧密。史载"大农诸官尽笼天下之货物，贵则卖之，贱则
买之"，不仅"工官治车诸器，皆仰给大农"，武帝巡行郡国一应开销，
"用帛百余万匹，钱金以巨万计"，亦"皆取足大农"⑦。据《史记·货殖
列传》的记载，当时长安城中万物辐凑，百货云集，除了大量的谷物、
蔬菜、水果等农牧产品外，还有皮革制品、丝帛麻毛织品、盐、铁、酒等
专利品，以及玉器、漆器、铜器、竹木器、车辆等手工业品。这些手工业

---

① 《三国志》，卷六，"董卓传"裴松之注引华峤《汉书》。
② 刘庆住：《长安春秋》第九章，人民出版社 1988 年版；李毓芳：《汉长安城的手工业遗
址》，《文博》1996 年第 4 期。
③ 《汉书》，卷五九，"张安世传"。
④ 《汉书》，卷一九上，"百官公卿表上"。
⑤ 《汉书》，卷二八上，"地理志上"。
⑥ 《三辅黄图》，卷四。
⑦ 《汉书》，卷二四下，"食货志下"。

品除部分来自全国其他地区及域外各国外，大多数应是京师长安及其附近的关中各地所制造。由此可见，手工业在当时的经济中已占有相当重要的地位，为公私财富的主要来源之一。

（三）商业

关中地区的商业是在战国时期才开始发展起来的，在此之前，农业占绝对的主要地位。《史记·货殖列传》云："关中自汧、雍以东至河、华，膏壤沃野千里，自虞夏之贡以为上田，而公刘适邠，大王、王季在岐，文王作丰，武王治镐，故其民犹有先王之遗风，好稼穑，殖五谷，地重，重为邪。"及至秦人定都关中之后，随着交通的发展和各国间交往的频繁，关中地区的商业也日渐发展起来。《货殖列传》云："及秦文、德、缪居雍，隙陇蜀之货物而多贾。献公徙栎邑，栎邑北却戎翟，东通三晋，亦多大贾。"到汉定都长安，关中地区更成为全国最大的贸易中心，所谓："孝、昭治咸阳，因以汉都，长安诸陵，四方辐凑并至而会，地小人众，故其民益玩巧而事末也。"①

西汉时期关中地区商业的繁荣首先表现在市场的众多及市场交易的兴盛。《三辅黄图》引《庙记》云："长安市有九，各方二百六十六步。六市在道西，三市在道东。凡四里为一市。致九州之人在突门。夹横桥大道，市楼皆重屋。"②尽管对九市的具体含义学术界看法颇不一致，但汉长安城及其附近地区市场众多，贸易兴盛这一点则是肯定无疑的。见于记载的就有东市、西市、柳市、直市、交门市、孝里市、交道亭市、槐市等。此外，军营附近还设有军市，渭北长陵、茂陵诸陵县亦各设有市场。市场上交易的货物琳琅满目，应有尽有，在市场上从事交易的人既有皇亲国戚，又有普通百姓，还有来自域外诸国的商人。市场交易非常兴盛，"九市开场，货别隧分。人不得顾，东不得旋。阗城溢郭，旁流百廛。红尘四合，烟云相连"③。

西汉时期关中地区商业的繁荣其次表现在当地经商之风的浓厚和富商

---

① 《史记》，卷一二九，"货殖列传"。

② 《三辅黄图》，卷二。

③ 班固：《西都赋》，《文选》，卷一，上海古籍出版社1986年版。

巨贾的众多。据《史记·货殖列传》和《汉书·货殖传》的记载，西汉一代家赀在巨万以上的富商大贾共有二十四人，其中在关中地区的就有宣曲任氏、长安无盐氏、田啬、田兰、韦家栗氏、安陵和杜县的杜氏、杜陵樊嘉、茂陵挚网、平陵如氏、苴氏、长安王君房、樊少翁、王孙大卿等十四人。这些人皆家财巨万，贵拟王侯，力过吏势，掌握着许多货物的购销流动大权，对国家政治、经济生活有着相当大的影响。

农业和手工业的发展，商业的繁荣，使得关中地区成为当时全国最富庶的地区。《史记·货殖列传》载："关中之地，于天下三分之一，而人众不过什三，然量其富，什居其六。"

二 区域差异性特征的形成

关中盆地西起宝鸡，东至潼关，长约 360 公里；南北宽度不等，西窄东宽，西部宝鸡附近宽不过一二公里，东部黄、渭、洛三角地带，则宽达 60 公里以上，在这样一个面积广大的范围之内，其水文、土壤、植被和光照等自然条件都有不同，开发进程和开发程度也存在相当大的差异；特别是由于西汉都城长安的具体位置与前代相比有了较大的变化，关中盆地各个部分与都城间的区位关系发生改变，各地区的土地利用方向也有很大的不同。由于西汉定都长安，关中地区可以渭河、泾河和灞河为界，分成四个特征明显不同的经济区，即渭河以北、泾河以东的东北区，渭河以北、泾河以西的西北区，渭河以南、灞河以东的东南区和渭河以南、灞河以西的西南区。

（一）东北区

本区地势北高南低，除东北部地形破碎，原面切割较为严重，大部分地区起伏平缓。主要河流有泾水、洛水、河水，此外还有一些小河，如清水、浊水、沮水、溪水、灉水等①，总的来说，河流不多，许多地方都属无河区。南部渭河北岸平原地带地下水较为丰富，但水质矿化度高，盐碱比较严重，郑国渠灌区在其开发以前是著名的泻卤之地。从自然条件来

---

① 见《水经·渭水注》《水经·河水注》。

说，本区既有从事农业开发的有利条件，也有妨碍农业生产的不利条件。关键在于如何扩大灌溉面积，改良土壤。

本区的人类活动虽然出现较早，在东南部出土的"大荔人"距今十八万年至二十三万年，以后在此一带又出现了著名的沙苑文化，但就农业开发的进程而言，与关中其他地区相比，是非常缓慢的。从新石器时期文化遗址的分布看，无论是仰韶文化遗址，还是龙山文化遗址，除东部韩城和合阳一带较为密集外，其余均很稀疏。这一地带的商时期和西周时期的文化遗存也非常少①。春秋时期，这一区域的人类活动逐渐频繁，东部韩城、澄城、大荔一带和西部泾阳、高陵一带出现了不少城邑，但其经济在关中地区仍不占重要地位。

本区经济的快速发展是在战国末秦修郑国渠后。郑国渠自仲山瓠口引泾水，沿北山东注于洛水，共300余里。从而将渭河北岸最大的两条支流泾水和洛水连接起来，不仅解决了渭河北岸泾、洛二水之间河流稀疏，缺少灌溉水源的问题，对于这一带的盐碱土壤也具有改良作用。这一区域的自然优势得以发挥，经济地位迅速上升，成为关中地区最主要的农业区。史载郑国渠修好后，"用注填阏之水，溉泽卤之地四万余顷，收皆亩一钟。于是关中为沃野，无凶年，秦以富强，卒并诸侯"②。

西汉时期，本区更是农业经营的重点地区，农业生产获得进一步发展，成为京师长安粮食的主要供给地。

洛水以西的泻卤之地虽然由于郑国渠的开通而得以灌溉，但洛水以东地区仍有大面积的卤田。于是，在汉武帝元朔至元狩年间（公元前128—117年），因庄熊罴的建议发卒万余人穿渠，自徵引洛水，横绝商颜山，而东入于洛③。这就是有名的龙首渠。龙首渠开通后，虽然预期的效果没有达到，但使重泉以东的临晋县（在今大荔县东）万余顷卤地也得到了灌溉，从而使本区的农业区域扩展到洛水以东地带。

洛水以西地区虽然有郑国渠的灌溉，但这一地区地域广袤，仅靠一条渠道毕竟有限，尤其是郑国渠以南高陵、栎阳、万年诸县，虽然地势平

---

① 见史念海主编《西安历史地图集》，西安地图出版社1996年版，第28、29、32、33页。
② 《史记》，卷二九，"河渠书"。
③ 同上。

坦，土质疏松，利于耕作，但自然河流太少，很难满足农业生产的需要，这无疑与其所处的地理位置大不相称。汉武帝元鼎六年（公元前 111年），倪宽为左内史，"奏请穿六辅渠，以溢溉郑国渠傍高印之田"①。对六辅渠的解释，有两种不同意见，一谓六辅渠是郑国渠的支渠，一谓在郑国渠以北另开六道小渠，引冶峪、清峪、浊峪等河。但不管哪一种解释，都不否认六辅渠是郑国渠灌区的一个部分，使郑国渠以前所不能灌溉的高昂之地得到了灌溉，扩大了郑国渠灌区的灌溉面积。十六年之后，汉武帝太始二年（公元前 95 年），赵中大夫又奏请在郑国渠南开渠，亦即著名的白渠。据《汉书·沟恤志》云：白渠"引泾水，首起谷口，尾入栎阳，注渭，中袤二百里，溉田四千五百余顷"。由此可见，白渠的引水口与郑国渠相距不远，二者实际是一个灌区的南北两条干渠。《汉书·沟恤志》虽然对白渠的起讫地点有所记载，但对其具体流经路线没有说明。据《水经·渭水注》的有关记载，白渠实际并非一条渠道，还有两条支渠，一为白渠枝渎，一为白渠枝渠。白渠大致在今泾阳县桥底镇东由郑国渠分出，东南经池阳（今泾阳县）北，转东北流，先后经今三原县高渠、渠岸、大程镇一带，又东经万年和栎阳县（今西安市阎良区武屯镇）北，至下邽（今渭南市故市镇东南）东南入于渭水。在池阳东北，白渠又先后分出白渠枝渎和白渠枝渠两条支渠。白渠枝渠大致东南经今泾阳县永乐镇、高陵县崇皇、姬家一带，在今高陵县耿镇附近入于渭。白渠枝渎则大致经今高陵县湾子、通远镇、药惠，横穿清水，向东经今临潼县新市，在交口镇附近入于石川水（今石川河）。这样，郑国渠以南的广大地区灌溉条件也大为改善。

龙首渠、六辅渠和白渠的先后开凿，使得本区的农田灌溉面积大大增加，农业地位继续提高，特别是六辅渠和白渠的开凿，最终奠定了本区的农业优势地位。当时百姓即有诗歌之："田于何所？池阳谷口。郑国在前，白渠起后。举臿为云，决渠为雨。泾水一石，其泥数斗。且溉且粪，长我禾黍。衣食京师，亿万之口。"②说明京师亿万之口的衣食来源，主要都是靠本区供应。

---

① 《汉书》，卷二九，"沟洫志"。
② 同上。

（二）西北区

本区地势北高南低，分平原和台原两个部分，除黄土台原北部边缘和一些河流两岸地形比较陡峻外，大部分地区原面完整，地平土肥。主要河流有渭水、泾水、汧水、沣水、杜水、雍水、泔水等，河流密度较东部地区大，且河流比降小，有利于灌溉；地下水也很丰富，且埋藏较深，无盐碱化现象。与东北区相比，发展农业生产的自然条件比较优越。

本区是关中农业开发最早的地区，以农业耕作为主要特征的新石器时代文化遗址遍布各地，特别是西部武功、扶风、岐山、凤翔、宝鸡、千阳一带，是关中地区新石器文化遗址发现最多，分布最为密集的地带①。相传周的先祖弃好耕农，知地土所宜，稼穑之法，尧闻后遂"举弃为农师，天下得其利"，舜时则封弃于邰，号后稷②。邰，据有关记载和考古发掘，大致在今武功县西南杨陵区一带。这说明早在三代之前，以今杨陵、武功一带为中心的关中西北部地区农业生产已有相当的发展。此后，虽然在夏代末年，周人一度离开过邰，但其足迹仍不时出现于关中西北部一带，关中西北部地区的农业生产也并未衰落，仍在不断发展。《史记·周本纪》说："公刘虽在戎狄之间，复修后稷之业，务耕种，行地宜，自漆、沮度渭，取材用，行者有资，居者有蓄积，民赖其庆。百姓怀之，多徙而保归焉。"漆沮水即今漆水河，说明这一带的农业生产也相继得以发展。春秋时期，晋国因旱歉收，请粟于秦，秦"以船漕车转，自雍相望至绛"③。这便是著名的泛舟之役。雍是秦国的都城，在今凤翔，说明以此为中心的关中西北部地区农业生产仍具有相当高的水平，为关中最主要的农业区。这种情况一直持续到战国末年秦修郑国渠而未有变化。郑国渠修成后，关中东北部的农业生产迅速发展，地位迅速提高，赶上并超过了西北部。但由于西北部有较好的农业生产条件，又是周人的发祥地和秦都咸阳及故都雍的所在地，"其民犹有先王之遗风，好稼穑，殖五谷"④，本区的农业生

①　《西安历史地图集》，第28、29页。

②　《史记》，卷四，"周本纪"。

③　《史记》，卷五，"秦本纪"。

④　《史记》，卷一二九，"货殖列传"。

产在原有的基础上继续发展。

西汉时期，本区的经济面貌有所变化。一方面，作为传统的农业区之一，其农业仍受到中央政府的重视，有了进一步的发展；另一方面，由于五陵县的设立和外地人口的大量移入，以及与京师长安的紧密联系，部分地区的商业也很繁荣，商业在经济中的比重不断增加。

在西汉以前，关中西北部地区的农业生产虽然一直比较发达，但人工开挖的灌溉渠道甚少，大型水利工程可以说没有。汉武帝时期，除在关中东北部开凿六辅、白渠等渠道外，在西北部则开有成国渠、灵轵渠、沣渠等。成国渠又称蒙笼渠，《汉书·地理志》郿县下云："成国渠首受渭，东北至上林苑为蒙笼渠。"结合《水经·渭水注》的有关记载，成国渠自汉郿县（故址在今郿县祁家村附近）南引渭水，东流经汉斄县北，美阳县南，又东北经汉槐里县北，茂陵、平陵、安陵、长陵、阳陵诸县南，于阳陵东南入于渭水。其走向与今渭北高干总渠基本一致，地势略偏下。成国渠的开凿，使渭北原下地区的农业生产条件有了较大的改善。灵轵渠的具体位置，说者不一。一说在今渭水南岸周至县东，一说在渭水之北。《汉书·地理志》周至县下载："灵轵渠，武帝穿也。"前一说即由此而来。《汉书》虽然说灵轵渠在周至县，但并不能说它就一定在渭南。据当时周至及渭水南岸各县的形势分析，县界的划分并不完全就是以渭水为准。周至县的境域有可能还包括渭北一部分地区。《水经·渭水注》记载关中地区渭水两岸河流至为详细，也多正确。它明确指出，灵轵渠在渭水之北，是成国渠的一部分，应该是可信的。沣渠所在，也有两种意见。一说在渭南周至县，一说在渭北扶风县。按沣渠除《汉书·沟洫志》简单提及之外，他书皆无记载。从当时的地理形势来判断，渭河南部平原地势低平，河流密集，水源条件较好；而周至以东为西汉上林苑所在，以西则是大面积的竹林，农耕之地甚少，在这一带开渠灌溉的可能性很小。相反，扶风县境原面高敞，自然河流较少，又是传统的农业生产区，修筑渠道引水灌溉的可能性较大。扶风境有沣水，沣渠可能即因引沣水而得名。成国渠、灵轵渠和沣渠虽然不如郑国渠和白渠那样著名，灌区覆盖范围也没有郑国渠和白渠那样广大，但它们的兴修，必然会促进当地农业生产的进一步发展。

除农业而外，本区的商业在西汉时期也获得相当程度的发展。在本区的东南部咸阳原上，自西向东依次分布着武帝茂陵、昭帝平陵、成帝延陵、平帝康陵、元帝渭陵、哀帝义陵、惠帝安陵、高祖长陵、景帝阳陵共九座西汉帝王陵墓，其中茂陵、平陵、安陵、长陵、阳陵还设有陵邑。这些陵邑虽然境域范围不大，但作为京师长安总体建设的一部分，邑城的规模却很大，人口众多。如茂陵邑，从当地的遗迹和遗物分布情况来看，其范围东西 1500 米，南北 700 米[①]；有户 61087，口 277277，户数虽不及京师长安，但口数还要比长安多 31000 余[②]。长陵邑，南北长 2200 米，东西宽 1245 米[③]，有户 50057，口 17946[④]。安陵、阳陵、平陵的户口数不甚清楚，但其邑城规模也很大。如安陵邑，东西长 1548 米，南北宽 445 米；平陵邑，东西和南北长分别在 1500—2000 米之间[⑤]。这些陵邑依附在京师长安周围，实际是长安的卫星城。其内不仅有官署、里居，还有市场。汉武帝就曾亲往长陵小市寻找其异父同母的姐姐[⑥]。除陵邑里设有市外，为满足陵区大量人口的生活需要，渭桥北端还设有直市，与渭桥南长安城内的东西市连成一体，形成一规模庞大的商业区。所谓"夹横桥大道，市楼皆重屋"[⑦]，即是对这一带商业繁荣的描绘。由于陵县的人口大都是从全国各地迁徙来的豪杰、官吏和富豪，更加重了本地的经商之风。前文所述长安及其附近地区的富商巨贾，大部分都出自五陵县，如安陵杜氏、茂陵挚网、平陵如氏、苴氏等。

（三）东南区

本区地势南高北低，南部为高峻的秦岭山脉，北部为渭河平原。与关中其他区域相比，本区平原面积较小，仅限于渭河沿岸的一个狭长地带。但水源丰富，河流众多，自西向东有鱼池水、戏水、泠水、酋水、西阳水、东阳水、竹水、灌水、新郑水、沈水、敷水、宣水、千渠水、长涧

---

① 刘庆柱、李毓芳：《西汉十一陵》，陕西人民出版社 1987 年版。
② 《汉书》，卷二八上，"地理志"。
③ 刘庆柱、李毓芳：《西汉十一陵》。
④ 《汉书》，卷二八上，"地理志"。
⑤ 刘庆柱、李毓芳：《西汉十一陵》。
⑥ 《史记》，卷四九，"外戚世家"。
⑦ 《三辅黄图》，卷二，"长安九市"。

水、沙渠水、泥泉水等①，为当地的农业生产提供了良好的条件。

本区处在东西部交往的要道之上，很早就有人类活动。在蓝田公王岭发现的蓝田人化石，距今约一百万年，是目前亚洲北部发现的最早的直立人化石；在其北发现的陈家窝人，距今也有五十万年以上的历史。在本区发现的新石器时代遗址也不少，总共不下一百六十处②。商周时期，这里依然是人类活动比较频繁的一个地带，现已发现的商、周遗址虽比不上西北区，但比东北区和西南区都要密集得多③。但自此之后，这一地带未闻有什么发展，农业生产渐渐落后于其他地区。除西周时期在今华阴一带封了一个郑国外，直到战国时期，秦才在其西部设了芷阳和丽邑两个县，而这两个县的设立还不是因为当地的经济有了起色，仅仅是为了奉祀陵园的需要。

本区农业的发展应该是在汉武帝时期开挖漕渠之后。汉武帝以前，关中地区的农业经济虽然有很大发展，但仍然不能满足京师的粮食需要，每年要从关东运粮西上。当时的运粮路线是借助渭水。但渭水多弯曲，自河口至京师有九百余里，需要走半年，于是在汉武帝元光年间，大司农郑当时建议开挖一条漕渠，不仅可以使运粮的时间缩短一半，而且还可以灌溉沿渠的农田万余顷。汉武帝采纳了这一建议，命齐人水工徐伯发卒数万人穿漕渠，三年后竣工。根据《史记·河渠书》《汉书·沟恤志》和《水经·渭水注》的记载，汉代的漕渠大约在今西安市东北上下桥梓口一带穿过灞水，傍渭河二级阶地的北缘，向东依次经过汉代的霸陵、新丰、郑县、沈阳、武城、华阴诸县，在船司空附近入渭。漕渠开通后，取得了预期的效果，"以漕，大便利。其后漕稍多，而渠下之民颇得以溉田矣"④。

除漕渠而外，汉代还可能开挖了其他的灌溉渠道。据《水经·渭水注》记载，灞水在会浐水之后，有一渠右出东经汉霸陵县南，至汉新丰县会于漕渠。郦道元虽未明言此渠就是汉武帝时所开，也未指出此渠所开的目的，但从当地的地理形势和以后的社会政治条件来看，此渠不可能是

①　《水经·渭水注》。

②　《西安历史地图集》，第28、29页。

③　同上书，第32、33页。

④　《史记》，卷二九，"河渠书"。

汉以后所开，应该是徐伯在开漕渠的同时所开。开此渠的目的，一可以增加漕渠的水量，二也可以灌溉附近的田地。毫无疑问，此渠的开通，使霸陵至新丰一带的农业生产条件有了更大的改善。

除农业有所发展外，本区未闻有什么其他生产部门。而就农业生产来说，由于平原面积狭小，先天不足，在整个关中地区并不占重要地位。

（四）西南区

本区地势南高北低，起伏不大，平原面积广阔。不仅土壤肥沃，而且水源丰富，河流众多。自西向东有斜水、洛谷水、芒水、就水、田溪水、耿谷水、甘水、涝水、沣水、滈水、潏水、浐水等，河网密集，水量丰富。地下水位高，渭河沿岸及汉御宿川一带甚至有地下水涌出。农业生产的自然条件优于关中其他地区。

本区是关中经济开发最早的地区之一，新石器时代遗址遍布各地①。西周定都丰、镐之后，丰河中下游两岸的农业获得了迅速发展。《诗·小雅·白华》说："滮池北流，浸彼稻田。"表明这一带不仅有大片稻田，而且有了一定的水利建设。如同周人对周原地区农业的重视一样，他们对于丰镐附近的农业生产也应当多所致力。春秋时期，虽然周的都城东移到了洛阳，但丰镐一带的农业生产并未衰落。相反，农业区域仍在不断扩展，就连旧时宗庙宫室的遗址也被开辟成农田，种上了黍稷②。到汉武帝以前，长安城以南至南山脚下，东起杜县，西到鄠县、周至，包括亡秦的苑囿园地，都已被开垦为农田，种上了庄稼，既有秔稻梨栗桑麻竹箭之饶，又有姜芋蛙鱼之产；尤其是丰镐之间，"号为土膏，其贾亩一金"③。成为当时关中农业经济最繁荣的地带。

这种状况在汉武帝广开上林苑之后有了彻底的改变。汉武帝建元三年（公元前138年）命太中大夫吾丘寿王与待诏能用算者二人负责筹建上林苑。其范围从阿城东南至宜春宫，再南至南山脚下，傍南山而西至周至县

---

① 《西安历史地图集》，第28、29页。
② 《诗·王风·秦离》。
③ 《汉书》，卷六五，"东方朔传"。

长杨、五柞，再绕周至东而至阿城，有三百余里。建成后的上林苑完全成了皇家游猎的专用之地，周围圈有高大的围墙，不允许普通老百姓出入，既有的良田被毁弃，居民被赶走，是一个没有耕地、没有民居的巨大的动植物园①。上林苑所在，正是本区农业经济的精华部分。也就是说，由于上林苑的兴建，本区的农业经济急剧衰落，已基本不存在农耕经济了。

　　然而，由于本区是汉都长安所在，手工业和商业都迅速发展。本区市场设置密度之大，商业贸易之繁盛，富商大贾之众多，已见前述。手工业方面，建筑业、制陶业、纺织业、铸币业等实际也集中在本区。都城长安以及上林苑大量的宫观建筑，理所当然地使本区成为关中乃至全国最发达的建筑业和制陶业基地。纺织业即使其他地区再发达，也不可能与都城长安相比。像张安世这样的私人纺织业就有织工七百名，少府所属的东、西织室规模就更大。根据考古发掘，少府官署位于未央宫西北部，东、西织室即在其中。除织室外，还有其配套部门染练之署——暴室，亦坐落在未央宫西北②。至于铸币业，则更为全国所仅有。就迄今为止手工业作坊遗址的考古发掘来看，绝大部分都位于本区，包括制陶、冶铸、铸币等多种部门。除未央宫西北部的官营手工业建筑遗址外，著名的还有西市西边的陶窑遗址、北宫以南、武库以北的砖瓦窑群遗址、西市中部偏南的冶铸遗址、西市东北部的铸币遗址等③。

　　总而言之，西汉时期关中地区经济发展的区域差异性特征非常明显：东北区以农业经济占绝对的主导地位，是西汉政府农业经营的重点所在，也是京师长安的粮仓所在。西北区农业生产也很发达，但地位不如东北区重要；农业而外，商业也占有一定的比重。东南区也是一个以农为主的地区，但因平原面积狭小，因而并未受到西汉政府的真正重视。西南区手工业和商业都非常繁荣，是经济发展的主体，农耕经济很少，地位十分微弱。

---

①　王社教：《西汉上林苑的范围及相关问题》，《中国历史地理论丛》1995 年第 3 辑。

②　刘庆柱：《长安春秋》第四章，人民出版社 1988 年版。

③　刘庆柱：《汉长安城的考古发现及相关问题研究》，《考古》1996 年第 10 期。

三　结　语

　　综上所述，与前代相比，西汉时期的关中经济出现了两大变化，一是农业、手工业和商业都获得了高速发展，经济结构发生了改变，手工业和商业在经济中的地位不断提高；二是区域差异性进一步加强，形成四个特征明显的经济区。西汉时期关中经济出现的这两大变化，首先是由于它是全国的政治中心所在。大量的非农业人口的移入，不仅使关中的风俗发生变化，从事末业的人口增加；其衣食起居的需要更进一步促进了关中地区农业、手工业和商业的全面发展。当东汉移都洛阳之后，关中地区各经济部门都因远离政治中心而有不同程度的衰落，其中与政治中心最密切的手工业和商业衰落最为严重。其次是各地的自然条件存在差异，以及与京师间的相对位置有所变化。本来东北区、西北区和西南区都很适合农业生产，但由于西汉将都城定在渭河以南，灞浐以西，西南区的农业因上林苑的建立而急剧衰落，手工业和商业则由于都城的需要而迅速发展；西北区也由于其东南部紧邻都城和五陵县的设立，商业获得了一定的发展；只有东北区与都城相距较远，成为单纯的农业区。需要指出的是，由于西汉以后，关中的政治中心一直位于西南区，在今西安市附近移动，西汉时期形成的这种经济格局，时至今日，基本没有发生大的变化。

（原文发表于《中国历史地理论丛》1999 年第 3 期）

汉长安城布局结构的演变

自刘邦迁都关中起，直到西汉末年，前后近两个世纪，汉长安城的建设一直没有停止。汉长安城的建设在我国古代都城发展史上具有重要的地位，这不仅是因为其作为都城的年代很长久，还因为其布局结构具有自身的特点，既不同于自西周以来所流行的西城连接东郭的布局，也不同于东汉以后到唐代东西南三面郭区环抱中央北部城区的结构，而是继承了秦都咸阳的规制，实行的是城郭合一的制度，城郭之间并无明显的区分①。汉长安城的城郭形状和功能区的安排，一方面力图按照《周礼·考工记》的有关原则进行布局，另一方面则不得不受当地地貌形态等其他一些因素的制约作出适当的变通。下面就从城郭形状、城门形制和街道布局、空间结构的演变、城郊布局的形成等几个方面谈一谈汉长安城布局结构的特点及其形成原因。

一 地貌形态对城郭形状的影响

汉长安城平面形状为不规则的方形，除东城墙系一直线外，南、西、北三面城墙都有不同程度的曲折，尤以北墙最甚，达七处之多。北墙西端比北面西头第一门横门偏南约 500 米，横门比北面中门厨城门偏南约 200 米，厨城门比北面东头第一门洛城门偏南约 800 米，而洛城门又比北墙东

---

① 杨宽先生认为，中国古代的都城制度可以分为前后两大阶段，前一阶段从先秦到唐代，是封闭式都城制度时期，后一阶段从北宋到明清，是开放式都城制度时期；其中前一阶段又划分为三个时期，即商代是有城无郭的时期，从西周到西汉是西城连接东郭的时期，从东汉到唐代是东西南三面郭区环抱中央北部城区的时期。详见杨宽《中国古代都城制度史研究》，上海人民出版社 2003 年版。本文关于汉长安城布局结构的看法与杨宽先生的观点不同。

端偏南约 300 米。整个城墙成西南—东北曲折，城墙西端比东端偏南近 2000 米。而且城墙西端和横门之间以及厨城门和洛城门之间的方向不正，由西南向东北倾斜。南墙有四处曲折，中间一段向外突出，西段则比东段偏南，中间的安门比东边的覆盎门偏南约 900 米，西边的西安门比安门偏北约 200 米。西城墙有两处曲折，位于未央宫西的南段比位于桂宫西的北段偏西约 200 米。这种曲折，与天上的南斗和北斗星座十分相似，因而在古代人们又称之为"斗城"。

汉长安城为什么要建成这样一种形状？《史记》《汉书》等早期史籍均无明确记载，《三辅黄图》《三辅旧事》和《周地图记》等魏晋时著作皆认为是建城时有意为之。这一说法在元代以前一直很盛行，唐李吉甫《元和郡县图志》、宋宋敏求《长安志》和元骆天骧《类编长安志》等著名志书都沿用了这样的说法。但元代的李好文却对此提出了怀疑，他在所著《长安志图》中说：《三辅旧事》和《周地图记》说长安城南为南斗形，北为北斗形，从城的平面形状来看，确实是这样，但《汉书·地理志》以及班固的《西都赋》和张衡的《西京赋》都没有这样的说法，这一说法缺乏文献根据。"以事理考之，恐非有意为也"。长安城的弯曲主要是受宫殿建筑在前，城墙建筑在后，以及渭河自西南流向东北两个因素的制约。"盖长乐、未央，酂侯所作，皆据冈阜之势，周二十余里，宫殿数十余区。惠帝始筑都城，酂侯已没，当时经营必须包二宫在内。今南城及西两方凸出，正当二宫之地，不得不曲屈以避之也。其西二门以北，渭水向西南而来，其流北拒高原，千古无改，若取东城正方，不惟太宽，又当渭之中流。人有至其北城者，言其委曲迂回之状，盖是顺河之势，不尽类斗之形。以是言之，岂后人偶以近似而目之也与？"[1] 李好文第一次将汉长安城的形状与周围的地貌环境联系起来，更具科学性。但在他那个时代，以及更前的西汉时期，封建统治者总是要将自己的言谈举止加以神化，强化君权神授的观念。对于都城的布局自然也是如此。就像唐长安城那样，因为城内自北而南恰好有六条东西向的高坡，因而就被附会成《周易》中的乾卦之象[2]，汉长安城因有这样的曲折，因而被附会成天上

---

① 李好文：《长安志图》，卷中，"图志杂说·北斗城"。

② 《元和郡县图志》，卷一，"关内道一"。

的南斗和北斗，也是理所当然，可能在阳成延建造长安城时就已有这样的说法。

由于李好文的解释抓住了问题的本质，因而得到当今大多数学者的赞同。但李好文的说法仍显得过于简单，有些解释也不免牵强。如南墙为什么中间一段要向外突出？东段为什么要向内缩，不与西段成一直线？北墙为什么非顺着渭水曲折不可？为什么不取西城正方？根据《水经·渭水注》的记载，汉魏时期渭水距北面西门横门尚有三里，在渭水和北城墙之间还有一条沄水枝津，呈西南—东北流向。如果说汉长安城北墙是受渭水影响，还不如说是受沄水枝津的制约。因此，这一问题还需要进一步研究。

汉长安城南、西、北三面城墙弯曲的原因各不相同，但都与当地的微地貌景观有关。南城墙的弯曲诚然与长乐宫和未央宫建筑在前、城墙修筑于后有关，但更确切地说，主要还是受当地微地貌形态的制约。长乐宫和未央宫本身的位置就是受龙首原走向的影响。为营造皇宫的凌空之势，使之显得更加宏伟壮丽，长乐宫和未央宫均建于龙首山顶部。龙首山在汉长安城南部呈西南—东北走向，因此未央宫和长乐宫的位置就一个偏南，一个偏北。由此相应地造成南城墙西段要比东段偏南。

此外，在汉长安城东南城墙遗址外侧，现有一条长约6000多米的积水洼地。此洼地北起雷家寨东，紧贴汉长安城城墙，曲折向西南，迄于西叶寨南。从其形状来看，这个洼地应是修筑汉长安城时开挖的护城河遗迹，但从周围的地形判断，应是在汉长安城修筑以前就存在的，只是在修筑长安城时又对其进行了一番整修而已。因为若是汉代护城河的遗迹，汉长安城周围其他地段也应有所显露，但现在却都平坦无遗。根据考古勘查，长安城外护城河的宽度为8米，深度为3米[①]，远远不及现在这条洼地的规模。从"西安附近阶地分布图"可知，在今西安市雁塔区马军寨东，有一条古河道向北直达未央区讲武殿南，这片洼地可能就是这条古河道的一部分或分支。城墙是个防御工程，沿这条洼地内侧修筑城墙，不仅可以减省开挖护城河之工，而且最有利于长安城的防守。如果以未央宫南的南墙西段为准，东西一线，就将横穿这片洼地，并将其中一段置于长安

---

① 刘庆柱：《长安春秋》，人民出版社1989年版，第15页。

城内，使南墙失去防御能力。当然，更不能以南墙东段为准，径直西向，那样就会将未央宫切割成两半。由于这片洼地在李下壕村南又直转向南，为了充分利用这片洼地，南墙中段也就随之向南突出。

西墙的弯曲虽然与未央宫修筑在前有关，但主要还是受沈水的影响。据《水经·渭水注》的记载，沈水在樊川附近流出皇子陂，西北经下杜城、汉长安城西、建章宫凤阙东，今皂河大致即其故道。在凤阙之北，分为两支，一支流向西北，入建章宫，经神明台，北流注渭；一支东北流，称沈水枝津，于横桥之东与渭水相会。受沈水枝津的制约，西墙北段也只有向东偏移，否则就得横跨沈水之上，也不利于长安城的建筑和防御。

李好文说北墙的弯曲主要是受渭水流向的制约，看到的只不过是表面现象，实际上也犯了"偶以近似而目之"的错误。如前所述，根据《水经·渭水注》记载，其时渭水北距横门还有三里，在渭水和北墙之间还有一条沈水枝津。即使说自西汉初年至北魏郦道元作《水经注》时又经历了七百年，渭水有可能向北移动，但西汉初年的渭水至少也在横门以北1200米外，因为考古工作者已经在横门遗址以北找到南北长约1200米的横桥大道①。汉长安城北墙既非濒渭水而筑，也就很难说它为什么要顺渭水之势，迂回曲折。

北墙的弯曲主要受渭河南岸一级阶地北缘的制约。汉长安城除未央宫和长乐宫坐落在龙首山上以外，其余大部分都位于龙首山北麓，也就是渭河南岸的一级阶地上。从"西安附近阶地分布图"可以看出，渭河南岸一级阶地与高漫滩地的分界线在今西安市北郊呈西南—东北走向，大致经过今师家营、泥河村、阎家村、相家巷、席王村、张道口、北党村、东兴隆、草滩镇等地。汉长安城北墙的走向和所经地点与此正相同，这应不是偶然的巧合，而是有意为之。渭河一级阶地一般高出河漫滩1—8米，组成物质为全新统下部冲积层，以中细沙、中粗沙为主，夹薄层黏土、亚黏土，与高漫滩以沙、沙砾为主夹薄层不稳定的亚砂土、亚黏土有所不同②。在工程地质上，前者属黄土类土，后者属河漫滩沙砾卵石类，从安全角度考虑，汉长安城不能将城区扩展到河漫滩上，因为那样容易遭受洪

---

① 刘庆柱：《汉长安城布局结构辨析》，《考古》1987年第10期。

② 陕西师范大学地理系编《西安市地理志》第三章"地貌"，陕西人民出版社1988年版。

水的威胁，墙基也不牢固；又必须将一级阶地全部括入城内，充分利用其地势，增强城墙的军事防御能力。

汉长安城的东部，全部位于渭河南岸一级阶地上，地形较其他三面最为完整，既无河流洼地阻隔，又无高坡台地相挡，南北高差在 10 米以内，城墙也就无须曲折回避。（附图 1）

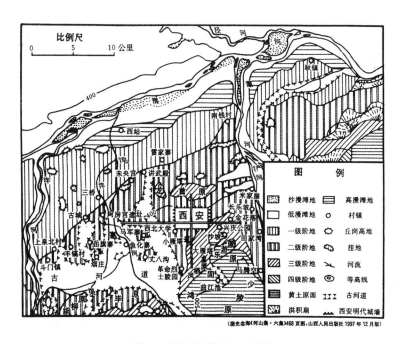

（据史念海《河山集·六集》468 页图，山西人民出版社 1997 年 12 月版）

图 1　西安附近阶地分布图

二　城门形制和街道布局

汉长安城共有十二座城门，东、西、南、北每面各三座。

东面三座城门，自北而南依次为宣平门、清明门、霸门。宣平门民间又称为东城门，遗址位于今西安市未央区青西村。清明门又名凯门，亦有人称为城东门，遗址位于今西安市未央区北玉女村东约 100 米。霸门又名青城门、青绮门、青门，俗称霸城门，遗址在今未央区樊家寨东约 2000 米。

南面三座城门，自东而西依次为覆盎门、安门、西安门。覆盎门遗址位于今西安市未央区阁老门村南约一公里，因北对长乐宫，又被称为端门，有道路直通长乐宫前殿。安门又称鼎路门，遗址在今未央区西张村与吕家壕之间。西安门本名平门，遗址在今西安市未央区马家寨南约一公里。

西面三座城门，自南而北依次是章门、直门和雍门。章门俗称章城门，又名光华门，遗址在今西安市未央区延秋门村东南约1公里。直门俗称直城门，遗址在今西安市未央区周家河湾北，夹城堡村南。雍门民间又称之为西城门，与东面北头第一门宣平门又称东城门相对，遗址在今西安市未央区六村堡村西南。

北面三座城门，自西而东依次为横门、厨门和洛门。横门又名光门、突门，遗址位于今西安市未央区相小堡村西。厨门俗称厨城门，因门内有长安厨而得名，遗址在今西安市未央区曹家堡村西，唐家村南。洛门俗称洛城门，又名朝门、高门，因门外临渭水有客舍，民间又称为客舍门，遗址位于今西安市未央区高庙村。

关于汉长安城城门的形制，班固《西都赋》、张衡《西京赋》以及《三辅决录》等文献都有记载。《西都赋》说："披三条之广路，立十二之通门。"《西京赋》云："观其城郭之制，则旁开三门，参涂夷庭，方轨十二。"而《三辅决录》的记载就更为详细："长安城面三门，四面十二门，皆通达九逵，以相经纬，衢路平正，可并列车轨十二。门三涂洞辟。"就是说，汉长安城共十二座城门，每面三门，每门有三个门道，其宽度可容十二个车轨。考古发掘证明这些记载都是符合当时的事实的。

迄今为止，汉长安城的城门遗址已发掘四座，试掘一座，它们分别是宣平门、霸城门、西安门、直城门和横门[①]。从这五座城门的门址来看，每座城门中部均有两条并列隔墙，将城门分作三个门道，每个门道宽6—8米。如果减去两侧立柱所占的宽度，门道的实际宽度都在6米左右。从霸城门遗址内发现的当时留下来的车轨痕迹来看，汉代车轨的宽度是1.5米，这样每个门道正好容纳四个车轨，三个门道共可容纳车轨十二个。

汉长安城城门的形制和构筑方法虽然相同，但十二座城门的规模和结

构仍存在一定的差异。就规模来说，主要受城门内隔墙宽度的影响。与未央宫、长乐宫宫门相对的西安门和霸城门门道二隔墙各宽 14 米，而宣平门、直城门、横门门道二隔墙仅各宽 4 米。这样就形成与宫城宫门相对的城门面阔约 52 米，其余城门面阔仅 32 米。前者较后者的规模壮观宏大，气势雄伟。

另外，汉长安城东面三座城门与其他三面的九座城门在结构上也有所不同。在东面三座城门的城址外侧，有向外突出的夯土台基。其中宣平门外的基址西距门址 20 米，台基现存高 8.2 米，东西长 13.8 米，南北宽 11.7 米。这种形制仿佛后世的瓮城，但也可能像东魏和北齐邺南城的朱明门、隋唐洛阳城的应天门一样，为门外的阙类建筑遗存。

《三辅黄图》卷二引《三辅旧事》说："长安城中八街九陌。"《太平御览》卷一九五引《汉宫殿疏》亦云"长安有八街"。汉长安城是一个不规则的城池，除西面中间的直门与东面南头的霸门东西对直外，其余各门均非相互对应，而直门和霸门之间又有长乐宫相阻。这样，各城门都有一条大街通入城内，汉长安城应有街道十二条。但由于东面的霸门和南面的覆盎门入门不远即是长乐宫，西面的章门和南面的西安门入门不远就是未央宫，不可能形成大街，因此，实际上只有八个城门各有一条大街通入城内，东西和南北向各四条。这一数目与文献记载正好相符，文献中所说的"八街"应当就是指这八条大街。这八条大街是长安城的主干大街。

同城门一样，汉长安城的每条大街也有自己的名称。见于文献记载的汉长安城街道名称有香室街、华阳街、章台街、夕阴街、尚冠街、藁街、太常街和城门街，正好八个，几乎所有的人因此都认为这八个街名即是上述八条主干街道的名称。但实际情况并非如此，其中有些是上述某个街道的名称，而另外一些则可能是一些次要街道的名称。从相关文献的记载推测，香室街、华阳街、章台街、夕阴街、藁街和城门街可能是指"八街"中的某条街道，尚冠街和太常街则可能是八街以外的次要街道名称。其中香室街在长乐宫北，可能就是清明门内大街；华阳街与东市相邻，可能就是横门内大街；章台街和城门街所指应是同一条街道，即安门内大街；藁街有可能就是直城门内大街；夕阴街可能就是雍门内大街；尚冠街可能是出未央宫东门与安门内大街相连的街道；太常街可能是指长乐宫与南城墙之间的夹街，东通长乐宫南门，西与安门内大街相连①。

　　长安八街的具体情况经过考古钻探和发掘，已经基本摸清。八条大街都非常规整，全街成一直线，或作南北向，或作东西向，中间毫无曲折。其中安门内大街最长，计5500米；其次是宣平门内大街，计3800米。洛城门内大街最短，计850米。其余多为3300米左右。八条大街的宽度大都在45米左右，东西向的宣平门内大街、清明门内大街、雍门内大街、直城门内大街和南北向的安门内大街较宽，最多达56米。每条大街均分为三道，其间由两条排水沟相隔，中道宽20米，两侧道宽约12米。这与城门分三个门道是相对应的，其中道即为文献记载中的"驰道"，专供皇帝行走，非经特许，其他人不得逾越②。

　　除八街而外，汉长安城中还有九陌。对于"九陌"，古文献没有明确解释，目前说法纷纭，莫衷一是。有的认为汉长安城内东西街道称"陌"，南北街道称"街"。有的说"九陌"是指每面城墙各有三门，门辟三道，共九道；或取《周礼·考工记》匠人营国"九经九纬"之义。有的认为"九陌"是指从长安城通往郊区的九条大道，但具体是指哪九条，意见也有不同。一说是八街通往城外的八条大道加上章城门外的便门桥大道，另一说则认为可能是指北面的横门、厨城门、洛城门，东面的宣平门、清明门，南面的覆盎门、安门，西面的雍门、直城门等通往城外的大道③。也有人认为陌系指田间道，西汉城中无田，不得有陌，"九陌"非西汉时事④。东汉许慎《说文解字》说："路东西为陌，南北为阡。"又说："街，四通道也。"说明街与陌有一定的区别。但在实际运用时，陌既可指田间小路，与阡相对，也可指城中街道，与街并称。因此不能断然否定汉长安城中无九陌。历史文献中所说的八街九陌可能与今天人们常说的大街小巷相似，八街指汉长安城中的八条主干街道，九陌则指九条次

---

①　见王社教《汉长安城八街九陌》，《文博》1999年第1期。
②　中国社会科学院考古研究所：《新中国的考古发现和研究》，文物出版社1984年版，第395页；王仲殊：《中国古代都城概说》，《考古》1982年第5期；刘庆柱：《汉长安城的考古发现及相关问题研究》，《考古》1996年第10期。
③　孟凡人：《汉长安城形制布局中的几个问题》，中国社会科学院考古研究所汉唐与边疆考古研究编委会《汉唐与边疆考古研究》第一辑，科学出版社1994年版。
④　陈子怡：《汉长安街道考》，陕西省博物馆印。

要街道。汉长安城除宫殿外，还有一百六十闾里，仿佛宫城和郭城之别。
《太平御览》卷一九六引《吴越春秋》说："鲧筑城以卫君，造郭以居
人。"《管子·度地》则说："内为之城，城外为之郭。"相对于宫城来说，
普通民人居住的闾里区，或郭区，也是可以被看作郊野的。因此，九陌可
能就是闾里区中的九条次要街道。当然，这只是推论，具体情况究竟如
何，还有待于进一步研究。

三　空间结构特征的演变

汉长安城中既有长乐宫、未央宫、桂宫、北宫、明光宫等众多宫殿建
筑，又有武库、太仓、九市及手工作坊等各种配套建筑，还有普通民人居
住的一百六十闾里。这些建筑被安置在由"八街"分割而成的十一个
"区"中。在武帝以前，长安城中只有长乐、未央、北宫三座宫殿，各占
一区，另外东市、西市各占一区，余下的六个区皆为闾里区。武帝时期，
先后营筑桂宫、明光宫，又分别各占一区，闾里区减少为四个。这些建筑
虽然建造的时代不一，但却遵循着一定的布局原则，并非杂乱无章。总体
而言，汉长安城空间结构安排具有如下三个方面的特征。

（一）中轴线和建筑轴线由分离到重合

中轴线的设置是我国城市建设中一项具有悠久传统的布局方式，
在先秦时期就已出现。汉长安城也是围绕着自己的轴线来进行布局
的。一般认为，汉长安城大体以安门大街为中轴线。一些考古工作者
通过测量发现，通过汉长安城安门大街的中轴线向南延伸至子午谷
口，向北延伸至汉高祖长陵以北，总长 74 公里；这条基线与真子午
线的夹角误差仅差 ±1°，与我国国家大地原点东西相差仅 2′左右，几
乎重合。因此断定汉代的测量技术已经达到很高的水平，同时也反映
出通过安门大街的中轴线不会是随便选择的，而具有更深层的含义[①]。从
汉长安城的平面结构来看，安门大街确实位于城的中部。但是否经过精心
选择，则令人怀疑。因为汉长安城不是在安门大街划定之后才动工兴建，

---

① 王兆麟：《一条以汉长安城为中心的南北超长基线》，《光明日报》1993 年 12 月 13 日。

围绕安门大街来规划布局的，而是先有长乐宫和未央宫，然后才有长安城及安门大街，汉长安城的形状、规模与安门大街的位置是受长乐宫和未央宫的位置、规模及当地地形制约的。所谓安门大街及其南北延长线与真子午线的夹角误差仅差±1°，与我国国家大地原点东西相差仅2′左右，不过是偶然的巧合，早在两千多年前的汉朝人是不可能预知今天中华人民共和国的版图的。

从主体建筑的布局来看，汉长安城的轴线应是经未央宫前殿东侧的南北大道和横门大街。未央宫是汉朝的正宫，未央前殿则是宫城中的大朝正殿，毫无疑问，未央宫前殿应是长安城的中心建筑，它大致位于未央宫的中部。根据考古发掘，未央宫前殿东侧有一条宽8—10米的南北向大道，北对未央宫北阙，南对未央宫南门，纵贯未央宫中部。出北阙不远，便是横门大街，通向横门；出南门不远，便是长安城南边西头第一门西安门。在横门大街两侧，由南向北依次坐落有北宫，桂宫，东市、西市；由西安门往南，东有九庙等宗庙建筑，西有官社、官稷等礼制建筑，与《考工记》所说的"左祖右社"完全一致。这也就是说，汉长安城的规划布局是以未央前殿为中心，围绕着未央宫中部南北向大道和横门大街这条基线来进行的，这条线是汉长安城的实际建筑轴线。从汉长安城的城圈范围来看，这条轴线明显偏于城的西部，这主要是受未央宫位置的制约。汉武帝时，在城西修筑建章宫。建章宫位于长安城外，但实际是汉长安城的一个重要组成部分。它隔未央宫与长乐宫遥遥相对，使这条轴线东西两侧的建筑基本达到了平衡，成为汉长安城名副其实的中轴线。

（二）城郭合一的布局特征

《太平御览》卷一九六引《吴越春秋》说："鲧筑城以卫君，造郭以居人。此城郭之始也。"《孟子·公孙丑下》云："三里之城，七里之郭。"《管子·度地》则说："内为之城，城外为之郭。"这些记载表明春秋战国时期的都城一般分为城和郭两个部分，两部分的功能、规模和位置都有明显的区别。城是国君居住的地方，郭则是普通百姓的居地；城较郭小，郭比城大；城的位置一般是在郭的内部。考古发掘的结果也证明先秦时期的都城大多由宫城和外郭城组成，但宫城和外郭城的相对位置各有不同，有的位于外郭城之中，有的则在外郭城之外，与外郭城相连①。

根据文献记载和考古发掘，汉长安城的布局与先秦时期这些都城有所不同。汉长安城外，除宣平门和横门外记载有外郭门外，其余十座城门外皆无外郭门的记载，考古调查和发掘也没有发现长安城外有郭墙墙垣的遗迹，现在所知的长安城墙很可能是汉都长安的最外一道城墙。长安城内，既有皇帝所居的正宫未央宫，又有太后居住的长乐宫和桂宫、北宫、明光宫等。除明光宫现在还未找到遗迹外，其余四宫都进行过不同程度的勘探和发掘，其具体位置和范围都已精确测定。这四宫皆为多座宫殿建筑所组成的宫殿群，四周分别筑有高大的夯土墙，形成一座座宫城。在四宫之间，又建有复道，互相连接，形成一个统一的整体。其中未央宫位于长安城西南部，周长8800米，面积约5平方公里；长乐宫位于长安城东南部，周长约10600米，面积约6平方公里；桂宫位于长安城西，南隔直城门内大街与未央宫相对，东邻横门大街，北邻雍门大街，周长5360米，面积约1.6平方公里；北宫位于长安城中部，南隔直城门内大街与武库相望，东邻安门大街，西邻厨城门大街，北邻雍门大街，周长4660米，面积约1.1平方公里。明光宫的遗迹虽仍在勘查之中，但据历史文献的有关记载，估计可能位于长乐宫北，宣平门内大街和清明门内大街之间，也应有自己的宫墙，面积不大于北宫。若明光宫的面积以1平方公里计，则长安城内宫殿面积共约有14.7平方公里，占长安城总面积的42%。可以说，汉长安城是一个由多座宫城所组成的宫城群，是一个扩大的宫城。

但汉长安城又不完全由宫城所构成，城内还有武库、太仓，东市、西市，京师官署，郡国邸第，以及普通百姓居住的闾里等。《三辅黄图》说："长安闾里一百六十，室居栉比，门巷修直。"尽管目前对长安城内是否能容纳得下如此众多的闾里还存在争论，但对于潘岳在《西征赋》中所列举的尚冠、修成、黄棘、宣明、建阳、昌阴、北焕、南平等部分闾里位于长安城中还是肯定的。这些闾里大部分集中于长安城东北，但也有不少是与上述诸宫相间排列。长安城中既然有一般百姓居住的闾里，表明它又不是严格意义上的宫城，同时又具有郭城的功能。汉长安城实际上是

---

① 中国社会科学院考古研究所：《新中国的考古发现和研究》，文物出版社1984年版，第278页。

一座由宫城和郭城有机结合的统一整体。

汉长安城这种城郭合一的做法，在我国古代都城形制发展史上是很特别的，不论此前的先秦时期的都城，还是此后的唐宋元明清时期的都城，尽管宫城与郭城的相互位置千差万别，但宫城与郭城区分严格，界线明确，宫城无论有多大，内部建筑有多少，大都集中于一道宫墙之中，不与都城中其他功能性建筑互相纠缠。汉长安城的这种布局特征，与秦都咸阳城十分相似，应直接承袭自秦咸阳城。秦咸阳由于秦末战火的焚烧和渭水的不断北徙冲刷，已无从进行全面的考古发掘，而遗留下来的文献记载又很少，很难窥其全貌，但从仅有的文字记载和现有的考古成果判断，它由渭北和渭南两个部分组成，无论是哪一部分，都以宫殿建筑为主，整个城市无明确的职能分区，宫殿与民居、市场等建筑交错分布。据《史记》记载，秦咸阳城始筑于秦孝公十二年（前350年），以后，秦每破诸侯，即"写仿其宫室，作之咸阳北阪上，南临渭，自雍门以东至泾、渭，殿屋复道周阁相属"，而诸庙及章台、上林苑诸建筑则皆在渭南。秦始皇二十七年（前220年），于渭南作信宫和甘泉前殿；三十五年（前212年），以咸阳人多，先王之宫廷小，又于渭南上林苑中营作朝宫，"先作前殿阿房，东西五百步，南北五十丈，上可以坐万人，下可以建五丈旗。周驰为阁道，自殿下直抵南山，表南山之巅以为阙。为复道，自阿房渡渭，属之咸阳，以象天极阁道绝汉抵营室也"①。由此可见，渭南和渭北已连接为一个统一的整体，两者之间不再有什么差别，都已成为秦宫殿的密集分布区。正因为如此，《三辅黄图》才说秦都咸阳是"渭水贯都，以象天汉；横桥南渡，以法牵牛"②。由于以咸阳为中心的宫殿建筑众多，范围广大，"北至九嵕甘泉，南至鄠、杜，东至河，西至汧、渭之交，东西八百里，南北四百里，离宫别馆，相望联属"③，都城咸阳与周围地区的差异不甚明显，因而在咸阳城周围可能从未筑过城墙，咸阳城是以周围的山川作为自己的郭城的。《三辅旧事》即载秦始皇以黄河为秦都东门，以汧水（今

①　《史记》，卷五，"秦本纪"；卷六，"秦始皇本纪"。
②　陈直：《三辅黄图校证》，卷一，"咸阳故城"。
③　同上。

千河）为秦都西门①。秦都咸阳的这种开放性格局和空前的规模，与秦结束五个多世纪分崩离析的局面，首次建立起空前规模的大一统封建帝国的宏伟气象是相一致的。汉承秦祚，继承了秦朝的一统江山，在都城方面虽然有所改革，将都城的范围缩小，在宫城外围又修筑了一道城墙，但对于宫殿建筑却仍然是不遗余力，整个都城以宫殿建筑为主，形成由多座宫城相连属而成的宫殿群，各宫城之间则夹杂有一般民居及其他功能性建筑，都城的总体格局亦呈现出一种不断向外进取的开放气魄。

（三）面朝后市的布局原则

朝宫和市场是我国古代都城建设中两个最重要的部分，对于任何一座都城都是不可缺少的。《周礼·考工记》说"匠人营国，方九里，旁三门。国中九经九纬，经涂九轨。左祖右社，面朝后市，市朝一夫"，既是对此前都城建设的总结，也是对此后都城设计的指导原则。这里特别提到市的设置，可见市场在都城建设中具有极其重要的地位。实际上这也是都城自身发展的需要，因为都城中居住有大量的包括皇族、官吏在内的非生产性人口，他们的日常消费非常复杂庞大，只有通过市场交换才能保证这些消费品的供给。从我国古代都城的具体建设来看，都有商业市场的设置，有的甚至不止一处。不过，各个朝代都城中市的布局并非就如《考工记》所说的那样千篇一律，而是有所差异的。

大体来说，汉代以前的都城以宫城位于都城南部，市场位于都城北部，即采取"面朝后市"的布局居多。根据一些学者的研究，河南偃师商城、东周时期的曲阜鲁城、东周王城、齐都临淄、赵都邯郸以及秦雍城都属于这种布局②。其他都城的布局虽然缺少明确的记载和考古发掘，但从《考工记》的记述来看，大多数都应该是采取这样一种布局的。汉以后，除东汉前期的洛阳与金中都、元大都等少数都城仍采取这种布局外，像东汉后期的洛阳城、曹魏邺城、东魏北齐时期的邺南城、北魏的洛阳城、隋唐长安城、北宋开封城、明清北京城等绝大多数都城，它们的宫城

---

① 《史记》，卷六，"秦始皇本纪·正义"引。
② 刘庆柱：《汉长安城的考古发现及相关问题研究》，《考古》1996 年第 10 期。

均位于都城北部，而市场则位于宫城之南①，与此前的布局正好相反。

西汉对于长安市场的建设也非常重视。高帝六年（前201年），也就是刘邦开始营建都城长安的第二年，即于长安立大市②。惠帝五年（前190年），又于大市之西建西市③，同时更名大市为东市④。东市和西市是汉长安城中两个规模最大的市，常常见于文献记载。除此而外，还有其他一些规模较小的市。《三辅黄图》引《庙记》说，长安有九市，东市、西市外，还有柳市、直市、交门市、孝里市、交道亭市等，可能还有南市和北市。根据考古发掘，东市和西市分别位于长安城西北部横门内横门大街两侧，横门大街以东为东市，以西为西市。东市东西780米，南北650—700米；西市东西550米，南北420—480米⑤。它们的位置在西汉的朝宫，也就是未央宫的正北。

汉长安城出入最频繁的城门分别是东面北头的宣平门和北面西头的横门，萧何在营造朝宫未央宫时也仅立东阙和北阙，有人据此即以为汉长安城是东向或者是北向的都城，这似乎与我国传统的思想文化不相符合。《周易·说卦》说："圣人南面而听天下，向明而治"，汉长安城自然也不会例外。从宫殿建筑结构来看，汉长安城中两个主要的宫殿未央宫和长乐宫都是坐北向南的。《三辅黄图》说：长乐宫"前殿东西四十九丈七尺，两杼中三十五丈，深十二丈"，未央宫"前殿东西五十丈，深十五丈"。杼又作序，所谓"两杼"，是指东序和西序，为正殿东西两侧的附属建筑。可见长乐宫是南向的建筑，而不是东向的建筑。未央宫虽未见有两杼的记载，但从现存遗址和考古发掘结果来看，也是有两杼的。未央宫前殿遗址南北长350米，东西宽200米，台基北高南低，由南向北分低、中、高三个台面，每个台面之上各分布有一组大型宫殿建筑基址，东西两侧分别为东西厢房⑥。这种建筑形制很明显是坐北朝南向的。既然未央宫和长

① 参见陈桥驿主编《中国七大古都》，中国青年出版社1991年版。

② 《史记》，卷二二，"汉兴以来将相名臣年表"。

③ 《汉书》，卷二，"惠帝纪"。

④ 刘庆柱：《再论汉长安城布局结构及其相关问题》，《考古》1992年第7期。

⑤ 刘庆柱：《西安市汉长安城东市和西市遗址》，《中国考古学年鉴（1987年）》，文物出版社1989年版。

⑥ 李毓芳：《汉长安城未央宫的考古发掘与研究》，《文博》1995年第3期。

乐宫皆为朝南向，整个长安城也应是朝南向的。在汉长安城南面西头第一门西安门之南，东有祖庙，西有社稷，体现着《考工记》所说的"左祖右社"的思想。东为左，西为右，进一步表明汉长安城是一个南向的都城。

由于汉长安城是南向的都城，宫城位于都城南部，市场位于都城北部，也就是宫城在市场之前，而市场则在宫城之后。这说明汉长安城继承了先秦都城的一些传统，也是采取的"面朝后市"的布局原则，或者说，汉长安城在整体布局上几乎完全采用了《考工记》的设计思想。这在我国古代都城建设史上还是不多见的。（附图2、图3、图4）

四　城郊布局的形成及特点

城郊布局是汉长安城整体布局的重要组成部分之一，在汉初开始营建长安城时就已初步确立下来，以后随着都城建设的不断发展而逐渐完善。汉长安城的城郊范围十分广大，区域特点也非常明确，形成自己的特色，并对后世产生了深远的影响。

汉长安城的东郊和北郊主要为帝王陵区。在东郊的帝王陵墓有文帝霸陵、宣帝杜陵，以及文帝母薄太后南陵和宣帝父史皇孙奉明园等。霸陵位于汉长安城东南灞河之滨的白鹿原上，即今西安市灞桥区毛西乡杨家圪塔村。杜陵位于汉长安城东南的杜东原（今鸿固原）上，即今西安市雁塔区曲江乡三兆村南。薄太后南陵位于白鹿原西侧，即今西安市灞桥区狄寨乡鲍旗寨村西北。因在文帝霸陵之南，故又称南陵。史皇孙奉明园距汉长安城较近，大致在今西安市玉祥门西1公里左右。北郊的帝王陵墓分布在渭北的咸阳原上，共有九座，自东向西依次为景帝阳陵、高祖长陵、惠帝安陵、哀帝义陵、元帝渭陵、平帝康陵、成帝延陵、昭帝平陵和武帝茂陵，是西汉的主要陵区。其中阳陵在今咸阳市秦都区肖家村乡张家湾村，位置在汉长安城东北。长陵在今咸阳市秦都区窑店乡三义村附近，位置在汉长安城正北，南与长安城安门内大街相对。安陵在今咸阳市秦都区韩家湾乡白庙村，义陵在今咸阳市秦都区南贺村，渭陵在今咸阳市秦都区周陵乡新庄，康陵在今咸阳市秦都区周陵乡大寨村，延陵在今咸阳市秦都区周陵乡严家窑村，平陵在今咸阳市秦都区大王乡大王村，茂陵在今兴平市南

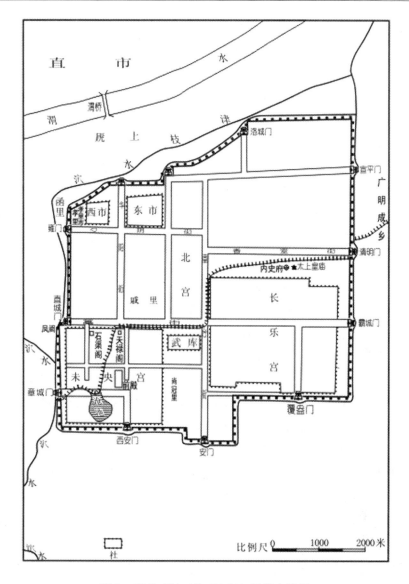

图 2　惠帝五年（前 190 年）汉长安城图

位乡策村。自安陵至茂陵，位置皆在汉长安城西北，而平陵和茂陵更在汉长安城正西了。

　　汉长安城东郊和南郊被规划为帝王陵区，是多种因素促成的结果。帝王死后葬于其都邑附近，是我国古代的一贯做法。汉长安附近，位于长安城北的咸阳原和长安城东南的白鹿原、杜东原均"地高土厚"，都是适宜修筑帝王陵墓的地方，在汉以前，即已成为秦的两个陵区。刘邦在定都关中时，遵照帝陵葬于都城之北的传统礼仪，于长安城正北咸阳原上预作自己的陵墓，其后继者当然也就只能将自己的陵墓修在咸阳原上。然而，我国古代昭穆制度又非常盛行。所谓昭穆制度，就是在安排帝王陵墓的位置时，要按父子辈分排列，父为昭位，子为穆位，孙复为昭位；昭位居左，穆位居右。但西汉的皇帝并不完全是按父、子、孙的顺序承继的，因一些特殊的原因，还出现过兄死弟继、祖死孙继的情况，这就不可避免地造成昭穆顺序的混乱，迫使某些帝王无法在渭北陵区安排自己的寿陵，只好在长安城东南另寻地方。如文帝，他与惠帝均为高祖刘邦之子，都属于穆位，惠帝既已葬于长陵之西（右），文帝就只能在白鹿原上另辟陵区。又如宣帝，他以昭帝堂孙继位，均为昭位，也无法在咸阳原上安排自己的寿陵，只好在杜东原上营建初陵①。

　　上述原因之外，我们也不能忽视这两个陵区的形成与汉长安城安全防卫之间的关系。西汉建立之初，即仿照秦始皇的做法，于帝陵之旁设置陵邑。自高祖刘邦开始，至宣帝设杜陵止，西汉一代共设置陵邑十一个。其中位于渭北咸阳原上的有五个，自西向东分别为茂陵、平陵、安陵、长陵和阳陵，咸阳原因此又被称为"五陵原"；位于长安城东南部的有四个，分别是灞水东岸的霸陵、白鹿原上的南陵、杜东原上的杜陵和长安城近郊的奉明。另外还有万年和云陵两个陵邑，分别位于今西安市阎良区和淳化县北，也在汉长安城的北部。陵邑的地位与普通县邑有很大不同，它们虽然在地理位置上分属京兆尹、左冯翊、右扶风三辅郡，但直到元帝永光四年（前40年），在行政上却一直归掌管宗庙礼仪的太常管理，各陵邑的官吏也皆由太常任免。陵邑设置的目的，首先是为了供奉陵园，但陵县的居民并不是当地的原住户口，而是强迫迁徙而来的关东豪族、天下高赀等，因而实际上也是为了"内实京师，外消奸滑"的需要。西汉长安与外界的联系以通往东方的函谷道、武关道和通往北方的直道、通往西方的回中道最为频繁，所受的威胁也以这两个方面最为严重。将全国的豪族巨富集中在这两个地区，对于拱卫京师的安全自然有一定的积极作用。不仅如此，在一个祖先崇拜极为盛行的时代，祖先的陵墓是否得以保护，祭祀不衰，香火旺盛，更是一个王朝是否强盛的象征。

---

① 见刘庆柱、李毓芳《西汉十一陵》，陕西人民出版社1987年版。

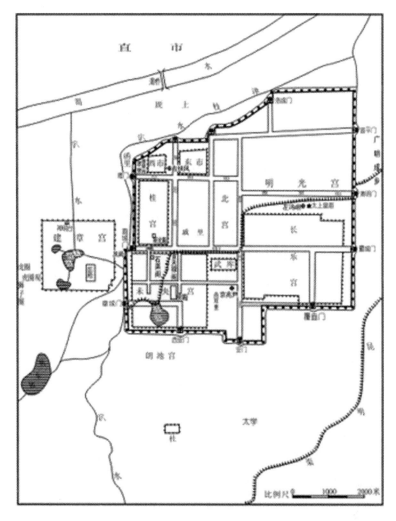

图 3　武帝后元二年（前 87 年）汉长安城图

当祖先的安息之地受到威胁时，其后继者们也一定会竭尽全力予以保护。西汉王朝将帝陵设置在京师长安的东、北两个方面，也是提醒其子孙们在长安面临外来威胁时，要早做准备，将隐患消弭于京师外围。

　　陵邑的辖境虽然较小，但人口却非常殷实。西汉末年，长陵邑已有 5 万户，茂陵邑则达 6 万户；其他各陵邑初建时都在 5 千户以上，估计到西汉末年也近万户。按照汉代的标准，它们在当时都已属大县，而长陵、茂陵甚至比许多郡国的户口数还要多。由于这些人口主要是从各地迁徙来的

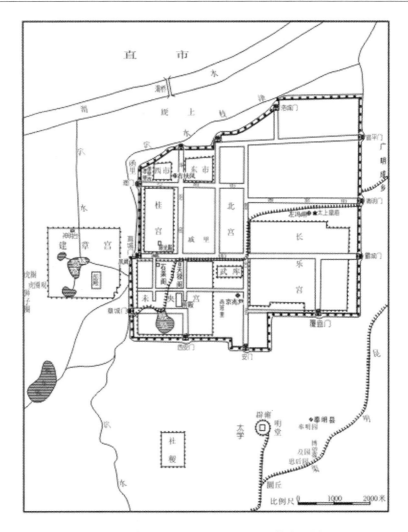

图4 平帝元始五年（公元5年）汉长安城图

旧贵族、高级官吏、富商大贾、游侠豪杰，与西汉朝廷有着非常紧密的联系，富敌王侯，权倾朝野，因而汉长安城的东郊和北郊成为京师附近人口最为密集、经济最为发达、生活最为富庶、面貌最为繁盛的区域。对此，班固在《西都赋》中有颇为生动的描述，他说："若乃观其四郊，浮游近县，则南望杜、霸，北眺五陵，名都对郭，邑居相承。英俊之域，绂冕所兴，冠盖如云。"

除五陵而外，汉长安城的北郊布局还应推广到今天的淳化县境。淳化在西汉分属云阳和云陵两县，有黄花、北仲、嵯峨、爷台诸山，崇山隐天，林木葱翠，风景优美。秦始皇时就已开始在此修筑林光宫，作为祭祀之地。汉武帝时期，进一步扩大其规模，以林光宫为基础，相继增修了通天、高光、迎风、洪崖、旁皇、储胥、弩陆、石关、封峦、鳷鹊、露寒、棠梨、师得诸宫、观、台、阁百余所，自云阳西入扶风，周回540里，成为西汉皇帝的避暑胜地。

汉长安城的南郊和西郊则是融祭祀游乐、观光旅游为一体的园林区。出长安城南门不远，便是西汉礼制建筑的集中分布区，宗庙、社稷、明堂、辟雍、太学、圜丘等都设置在这一带。再往南，就是上林苑的范围。上林苑是西汉最重要的一座皇家园林，正式建立于汉武帝时期，其实指范围北起长安城南，东至浐水，南包秦岭北麓，西到今周至县的田峪河一带，向北越过渭水，直至今兴平一带，位于今兴平市境内的黄山宫和长安城西的建章诸宫皆是其中的一个部分。上林苑内有离宫别馆七十余所，苑囿池沼十余处。奇花异草，随处可见；珍禽异兽，充斥其间①。西汉皇帝常于此驰射走猎，游乐嬉戏，流连忘返，而京师及附近居民有时也可以来此观看角抵之戏。

汉长安城南郊和西郊之所以成为礼制建筑和园林分布区，主要有三个方面的原因。第一，就礼制建筑而言，宗庙、社稷、明堂等自古以来就以坐落在都城南面为主，汉将礼制建筑集中在长安南郊，符合古礼，尤其是周礼②。第二，长安城南不远，即是著名的秦岭，山势雄伟，奇峰迭出，林木参天；在秦岭和长安城之间，有灞、浐、沣、滈、涝、潏等大小河流纡余委蛇，景态各异；又有渼陂、滮池、皇子陂、揭水陂、河池陂等许多天然湖泊点缀其间。湖光山色，风景宜人。班固在《西都赋》中对此赞不绝口，他说："其阳则崇山隐天，幽林穹谷，陆海珍藏，蓝田美玉，商、洛缘其隈，鄠、杜滨其足，源泉灌注，陂池交属；竹林果园，芳草甘木，郊野之富，号曰近蜀。"第三，在西汉以前，这里就已成为西周和秦的重要风景区。其中的许多建筑虽时过境迁，但依然保存，有良好的基础。如秦代的阿房宫、宜春苑、长杨宫、五柞宫等，经过整修，都成为汉

---

① 王社教：《西汉上林苑的范围及相关问题》，《中国历史地理论丛》1995 年第 3 辑。

② 见［唐］杜佑《通典·礼典》。

上林苑中著名的景点之一；西周故都丰、镐遗址虽然遭受严重破坏，但仍以它深邃的文化内涵吸引着西汉的皇帝们前来凭吊先贤古圣的丰功伟绩。

（原文发表于《长安历史文化研究》第 2 辑，陕西出版集团、陕西人民出版社 2010 年版）

隋唐长安城的选址及其内部结构的
形成与原因

众所周知，地理环境对城市的建设和发展有着制约的作用。但是地理环境所包含的因素很多，不是在所有城市的建设和发展上，所有的地理因素都起作用，也不是城市建设和发展的各个方面都受地理环境的制约。地理环境与城市建设和发展的关系非常复杂，需要具体问题具体分析。

地理环境对隋唐长安城的制约作用主要表现在两个方面：一是长安城城址的选择，二是长安城内部区域结构的形成。

一 长安城城址的选择

都城城址的选择与一般的城镇有所不同，由于它所处的地位非常重要，规模更大，因而对诸如政治、经济、军事、交通、城市用水等方面的考虑更为仔细，要求更加严格。同以往各朝都城一样，隋唐长安城城址的选择也是在经过仔细的对比之后才确定下来的。

隋唐长安所在的今西安及其附近地区具有建立都城的得天独厚的地理条件。这里平原广阔，水源丰富，交通便利，经济发达，不仅有著名的关中四塞提供安全上的保障，还有素有"天府之国"之称的关中平原作为雄厚的经济依托，而沣、滈、涝、滴、灞、浐、泾、渭八水为城市供水又提供了极大的方便。自西周定都丰、镐开始，先后有秦、西汉、隋、唐等十七个王朝和政权在此建都，历时一千余年。这些王朝定都的具体地点虽然受地理环境、经济发展程度和人口增长等因素影响，先后有所移动，但都没有远离过今西安附近。

隋文帝营建新都开始于其建国后的第二年①。其营建新都的原因，据说是因为临时所都的汉长安城自汉以来"凋残日久，屡为战场，旧经丧乱"，而"今之宫室，事近权宜，又非谋筮从龟，瞻星揆日"，故"不足建皇王之邑，合大众所聚"②。也就是说，西汉以来的长安城经过长期的战乱，已经残破不堪，不足以作为新兴王朝的都城了。除此之外，西汉长安城水质咸卤，不适饮用，也是一个较为重要的因素③。

西汉长安城既已不能作为都城，新都应该建在哪儿呢？隋文帝认为"龙首山川原秀丽，卉物滋阜，宜建都邑，定鼎之基永固，无穷之业在斯"④。隋文帝雄才大略，汉长安城不仅已经残破，不足以作为新都，规模也不够宏伟，与新兴的一统王朝不相匹配，很难体现新王朝的气概。建成后的新都大兴城气势雄伟，布局整齐。根据实测，大兴城周长约36.7千米，面积84平方千米，分别为汉长安城的1.5倍和2.3倍⑤。西安附近的地理条件总的来说虽然比较优越，适宜建立国都，但微地貌仍存在着差异。西周丰镐故地受洋、滈二河制约，不宜建立规模宏大的都城；渭北的秦都咸阳故地虽原面广阔，但地形高敞，河流少，引水不便；灞河、浐河以东，由于受秦岭山脉的影响，平原面积狭小，从来就不是建立国都的理想之地。唯有灞浐以西，滈河以东，龙首原以南，乐游原以北的这一地区，地势开阔，南北长约10千米，东西宽约17千米，其间虽也有起伏，但高差并不悬殊，像400米与410米等高线之间的距离就宽达二三千米。这里地势既不是太低，可以避免在汛期各河洪泛威胁，也不太高，能很容易地引用从南面秦岭山脉流下的诸河之水。就地下水而言，这里也因地势较高，距渭河较远，水质比汉长安城地区要好。像醴泉坊在版筑之初，即掘得甘泉浪井七所，民争赴饮⑥，隋文帝也于此坊"置醴泉监，取甘泉水供御厨"⑦。除此之外，这一带从北往南，还有明显的六条高坡可以附会

①　《隋书》，卷一，"高祖纪上"。

②　同上。

③　《隋书》，卷七十八，"庾季才传"。

④　《隋书》，卷一，"高祖纪上"。

⑤　中国科学院考古研究所西安唐城发掘队：《唐代长安考古纪略》，载《考古》1963年第11期；《汉长城考古工作初步收获》，载《考古通讯》1957年第5期。

⑥　韦述：《两京新记》，卷三。

⑦　徐松：《唐两京城坊考》，卷四，"西京·外郭城"。

《周易》的乾卦之象①，增加皇权天授的神秘色彩，收到巩固封建帝王统治之效。

　　不仅如此，从军事地理的角度来看，隋唐长安城的位置与汉长安城不相上下，甚至在某些方面还超过了汉长安城。关中虽有四塞之固，但其内部却并无大的阻碍，外敌入侵，只要突破四塞的防守，便可长驱直入，只有一些较大的河流才能稍稍阻挡入侵者前进的步伐。汉唐长安北有泾、渭，东有灞、浐，西有涝、沣、滈、潏，八水环绕，不仅为都城用水提供了极大的方便，同时又与南面高峻的南山构成一面阻山，三面临水的态势，形成四塞之内的又一道防线。自汉至唐，长安城的外围防守大都是以这几条河流作为依托的。汉文帝前元十四年（前166年）冬，匈奴内侵，攻朝那塞（今宁夏回族自治区原州区东南），汉遣三将军军陇西、北地、上郡（郡治分别位于今甘肃省临洮县、庆阳市西北、陕西榆林市南），构筑起第一道防线，又遣中尉周舍为卫将军，郎中令张武为车骑将军，率车千乘、骑卒十万，军于渭北，保卫京师长安。文帝后元六年（前158年），匈奴再次入侵，一路入上郡，一路入云中（郡治在今内蒙古自治区土默特左旗东南），汉又以中大夫令勉为车骑将军，军飞狐（今山西省涞源县北），故楚相苏意为将军，军句注（今山西省代县西北），将军张武屯北地，形成对匈奴的全面防御；而派河内守周亚夫为将军，居细柳，宗正刘礼为将军，居灞上，祝兹侯军棘门②。棘门在渭北，正对汉长安城北面西头第一门横门；灞上即灞河中游两岸，在这里当指汉灞桥东头；细柳说法不一，一说在渭北，即汉便桥附近，一说在昆明池南③，当以渭北说较为合理。也是以泾、渭、灞、浐作为依托的。魏晋南北朝时期，对长安的争夺更多，但主要的战事都发生在长安八水外围，在长安城内进行的大规模争斗并不多，长安的命运也基本上是依八水外围的战事来决定的；特别是长安城以东的灞上，地位尤其重要，其防守的得与失，与长安城的得失关系更为密切。然而汉长安城也有一个致命的弱点，就是它距离渭河太

---

① 《元和郡县图志》，卷一，"关内道一"。
② 《史记》，卷十，"孝文本纪"。
③ 同上。

近，只有三里①，一旦来敌从渭河而上至长安城北，便很难再次组织起有效的抵抗。东晋末年，名将王镇恶出其不意，溯渭而上，大破后秦将领姚丕于渭桥，后秦国主姚泓因此一败而不可收，后秦当日即亡，便是显例②。隋将都城移至龙首原南麓，并将大兴城北至渭河之间的这一广大区域划为禁苑，便有效地控制了大兴城北龙首这一难得的制高点。

二　长安城内部区域结构的形成

关于隋唐长安城内部结构，历来的研究者都是将其分为宫城、皇城、外郭城三个部分。所谓"宫城"，是指包括太极宫、东宫、掖廷宫三部分的总称，是皇帝居住和视朝的地方。宫城位于长安城的中央最北部，其北墙即外郭城北墙的一部分。根据实测，宫城东西广 2820.3 米，南北长1492.1 米③。皇城又名"子城"，是中央各政府机构的所在地。其位置紧邻在宫城的南侧，东西两城墙与宫城的东西城墙相接，乃同一城墙之延长；它的北面无墙，与宫城之间以"横街"相隔。根据实测，皇城东西广 2820.3 米，与宫城相同，南北长 1848.6 米④。外郭城亦名"京城"，是普通居民区，其内有京兆府、万年、长安二县治所，以及寺观、邸第等。外郭城被南北向的 14 条街和东西向的 11 条街分割成东西两市和 108坊，这些坊市以朱雀大街为界，朱雀街以东 54 坊和东市属万年县，朱雀街以西 54 坊和西市属长安县。根据实测，外郭城东西广 9721 米，南北长8651.7 米⑤。这种划分方法对于研究中国古代都城的建筑形制是必要的，但却不能体现隋唐长安城内部区域结构之间的联系及其与地理环境之间的关系。

隋的政治中心在大兴宫。唐代隋，改大兴宫为太极宫，政治中心不变。唐太宗贞观八年，于太极宫东北禁苑内的龙首原高地建永安宫，次年

---

① 《汉书》，卷四，"文帝纪"注引苏林曰。
② 《晋书》，卷一一九，《姚泓载记》。
③ 中国科学院考古研究所西安唐城发掘队：《唐代长安考古纪略》，《考古》1963 年第 11期。
④ 同上。
⑤ 同上。

改名为大明宫。唐高宗时期，开始迁大明宫听政，自此大明宫一直是唐代主要的朝会之所。唐兴修大明宫是对隋大兴城布局的仅有的几个重要改变之一。其原因，除政治因素外，更主要还是受地理因素的影响。当初宇文恺设计建造大兴城的时候，虽然对长安城附近的地势有过精心的选择，但由于过分强调都城结构的整齐划一，又局限于《周易》乾卦之象的影响，迁就自北而南的六条高坡，使得大兴殿（唐太极宫）的位置正位于龙首山南麓和第一条高坡之间的低洼之地，对照今天的等高线地图来看，它正位于大兴城的最低处。无论是从生活环境和军事防御角度来说，这里的条件都是比不上其他地方的。因此，高宗"恶太极宫下湿，遂迁据东北角龙首山上别为大明一宫"[1]。大明宫所在地的地势条件明显优于太极宫，"此宫北据高原，南望爽垲。每天晴日朗，南望终南山如指掌，京城坊市街陌俯视如槛内，盖其高爽也"[2]。显然，这里既适于警卫宫廷内部，又可以掌握京城全局。

隋唐长安城虽然周长约 36.7 千米，面积达 84 平方千米，但其内部的发展却很不平衡。根据宋敏求《长安志》和徐松《唐两京城坊考》以及其他一些史料记载，可以看出隋唐长安的繁华所在主要在北部皇城周围，一般居民住宅区的分布也以朱雀门南第六横街以北，亦即靖善坊最为密集，"自兴善寺以南四坊，东西尽郭，虽时有居者，烟火不接，耕垦种植，阡陌相连"[3]，与城外郊区没有什么两样，这是隋唐长安都市的发展还远没有达到使都城充实的程度的表现。因此，如果按城市生活特征来划分，靖善坊以南东西尽郭四坊，虽在城墙之内，其实不能与以北之中心地区相提并论，只能将其划入郊区之列。而根据史料的记载，隋唐长安城东边春明门和通化门外以东到长乐坡，西边金光门和开远门外西至昆明池，居民也很密集，熙熙攘攘，是个比较繁华的地带，如通化门外有修车行[4]，春明门附近有卖饼饳托的[5]，城西路侧有客店[6]，等等。就其生活特

---

① 程大昌：《雍录》，卷一。
② 宋敏求：《长安志》，卷六，"宫室四·唐上"。
③ 宋敏求：《长安志》，卷七，"唐京城"。
④ 薛用弱：《集异集·奚乐山》。
⑤ 《太平广记》，卷二八三，"白行简"。
⑥ 《太平广记》，卷一三二，"店妇"。

征来说，它们与长安城周围的其他地区有很大不同，而与城内之东西市附近各坊情景略相仿佛。

隋唐长安中心区之所以处于长安城之北部，是由当时的交通条件所决定。或有人说，隋唐二代的宫城和皇城，亦即隋唐二代的政治活动中心坐落在长安城北部是其中一个重要的影响因素，这不过是一种表面现象而已。隋唐宫城和皇城坐落于长安城北部归根结底是受交通条件影响的。

关中平原处于四塞之中，其与外界的联系历来是靠以下为数有限的几条道路：渭水道、武关道、子午谷道、骆谷道和褒斜道，还有通向北方的几条道路。在这所有的道路中，尤以渭水道对隋唐长安的作用最为重要。这条道路包括陆路、渭水水路和漕渠三个组成部分，它东出函谷关，西越陇关，黄河中下游和长江流域经济发达地区的漕粮和其他商品主要是通过它来运抵长安，武关道只是在战争中由于这条道路被割断才运输粮食①；关陇以西及西亚各国的使节、商人、商品也是通过这条道路来到长安的；联系关中平原与四川盆地的骆谷道和褒斜道在向北越过秦岭以后，也是首先与这条道路相汇合，然后才通过这条道路东达长安的。因此，这条东西向的大道是长安的生命线，长安城的布局也就深受这条道路的影响。渭水道的陆路早在新石器时代就已形成，直到隋唐时期而少有变化。由于受地形条件的限制，它在长安以东越浐、灞二水沿渭南而行，到达长安后，才越过渭河沿渭北西行出陇右。也就是说，长安附近的渡渭处是这条道路的咽喉所在。自秦汉以来，渭水上架有三座桥梁，即东渭桥、中渭桥和西渭桥。这条东西向道路就通过这三座渭桥中的中渭桥和西渭桥联系。隋唐时期，中渭桥位于禁苑之北，普通老百姓是不能通过的，因此这条东西大道也就只能穿隋唐长安城而过。具体地说，长安城东面北头第一门通化门和西面北头第一门开远门是这条道路入城的主要地点，通化门与皇城东面之延喜门，开远门与皇城西面之延福门，它们之间的横街是这条道路的经行路线。唐代许多重大活动都在这条横街举行②，位于辅兴坊东南隅的金仙女官观和西南隅的玉贞女官观，其南街"东当皇城之安福门，西出京师之开远门，车马往来，实为繁会；而二观门楼绮榭，耸对通衢，西土夷夏

---

① 《新唐书》，卷五三，"食货三"。
② 宋敏求：《长安志》，卷七，"唐京城"。

自远而至者，入城遥望，若天中"①。这两条横街本与宫城和皇城之间的横街是一条街，但由于宫城和皇城之间的横街不允许一般人随便通行，因此，商旅往来在抵达延喜门和延福门后就只好向南拐，绕道朱雀门前之横街。当然，通化门与开远门之间的横街与朱雀门前之横街之间的其他直街也都是商旅的往来之地，久而久之，有的商人行旅就干脆由长安城东面的春明门和西面的金光门出入，直接走朱雀门前的横街了。由此看来，通化门和开远门横街与春明门和金光门横街之间的地区仍是隋唐长安城的交通中轴所在，它正偏于隋唐长安城的北部。隋唐长安城的建筑设计者将宫殿、官府布置在这条轴线上和其附近地区，既便于就近获取各种消费品，又有利于控制这条生命线。

　　长安城内居宅区的分布特点也体现了地理环境的影响作用。根据宋敏求《长安志》和徐松《唐两京城坊考》两书的记载所作的统计（见下表），隋唐长安城内共有达官贵人、文人学士的宅地514处，其中387处坐落在朱雀大街以东各坊，朱雀大街以西各坊只有127处，东部是西部的3倍。每坊有5处达官贵人和文人学士宅第的，朱雀大街以东地区有开化、安仁、光福、务本、崇义、长兴、永乐、靖安、来庭、崇仁、平康、宣阳、亲仁、永宁、永崇、昭国、大宁、安兴、胜业、安邑、宣平、升平、修行、兴宁、永嘉、道政、常乐、靖恭、新昌、敦化30坊，共362处宅地，约占东部宅地总数的94%；朱雀大街以西地区只有太平、通义、兴化、颁政、布政、光德、崇贤、延福、怀德9坊，共有宅地58处，约占西部宅地总数的46%。由此可以看出，达官贵人及文人学士的居宅区如作东西来划分，则以朱雀大街以东各坊最为集中，如作南北划分，则以通化门和开远门横街与兰陵坊北部横街之间的各坊最为密集。其他各坊则是一般平民百姓的居宅。达官贵人有权有势，又有雄厚的财力，他们的居宅当然会坐落在长安城内环境条件最好的地方。按照一般情况，朱雀门前之东西横街是东西大道的经行地，其南北两侧商业发达，热闹非凡，街东端有东市，西端有西市，两市的繁华程度不相上下，此横街南北都应该能吸引达官贵人前来建基立宅，东西两端没有太大的差异，但是，由于长安整个地势自东南向西北倾斜，朱雀大街以东各坊地势比较高爽，以西各坊

---

① 韦述：《两京新纪》，卷三。

则相对低下潮湿；再加上由于隋唐长安城的排水设施也不够完善，导致隋唐长安经常发生水灾，西市附近各坊地势较低，水渠交错，排水不畅，受害程度更为严重，因此，那些达官贵人纷纷在朱雀大街以东各坊买基建宅，这里也就成为达官贵人的集中区了。

唐代长安宅第分布表

坊名	宅第	坊名	宅第	坊名	宅第	坊名	宅第	坊名	宅第
光禄		安乐	2	醴泉	4	永和		靖安	11
口口		修德	3	怀远	1	常安		安善	
丰乐		辅兴	4	长寿	4	和平		大业	
安业	3	颁政	5	嘉会	2	永阳		昌乐	
崇业		布政	6	永平	2	兴道	2	安德	2
永达	1	延寿	4	通轨		开化	9	翊善	3
道德		光德	7	归义		安仁	10	光宅	1
光行	2	延康	4	昭行		光福	8	永昌	1
延祚		崇贤	7	修真	1	靖善		来庭	6
太平	10	延福	5	普宁	2	兰陵	4	永兴	4
通义	5	永安	2	义宁	3	开明		崇仁	8
兴化	8	敦义	1	居德	3	保宁		平康	
崇德	3	大通	1	群贤	2	安义		宣阳	20
怀贞	3	大安		怀德	5	务本	5	亲仁	19
宣义	3	安定	1	崇化	1	崇义	10	永宁	22
丰安	1	休祥	2	丰邑		长兴	20	永崇	14
昌明		金城	4	待贤		永乐	12	昭国	11
晋昌	3	安兴	16	修行	7	永嘉	9	新昌	23
通善		胜业	12	修政	2	兴庆	3	升道	4
通济	1	安邑	8	青龙		道政	6	立政	
长乐		宣平	14	曲池		常乐	11	敦化	6
大宁	10	升平	12	兴宁	7	靖恭	16		

（原文发表于中国古都学会编《中国古都研究》第 13 辑，山西人民出版社 1998 年版）

论唐都长安的人口数量

唐代都城长安，不仅是当时中国的政治、经济和文化中心，同时也是当时世界上著名的大都市，受到众多研究者的关注。对其人口数量的研究也有不少，然结论不一，众说纷纭，差距很大。一般皆认为唐代长安人口在 100 万上下，少者则认为只有 50 万左右①，而多者甚至认为盛时当达一百七八十万，或更多②，多少之间相差百余万！这些研究者或从当时有关的直接记载来分析，或从唐长安城的实际居住面积来推测，或从居住在唐长安城内的各类人口的实有数量来讨论，都有一定的道理。但必须肯定，唐代长安的人口数量虽然存在前后期的波动，但其波动幅度绝没有如此之大。上述有关的人口数量的估测，只有部分是符合当时的实际情况的。这里不妨从另外一个角度，从唐长安城各不同区域所实际居住的人口数量来推测当时长安的人口究竟有多少。这样，一方面可以尽量减少按分类人口进行计算的重复，另一方面也可以避免因对同一资料理解不同而产生的歧义。

一 对现有研究的分析

对唐都长安人口数量的研究，就笔者掌握，目前已有 11 位。1947年，日本学者外山军治在《唐长安的人口》中首次提出长安人口百万以

---

① 李之勤：《西安古代户口数目评议》，《西北大学学报》（哲学社会科学版）1984 年第 2 期；郑显文：《唐代长安城人口百万说质疑》，《人文杂志》1991 年第 2 期。

② 严耕望：《唐代长安人口数量之估测》，台湾中国唐代学会编《第二届唐代文化研讨会论文集》，1995 年 9 月。下文凡涉及严先生的观点，均见此文。

上说，接着，日本学者平冈武夫、日野开三郎、佐藤武敏和中国学者武伯纶、张永禄等也分别在各自的研究中得出相似的结论。但中国学者李之勤、郑显文、龚胜生和日本学者妹尾达彦等显然都不同意这样的观点，他们分别提出了自己的意见。李之勤认为唐都长安的人口仅有 50 万左右，郑显文认为在 50 万—60 万之间，龚胜生认为有 80 万，妹尾达彦认为约有 70 万①。1995 年，港台学者严耕望在第二届唐代文化研讨会上发表《唐代长安人口数量之估测》一文，认为盛时长安人口当达一百七八十万，或更多。对外山军治、平冈武夫、日野开三郎、佐藤武敏、武伯纶、张永禄、李之勤、郑显文、龚胜生等人的研究结果和立论依据，妹尾达彦先生在《唐长安人口论》中已有详细评析，此不再赘述。这里仅就妹尾达彦先生本人和严耕望先生的论证过程进行考察。

妹尾达彦先生 70 万人口之说，由五部分构成：一是当时长安城内的县管辖人口数有 30 多万（包括中央官吏 3 万数千人），二是同时期军人有 10 万左右，三是僧尼、道冠等与宗教有关的人口约有 2 万—3 万，四是簿籍所载的宗室、宫人与宦官、举选应试者、外国人等 5 万余，五是脱漏人口约有 10 多万，合计约为 70 万。因后四部分人口在严耕望先生的文章里也有论述，故留待下文讨论，在此先就长安城内的县管辖人口数进行分析。

妹尾达彦先生的长安城内县管辖人口数有 30 万，主要依据是《新唐书·地理志》所载的天宝元年京兆府户口数。据《新唐书·地理志》记载，天宝元年京兆府有户 362921，口 1960188；又据敦煌地志记载，天宝初年京兆府共有乡 592。妹尾先生即据此推算出天宝元年长安城内县管户口数的最小值，接着又根据天宝元年京兆府毗邻地区各县平均户数推算出长安城内户数的最大值。具体推算过程如下：

（1）最小值（用京兆府乡坊的平均户口数推算的城内户口数）

A 京兆府乡坊合计数

---

① 关于上述诸位学者的研究情况，详见妹尾达彦先生《唐长安人口论》（载《堀敏一先生古稀纪念——中国古代的国家和民众》，东京汲古书院 1995 年版）和《唐都长安城的人口数与城内人口分布》（载中国古都学会编《中国古都研究》第 12 辑，山西人民出版社 1998 年版）。下文凡涉及妹尾达彦先生的有关论述，均见此二文。

（敦煌地志所载京兆府乡数）592 +（长安城内坊数）111 +（万年、长安县以外京兆府各县坊数）21 =（京兆府乡坊合计数）724

B 京兆府乡坊的平均户口数（小数点以下舍去）

（京兆府户数）362921 ÷（京兆府乡坊合计数）724 =（乡坊的平均户数）501

（京兆府口数）1960188 ÷（京兆府乡坊合计数）724 =（乡坊的平均口数）2707

C 城内县所管户口数

（乡坊平均户数）501 ×（长安城内坊数）111 =（长安城内户数）55611

（乡坊平均口数）2707 ×（长安城内坊数）111 =（长安城内口数）300477

（2）最大值（从京兆府总户数中减去长安城以外各县推定户数推算的长安城内户数）

A 京兆府 21 县的户数

（京兆府各县平均户数的推定）10000 ×（除去长安城 2 县的京兆府县数）21 =（除长安城 2 县的京兆府 21 县的户数）210000

B 长安城 2 县（万年、长安县）的户数

（京兆府户数）362921 –（除长安城 2 县的京兆府 21 县户数）210000 =（长安城 2 县的户数）152921

C 城内县所管户数

（长安城 2 县户数）152921 –（乡坊的平均户数）501 ×（万年县乡数62 + 长安县乡数 79）=（城内县所管户数）82280

在无其他直接材料的情况下，这种推算无疑是可行的，但正如妹尾先生在文章中所指出，这种推算没有将位于城外农村部分的乡和位于城内都市部分的坊、市加以区别，实际上这三者之间的人口规模和人口密度是有差别的。就是同在城内都市部分，各坊之间的人口数量也存在着很大的差别。宋敏求《长安志》云："自兴善寺以南四坊，东西尽郭，虽时有居者，烟火不接，耕垦种植，阡陌相连。"[①] 说明长安城南部近四十坊的居民很少，有的甚至没有居民。兴善寺以北诸坊，也并非全是普通人家。《唐会要》卷五十玄都观条载："初，宇文恺置都，以朱雀门街南北尽郭，

---

① 《长安志》，卷七，"唐京城"。

有六条高坡，象乾卦，故于九二置宫阙，以当帝王之居；九三立百司，以应君子之数；九五贵位，不欲常人居之，故置玄都观、兴善寺以镇之。"其中兴善寺就占靖善坊一坊之地。此外如开化坊，南半部为大荐福寺；务本坊，西半部为国子监；长乐坊，大半以东为大安国寺，等等。将这些坊一律按平均计算，无疑会增加长安城内的人口数量。也就是说，长安城内县管辖的人口可能不足30万。

严耕望先生的一百七八十万说亦是按不同类别的人口计算而来。严先生将当时长安人口归为八类：一是宫廷人口，估计为35000；二是中央政府官吏员额，估计为65000；三是京师禁卫军，为20万；四是官吏军将之眷属与仆隶，估计有50万；五是寺观人口，估计为13万；六是外人侨寓，估计为2万—3万；七是一般市民，估计当在80万以上；八是流动人口，估计有数万人。以上总计175万至180万。很明显，严先生的归类有不少是与妹尾先生相同或相似的，但二者估测的结果相差甚远。严先生推算的一般市民为80万，比妹尾先生多了50万；严先生推算的军人数量为20万，比妹尾先生多了10万；严先生推算的寺观人口为13万，比妹尾先生多10余万。此外，严先生增加了中央政府官吏及其眷属与仆隶约50万人。妹尾先生则增加了脱漏人口10多万。其他像宫廷人口、外人侨寓等也存在一定的差距。究竟谁推算的更合理呢？

关于唐长安城内的一般居民，如上所述，在缺少其他直接材料的情况下，妹尾先生的推算方法无疑是可行的，但缺点也很明显。总的来说，最后推算的数字可能有所偏大。严先生的数字主要来自两个方面：

一是东西二市的人口即逾40万，或至50万以上，材料有二：

（1）日僧圆仁《入唐求法巡礼行记》卷四会昌三年六月二十七日条云："夜三更，东市失火，烧东市曹门西十二行四千余家。"

严先生谓："烧十二行，共四千余家，平均每行三百三十三家；二百二十行，即七万二千数百家。纵然所烧十二行为全市之精华，店舍最密，但全市亦当有五万家之谱。按《长安志》东市条又云：'商贾所凑，多归西市'，东市'繁杂稍劣于西市'。则西市店舍可能更多。故两市店舍合计必逾十万之数，人口当逾四十万或至五十万以上。"

（2）《旧唐书》卷一八二《王处存传》云："中和元年四月，……处存自渭水亲选骁卒五千，夜入京城，贼……遁去。……翌日，贼……自灞上复袭京师，市人以为王师，欢呼迎之。处存为贼所迫，收军还营。贼怒召集两市丁壮七八万，并杀之。"

严先生谓："按丁壮七八万，连其家属计之，当逾二十万至三十万人；何况一时召杀丁壮七八万，未必为两市全部丁壮人数，亦可证两市人口之众多，与上文圆仁所记东市失火事推论两市人口当逾四十万之众，亦极相应。"

根据考古实测，东市南北长 1000 余米，东西宽 924 米，面积 0.92 平方公里；西市南北长 1031 米，东西宽 927 米，面积 0.96 平方公里。与此同时，考古工作者还对西市北街南边一部分房址遗迹进行了发掘。从发掘结果看，这些房屋都是临街而设、沿街毗连的，但房址规模都不大，最长的不到 10 米，最小的仅 4 米许，进深一般在 3 米左右[①]。若按 12 平方米（4 米×3 米）计算，东市可容纳 76666 间店铺，西市可容纳 80000 家店铺，二者合计为 156666 家；若按 30 平方米（10 米×3 米）计算，东市可容纳 30666 家店铺，西市可容纳 32000 家店铺，二者合计为 62666 家。平均计之，东市约有店铺 5 万余家，西市约有店铺 55000 余家，二者合计约有 10 万余家。由此可知，圆仁所记大致是不误的，严先生推算的结果也是符合实际的。问题是对于口数的推算。严先生在此按一家 4—5 口人计算，实际上这里的"家"并不是普通居民之"家"，而是店铺单位。如果按一家 4—5 口人计算，人口超过 40 万，则东西二市每平方米至少要容纳 0.26 人，即 1 人拥有不到 4 平方米的空间。这显然是不可能的，不用说摆放物品，连起码的生活起居都无法安排。何况两市之中还有面积不小的井子街及市署、平准局、放生池等其他建筑设施呢？至于《旧唐书·王处存传》所说的召杀两市丁壮七八万，亦于理不合。王师入京，岂独两市之人欢呼迎之，全城皆然。此所谓"两市"，当为城内都市之概举，与左、右街相似，而非实指东、西两市。

二是关涉全城人口的几则材料说明全城人口当在 70 万以上。其材料有四：（1）《全唐文》卷二七二崔沔《应封神岳举贤良方正策》第二道："问：屠钓关柝之流，鸡鸣吠犬之伍，集于都邑，盖八万计。"（2）《资治

---

① 中国科学院考古研究所西安唐城发掘队：《唐代长安城考古纪略》，《考古》1963 年第 11 期。

通鉴》卷二六〇乾宁二年，"趋南山，宿莎城镇，士民追从车驾者数十万人。"（3）《旧五代史》卷一〇九《赵思绾传》：据永兴（即长安），"始思绾入城，丁口仅十余万。"（4）杜光庭《录异记》云："黄巢陷长安……巧工刘万余……常侍值左右，因从容言曰，长安苑囿城隍不啻百里，若外兵来袭，须有御备。……黄巢……即日使两街选召丁夫十万人筑城，人支米二升，钱四十文，日计左右军支米四千石，钱八千贯。"

就前面三条材料，严先生谓："按此三事，一在前期，一在晚期，一在五代时。屠钓关柝鸡鸣吠犬之徒，自为小市民中之极少部分，足见全体小市民必达数十万至百万；长安有乱，士民从驾出奔者数十万；长安在大乱之后尚存丁口十余万；此皆见长安城在未乱之前，丁口必不止十余万，并其家人计之，亦必达数十万，凡此种种，皆见长安小市民之众多。"就第四条材料，严先生谓："按每人米二升，钱四十文；二十万人每日支费正为米四千石，钱八千贯，数字契合不误。此为一项最具体数字。按左右两街能一次征调二十万丁夫，足见一般市民之众多。盖丁夫必各有家口，妇女老幼等人，若平均每一丁夫另有家属两人半至三人，则丁夫二十万，共有家属五十万至六十万人，合丁夫本人计之乃七十万至八十万人。但一次征调丁夫二十万，未必为全城全部丁夫人数，又前文已估计两市市民已达四十至五十万以上，故此全城市民至少八十万以上，或更多，非七十万也。"

事实并非如此。就第一条材料而言，屠钓关柝鸡鸣吠犬之徒并没有一个明确的概念，因而也就很难据此推算全城人口。就第二条材料而言，并未指明从驾出奔者皆为城内士民，按常理还应包括长安城周围人等。就第三条材料而言，所谓丁口 10 余万，并非仅仅指丁，也可指口，推其文意，在此很有可能是指口。就第四条材料而言，黄巢要求两街选召丁夫各 10 万筑城，只是付于两街之责任，而没有限定丁夫必须来自城内，这 20 万丁夫必有一部分来自城外；而且要在一日之间选召丁夫各 10 万，似乎也很难办到。这里所说的只是命令和预算开支，可能并不是实际的结果。总而言之，这些推算都不是太可靠的。

关于长安城内驻军的数量。严先生估计为 20 万的依据主要有两点：一是日僧圆仁《入唐求法巡礼行记》卷三开成六年正月八日条云："早朝出城，幸南郊坛……诸卫及左右军廿万众相随。"二是北魏孝文帝时，宿卫军有 15 万，北宋仁宗时城内禁军有 20 万。"上视北魏宿卫军十五万，下视北宋汴京城内殿前侍卫军二十万，连郊外宿兵四十万，则唐代长安禁卫军二十万，自非夸张之数。"妹尾先生则根据唐代兵制的演变和禁卫军的构成来推算。唐代军队人数一直呈增加之势，唐代初年，大约有兵士20 万[①]，天宝年间增加到 55 万，元和年间增加到 83 万，长庆年间增加到99 万[②]，但有关宿卫禁军数量的记载却不多。一般认为，长安城及其附近驻扎的军队为宿卫禁军，它分成两大部分。一部分屯驻在宫城禁苑地区，有左右羽林军、左右龙武军、左右神策军、左右神武军、左右神威军。此为北军，号称左右十军。另一部分驻扎在皇城内及皇城外东西两侧，有左右卫，左右骁卫、左右武卫、左右威卫、左右领军卫、左右监门卫、左右千牛卫、左右金吾卫，号为南衙十六卫。左右羽林军置于武则天垂拱元年，其时共领羽林郎 6000 人；玄宗天宝七年，左右羽林军飞骑增加至15000 人，为定额；代宗广德二年，又重新定额为各 2000 人。左右龙武军乃开元十年由左右羽林军析置，数量不明；天宝七年定额为 2000 人；广德二年定额为各 1500 人。神策军本为外军，天宝初年置于临洮西之磨环川；代宗广德初年，鱼朝恩以神策军归禁中；代宗永泰元年，始以神策军屯苑中；兴元年间，分神策军为左右厢，贞元二年改为左右神策军。贞元十二年，神策军规模已达 15 万人。不过这其中绝大一部分是边防兵，其本部则只有 2000 人[③]。左右神武军置于肃宗至德二年，制如羽林，以2000 人为定额，广德二年减为各 1500 人。左右神威军亦置于肃宗至德二年，初称衙前射生左右厢，共 1000 人。德宗贞元二年改为殿前左右射生军，三年正式改为左右神威军[④]。此时其员额多少，未见记载，估计仍为1000 人。由上可知，北军在唐代后期最盛时仅有 15000 人左右，唐代初年还不到 1 万人。

南衙十六卫在唐初即已设置，人数不详。开元十一年，因当番卫士逃亡殆尽，兵部尚书张说请置长从宿卫兵 12 万于南衙，一年两番，分别于

①　《新唐书》，卷五〇，"兵志"。
②　《新唐书》，卷五二，"食货二"。
③　《旧唐书》，卷一三四，"宦官传"。
④　《唐会要》，卷七二，"京城诸军"；《新唐书》，卷五〇，"兵志"。

京兆、蒲、同、岐、华等州府兵及白丁中挑选。但这只是为十六卫挑选的后备人员，并非全部当值，驻屯于皇城之内，因而也就不能说当时皇城之内有军队 10 余万。唐代当宿卫者番上，皆以一月为率，两番则为两个月。这样实际在京当值的宿卫兵仅 2 万人①。

这样，南北两军合计，最多时也不过 35000 人，少时仅 3 万人左右。

关于寺观人口推测结果的差异，主要是二者在寺观数量和规模上看法都有所不同。严先生认为，长安寺观盛时共有 300 余所，其中大寺约 150 所，每寺平均共有僧尼及侍者、净人约 400 人；小寺约 150 所，每寺平均 150 人；另外各寺又有奴婢，数量约为僧尼的 60%。妹尾先生则按韦述《两京新记》卷三所载的开元年间寺观数量计算，为 113 所，每寺包括僧尼、奴婢等有关人口大致在 200—300 人之间。

唐长安城中的寺观数量前后是有变化的。宋敏求《长安志》引韦述记说："其中有折冲府四，僧寺六十四，尼寺二十七，道士观十，女冠观六，波斯寺二，祆祠四。隋大业初有寺一百二十，谓之道场；有道观十，谓之玄坛。天宝后所增，不在其数。"② 据日僧圆仁记载，武宗会昌灭佛时长安城里坊内有佛堂 300 余所③，是天宝以前佛寺数量的 3—4 倍。检李健超《增订唐两京城坊考》，有确切记载可寻的佛寺 106 所，道观 40 所，祆祠 6 所，波斯胡寺 4 处④，较韦述所记增加不少。那些不知名的小寺应该还有不少。圆仁的记载应该是可信的。如果将道观、祆祠和波斯寺计算在内，会昌年间长安城中的各类宗教建筑应该有 400 处左右。

这些佛寺和道观，有些规模是相当大的。如严先生所举的大慈恩寺，度僧 300 人；西明寺，有大德高僧 50 人，闻道童子 150 人，净人百房。此外，据《长安志》记载，荐福寺度僧 200 人⑤。加上寺奴婢，平均每寺都应有四五百人上下。但这些都是京城中赫赫有名的大寺，武宗灭佛时，长安仅留四寺，这四寺便是慈恩、荐福、西明，外加庄严寺⑥。大多数寺

---

①　《唐会要》，卷七二，"京城诸军"；《新唐书》，卷五〇，"兵志"。

②　《长安志》，卷七，"唐京城"。

③　［日］圆仁：《入唐求法巡礼行记》，卷四，会昌四年，上海古籍出版社 1986 年版。

④　李健超：《增订唐两京城坊考》，卷二、卷三，三秦出版社 1996 年版。

⑤　《长安志》，卷七，"开化坊"。

⑥　《旧唐书》，卷一八上，"武宗纪"。

观的规模应该是比较小的，如位于长兴坊内的乾元观，仅置道士49人①，加上奴婢，也不会超过百人。开元年间，天下有寺共5358座，僧75524人，尼50576人②，平均每寺有僧尼23.5人。会昌五年武宗灭佛，天下共毁寺4600座，招提兰若4万，籍僧尼为民265000人，奴婢15万人③。平均每寺有僧尼58人，奴婢33人，共90人左右。由此可知，唐代的寺院规模也在不断扩大，但平均而言，不会达到二三百人。开元年间，平均每寺有僧尼连同奴婢只有40人左右，武宗灭佛时则在100人左右。

以此计算，长安城中的寺观人口，开元年间大约有4500人，会昌年间增加到40000人左右。

唐代的中央政府官吏是一个很庞大的数目，据杜佑《通典》所记，开元年间中央官员与胥吏合计共37797人，其中中央官2620人，胥吏35177人④。而据对《唐六典》所载京官员额的统计，在京机构官员约42000人，此外又有品官随从20000余人，共有62000余人⑤。这些官员大部分在京都有宅第和寓所，合其家属及奴婢计之，总人数当在20万以上。不过依据唐朝的户籍制度，这些官员和家属都是应注籍于州县乡里的⑥，属于市民之列，因而也就不必从一般市民中分裂开来。

本来京畿诸官养畜奴婢是有数量规定的，天宝八载六月十八日敕云："京畿及诸郡百姓，有先是给使在私家驱使者，限敕到五日内，一切送内侍省。其中有是南口及契卷分明者各作限约，定数驱使。虽王公之家，不得过二十人。其职事官，一品不得过二十人，二品不得过十人，三品不得过八人，四品不得过六人，五品不得过四人；京文武清官，六品七品不得过二人，八品九品不得过一人……其有别承恩赐，不在此限。"⑦但实际上许多官员养畜的奴婢数额都超过了这一限定。如严先生在文中所列举的郭子仪"有家人三千"，王处存有"僮奴万指"，元载在城南有"别墅凡

①　《长安志》，卷七。

②　《唐会要》，卷四九，"僧籍"。

③　《新唐书》，卷五二，"食货二"。

④　《通典》，卷四〇，"职官二二"。

⑤　龚胜生：《唐长安城薪炭供销的初步研究》，《中国历史地理论丛》1991年第3辑。

⑥　费省：《唐代人口地理》第二章第一节"人口统计的对象"，西北大学出版社1996年版。

⑦　《唐会要》，卷八六，"奴婢"。

数十余所，婢仆曳罗绮二百余人"。但这些奴仆要么是别承恩赐，要么是来自京畿百姓，本有户籍；即使无案可查，属于脱漏户口，也不能摒弃于一般市民的行列之外。由此看来，严先生所列举的中央政府官吏及其眷属与仆隶，不仅可能与一般市民相重合，实际上也有部分是与妹尾先生的漏登人口相重合的。

以上就两位先生论证的主要差异进行了分析，其他细微之处的差别就不一一赘述了。总体来看，两位先生的论述都是不无道理的，存在差异主要是对有关材料的理解问题。另外，两位先生都是按人口类别来计算人口数量的，这种方法有利有弊。从有利的方面讲，可行性和操作性比较强，能够一目了然，没有遗漏；从有弊的方面说，其中存在重合的可能性比较大，最明显的就是寺观及官吏所属的奴仆，部分可能原有户籍，或者没有户籍，但又被列入脱漏人口之列。

二　人口数量及其变化

因唐代长安的人口构成本身就非常复杂，而相应的历史材料又很零散，因此要想推测出长安城人口的确切数目是很困难的。本节拟从另外一个角度，从唐长安城不同区域所实际居住的人口数量来推测其人口总量和变化，看是否能够和现有的研究互证。

唐长安城分为宫城、皇城和外郭城三大部分，这三部分有其各自的功能，其中居住的人口类别存在很大的差异，而且前后也有比较明显的变化。

（一）宫城人口数量的推测

唐初宫城分为太极宫、东宫和掖庭宫三部分。高宗龙朔二年，因恶太极宫卑下，开始在长安城的东北大规模建大明宫。玄宗开元二年，又将其登基前所居之地隆庆坊改建为宫，称兴庆宫。大明宫、兴庆宫与太极宫都是皇帝居住和办公的地方，东宫则为皇太子居住之处，而掖庭则是宫女居住和劳动之处。因此宫城内居住的主要有三种人：皇帝家室、宫女和宦官，此外还可加上负责皇宫安全保卫工作的屯驻于宫城禁苑地区的北军。

皇帝贵为一国之君，其家室之规模自然非普通人家可比。据《旧唐书·后妃传》记载，唐代初年，"皇后之下，有贵妃、淑妃、德妃、贤妃各一人，为夫人，正一品；昭仪、昭容、昭媛、修仪、修容、修媛、充仪、充容、充媛各一人，为九嫔，正二品；婕妤九人，正三品；美人九人，正四品；才人九人，正五品；宝林二十七人，正六品；御女二十七人，正七品；采女二十七人，正八品；其余六尚诸司，分典乘舆服御。"以后虽有所变更，但人数变化不大①。约记皇帝、皇后、妃嫔及其子女，共有二百余人，虽远超一般人家的规模，但就其整个唐长安城来说，可以约略不计。

宫城内数量最多的应是宫女。武德九年八月，太宗即位，放出宫人三千余人；贞观二年三月，李百药又上封事说："往年虽出宫人，未为尽善。窃闻大安宫及掖庭内无用宫人，动有数万。"② 说明早在唐初，宫女就已达三四万人。又据《旧唐书·宦官传》记载，开元、天宝年间，"长安大内、大明、兴庆三宫，皇子十宅院、皇孙百孙院，东都大内、上阳两宫，大率宫女四万人"③。其中皇子十宅院每院有宫女四百余人，百孙院有宫女三四十人④，合计六七千人。东都大内、上阳两宫宫女人数未见记载，估计应有二三千人。则长安三宫的宫女数量应有三万余人。与前期基本持平。

宦官数量在前后期变化很大，中宗神龙年间，宦官仅有三千余人，其中超授七品以上员外官者一千余。到玄宗开元、天宝年间，崇重宫禁，宦官地位迅速上升，其时品官黄衣（六品）以上即达三千人。德宗贞元之后，宦官"威权日炽""万机之与夺任情，九重之废立由己"。至穆宗长庆年间，"高品白身之数，四千六百一十八人"⑤。若以超授品官者占一半计，开元天宝年间，宦官人数已达六千人，而长庆年间更已增至近万人。

综上所述，唐代初年（7 世纪中期）宫城人口约有 33000 人，中期（8 世纪中期）约有 36000 人，后期（9 世纪中期）约有 40000 人。加上

① 《旧唐书》，卷五一，"后妃传上"。

② 《唐会要》，卷三，"出宫人"。

③ 《旧唐书》，卷一三四，"宦官传"。

④ 《唐会要》，卷五，"诸王"。

⑤ 《旧唐书》，卷一三四，"宦官传"。

相应时期的北军数量，分别为 40000 人、51000 人、55000 人。

（二）皇城人口数量的推测

皇城俗称子城，位于太极宫之南。皇城内"左宗庙，右社稷，百僚廨署列于其间。凡省六、寺九、台一、监四、卫十有八"，是唐朝中央军政机构和宗庙的所在地。此外，东宫官属机构"凡府一、坊三、寺二、率府十"也位于其中①。依上节所述，唐代的中央政府官吏数目非常庞大，少时有 4 万余人，多时则达到 6 万余人。若加上驻屯的南衙十六卫的数量，则皇城之内有 6 万—8 万人。不过，除驻屯的军队外，这些政府官员都不在皇城居住。这些百僚廨署只是办公机关，平时"日出视事，午而退，有事宿直"，大多数部门都不宿直，少数部分即使宿直，也是每日一人轮换②。如宋敏求《长安志》和徐松《唐两京城坊考》所载，这些政府官员的住宅大都坐落在外郭城内诸坊。因此，除了少数服务人员外，这些官员的数量都不应纳入皇城人口范围之内。负责看守的服务人员数量有多少，无从考证，以政府官员的十分之一计，则有5000 人左右。加上驻屯的南衙十六卫的数量，皇城内实际居住的仅有25000 人左右。

（三）外郭城人口数量的推测

外郭城人口数量的推测要较宫城和皇城复杂得多，因为不仅里坊数量有所变动，各里坊的规模、居民身份和实际居住的人口也都存在相当大的差异。兹按李健超《增订唐两京城坊考》所记里坊顺序及相关材料逐个推测。

（1）兴道坊：据《旧唐书》卷三七《五行志》记载，开元八年，兴道坊因暴雨一夜陷为池，"坊五百余家俱失"。可知兴道坊共有住户 500余家。以每户平均 6 口人计之③，则全坊有 3000 余人。根据考古实测，

---

① 《唐两京城坊考》，卷一，"皇城"。

② 《唐会要》，卷八二，"当直"。

③ 据《旧唐书·地理志》记载的贞观十三年京兆府户口数计算，每户平均 4.45 人；据《新唐书·地理志》记载的天宝元年京兆府户口数计算，每户平均 5.40 人。考虑到长安城中官吏家庭所占比例较大，平均户口规模要较其他地区为大，故在此按每户 6 口计算。

皇城南第一排东西十坊，南北长皆 500 米，朱雀街东第一列坊东西宽 562 米①，面积 281000 平方米，为长安城最小坊之一。按 500 余家计算，平均每户约占面积 500 平方米。

（2）开化坊：半以南，大荐福寺，文明元年，度僧 200 人，加上寺奴婢，约有 400 人。北半部主要为居民区，据考古实测，本坊南北长 544 米，东西宽 562 米，面积 305782 平方米。除去大荐福寺所占的南半部，尚有 153000 平方米。按与兴道坊同等居民密度计之，则应有 300 家 1800 人。全坊合计约 2200 人。

（3）安仁坊：据考古实测，本坊南北长 540 米，东西宽 562 米，面积 303480 平方米。按与兴道坊同等居民密度计算，则应有 600 余户 3600 余口。

（4）光福坊：据考古实测，本坊南北长 515 米，东西宽 562 米，面积 289430 平方米。按与兴道坊同等居民密度计算，则应有 580 户 3500 人左右。

（5）靖善坊：尽一坊之地为大兴善寺。兴善寺为京城名寺，其规模不亚于慈恩、荐福诸寺，人口当有 500 人左右。

（6）兰陵坊：根据考古实测，本坊南北长 530 米，东西宽 562 米，面积 297860 平方米。《长安志》云："自兴善寺以南四坊，东西尽郭，虽时有居者，烟火不接，耕垦种植，阡陌相连。"② 其居户密度远不能与靖善坊以北诸坊相比。据《增订唐两京城坊考》记述，此坊虽有品官宅第，但皆为中后期事例。估计前期是没有什么居人的。现按前期 100 家计算，中后期 500 家计算，分别为 600 人和 3000 人。

（7）开明坊：前后期均无第宅，按 100 家计算，则约有 600 人；另有光明寺，按 50 人计算，合计为 650 人。

（8）保宁坊：尽一坊之地为昊天观，大致有 100 人。

（9）安义坊：无第宅，按 100 家计算，约有 600 人。

（10）务本坊：据考古实测，本坊东西宽 700 米，南北长 500 米，面

① 中国科学院考古研究所西安唐城发掘队：《唐代长安城考古纪略》，《考古》1963 年第 11 期。下面各坊所引数据均见此文。

② 《长安志》，卷七，"开明坊"。

积 350000 平方米。半以西为国子监，据《通典》卷二七《职官九》载，国子监设博士、助教共 66 人，教导六学生徒 2210 人，共约 2300 人。东半部面积约 175000 平方米，按与兴道坊同等居户密度计算，则有 350 户2100 余人。全坊合计约 4400 人。

（11）崇义坊：据考古实测，本坊东西宽 700 米，南北长 544 米，面积 380800 平方米。按与兴道坊同等居户密度计算，则有 760 余户 4500余口。

（12）长兴坊：据考古实测，本坊东西宽 700 米，南北长 540 米，面积 378000 平方米。按与兴道坊同等居户密度计算，则有 750 余户 4500余口。

（13）永乐坊：据考古实测，本坊东西宽 700 米，南北长 515 米，面积 360500 平方米。按与兴道坊同等居户密度计算，则有 720 余户 4300余口。

（14）靖安坊：据考古实测，本坊东西宽 700 米，南北长 525 米，面积 360500 平方米。按与兴道坊同等居户密度计算，则有 730 余户 4400余口。

（15）安善坊：尽一坊之地为教弩场。教弩场隶威远军，徐松谓"威远军当即在此坊"。关于威远军规模，史无记载，从当时京城诸军的一般规模来判断，当在 2000 人左右。

（16）大业坊：本坊属京城南部四排坊之一，无宅第。按其西部开明坊同等居户密度计算，则亦有 100 户 600 人左右。另外，本坊又有太平女冠观、新昌观二观，每观以 50 人计，共有 100 人。合计本坊实有 700余人。

（17）昌乐坊：该坊居户情况与大业坊相似，大致亦仅百户 600 人。

（18）安德坊：居户情况同昌乐坊，大致在百户 600 人。

（19）翊善坊、光宅坊：此二坊本为一坊，大明宫建成后，开丹凤门街，遂分为二坊。本坊位于宫城之东，未进行实测，据《长安志》记载，宫城东西两侧十二坊东西宽六百五十步，南北长四百步，分别合 1000 米和 588 米，面积约 588000 平方米。按与兴道坊同等居户密度计算，则约有 1200 户 7200 人。此外，光宅坊又有右教坊，有乐人约 5000 人①。共计此两坊应有 12000 人左右。

（20）永昌坊、来庭坊：此二坊本为一坊，与翊善坊同分。据《长安志》记载，面积亦与翊善坊相同。二者毗邻，其居户密度也应相近，则此二坊也应有 7200 人左右。

（21）永兴坊：根据考古实测，本坊东西宽 1022 米，南北长 838 米，面积 85636 平方米。按与兴道坊同等居户密度计算，则有 1700 余户 10200 余人左右。

（22）崇仁坊：此坊面积与永兴坊相同，但居民密度大大超过永兴坊。《长安志》卷八载：崇仁坊“北街当皇城之景凤门，与尚书省选院最相近，又与东市相连接，选人京城无第宅者多停憩此，因是工贾辐凑，遂倾两市，昼夜喧呼，灯火不绝，京之诸坊莫之与比。”估计该坊人口密度当在其他诸坊 3 倍以上，常住人口应有 3 万余人。

（23）平康坊：据考古实测，本坊东西宽 1022 米，南北长 500 米，面积 511000 平方米。该坊东邻东市，北与崇仁坊相接，其人口密度应与崇仁坊相近。以此计算，该坊估计应有常住人口 18000 人左右。

（24）宣阳坊：根据考古实测，本坊东西宽 1022 米，南北长 544 米，面积 555968 平方米。该坊东与东市为邻，北与平康坊相接，居户密度亦应高于其他诸坊。若以平康坊相同人口密度计之，估计应有 2 万人左右。

（25）亲仁坊：本坊东西宽 1022 米，南北长 540 米，面积 551880 平方米。该坊在唐初高官品第不多，按与兴道坊同等居户密度计算，应有 1100 余户约 6600 人。玄宗时，杨国忠诸子和郭子仪等相继立宅于此，“穷极奢侈”，其中郭子仪宅占本坊四分之一，家人 3000。即使其余四分之三为普通住户，则此坊也应有人口 8000 余人。

（26）永宁坊：本坊东西宽 1022 米，南北长 515 米，面积 526330 平方米。按与兴道坊同等居户密度计算，应有 1000 余户 6000 余人。

（27）永崇坊：本坊东西宽 1022 米，南北长 525 米，面积 536550 平方米。按与兴道坊同等居户密度计算，应有 1070 余户 6400 余人。

（28）昭国坊：本坊东西宽 1022 米，南北长 530 米，面积 541660 平

---

① 《新唐书》，卷四八，“百官志三”。

方米。按与兴道坊同等居户密度计算，则有 1080 余户 6500 人左右。

（29）晋昌坊：本坊东西宽 1022 米，南北长 520 米，面积 531440 平方米。其中东半部为大慈恩寺，约 500 人。西半部前期居户不多，后期有朱泚等建宅其中。前期按与长安城南部诸坊同等居户密度计算，应有 500 余户 3000 余人。合计该坊前期约有 1000 余人，后期约有 4000 余人。

（30）通善坊：本坊东西宽 1022 米，南北长 530 米，面积 541660 平方米。按与相邻诸坊同等居户密度计算，应有 180 余户 1000 余口。

（31）通济坊：本坊东西宽 1022 米，南北长 590 米，面积 602980 平方米。按与相邻诸坊同等居户密度计算，应有 200 余户 1200 余口。

（32）长乐坊：据《长安志》记载，本坊与翊善坊规模相同。二者东西毗邻，其住户密度也应相近。其中东半部为大安国寺，约有 500 人。西半部约有住户 590，人口 3500。另在元和十四年，又徙仗内教坊于此，增约 5000 人。合计本坊前期约有 4000 人，后期约有 10000 人。

（33）大宁坊：面积和住户都同于其西邻永昌、来庭二坊，应有 7200 人左右。

（34）安兴坊：本坊东西宽 1032 米，南北长 838 米，面积 864816 平方米。按与兴道坊同等居户密度计算，则有 1700 余户 10200 余人。

（35）胜业坊：本坊规模本与安兴坊相同，开元十四年，因扩建兴庆宫，毁本坊之东半及永嘉坊之南半[①]。但据辛德勇研究，此次只是因设置朝堂把道路向西顺移，占据了原胜业坊东侧的一部分，所占宽度仅东西 80 余米[②]。考虑到兴庆宫建成后，本坊东与兴庆宫为邻，南与东市相接，各类居人相应增多，这点变化可忽略不计。由于本坊位置特殊，其南是东市，西为长安城人口最密集的坊崇仁坊，其东后来又有兴庆宫，其住户密度应与崇仁坊相近。以此计算，本坊应有常住人口 3 万余人。

（36）东市：据上节所述，东市虽有店铺 7 万余家，但每家不能按 5 口计算。古来市场，仅仅是买卖的场所，很少居人。我国市场自古就有"日中为市、日落闭市"的规定，唐代也是这样。"凡市。日中击鼓三百

---

①　《长安志》，卷九，"兴庆坊"。

②　《隋唐两京丛考》上篇《西京·大兴城的坊数及其变化和城东南隅诸坊》，三秦出版社 1991 年版。

以会众，日入前七刻，击钲三百而散。"① 这些应时聚散者不仅仅是买方，也包括卖方。史籍中不乏两市商人居于里坊的记载。如宣平坊有西市卖钱贯王老宅②，光德坊有西市贩粥求利而为之平者张氏宅③，等等。因此，东市虽南北居二坊之地，其常住人口可能还没有一坊之多。以普通一坊计之，东市大致有 5000 人。

（37）安邑坊：本坊东西宽 1032 米，南北长 540 米，面积 557280 平方米。按与兴道坊同等住户密度计算，应有 1100 余户 6600 余人。

（38）宣平坊：本坊东西宽 1032 米，南北长 515 米，面积 531480 平方米。按与兴道坊同等住户密度计算，应有 1060 余户 6300 余人。

（39）升平坊：本坊东西宽 1032 米，南北长 525 米，面积 541800 平方米。按与兴道坊同等住户密度计算，应有 1080 余户约 6500 人。

（40）修行坊：本坊东西宽 1032 米，南北长 530 米，面积 546960 平方米。按与兴道坊同等住户密度计算，应有 1090 余户 6500 余人。

（41）修政坊：本坊东西宽 1032 米，南北长 520 米，面积 536640 平方米，其住户稀疏，与郭城南部诸坊相近，应有 180 余户 1000 余口。

（42）青龙坊：本坊东西宽 1032 米，南北长 530 米，面积 546960 平方米，其住户稀疏，与邻近诸坊相近，应有 180 余户 1000 余口。

（43）曲池坊：本坊东西宽 1032 米，南北长 590 米，面积 608880 平方米，其住户稀疏，与邻近诸坊相近，应有 200 余户 1200 余口。

（44）十六宅：本为一坊，据《长安志》记载，面积同于长乐坊，先天后乃于坊内筑苑，令皇子分院居之，名为十王宅；其后又增六王，名十六宅。十六宅之外，又置百孙院，令诸孙居之。在改为十六宅之前，本坊居户密度当与邻近诸坊相同，应有 7000 余人。先天后，则有 8000 人左右。

（45）兴宁坊：本坊面积与西邻大宁坊相同，住户情况亦与之相近，应有 7200 人左右。

（46）永嘉坊：本坊东西宽 1125 米，南北长 838 米，面积 942750 平方米，按邻近诸坊住户密度计算，应有 1800 余户约 11000 口。开元年间，

---

① 《新唐书》，卷四八，"百官志三"。
② 《太平广记》，卷四二，"神仙类·贺知章"。
③ 徐松：《唐两京城坊考》，卷四，"西京·光德坊"。

取本坊南半增广兴庆宫，则住户亦相应减少，仅及原来的一半约 900 余户 5400 余口。

（47）兴庆坊：本坊与永嘉坊面积相同，其住户密度亦当同于永嘉坊，应有 1800 余户约 11000 人。玄宗继位后，改本坊为兴庆宫，称南内，再无一般居人。

（48）道政坊：本坊东西宽 1125 米，南北长 500 米，面积 562500 平方米，按与兴道坊同等住户密度计算，应有 1100 余户 6600 余人。

（49）常乐坊：本坊东西宽 1125 米，南北长 544 米，面积 612000 平方米，按与道政坊同等住户密度计算，应有 1200 余户 7200 余人。

（50）靖恭坊：本坊东西宽 1125 米，南北长 540 米，面积 607500 平方米，按与常乐坊同等住户密度计算，应有 1200 余户 7200 余人。

（51）新昌坊：本坊东西宽 1125 米，南北长 515 米，面积 579375 平方米，住户密度同于靖恭坊，应有 1160 户约 7000 余人。

（52）升道坊：本坊东西宽 1125 米，南北长 525 米，面积 590625 平方米，住户密度同于新昌坊，应有 1180 余户约 7000 余人。

（53）广德坊①：本坊东西宽 1125 米，南北长 530 米，面积 596250 平方米，住户稀疏，与城南各坊相近，应有 200 余户 1200 余人。

（54）立政坊：本坊东西宽 1125 米，南北长 520 米，面积 585000 平方米，住户稀疏，与邻近各坊相近，应有 200 余户 1200 余人。

（55）敦化坊：本坊东西宽 1125 米，南北长 530 米，面积 596250 平方米，住户稀疏，与邻近各坊相近，应有 200 余户 1200 余人。

（56）曲江：江边有龙华尼寺和贞元普济寺，又有李日知等宅，合计应有 500 人左右。

（57）善和坊：本坊东西宽 558 米，南北长 500 米，面积 279000 平方米。该坊东与兴道坊毗邻，住户密度亦应相近，以此计算，约有 560 户 3300 余人。

（58）通化坊：本坊东西宽 558 米，南北长 544 米，面积 303552 平方米，住户密度与邻近各坊相近，应有 600 余户 3600 余口。

（59）丰乐坊：本坊东西宽 558 米，南北长 540 米，面积 301320 平方

---

① 据辛德勇《隋唐两京丛考》上篇《西京·大兴城的坊数及其变化和城东南隅诸坊》补。

米，住户密度与邻近各坊相近，应有 600 余户 3600 余人。

（60）安业坊：本坊东西宽 558 米，南北长 515 米，面积 287370 平方米，住户密度与邻近各坊相近，应有 570 余户 3400 余人。

（61）崇业坊：《唐会要》卷五〇玄都观条载："初，宇文恺置都……以九五贵位，不欲常人居之，故置玄都观、兴善寺以镇之。"则此坊无普通居户。《增订唐两京城坊考》所载仅李嗣真一宅。玄都观是京城最有名之道观，应有 500 人左右。另外又有福唐、新昌二观，合计约有 200 人。则此坊合计约有 700 人。

（62）永达坊：本坊东西宽 558 米，南北长 530 米，面积 295740 平方米，住户稀疏，与城南诸坊相近，应有 100 余户 600 余人。

（63）道德坊：本坊东西宽 558 米，南北长 520 米，面积 290160 平方米，住户稀疏，与城南部诸坊相近，应有近百户约 600 人。

（64）光行坊：本坊东西宽 558 米，南北长 530 米，面积 295740 平方米，住户稀疏，与城南部诸坊相近，应有 100 余户 600 余人。代宗时，观军容使鱼朝恩立宅于此，使本坊人口增加，可能达到 1000 人左右。

（65）延祚坊：本坊东西宽 558 米，南北长 590 米，面积 329220 平方米，住户稀疏，与城南部诸坊相近，应有 110 余户 660 余人。

（66）太平坊：本坊东西宽 683 米，南北长 500 米，面积 341500 平方米，住户密度与邻近诸坊相近，应有 680 余户 4000 余人。

（67）通义坊：本坊东西宽 683 米，南北长 544 米，面积 371552 平方米，住户密度与邻近诸坊相近，应有 740 余户 4400 多口。

（68）兴化坊：本坊东西宽 683 米，南北长 540 米，面积 368820 平方米，住户密度与邻近诸坊相近，应有 730 余户约 4400 口。

（69）崇德坊：本坊东西宽 683 米，南北长 515 米，面积 351745 平方米，住户密度与邻近诸坊相近，应有 700 余户 4200 余人。

（70）怀贞坊：本坊东西宽 683 米，南北长 525 米，面积 358575 平方米，住户密度与邻近诸坊相近，应有 710 余户 4200 余人。

（71）宣义坊：本坊东西宽 683 米，南北长 530 米，面积 361990 平方米，住户比较稠密，与郭城北部诸坊相近，而与南部诸坊有别，应有 720 余户 4300 余人。

（72）丰安坊：本坊东西宽 683 米，南北长 520 米，面积 355160 平方米，住户稀疏，与南部诸坊相近，应有 120 余户 700 余人。

（73）昌明坊：全一坊为家令寺园，估计仅有 100 人左右。

（74）安乐坊：本坊东西宽 683 米，南北长 590 米，面积 402970 平方米，住户稀疏，与城南部诸坊相近，应有 130 余户近 800 人。

（75）修德坊：据《长安志》记载，宫城东西十二坊面积相等，按与宫城东部诸坊同等住户密度计算，应有 7200 人左右。

（76）辅兴坊：同修德坊，应有 7200 人左右。

（77）颁政坊：本坊东西宽 1120 米，南北长 838 米，面积 938560 平方米，按与邻近诸坊同等住户密度计算，应有 1800 余户约 10800 人。

（78）布政坊：同颁政坊，应有 10800 人左右。

（79）延寿坊：本坊东西宽 1120 米，南北长 500 米，面积 560000 平方米，住户密度与邻近各坊相近，应有 1100 余户 6600 余人。

（80）光德坊：本坊东西宽 1120 米，南北长 544 米，面积 609280 平方米，住户密度与邻近各坊相近，应有 1200 余户 7200 余人。

（81）延康坊：本坊东西宽 1120 米，南北长 540 米，面积 604800 平方米，住户密度与邻近各坊相近，应有 1200 余户 7200 余人。

（82）崇贤坊：本坊东西宽 1120 米，南北长 515 米，面积 576800 平方米，住户密度与邻近各坊相近，应有 1100 余户 6600 余人。

（83）延福坊：本坊东西宽 1120 米，南北长 525 米，面积 588000 平方米，住户密度与邻近各坊相近，应有 1100 余户 6600 余人。

（84）永安坊：本坊东西宽 1120 米，南北长 530 米，面积 593600 平方米，住户密度同于郭城北部诸坊，应有 1100 余户 6600 余人。

（85）敦义坊：本坊东西宽 1120 米，南北长 520 米，面积 582400 平方米，住户稀疏，与城南部诸坊相近，应有 200 户 1200 人左右。

（86）大通坊：本坊东西宽 1120 米，南北长 530 米，面积 593600 平方米，住户稀疏，与城南部诸坊相近，应有 200 余户 1200 余人。

（87）大安坊：本坊东西宽 1120 米，南北长 590 米，面积 660800 平方米，住户稀疏，与城南部诸坊相近，应有 220 户 1300 余人。

（88）安定坊：同修德坊，应有 7200 人左右。

（89）休祥坊：同修德坊，应有 7200 人左右。

（90）金城坊：本坊东西宽 1033 米，南北长 838 米，面积 865654 平方米，住户密度同休祥诸坊，应有 1700 余户 10200 余人。

（91）礼泉坊：同金城坊，约 10200 余人。

（92）西市：同东市而略多，亦以 5000 人计。

（93）怀远坊：本坊东西宽 1033 米，南北长 540 米，面积 557820 平方米，住户密度同于城北诸坊，应有 1100 余户 6600 余人。

（94）长寿坊：本坊东西宽 1033 米，南北长 515 米，面积 531995 平方米，住户密度与邻近诸坊相近，应有 1060 余户 6300 余人。

（95）嘉会坊：本坊东西宽 1033 米，南北长 525 米，面积 542325 平方米，住户密度同长寿坊，应有 1080 多户约 6500 人。

（96）永平坊：本坊东西宽 1033 米，南北长 530 米，面积 547490 平方米，住户密度同嘉会坊相近，应有 1090 多户约 6500 余人。

（97）通轨坊：本坊东西宽 1033 米，南北长 520 米，面积 537160 平方米，住户稀疏，与城南部诸坊相近，应有 180 余户约 1100 人。

（98）归义坊：全一坊为家令寺园，估计仅有 100 人左右。

（99）昭行坊：本坊东西宽 1033 米，南北长 590 米，面积 609470 平方米，住户稀疏，与城南部诸坊相近，应有 200 余户 1200 余人。

（100）修真坊：同修德坊，应有 7200 人左右。

（101）普宁坊：同修德坊，应有 7200 人左右。

（102）义宁坊：本坊东西宽 1115 米，南北长 838 米，面积 934370 平方米，住户密度同于邻近诸坊，应有 1870 户约 11200 人。

（103）居德坊：同义宁坊，约 11200 人。

（104）群贤坊：本坊东西宽 1115 米，南北长 500 米，面积 557500 平方米，住户密度同于邻近诸坊，应有 1100 余户 6600 余人。

（105）怀德坊：本坊东西宽 1115 米，南北长 544 米，面积 606560 平方米，住户密度同于邻近诸坊，应有 1200 余户 7200 余人。

（106）崇化坊：本坊东西宽 1115 米，南北长 540 米，面积 602100 平方米，住户密度同于邻近诸坊，应有 1200 余户 7200 余人。

（107）半邑坊：本坊东西宽 1115 米，南北长 515 米，面积 574225 平方米，住户密度同于其北的崇化坊，应有 1100 余户 6600 余人。

（108）待贤坊：本坊东西宽 1115 米，南北长 525 米，面积 585375 平方米，住户稀疏，与城南诸坊相近，应有 200 户 1200 余人。

（109）永和坊：本坊东西宽 1115 米，南北长 530 米，面积 590950 平方米，住户稀疏，与城南诸坊相近，应有 200 余户 1200 余人。

（110）常安坊：本坊东西宽 1115 米，南北长 520 米，面积 579800 平方米，住户稀疏，与城南诸坊相近，应有近 200 户 1200 人。

（111）和平坊、永阳坊：二坊东半筑入庄严寺，西半筑入大总持寺，合计约 1000 人。

外郭城总计前期约有 625000 人，中后期约 623000 人。

以上三个不同部分的人口相加，唐代初年（7 世纪中期）长安城约有人口 690000，中期（8 世纪中期）约有 699000，后期（9 世纪中期）约有 703000。处于不断增长之中，但总的来说增幅不大，增加的人口主要在宫城部分。

三　人口规模与居住环境

第二节从唐长安城不同组成部分实际居住的人口推测整个长安城的人口数量，其中主观臆测的成分是很大的，尤其是外郭城坊市的户口密度和户口规模，因缺少必要的材料，主观臆测的成分更大。但这种推测又绝对不是毫无根据的。唐朝前期实行均田制，规定按"良口三人已下给一亩，三口加一亩；贱口五人给一亩，五口加一亩"的原则授给园宅地。[①] 1 唐亩约合 522 平方米。[②] 也就是说，从法律上讲，唐代一户至少有庄宅地约 522 平方米。这与兴道坊平均每户占 500 平方米的面积是接近的，从而说明《旧唐书·五行志》关于兴道坊有五百余家的记载是符合事实的。推测的结果为七十万人，与妹尾先生的推测结果相同，大致是处于各家推算的中流。这也从一个侧面证明本文的推测有一定的合理性，不完全是主观臆测。这一推测结果与实际相比，也许会存在一定的差距，但我认为偏小的可能性较小，偏大的可能性较大。宋敏求在《长安志》中说："自兴善寺以南四坊，东西尽郭，虽时有居者，烟火不接，耕垦种植，阡陌相连。"本文据此将城南四列坊按每坊一百多户计算。作者的工作单位陕西

---

① 《唐六典》，卷三。

② 华林甫：《唐亩考》，《农业考古》1991 年第 3 期。

师范大学就在唐长安城的启夏门外，工作之余，也时常到校园外走走，仅仅是在前几年，所见到的景色，与宋氏的描述极为相似，但住户的密度却并没有这样高，大概一平方公里范围内，住户还不到一百。唐长安城南部各坊的面积，一般都在 0.5—0.6 平方公里，也按一百户计算，可能是高估了。即使是兴善寺以北各坊，住户密度也是不完全相同的。兴道坊西邻朱雀大街，北邻皇城，正处于唐长安城南北东西交通的枢纽地位，尤其是其北街朱雀门前大街，东通春明门，西通金光门，是当时东西交通的中轴所在，其西有西市，东有东市，因而成为唐长安城中居户最集中的地带。其他一些离朱雀门前大街较远的坊，居户则相对稀疏。而另外一些坊，由于其独特的地理位置，受到高官显贵们的青睐，纷纷在其中立宅建第，构建山池别院，也势必要比普通坊的居户密度减小。由此可知，七十万的数字大概是唐长安城人口的上限，即使是最盛时，也很难超过七十万，不可能达到或超过一百万。

不超过七十万的人口数字也是与唐长安城优美的居住环境相符合的。唐长安城在我国古代都城中是一座布局极为规整的城市，街道南北交错，宽阔平直。据徐松《唐两京城坊考》记载，唐皇城共有东西向街道 7 条，南北向街道 5 条，其中以宫城南门外的东西大街最宽，"皇城各街皆广百步，惟此街南北广三百步"①。换算成今制，分别为 147 米和 441 米。外郭城共有东西向街道 14 条，南北向街道 11 条。根据考古实测，外郭城各街宽度不一，丹凤门街最宽，为 176.4 米；其次是朱雀门大街，为 150—155 米；再次为各通城门大街，亦在 100 米以上；最窄的为顺城墙各街，为 20—25 米；其余各街则在 35—65 米之间。② 如此宽阔的街道，为长安城内的交通提供了极大的便利。长安城从未发生过因道路拥挤，阻塞交通的现象。在唐人的诗句中，有不少关于上朝、下朝的描述，字里行间，给人的印象是行人稀少，街道极为幽静，毫无熙熙攘攘之状。这种现象正是唐长安城人口规模不大，人口密度尚较稀疏的具体表现。

唐长安城居住环境优美的另一体现是居宅都很宽敞，绝无促狭之感。像睿宗在藩宅邸、日南王邸、襄城公主宅等，都占一坊或半坊之地，里面

---

① 《唐两京城坊考》，卷一，"皇城"。

② 《唐代长安城考古纪略》。

有多重院落，有规模很大的池苑、鞠场等游乐设施。① 这些人都是当时的权贵，另当别论。地位较次的一般官吏，住宅规模虽没有如此宏大，但都有自己的庭院。刘禹锡《秋日题窦员外崇德里新居》云："长爱街西风景闲，到君居住暂开颜。清光门外一渠水，秋色墙头数点山。疏种碧松通月朗，多栽红药待春还。"② 新居中能疏种碧松，多栽红药，可见是有自己的庭院的，而且规模不小。元稹《靖安穷居》谓："喧静不由居远近，大都车马就权门。野人住处无名利，草满空阶树满园。"③ 虽是穷居，但庭园是不可少的。杨巨源《送李舍人归兰陵里》云："三亩嫩蔬临绮陌，四行高树拥朱门。家贫境胜心无累，名重官闲口不论。"④ 虽然家境贫寒，却有三亩嫩蔬，四行高树，规模仍很可观。白居易在《常乐里闲居偶题十六韵》中也称其有茅屋四五间，窗前有竹玩。⑤ 除在庭院中种植碧松、修竹等外，不少人还在院中修凿池沼。据史念海先生研究，唐长安城中大大小小的池沼有五六十处之多，其中不少都是能划船游乐的。至于普通居民，即使结构简陋，柴门瓮牖，但也有一个小小的宅院。《太平广记》记载，永兴坊西南隅有一小宅，自大历年间至元和十二年（公元 766—817年）前后换了十七位主人，皆丧长，被认为是凶宅，只好布施给罗汉寺。该宅有堂屋三间，东西厢房共五间，地约三亩，有榆楮数百株。⑥ 这样的小宅在唐长安城中应该是具有代表性的。据唐人小说描述，内门外户在唐长安城是一种普遍的现象。⑦ 既然有外户，则肯定有一重院落。

　　不仅住宅规模较大，各里坊中的住宅密度也较稀疏，不显得拥挤。南面四排坊的住户情况，《长安志》明确记载是"虽时有居者，烟火不接，耕垦种植，阡陌相连。"就是北部诸坊，地皮亦不紧张，空旷地方很多，外地来京之人不仅很容易建基立宅，而且可以随时扩大住宅规模。此可以唐代著名诗人白居易为例。贞元中，白居易擢进士第，首为京官，营宅于

---

① 曹尔琴：《唐代长安的住宅规模》，载《中国古都研究》，山西人民出版社 1998 年版。

② 《全唐诗》，卷三五九。

③ 《全唐诗》，卷四一二。

④ 《全唐诗》，卷三三三。

⑤ 《全唐诗》，卷四二八。

⑥ 《太平广记》，卷三四四，"乾馔子"。

⑦ 白行简：《李娃传》，载《唐人小说》上卷，汪辟疆校录，上海古籍出版社 1978 年版。

常乐坊；后又多次入京为官，分别筑宅于永崇坊、昭国坊、新昌坊①。当他初于新昌坊立宅之时，因尚较贫困，所以一切都很将就，但求有一立身之地即可。其时"未暇作厨库，且先营一堂。开窗不糊纸，种竹不依行""阶庭宽窄才容足，墙壁高低粗及肩""堂下何所有，十松当我阶。乱立无行次，高下亦不齐"②。两年之后，积蓄稍多，便开始修整，并扩大规模。"冒宠已三迁，归朝始二年。囊中贮余俸，园外买闲田。狐兔同三迳，蒿莱共一壖。新园聊划秽，旧屋且扶颠。檐漏移倾瓦，梁欹换蠹椽。平治绕台路，整顿近阶砖。巷狭开容驾，墙低叠过肩。门间堪驻盖，堂堂可铺筵。……等闲栽树木，随分占风烟。"整修后，面貌焕然一新，景色宜人，"篱东花掩映，窗北竹婵娟""松生疑涧底，草色盛河边"③。甚至京城中最为繁华的西市，也有不少空地。《太平广记》卷三四四引《乾馔子》载，西市秤行之南，有十余亩坳下潜污之地，称为小海池，为旗旁之内众秽所聚，有一名叫窦乂的商人买之，于其上开店，日收利数千。

由于人口不多，唐长安城中有不少住宅都是空旷闲置的。《唐两京城坊考》引《朝野佥载》云，中书舍人郭正一曾失一高丽婢，最后于金城坊空宅中搜得之。④ 在白居易曾经居住过的新昌坊，亦有一处规模很大的荒弃院落。⑤ 白居易诗云："长安多大宅，列在街西东。往往朱门内，房廊相对空。"⑥ 可见空宅闲置的情况在唐长安城中随时都可以见到。也正是因为有不少闲置空宅的存在，所以在唐人的诗词文集及其他史料中经常可以见到租赁住宅非常容易，更换住地也很频繁。

"报花消息是春风，未见先教何处红。想得芳园十余日，万家身在画屏中。"⑦ 这种美丽如画的景色与唐长安城中尚较稀疏的人口规模是密切

① 白居易：《常乐里闲居偶题十六韵》，载《全唐诗》，卷四二八；《永崇里观居》，载《全唐诗》，卷四二八；《朝归书寄元八》，载《全唐诗》，卷四二九；《竹窗》，载《全唐诗》，卷四三五；等。

② 白居易：《卜居》，载《全唐诗》，卷四四二；《竹窗》，《全唐诗》，卷四三五；《题新居寄元八》，载《全唐诗》，卷四四二；《庭竹》，载《全唐诗》，卷四三五。

③ 白居易：《新昌新居书事》，载《全唐诗》，卷四四二。

④ 徐松：《唐两京城坊考》，卷四，"西京·外郭城"。

⑤ 沈既济：《任氏传》，载《唐人小说》上卷，汪辟疆校录，上海古籍出版社1978年版。

⑥ 白居易：《凶宅》，载《全唐诗》，卷四二四。

⑦ 施肩吾：《长安早春》，载《全唐诗》，卷四九四。

联系的。如果人口密度超过一定的限度，唐长安城便很难容得下如此宽阔的街道，如此众多的园林池沼，以及如此普遍的荒僻土地和空闲宅第。唐长安城面积 84.1 平方公里，以 70 万人计，平均每平方公里 8323 人。1990 年底，西安市区共有人口 287.3 万，平均每平方公里 5281 人[①]。20世纪 80 年代末的西安城可以说是比较繁荣的了。高楼林立，居户相连，那种"车不得旋，摩肩接踵，万头攒动"的景象作者时常见到，这种情景恐怕是唐长安城无法相比的。然而现在的人口密度比唐代还要偏低 3000 余人，不能不令人对唐长安城人口超过百万说产生怀疑！

（原文发表于史念海主编《汉唐长安与关中平原》，《中国历史地理论丛》1999 年 12 月增刊）

---

① 《陕西省地图册》"西安市简介"，西安地图出版社 1991 年版，第 335 页。

辽宋金元时期山西地区城镇
体系和规模演变*

　　辽宋金元时期是我国城镇发展史上一个非常重要的时期。这一时期，全国各地出现了许多建置镇，镇的经济意义逐渐取代原来的军事意义；同时，开始对城市实行专门化的行政管理，广泛出现了城市市政建置。目前，对于此一时期城镇发展的研究成果已有很多，但受材料所限和研究视角的影响，研究的重点集中在南方地区，北方地区只是对北宋都城开封和金元都城北京的研究较为细致深入，研究的内容则偏重于城镇发展史方面。中国地域广大，各地情况不同，城镇的发展特点自然会存在差异。山西位于黄土高原东部，南临黄河，北有长城，在辽宋金元时期大部分时间处于两个政权的接壤地带，本地区城镇的发展水平是否如全国其他地区一样，或者具有自己的特点？这是需要我们进一步深入研究的。本文拟从历史地理学角度，对该时期山西地区城镇发展的规模、体系和结构等问题进行考察和分析，希望通过这样的研究，能有助于对该时期城镇发展总体水平和特点作出更为准确的判断，对于今后黄土高原地区城镇发展的规划和建设有所借鉴。

一　行政体系和城镇数量

　　我国历史时期的所谓城镇与现代意义上的城镇概念不尽一致，本文所考察的城镇不仅包括各级行政机构的治所和直接冠以"镇"名的建置镇，还包括具有某些城镇特点的寨、堡、关、场、务、监等类型聚落。

　　*　教育部人文社会科学重点研究基地重大项目"近 1000 年来黄土高原地区小城镇发展与环境影响因素研究"阶段成果。项目批准号：2000ZDXM770012。

（一）北宋初年山西城镇的设置

在 1125 年金灭辽之前，今山西地区分属北宋和辽两个政权，今偏关、宁武、代县以北属辽，以南属北宋。北宋初年，因唐之旧实行道制，将全国划为 13 道作为一级行政区划，今山西地区属河东道所辖。河东道治阳曲县，即今太原市。河东道之下，有二级行政区划州、军、监，州、军、监又各领县不等，位于今山西境内者共有 16 州、6 军、1 监、94 县，其中二级行政区划治所 22 个，县城 75 个。河东道之外，河南道陕州所属平陆和夏县也在今山西境内。在县之下，应该还有一定数量的镇，见于记载的有阳曲县石岭镇、宜芳县岢岚镇和大宁县浮屠镇。总计北宋在今山西境内共设置一级（道级）城市 1 个，二级（州、军、监级）城市 22 个，三级（县级）城市 77 个，四级（镇级）城镇 3 个。[①]

辽将全国划分为上京、南京、东京、中京、西京五道，今山西北部属西京道，大同市为西京。西京道之下，设有府、州（军）作为二级行政区，府、州（军）又分别领有县、州（军）作为三级行政区，县级州（军）下又领县。位于今山西境内者共有 1 府、4 州（军）和 13 县，其中二级行政区划治所 2 个，三级（县级）行政区划治所 10 个。[②]

综上所述，北宋初年，今山西境内共设有一级行政区划治所 2 个，二级行政区划治所 24 个，三级行政区划治所 87 个，另有 3 个县级以下城镇，共有各级城镇 116 个。

（二）北宋元丰年间山西城镇的设置

北宋道制实行不久即被路制所代替，至元丰年间，全国共有 23 路，今山西地区分属河东路和永兴军路所辖。河东路下领有 1 府、15 州、6 军，府、州、军下设县、监、务或寨、津，共领县 75、监 2、务 2、寨 4、津 2，位于今山西境内者共有 1 府、12 州、6 军、70 县、2 监、2 务、2 寨、2 津，其中一级（路）行政区治所 1，二级（府、州、军级）行政区治所 18，三级（县级）行政区划治所 62。永兴军路则有 1 府、2 州、13

---

① 《太平寰宇记》，卷四〇—卷五一；卷六。
② 《辽史》，卷四一，"地理志"。

县位于今山西境内，其中有二级行政区划治所 2，三级行政区划治所 11。县以下，设有大量的建置镇和寨、堡、关、场、务、监，今山西境内共有镇 30、寨 30、堡 1、关 4、场 1、务 1、监 1。① 合计北宋在今山西境内共设有一级行政区治所 1 个，二级行政区治所 20 个，三级行政区治所 73 个，县以下城镇 68 个。

辽境内行政区划变动不大，只是在统和十三年（995 年）增加了一个广陵县。因此，在北宋元丰年间（1078—1085 年）今山西境内共设有一级行政区治所 2 个，二级行政区治所 22 个，三级行政区治所 84 个，县以下城镇 68 个，共各级城镇 176 个。

（三）金代山西城镇的设置

金于 1125 年灭辽，又于 1127 年灭北宋，今山西全境遂为金所有。金将全国分为 19 路，作为一级行政区，路下统府、州，府、州下设县。今山西分属西京路、河东北路和河东南路所辖，其中西京路治大同府大同县，即今大同市，河东北路治太原府阳曲县，即今太原市，河东南路治平阳府临汾县，即今临汾市。西京路共统府 2、州 15、县 39，其中位于今山西境内者有 1 府、4 州、13 县，共一级行政区治所 1，二级行政区治所 3，三级行政区治所 8。河东北路共统府 1、州 12、县 39，其中位于今山西境内者有 1 府、12 州、36 县，共一级行政区治所 1，二级行政区治所 12，三级行政区治所 27。河东南路共统府 2、州 10、县 68，其中位于今山西境内者有 2 府、8 州、59 县，共一级行政区治所 1，二级行政区治所 9，三级行政区治所 49。在县以下，金也设有建置镇和寨、关、堡等，今山西境内共设置有镇 65、关 6、堡 1。② 合计在金代今山西境内共设有一级行政区治所 3 个，二级行政区治所 24 个，三级行政区治所 84 个，县以下城镇 72 个，共各级城镇 183 个。

（四）元代山西城镇的设置

元代实行行省制，中书省之外，另设有 11 行中书省，今山西属中书

---

① 《元丰九域志》，卷三，"永兴军路"；卷四，"河东路"。

② 《金史》，卷二四一卷二六，"地理志"。

省所辖。元代的行政区划统属关系较以前复杂，有路、府、州、县四等，一般省下设路、府，路、府领州、领县，但亦有路领府、府领州、州领县者，又有府和州不隶路而直隶省者。在县以下则取消了宋、金两代的建置镇设置。今山西在元代分由大同、冀宁、晋宁三路管辖，大同路治今大同市，冀宁路治今太原市，晋宁路治今临汾市。大同路领县 5、州 8，州领县 4，其中位于今山西境内者有路属县 3、路属州 4、州属县 4，共一级行政区（路级）治所 1，二级行政区（路属州、县）治所 6，三级行政区（州属县）治所 2 个。冀宁路领县 10、州 14，州领县 9，其中位于今山西境内者有路属县 10、路属州 14、州属县 9，共一级行政区（路级）治所 1，二级行政区（路属州、县）治所 23，三级行政区（州属县）治所 5 个。晋宁路府 1、县 6、州 9，府领县 6，州领县 40，其中位于今山西境内者有路属府 1、路属县 6、路属州 9、府属县 6、州属县 40，共一级行政区（路级）治所 1，二级行政区（路属府、州、县）治所 15 个，三级行政区（府、州属县）治所 37 个[①]。合计在元代今山西境内共设有一级行政区治所 3 个，二级行政区治所 44 个，三级行政区治所 44 个，共各级城镇 91 个。

二　城池规模和城市人口

辽宋金元时期山西地区新筑或改建的城池不多，大多沿用前代的城池。初步统计，有这一时期城池面积数据的城镇近 80 个，全部为县级行政区治所以上的城镇，占本时期县以上城镇的 70% 以上。其中在这一时期新筑的城池有 13 个，改建的城池有 7 个，共 20 个，仅占有城池面积城镇数量的四分之一。新筑的城池面积与前代的城池面积均相近，改建的城池既有在原有的基础上扩大的，也有将原来的城池缩小的，其中扩建的城池有 5 座，缩建的城池有 2 座。扩建的 5 座城池分别是高平县、襄垣县、垣曲县、平定县和岚谷县 5 个县城，其中高平县扩建于金天眷年间，垣曲县扩建于金末，平定县扩建于宋太平兴国四年，岚谷县扩建于宋元丰八年，扩建原因皆无记载，襄垣县扩建于金天会年间，乃是县令韩俊因为乡民依城者众多，县城容纳不下而增建水南外城。缩建的城池分别是长子县和河东县，

---

① 《元史》，卷五八，"地理志"。

长子县缩建于金天会九年，缩建原因亦无记载，河东县城池的缩建则是在金哀宗八年因元兵入侵，金将担心兵力不足，截半为内城以守。①

就城池面积的大小来看，城周在 10 里以上的城镇有 6 个，分别是大同 20 里，太谷 12 里，定襄 25 里，临汾 11 里 288 步，长子 20 里，河东 20 里，其中有 2 个是一级行政区治所，有 2 个是二级行政区治所，另外 2 个是三级行政区治所。城周在 7 里至 10 里的城镇有天成、马邑、秀容、晋城、宝鼎、正平、隰川、雁门、平定、西河、介休、霍邑、河东（金缩建后）、文水 14 个，其中有 8 个是二级行政区治所，有 6 个是三级行政区治所。城周在 5 里至 7 里的城镇有 19 个，其中二级行政区治所有 5 个，其余 14 个为三级行政区治所。城周在 3 里至 5 里的城镇有 29 个，其中有 2 个是二级行政区治所，27 个是三级行政区治所。城周在 1 里至 3 里的城镇有 13 个，其中有 1 个是二级行政区治所，其余皆为三级行政区治所。由此可知，辽宋金元时期各级城镇城池面积的大小与其行政级别的高低虽有一定的联系，但并不完全对应，有些虽仅是三级行政区治所，但它的城周比一些一级行政区治所还要大，而很多二级行政区治所，其城周与三级行政区治所不相上下。实际上这并不让人感到意外，因为一些城镇虽然是二级行政区治所，完全是出于政治的或军事的考虑，不少是直接由三级行政区升格的，其下有的不再领有三级行政区，有的虽领有三级行政区，但数量极少，除行政级别外，这些二级行政区与三级行政区并无多大区别。那些城池面积较大的城镇，一般在辽宋以前就具有比较重要的政治、军事或经济地位，做过较长时期的行政中心。因此，辽宋金元时期今山西地区除了城镇数量有所增加外，绝大多数城镇的发展水平并没有明显提高。

该时期山西地区的城市人口数量也能说明这个问题。虽然这方面的材料极为有限，我们无法推测当时城市人口的确切数量及其在整个人口中所占的比重，但根据其他相关的记载，还是可以肯定当时绝大多数的城市人口数量是很有限的。

庆历四年（1044 年），欧阳修奉诏出使河东，据其调查，河东宁化军"本军人户全少，城郭主客十等共三十四户，内五等以上只十五户，其余六

---

①　光绪《山西通志》，卷二三—卷三〇，"府州厅县考"。

等贫弱之家共有一十九户"①。宁化军城市户口只有 34 户，还不到当时一个镇的人口规模！据《元丰九域志》载，宁化军于太平兴国五年置，领窟谷 1 寨，元丰元年（1078 年）有户主 476，客 640，主客共 1116 户②，元丰元年河东部分地区的总人口数字大致是庆历初年的 2.69 倍③，假设城郭人口也存在相同的比差，则城市户口约占所在行政区总人口的 8%。考虑到宁化军的军事性质，其城市人口的比率可能要高于其他行政区治所，因此整个山西地区的城市人口在总人口中所占的比重可能还不到 8%。

由于有些州、县的人口太少，因此又按人户的多少将这些州、县分成不同的等级。北宋初年定州县等级，除赤、次赤、畿、次畿外，以现管主户为准，4000 户以上为望，3000 户以上为紧，2000 户以上为上，1000 户以上为中，不满 1000 户为中下，每三年编定一次。由于人口的增长，政和五年（1115 年）已将标准提高，除赤畿、次赤畿依旧外，10000 户以上为望，7000 户以上为紧，5000 户以上为上，3000 户以上为中，不满2000 户为中下，1500 户以上为下（按："上"当为"下"）④。据《元丰九域志》记载，元丰时期今山西境内除次赤、次畿县外，有望县 8，紧县5，上县 15，中县 23，中下县 9，下县 7，分别占 12%、7%、22%、34%、13%、10%，有近四分之一的县总人口户不满千。另外，岢岚军主客户共 2506，宁化军主客户共 1116，火山军主客户共 1875，保德军主客户共 828，虽是二级行政区，其总人口皆不及一中县。

宋、金两朝在县以下都设置建制镇和寨。《宋史》卷一六七《职官》说："诸镇置于管下人烟繁盛处，设监官，管火禁或兼酒税之事。砦置于险扼控御去处，设砦官，招收土军，阅习武艺，以防盗贼。"对于镇的设置，是有一定的标准的，其中聚落人口是一个重要的指标。《宋会要辑稿》方域十二"市镇杂录"记载："歙县西地名岩寺，县东地名新馆，两处商旅聚会，近岁本州差官往逐处拘收税钱，内岩寺去年收到六千三百余贯，新馆二千一百余贯。欲

---

① 《欧阳文忠公文集》，卷一一五，《河东奉使奏草》卷上，"乞减配卖银五万两状"。

② 《元丰九域志》，卷四，"河东路"。

③ 据《欧阳文忠公文集》卷一一五"河东奉使奏草"卷上"相度并县牒"载，庆历初年辽州 1 州 4 县共管户主客 2718。而据《元丰九域志》卷四"河东路"的记载，元丰元年辽州所管户主客共 7303，后者是前者的 2.69 倍。

④ 《宋会要辑稿》第一八九册，《方域七》。

乞将岩寺、新馆以地升改为镇，拘收酒税课利。下本路监司详看，岩寺可升为镇，新馆虽客旅过往，缘本处不满百家，不可为镇，从之。"又据《宋会要辑稿》方域六"州县升降废置"载：绍兴四年正月二十五日江西上言，以兴国军通山县"人民见在只有二百余家，乞改通山县依旧为镇"；绍兴六年八月一日江西复上言，又以居民"今已及八百余户"，"乞依旧为县"。当时镇的人口规模大致在 200 户至 800 户之间，不得少于 200 户，达到 800 户则可升为县，而县人口如果少于 800 户，也有可能会被降为镇。庆历四年（1044 年），欧阳修就因为辽州所属辽山县只有主客户 569，平城县只有主客户 618，和顺县只有主客户 459，"各不及一镇人烟"，要求并县①。据《元丰九域志》记载，在熙宁年间，山西共有 6 县并入其他县，8 县降为镇，说明当时有不少县城的人口数量没有达到规定的标准。

不过这里有一个问题，从文句判断，上述设镇的标准似乎是指的镇所在的聚落人口，那么由镇升为县或者县降为镇，也自然以城区人口为标准，也就是说，当时一般县城的人口都应在 800 户以上。如果真是这样，当时各县县城的人口普遍占到该县总人口的一半以上，有的甚至超过该县总人口，这是令人难以置信的。也许，上述镇的所谓人口不仅仅是指镇所在的聚落人口，还包括其所辖区域的人口，这从逻辑上来讲也是说得通的，因为镇一旦升格为县，它就不仅仅是一个孤零零的城镇，应该还有城区以外的管辖区域，而县一旦降为镇，其原来所辖地域也很少见割隶他属。如此，文献中所谓的镇人口也就不是单纯的城市人口。

金代规定："凡县二万五千户以上为次赤、为剧，二万以上为次剧，在诸京依郭者曰京县。自京县而下，以万户以上为上，三千户以上为中，不满三千为下。"② 等级标准，特别是较高等级的标准比宋代有所提高。可惜《金史·地理志》只记载有府、州的等级，没有县的等级，无从知道各等级县的具体数量及所占比重。不过由于总人口的增加，城市人口相应也是应该有所增长的。元代初年，曾在大同路设警巡院，在朔州、冀宁路、晋宁路、河中府、绛州、潞州、沁州 7 个路、州治所设录事司，在浑源州、武州、石州、

---

① 《欧阳文忠公文集》，卷一一五，"河东奉使奏草"，卷上，"相度并县牒"。

② 《金史》，卷五七，"百官三"。

泽州、解州、吉州6个州治所置司候司。① 警巡院、录事司和司候司都是专门管理城市事务的市政建制，警巡院设于诸京，录事司设于诸路总管府或路治城市，司候司设于路下辖的府州治所，创立于辽金。② 元代规定："录事司：凡路府治所，置一司，以掌城中户民之事。中统二年，诏验民户，定为员数。二千户以上，设录事、司候、判官各一员；二千户以下，省判官不置。……若城市民少，则不置司，归这依郭县。"③ 元初警巡院、录事司的设置应该反映的是金代末年的情况，或者是沿袭金代的设置，由此判断，金代今山西地区的城镇获得了较大发展，至少有8个城市的城市人口在2000户上下，另外还有6个城市的人口可能达到1000户左右。

元代的州县等级标准南北不同。北方地区，15000户以上者为上州，6000户以上者为中州，6000户以下者为下州；县的等级则是6000户以上者为上县，2000户以上者为中县，不及2000户者为下县。④ 等级标准不仅较金代大为降低，甚至不及宋代，而州与县的区别也不再严格，上县已相当于中州。据《元史·地理志》的统计，山西地区共有中县11，下县79，没有上县，仅有12%的县总人口在2000户以上，而有88%的县总人口在2000户以下，这与金代有14个城镇的城市人口在1000户至2000户之间不可同日而语。由于城市人口的减少，至元年间只有大同、太原和临汾3个城市保留录事司的设置，其余府、州皆并入依郭县，也就是说，除大同、太原、临汾3个城市人口达到2000户左右外，其他城镇的人口大多不及100户。⑤ 由此可见元代山西城镇的萧条和衰落。

三　职能类型和空间分布

关于宋代城市的职能类型，有不同的划分方法，郭正中分为国都、陪

① 《元史》，卷五八，"地理一"。
② 韩光辉：《12至14世纪中国城市的发展》，《中国史研究》1996年第4期。
③ 《元史》，卷九一，"百官七"。
④ 同上。
⑤ 《金史》，卷五七，"百官三"载："诸府节镇录事司：录事一员，正八品。判官一员，正九品。掌同警巡使。司吏，户万以上设六人，以下为率减之。凡府镇二千户以上则依次置，以下则止设事一员，不及百户者并省。"此规定与元代的有关规定相近，虽未见元代裁撤录事司和司候司的最低人口标准，估计也与金代一样，不及100户。

都之类的政治城市，踞于战略要地的军事城堡，苏州、建康等多功能的综合型城市和镇市之类的经济都市四种①，这几种类型的城镇在山西也都应该存在，但因缺少各城镇的具体材料，因此很难对其所属类型进行准确的判断和划分。

《宋会要辑稿》中载有全国各地的商税税额，税额数量的多少可以大致反映当地的商业活动水平和城镇发展的经济成分，虽然其中住税和过税不分，但税额甚少或者没有税额的城镇其经济职能不强是可以肯定的。根据《宋会要辑稿》的统计，熙宁十年（1077 年）今山西境内共设置税务129 个②，其税额分布情况如下：

3 万贯以上：并州（阳曲县）、晋州（临汾县），共 2 处

1 万—3 万贯：河中府（河东县）、泽州（晋城县），共 2 处

5000—1 万贯：解州（解县）、绛州（正平县）、汾州（西河县）、忻州（秀容县）、乳浪寨、石州（离石县）、威胜军（铜鞮县），共 7 处

3000—5000 贯：荣河县、夏县、盂县、清源县、太平县、稷山县、曲沃县、翼城县、代州（雁门县）、隰州（隰川县）、平遥县、灵石县、高平县、宪州（静乐县）、岚州（宜芳县）、平定军（平定县）、辽山县、保德军，共 18 处

1000—3000 贯：临晋县、龙门县、猗氏县、万泉县、太谷县、文水县、交城县、寿阳县、祁县、徐沟镇、团柏镇、襄陵县、洪洞县、霍邑县、冀氏县、垣曲县、绛县、五台县、嶂县、石觜镇、蒲县、温泉县、吉乡军、介休县、阳城县、沁水县、楼烦县、合河津、飞鸢堡、新绛上县、沁源县、乐平县、宁化军、火山军，共 34 处

500—1000 贯：曹张镇、清涧渡、神山县、岳阳县、赵城县、繁峙县、义兴镇、大宁县、永和关、渡利务、洪山寺、端氏县、合河县、旧绛上县、榆社镇、永顺镇、平城镇、芹泉镇、雄勇津、岢岚军（岚谷县），共 20 处

300—500 贯：芮城县、集津镇、百井寨、潞州（上党县）、义兴冶

---

① 郭正忠：《宋代城镇的经济结构》，《江淮论坛》1986 年第 4 期。

② 《宋会要辑稿》第一二九册，《食货》十五、十六"商税杂录"。中华书局影印本。其中解州有部分脱漏。

寨、石楼县、永和县、平夷县、方山县、临泉县、伏落津、武乡县、西阳县、东百井寨，共 14 处

100—300 贯：晋祠镇、和川镇、矾山务、乡宁镇、石硖寨、麻谷寨、阳武寨、楼板寨、宝兴寨、上平关、孝义镇、定胡县、石窟驿、南关镇、静阳寨、黄泽关、大堡津，共 17 处

100 贯以下：北乡镇、襄垣县、屯留县、潞城县、祯亭镇、雁门寨、土墩寨、瓶形寨、茹越寨、梅回寨、西陉寨、大石寨、马辟关、天浑津、承天军寨，共 15 处

从税额的分布看，所有的行政区治所都有税额，其中在 3000 贯以上的城镇除乳浪寨一处外，都是县级以上的治所，而且行政级别越高，其税额也越高。这些城镇的分布具有两个明显的特征，一是沿汾河谷地分布，一是沿西北边境线分布。大多数县级治所的税额在 300 贯到 3000 贯之间，但有些县的税额很低，甚至不及一个镇、寨，特别是潞州所属各县，除州治上党县有 403 贯外，其他都只有 1 贯左右。

到元代，除太原、临汾、大同 3 个路级行政区治所继续保持繁荣外，较大城镇（商税额较高）的数量比宋代要少得多。据统计[1]，今山西省境内大德中（1304 年前后）商税在中统钞 500 锭以上的设务城镇有：冀宁（阳曲）、晋宁（临汾），5000—1 万锭；大同，3000—5000 锭；汾州、河中、潞州、襄陵，500 锭以上。共计才 7 个城镇。与北宋分布特点不同的是，宋代西北边境地区的城镇已经衰落，而晋东潞州的城镇却有所发展。

四 城镇发展特点和影响因素

辽宋金元时期山西地区城镇的发展大致经过了宋金时期的快速发展和元代的衰落调整两个阶段。北宋初年今山西境内共有各级城镇 116 个，到元丰年间增加到 176 个，至金末则进一步增加到 183 个，二百七十年间增长了近 58%，但到元代，却急剧下降到 91 个，仅及

---

① 王颋：《元代的国内商业》，载复旦大学历史地理研究所编《历史地理研究 2》，复旦大学出版社 1990 年版。

北宋初年的 78% 。辽宋金时期，各级城镇的层级体系是相对简明的，但元代却变得复杂起来，行政层级与城镇规模不相对应。总体而言，辽宋金元时期山西地区的城镇发展水平是比较落后的，虽然城镇数量在前期有较大幅度的增长，但城镇规模普遍较小，特别是中等以上规模的城镇数量很少，并处于下降之中，北宋初年，县级以上行政区治所城镇有 113 个，元丰年间减少到 108 个，金代有所恢复，也只有 111 个，至元代更减少到 91 个。

在辽宋金元时期山西地区城镇发展过程中，变化最大的主要是中小城镇，元丰以前被省并或降为镇的县级治所有 13 个，元丰之后至金代增加的县级治所有 7 个，由镇升为县的 4 个，并新增加 24 镇，改宋寨为镇 25 个，废除宋镇 10 个，废除宋寨 8 个，增加堡和关各 1 个，有许多县经历过多次的置废。而大型城镇则相对稳定，一级行政区治所在宋代有太原和大同两个，金元时期又增临汾一个，最终形成了中、南、北三个区域中心城市，这种格局一直延续到现在。

辽宋金元时期山西地区的城镇发展过程与社会经济的发展过程是相一致的。北宋时期，山西位于宋辽交界地带，战事频繁，人民负担繁重，社会经济发展迟缓，特别是人口的增长相当缓慢，许多行政区治所由于得不到足够的人口支撑而不得不被并省或者降为镇。金元时期，山西地区成为腹里，统治者对本区的经营比较重视，社会经济有所发展，特别是到金世宗大定年间，今山西地区和河北、山东诸路一起被称为"久被抚宁，人稠地窄，寸土悉垦"的人稠地狭地区，正是在这种背景下，山西地区出现了难得的因城市人口增加而扩建城区的现象。但元代本区人口却一直没有恢复到金代的水平，因而一些州县被纷纷裁撤。[①]

山西地区自然环境较差，社会经济发展水平与其他地区相比较低，城镇发展速度和规模自然会受到影响。实际上，宋金时期山西地区城镇的快速发展是一种畸形的发展，城镇数量的增加不是因为社会经济的发展引发商品流通的需求增长所致，大多是出于军事或税收的需要而设，新增加的城镇主要分布于两个政权的交界地带和一些交通关口。除了太原、临汾等

---

① 　关于这一时期人口的发展情况参见吴松弟《中国人口史》，第三卷，《辽宋金元时期》，复旦大学出版社 2000 年版。

少数城市见有城市手工业发展方面的历史记载外，其他城镇都是单纯的消费型城镇，这种城镇的存在和繁荣是一种无源之水，一旦政治军事形势发生变化，自然随之衰落和消亡。相反，太原、临汾、大同等城市，由于其所处的地理位置较好，历史时期一直作为区域行政中心，既有较为广阔的经济腹地作为支撑，又有强有力的行政力量支持，因而发展一直比较稳定。

　　由于辽宋金元时期山西地区的城镇经济职能大多数比较单一，是纯粹的消费型城镇，其数量虽然一度有所增长，但并没有带动周围地区社会经济的发展，反而由于社会经济水平长期得不到提高最终走向衰落。如今在西部地区大力发展小城镇建设，主要力量不应该放在如何增加城镇数量，扩大城镇规模上，而应该放在如何通过小城镇的建设，带动周围地区，特别是周围农村地区产业结构的调整上，通过农村产业结构的调整，促进农村社会经济的发展，缩小城乡差距，实现共同繁荣。

表1　　　　　　　　　　北宋初年山西地区城镇概况

政权归属	城镇名称	行政等级	等第	建置沿革	户	城池规模
辽境	大同、云中	◎	（西京）	重熙十三年改云州为西京	20000	广袤20里
	天成县▲	○		析云中置	5000	周9里13步
	长青县▲	○		辽始置	4000	
	奉义县▲	○		析云中置	3000	
	怀仁县▲	○		析云中置	3000	
	灵丘县	○		因前代置	3000	周3里230步
	金城县	●	（上）	因前代置	8000	周5里85步
	浑源县	○		因前代置	5000	周4里220步
	河阴县▲	○		辽始置	3000	周4里20步
	鄯阳县	●	（下）	因前代置	4000	
	宁远县	○		因前代置	2000	
	马邑县	○		因前代置	3000	周9里13步
	神武县	○	（下）	因前代置	5000	

政权归属	城镇名称	行政等级	等第	建置沿革	户	城池规模
北宋境	阳曲县	◎		因前代置		
	石岭镇	☉				
	平晋县	○		因前代置		
	文水县	○		因前代置		约30里
	祁　县	○		因前代置		周4里30步
	榆次县	○		因前代置		周5里
	太谷县	○		因前代置		周12里
	清源县	○		因前代置		
	寿阳县	○		因前代置		周4里
	盂　县	○		因前代置		周3里30步
	西河县	●		因前代置		
	孝义县	○		因前代置		
	平遥县	○		因前代置		
	介休县	○		因前代置		周4里13步
	灵石县	○		因前代置		
	宜芳县	●		因前代置		
	岢岚镇	☉				
	静乐县	○		因前代置		
	合河县	○		因前代置		
	离石县	●		因前代置		
	临泉县	○		因前代置		
	平夷县	○		因前代置		
	方山县	○		因前代置		
	定胡县	○		因前代置		
	秀容县	●		因前代置		周9里20步
	定襄县	○		因前代置		周25里
	楼烦县	●		因前代置		
	元池县	○		因前代置		
	天池县	○		因前代置		
	临汾县	●		因前代置		周11里288步

政权归属	城镇名称	行政等级	等第	建置沿革	户	城池规模
北宋境	洪洞县	○		因前代置		
	襄陵县	○		因前代置		
	神山县	○		因前代置		周4里120步
	霍邑县	○		因前代置		
	赵城县	○		因前代置		
	汾西县	○		因前代置		周4里
	冀氏县	○		因前代置		
	岳阳县	○		因前代置		
	和川县	○		因前代置		
	晋城县	●		因前代置		周9里30步
	高平县	○		因前代置		
	阳城县	○		因前代置		周3里180步
	端氏县	○		因前代置		
	陵川县	○		因前代置		周2里232步
	沁水县	○		因前代置		周2里100步
	辽山县	●		因前代置		周4里30步
	和顺县	○		因前代置		
	榆社县	○		因前代置		周2里许
	平城县	○		因前代置		
	上党县	●		因前代置		
	长子县	○		因前代置		周20里
	潞城县	○		因前代置		周4里10步
	屯留县	○		因前代置		周4里30步
	壶关县	○		因前代置		周2里240步
	襄垣县	○		因前代置		
	黎城县	○		因前代置		
	河东县	●		因前代置		周20里
	虞乡县	○		因前代置		周4里
	临晋县	○		因前代置		周3里203步
	宝鼎县	○		因前代置		周9里8步

政权归属	城镇名称	行政等级	等第	建置沿革	户	城池规模
北宋境	猗氏县	○		因前代置		
	永乐县	○		因前代置		
	龙门县	○		因前代置		
	万泉县	○		因前代置		周5里13步
	解 县	●		因前代置		
	安邑县	○		因前代置		周6里13步
	闻喜县	○		因前代置		周5里32步
	正平县	●		因前代置		周9里12步
	曲沃县	○		因前代置		周3里50步
	太平县	○		因前代置		
	翼城县	○		因前代置		周6里许
	稷山县	○		因前代置		周5里13步
	绛 县	○		因前代置		
	垣 县	○		因前代置		
	吉乡县	●		因前代置		周1里290步
	文城县	○		因前代置		
	乡宁县	○		因前代置		
	隰川县	●		因前代置		周7里13步
	蒲 县	○		因前代置		周1里7分
	温泉县	○		因前代置		
	永和县	○		因前代置		
	石楼县	○		因前代置		周1里96步
	大宁县	○		因前代置		
	雁门县	●		因前代置		周8里185步
	五台县	○		因前代置		周3里20步
	崞 县	○		因前代置		
	繁畤县	○		因前代置		
	唐林县	○		因前代置		
	宝兴军	●		因前代置		
	铜鞮县	●		因前代置		

续表

政权归属	城镇名称	行政等级	等第	建置沿革	户	城池规模
北宋境	武乡县	○		因前代置		周2里许
	沁源县	○		因前代置		
	交城县	●		因前代置		周5里90步
	绵上县	○		因前代置		
	平定县	●		因前代置		周9里26步
	乐平县	○		因前代置		周6里140步
	岚谷县	●		因前代置		
	火山军	●		因前代置		
	宁化军	●		因前代置		
	芮城县	○		因前代置		
	平陆县	○		因前代置		
	夏　县	○		因前代置		

说明：1. ◎一级政区治所，包括京、道、路；●二级政区治所，包括府、州、军、监；○三级政区治所，包括州、县；⊙建置镇，包括寨、堡。2. ▲增置城镇。3. 等第栏括号中为所在最高级政区等第。

资料来源：《辽史·地理志》、《太平寰宇记》、光绪《山西通志》卷二三一卷三〇"府州厅县考"。

表2　　　　北宋元丰八年（1085年）山西地区城镇概况

政权归属	城镇名称	行政等级	等第	建置沿革	户	城池规模
辽境	大同、云中	◎	（西京）	重熙十三年改云州为西京	20000	广袤20里
	天成县▲	○		析云中置	5000	周9里13步
	长青县▲	○		辽始置	4000	
	奉义县▲	○		析云中置	3000	
	怀仁县▲	○		析云中置	3000	
	灵丘县	○		因前代置	3000	周3里230步
	广陵县▲	○		统和十三年析灵仙置	3000	
	金城县	●	（上）	因前代置	8000	周5里85步
	浑源县	○		因前代置	5000	周4里220步

续表

政权归属	城镇名称	行政等级	等第	建置沿革	户	城池规模
辽境	河阴县▲	○		辽始置	3000	周 4 里 20 步
	鄯阳县	●	（下）	因前代置	4000	
	宁远县	○		因前代置	2000	
	马邑县	○		因前代置	3000	周 9 里 13 步
	神武县	○	（下）	因前代置	5000	
北宋境	阳曲县	◎	（次府）次赤	因前代置		
	石岭镇▽					
	百井寨▲	⊙				
	阳兴寨▲	⊙				
	平晋县▽			熙宁三年省入阳曲		
	大通监▲	○		宝元二年以大通监隶府		
	永利监▲	○		咸平四年升		
	文水县	○	次畿	因前代置		约 30 里
	祁　县	○	次畿	因前代置		周 4 里 30 步
	团柏镇▲	⊙				
	榆次县	○	次畿	因前代置		周 5 里
	太谷县	○	次畿	因前代置		周 12 里
	清源县	○	次畿	因前代置		
	徐沟镇▲	⊙				
	寿阳县	○	次畿	因前代置		周 4 里
	盂　县	○	次畿	因前代置		周 3 里 30 步
	西河县	●	（望）望	因前代置		
	郭栅镇▲	⊙				
	永利西监▲	⊙				
	孝义镇↓	⊙		熙宁五年省为镇入介休		
	平遥县	○	望	因前代置		
	介休县	○	上	因前代置		周 4 里 13 步
	灵石县	○	中	因前代置		
	宜芳县	●	（下）中	因前代置		

续表

政权归属	城镇名称	行政等级	等第	建置沿革	户	城池规模
北宋境	飞鸢堡▲	⊙				
	岢岚镇	⊙				
	静乐县	●	（中）中	因前代置		
	合河县	○	中下	因前代置		
	乳浪寨▲	⊙				
	离石县	●	（下）中	因前代置		
	临泉县	○	中下	因前代置		
	克胡寨▲					
	葭芦寨▲					
	平夷县	○	中	因前代置		
	伏落津寨▲					
	方山县	○	下	因前代置		
	定胡县	○	中	因前代置		
	定胡寨▲					
	天浑津寨▲					
	吴堡寨▲					
	秀容县	●	（下）紧	因前代置		周9里20步
	定襄县▽			熙宁五年省入秀容		周25里
	忻口寨▲	⊙				
	云内寨▲	⊙				
	徒合寨▲	⊙				
	石岭关▲	⊙				
	楼烦县	○	下	因前代置		
	元池县▽			咸平五年省入静乐、楼烦		
	天池县▽			咸平五年省入静乐、楼烦		
	临汾县	●	（望）望	因前代置		周11里288步
	樊山镇▲	⊙				
	洪洞县	○	紧	因前代置		

续表

政权归属	城镇名称	行政等级	等第	建置沿革	户	城池规模
北宋境	襄陵县	○	紧	因前代置		
	官水镇▲	⊙				
	神山县	○	上	因前代置		周4里120步
	霍邑县	○	中	因前代置		
	赵城县	○	上	因前代置		
	汾西县	○	中	因前代置		周4里
	冀氏县	○	中	因前代置		
	岳阳县	○	中下	因前代置		
	炼矾务▲	○		庆历元年置		
	矾山务▲	○		庆历元年置		
	和川镇↓	⊙		熙宁五年省为镇入冀氏		
	晋城县	●	（上）紧	因前代置		周9里30步
	星轺镇▲	⊙				
	高平县	○	上	因前代置		
	阳城县	○	上	因前代置		周3里180步
	端氏县	○	上	因前代置		
	陵川县	○	中	因前代置		周2里232步
	沁水县	○	中下	因前代置		周2里100步
	辽山县	●	（下）下	因前代置		周4里30步
	和顺镇↓	⊙		熙宁七年省为镇入辽山		
	榆社镇↓	⊙		熙宁七年省为镇入武乡		周2里许
	平城镇↓	⊙		熙宁七年省为镇入辽山		
	黄泽寨▲	⊙				
	上党县	●	（大都督府）望	因前代置		
	上党镇▲					
	长子县	○	中	因前代置		周20里
	潞城县	○	上	因前代置		周4里10步
	屯留县	○	上	因前代置		周4里30步
	壶关县	○	中	因前代置		周2里240步

续表

政权归属	城镇名称	行政等级	等第	建置沿革	户	城池规模
北宋境	襄垣县	○	上	因前代置		
	襁亭镇▲	⊙				
	黎城县▽			熙宁五年省入潞城		
	河东县	●	（次府）次赤	因前代置		周20里
	夸谷镇▲	⊙				
	合河镇▲	⊙				
	虞乡县	○	次畿	因前代置		周4里
	临晋县	○	次畿	因前代置		周3里203步
	荣河县	○	次畿	因前代置		周9里8步
	北乡镇▲	⊙				
	胡壁堡镇▲	⊙				
	猗氏县	○	次畿	因前代置		
	永乐镇↓	⊙		庆历三年省为镇入河东		
	龙门县	○	次畿	因前代置		
	万泉县	○	次畿	因前代置		周5里13步
	解　县	●	（中）中	因前代置		
	安邑县	○	紧	因前代置		周6里13步
	闻喜县	○	望	因前代置		周5里32步
	东　镇▲	⊙				
	正平县	●	（雄）望	因前代置		周9里12步
	曲沃县	○	望	因前代置		周3里50步
	买金场▲	⊙				
	太平县	○	望	因前代置		
	翼城县	○	上	因前代置		周6里许
	稷山县	○	上	因前代置		周5里13步
	乡宁镇↓	⊙		熙宁五年省为镇入稷山		
	绛　县	○	中	因前代置		
	垣曲县	○	下	因前代置		
	铜钱监▲	⊙				
	吉乡县	○	中	因前代置		周1里290步

政权归属	城镇名称	行政等级	等第	建置沿革	户	城池规模
北宋境	文城镇↓	⊙		熙宁五年省为镇入吉乡		
	隰川县	●	（下）上	因前代置		周7里13步
	蒲县	○	中	因前代置		周1里7分
	温泉县	○	上	因前代置		
	绿矾务▲	⊙				
	永和县	○	中	因前代置		
	永和关▲	⊙				
	石楼县	○	中	因前代置		周1里96步
	上平关▲	⊙				
	永宁关▲	⊙				
	大宁县	○	中	因前代置		
	雁门县	●	（上）中下	因前代置		周8里185步
	胡谷寨▲	⊙				
	雁门寨▲	⊙				
	西陉寨▲	⊙				
	五台县	○	中下	因前代置		周3里20步
	兴善镇▲	⊙				
	石觜镇▲	⊙				
	崞县	○	中	因前代置		
	楼板寨▲	⊙				
	阳武寨▲	⊙				
	石碛寨▲	⊙				
	土墩寨▲	⊙				
	繁峙县	○	下	因前代置		
	茹越寨▲	⊙				
	大石寨▲	⊙				
	义兴冶寨▲	⊙				
	宝兴军寨▲	⊙				
	瓶形寨▲	⊙				
	梅回寨▲	⊙				

政权归属	城镇名称	行政等级	等第	建置沿革	户	城池规模
北宋境	麻谷寨▲	☉				
	唐林县▽	☉		景德二年省入崞		
	宝兴军	●		因前代置		
	铜鞮县	●	（同下州）中	因前代置		
	西汤镇▲	☉				
	武乡县	○	下	因前代置		周2里许
	南关镇▲	☉				
	沁源县	○	中下	因前代置		
	交城县	○	次畿	因前代置		周5里90步
	绵上县	○	中下	因前代置		
	平定县	●	（同下州）中	因前代置		周9里26步
	承天军寨▲	☉				
	东百井寨▲	☉				
	乐平县	○	中	因前代置		周6里140步
	静阳寨▲	☉				
	岚谷县	●	（同下州）下	因前代置	2506	
	火山军	●	同下州	因前代置	1875	
	下镇寨▲	○				
	宁化军	●	同下州	因前代置	1016	
	窟谷寨▲	○				
	保德军▲	●	同下州		828	
	芮城县	○	中下	因前代置		
	平陆县	○	上	因前代置		
	张店镇▲	☉				
	三门镇▲	☉				

续表

政权归属	城镇名称	行政等级	等第	建置沿革	户	城池规模
北宋境	集津镇▲	⊙				
	曹张镇▲	⊙				
	夏 县	○	上	因前代置		

说明：1. ◎一级政区治所，包括京、道、路；●二级政区治所，包括府、州、军、监；○三级政区治所，包括州、县；⊙建置镇，包括寨、堡。2. ▲增置城镇；▽省并城镇；↓废县为镇。

3. 等第栏括号中为所在最高级政区等第。

资料来源：《辽史·地理志》、《元丰九域志》、光绪《山西通志》卷二三一卷三〇"府州厅县考"。

表3   金代山西地区城镇概况

城镇名称	行政等级	等第	建置沿革	户	城池规模
大同、云中县	◎	（西京）（中）	因辽置	98444	广袤20里
天成县	○		析云中置		周9里13步
白登县	○		辽长青县		
奉义镇↓	⊙		辽奉义县		
怀仁县	○		析云中置		
安七疃镇▲	⊙				
灵丘县	○		因前代置		周3里230步
广陵县	○		因辽置		
金城县	●	（下）	因前代置	32977	周5里85步
浑源县	○		因前代置		周4里220步
山阴县	○		辽河阴县		周4里20步
鄯阳县	●	（中）	因前代置	44890	
宁远县	●	（下）	因前代置	13851	
马邑县	○		因前代置		周9里13步
神武县▽					

城镇名称	行政等级	等第	建置沿革	户	城池规模
阳曲县	◎	（上）	因前代置	165862	
百井镇↗	⊙		宋百井寨		
赤唐关镇▲	⊙				
天门关镇▲	⊙				
陵井驿镇▲	⊙				
阳兴镇↗	⊙		宋阳兴寨		
大通监▽					
永利监▽					
文水县	○		因前代置		约 30 里
祁　县	○		因前代置		周 4 里 30 步
团柏镇	⊙				
榆次县	○		因前代置		周 5 里
太谷县	○		因前代置		周 12 里
平晋县▲	○		兴定元年复置		
晋宁镇▲	⊙				
晋祠镇▲	⊙				
清源县	○		因前代置		
徐沟县↑	○		大定二十九年升徐沟镇为县		
寿阳县	○		因前代置		周 4 里
晋州▲	●		兴定四年以寿阳县西张寨置		
孟　县	○		因前代置		周 3 里 30 步
西河县	●	（上）	因前代置	87127	
郭栅镇	⊙		因宋置		
永利西监▽	⊙				
孝义县▲	○		因宋置		
洪山镇▲	◎				
平遥县	○		因前代置		
介休县	○		因前代置		周 4 里 13 步

城镇名称	行政等级	等第	建置沿革	户	城池规模
灵石县	○		因前代置		
宜芳县	●	（下）	因前代置	17557	
飞鸢镇↗	⊙		宋飞鸢堡		
岢岚镇▽					
静乐县	●	（下）	因前代置	5881	
合河县	○		因前代置		
乳浪镇↗	⊙		宋乳浪寨		
合河津镇▲	⊙				
盐院渡镇▲	⊙				
离石县	●	（上）	因前代置	36528	
石窟镇▲	⊙				
临泉县	○		因前代置		
克胡镇↗	⊙		宋克胡寨		
葭芦寨▽					
宁乡县	○		宋平夷县		
伏落津寨▽					
方山县	○		因前代置		
孟门县	○		宋定胡县		
吴堡镇↗	⊙		宋吴堡寨		
天泽镇▲	⊙				
定胡寨▽					
天浑津寨▽					
秀容县	●	（下）	因前代置	32341	周9里20步
定襄县▲	○		入金复置		周25里
忻口镇↗	⊙		宋忻口寨		
云内镇↗	⊙		宋云内寨		
徒合镇↗	⊙		宋徒合寨		
石岭镇↗	⊙		宋石岭关		
楼烦县	○		因前代置		
临汾县	◎	（上）	因前代置		周11里288步

续表

城镇名称	行政等级	等第	建置沿革	户	城池规模
樊山镇▽					
洪洞县	○		因前代置		
襄陵县	○		因前代置		
故关镇▲	⊙				
官水镇▽					
浮山县	○		宋神山县		周4里120步
霍邑县	○		因前代置		
赵城县	○		因前代置		
汾西县	○		因前代置		周4里
冀氏县	○		因前代置		
岳阳县	○		因前代置		
炼矾务▽					
矾山务▽					
和川县	○		宋和川镇		
晋城县	●	(上)	因前代置	59416	周9里30步
周村镇▲	⊙				
巴公镇▲	⊙				
星轺镇▽					
高平县	○		因前代置		
阳城县	○		因前代置		周3里180步
端氏县	○		因前代置		
陵川县	○		因前代置		周2里232步
沁水县	○		因前代置		周2里100步
辽山县	●	(中)	因前代置	15850	周4里30步
和顺县↑	○		因宋置		
榆社县↑	○		因宋置		周2里许
平城镇	⊙		贞元间废县为镇		
黄泽关	⊙		宋黄泽寨		
上党县	●	(上)	因前代置	79232	
八义镇▲	⊙				

城镇名称	行政等级	等第	建置沿革	户	城池规模
上党镇▽					
长子县	○		因前代置		周 20 里
横水镇▲	⊙				
潞城县	○		因前代置		周 4 里 10 步
屯留县	○		因前代置		周 4 里 30 步
寺底镇▲	⊙				
壶关县	○		因前代置		周 2 里 240 步
襄垣县	○		因前代置		
褫亭镇	⊙				
黎城县▲			因宋置		
河东县	●	（上）	因前代置	106539	周 20 里
夸谷镇▽					
永乐镇	⊙				
合河镇	⊙				
虞乡县	○		因前代置		周 4 里
临晋县	○		因前代置		周 3 里 203 步
荣河县	○		因前代置		周 9 里 8 步
北郎镇	⊙				
胡壁镇	⊙				
猗氏县	○		因前代置		
河津县	○		宋龙门县		
万泉县	○		因前代置		周 5 里 13 步
解　县	●	（上）	因前代置	71232	
安邑县	○		因前代置		周 6 里 13 步
闻喜县	○		因前代置		周 5 里 32 步
东　镇	⊙				
刘庄镇▲	⊙				
正平县	●	（上）	因前代置	131510	周 9 里 12 步
泽掌镇▲	⊙				
曲沃县	○		因前代置		周 3 里 50 步

续表

城镇名称	行政等级	等第	建置沿革	户	城池规模
柴村镇▲	⊙				
九王镇▲	⊙				
买金场▽					
太平县	○		因前代置		
翼城县	○		因前代置		周6里许
稷山县	○		因前代置		周5里13步
乡宁县↑	○		宋乡宁镇		
绛　县	○		因前代置		
绘交镇▲	⊙				
垣曲县	○		因前代置		
皋落镇▲	⊙				
行台关▲	⊙				
平水县▲	○		入金置		
铜钱监▽					
吉乡县	●	（下）	因前代置		周1里290步
文城镇▽					
隰川县	●	（上）	因前代置	25445	周7里13步
仵城县▲	○		兴定五年升隰川午城镇置		
蒲　县	○		因前代置		周1里7分
温泉县	○		因前代置		
绿矾务▽	⊙				
永和县	○		因前代置		
永和关	⊙		因宋置		
石楼县	○		因前代置		周1里96步
上平关	⊙		因宋置		
永宁关	⊙		因宋置		
大宁县	○		因前代置		
马门关▲	⊙				
雁门县	●	（中）	因前代置	57690	周8里185步
胡谷镇↗	⊙		宋胡谷寨		

城镇名称	行政等级	等第	建置沿革	户	城池规模
雁门镇↗	⊙		宋雁门寨		
西陉镇↗	⊙		宋西陉寨		
五台县	○	中下	因前代置		周3里20步
兴善镇	⊙		因宋置		
石觜镇	⊙		因宋置		
崞　县	○		因前代置		
楼板镇↗	⊙		宋楼板寨		
阳武寨▽					
石碐寨▽					
土墩寨▽					
繁峙县	○		因前代置		
茹越镇↗	⊙		宋茹越寨		
大石镇↗	⊙		宋大石寨		
义兴镇↗	⊙		宋义兴冶寨		
宝兴镇↗	⊙		宋宝兴军寨		
瓶形镇↗	⊙		宋瓶形寨		
梅回镇↗	⊙		宋梅回寨		
麻谷镇↗	⊙		宋麻谷寨		
广武县▲	○		入金置		
宝兴军▽					
铜鞮县	●	（中）	因前代置	18059	
西汤镇▽					
武乡县	○		因前代置		周2里许
南关镇	⊙				
沁源县	○		因前代置		
交城县	○		因前代置		周5里90步
绵上县	○		因前代置		
平定县	●	（中）	因前代置	18296	周9里26步
承天镇↗	⊙		宋承天军寨		
东百井镇↗	⊙		宋东百井寨		

续表

城镇名称	行政等级	等第	建置沿革	户	城池规模
乐平县	◎		因前代置		周 6 里 140 步
净阳镇↗	⊙		宋静阳寨		
岚谷县	●	（下）	因前代置	5851	
寒光堡▲	⊙				
河曲县	●	（下）	宋火山军	7592	
邬　镇▲	⊙				
下镇寨▽					
宁化县	●	（下）	宋宁化军	6100	
窟谷镇↗	⊙		宋窟谷寨		
保德县	●	（下）		3191	
芮城县	◎		因前代置		
平陆县	◎		因前代置		
张店镇	⊙				
三门镇▽					
集津镇▽					
曹张镇	⊙				
夏　县	◎		因前代置		

说明：1. ◎一级政区治所，包括京、道、路；●二级政区治所，包括府、州、军、监；○三级政区治所，包括州、县；⊙建置镇，包括寨、堡。2. ▲增置城镇；▽省并城镇；↓废县为镇；↗改关、寨、堡为镇；↑镇升为县。3. 等第栏括号中为所在最高级政区等第。

资料来源：《金史·地理志》、光绪《山西通志》卷二三—卷三〇"府州厅县考"。

表 4　　　　　　　　　　　　元代山西地区城镇概况

城镇名称	行政等级	等第	建置沿革	户	城池规模
大同县	◎	（上）中	因金置	45945	广袤 20 里
天成县▽					周 9 里 13 步
白登县	●	下	因金置		
奉义镇▽					
怀仁县	●	下	因金置		

城镇名称	行政等级	等第	建置沿革	户	城池规模
安七疃镇▽					
灵丘县▽					周3里230步
广陵县▽					
金城县	●	（下）下	因前代置		周5里85步
浑源州	●	下	因前代置		周4里220步
山阴县	○	下	因金置		周4里20步
鄯阳县	●	（下）下	因前代置		
宁远县▽					
马邑县	○	下	因前代置		周9里13步
武　州▲	●	下	入元置		
阳曲县	◎	（上）中	因前代置	75404	
百井镇▽					
赤唐关镇▽					
天门关镇▽					
陵井驿镇▽					
阳兴镇▽					
文水县	●	中	因前代置		约30里
祁　县	●	中	因前代置		周4里30步
团柏镇▽					
榆次县	●	下	因前代置		周5里
太谷县	●	下	因前代置		周12里
平晋县	●	中	因金置		
晋宁镇▽					
晋祠镇▽					
清源县	●	下	因前代置		
徐沟县	●	下	因金置		
寿阳县	●	下	因前代置		周4里
晋　州▽					
盂　州	●		金盂县		周3里30步
西河县	●	（中）中	因前代置		

续表

城镇名称	行政等级	等第	建置沿革	户	城池规模
郭栅镇▽					
孝义县	○	下	因金置		
洪山镇▽					
平遥县	○	下	因前代置		
介休县	○	下	因前代置		周4里13步
灵石县	○	下	因前代置		
岚　州	●	下	金宜芳县		
飞鸢镇▽					
岢岚镇▽					
管　州	●	下	金静乐县		
兴　州	●	下	金合河县		
乳浪镇▽					
合河津镇▽					
盐院渡镇▽					
离石县	●	（下）下	因前代置		
石窟镇▽					
临　州	●	下	金监泉县		
克胡镇▽					
宁乡县	○	下	因金置		
方山县▽			省入离石		
孟门县▽			省入离石		
吴堡镇▽					
天泽镇▽					
秀容县	●	（下）下	因前代置		周9里20步
定襄县	○	下	因金置		周25里
忻口镇▽					
云内镇▽					
徒合镇▽					
石岭镇▽					
楼烦县▽			并入管州		

续表

城镇名称	行政等级	等第	建置沿革	户	城池规模
临汾县	◎	（上）中	因前代置	120630	周 11 里 288 步
洪洞县	●	中	因前代置		
襄陵县	●	中	因前代置		
故关镇▽					
浮山县	●	下	宋神山县		周 4 里 120 步
霍邑县	○	（下）下	因前代置		
赵城县	○	下？	因前代置		
汾西县	●	下	因前代置		周 4 里
冀氏县▽			省入岳阳县		
岳阳县	●	下	因前代置		
和川县▽			省入岳阳县		
晋城县	●	（下）下	因前代置	59416	周 9 里 30 步
周村镇▽					
巴公镇▽					
高平县	○	下	因前代置		
阳城县	○	下	因前代置		周 3 里 180 步
端氏县	○		省入沁水县		
陵川县	○	下	因前代置		周 2 里 232 步
沁水县	○	下	因前代置		周 2 里 100 步
辽山县	●	（下）下	因前代置		周 4 里 30 步
和顺县	○	下	因宋置		
榆社县	○	下	因宋置		周 2 里许
平城镇▽					
黄泽关▽					
上党县	●	（下）下	因前代置		
八义镇▽					
长子县	○	下	因前代置		周 20 里
横水镇▽					
潞城县	○	下	因前代置		周 4 里 10 步
屯留县	○	下	因前代置		周 4 里 30 步

城镇名称	行政等级	等第	建置沿革	户	城池规模
寺底镇▽					
壶关县	○	下	因前代置		周2里240步
襄垣县	○	下	因前代置		
褫亭镇▽					
黎城县	○	下	因宋置		
河东县	●	(上)下	因前代置		周20里
永乐镇▽					
合河镇▽					
虞乡县▽			省入临晋		周4里
临晋县	○	下	因前代置		周3里203步
荣河县	○	下	因前代置		周9里8步
北郎镇▽					
胡壁镇▽					
猗氏县	○	下	因前代置		
河津县	○	下	宋龙门县		
万泉县	○	下	因前代置		周5里13步
解 县	●	(下)下	因前代置		
安邑县	○	下	因前代置		周6里13步
闻喜县	○	下	因前代置		周5里32步
东 镇▽					
刘庄镇▽					
正平县	●	(中)下	因前代置		周9里12步
泽掌镇▽					
曲沃县	○	下	因前代置		周3里50步
柴村镇▽					
九王镇▽					
太平县	○	中	因前代置		
翼城县	○	下	因前代置		周6里许
稷山县	○	下	因前代置		周5里13步
乡宁县	○	下	因金置		

城镇名称	行政 等级	等第	建置沿革	户	城池规模
绛　县	○	下	因前代置		
绘交镇▽					
垣曲县	○	下	因前代置		
皋落镇▽					
行台关▽					
平水县▽	○				
吉　州	●	下	金吉乡县		周1里290步
隰川县	●	(上)中	因前代置		周7里13步
仵城县▽					
蒲　县	○	下	因前代置		周1里7分
温泉县▽			至元三年省入隰川		
永和县	○	下	因前代置		
永和关▽					
石楼县	○	下	因前代置		周1里96步
上平关▽					
永宁关▽					
大宁县	○	下	因前代置		
马门关▽					
代　州	●	下	金雁门县		周8里185步
胡谷镇▽					
雁门镇▽					
西陉镇▽					
台　州	●	下	金五台县		周3里20步
兴善镇▽					
石觜镇▽					
崞　州	●	下	金崞县		
楼板镇▽					
坚　州	●	下	金繁峙县		
茹越镇▽					
大石镇▽					

城镇名称	行政等级	等第	建置沿革	户	城池规模
义兴镇▽					
宝兴镇▽					
瓶形镇▽					
梅回镇▽					
麻谷镇▽					
广武县▽					
宝兴军▽					
铜鞮县	●	（下）下	因前代置		
武乡县▽		下	至元三年省入铜鞮		周2里许
南关镇▽					
沁源县	○	下	因前代置		
交城县		下	因前代置		周5里90步
绵上县▽			至元三年省入沁源		
平定县▽			省入乐平		周9里26步
承天镇▽					
东百井镇▽					
乐平县	●	（下）下	因前代置		周6里140步
净阳镇▽					
岚谷县▽					
寒光堡▽					
河曲县▽					
邬　镇▽					
宁化县▽			并入管州		
窟谷镇▽					
保德州	●	下	因金置		
芮城县	○	下	因前代置		
平陆县	○	下	因前代置		
张店镇▽					

续表

城镇名称	行政等级	等第	建置沿革	户	城池规模
曹张镇▽					
夏 县	○	下	因前代置		

说明：1. ◎一级政区治所，包括京、道、路；●二级政区治所，包括府、州、县；○三级政区治所，包括州、县；⊙建置镇，包括寨、堡。2. ▲增置城镇；▽省并城镇；↓废县为镇；↗改关、寨、堡为镇；↑镇升为县。3. 等第栏括号中为所在最高级政区等第。

资料来源：《元史·地理志》、光绪《山西通志》卷二三一卷三〇"府州厅县考"。

表5   **元山西警巡院、录事司、司候司建置情况**

大同路：元初置警巡院，录事司一
浑源州：金置司候司，元至元四年省
朔州：至元四年省录事司入鄣阳县
武州：旧领司候司，至元四年省
冀宁路：录事司一
石州：旧置司候司，后省
晋宁路：录事司一
河中府：旧置录事司，至元三年省
绛州：旧置录事司，至元二年省入正平
潞州：旧置录事司，至元三年并入上党
泽州：元初置司候司，至元三年省入晋城
解州：旧置司候司，至元三年并入解县
沁州：旧置录事司，至元三年省入铜鞮
吉州：元初领司候司，中统二年并入吉乡县

（原文发表于《陕西师范大学学报》（哲学社会科学版）2003 年第 4 期）

明清时期山西地区城镇的发展

    明清时期是我国城镇进入快速发展的一个时期，城镇规模迅速扩展，商业化发展水平不断提高。这在江南地区表现得尤为明显，并吸引了众多研究者的注意。关于明清时期山西地区城镇发展的状况，也有一些学者作过研究，主要是有关城镇类型和布局的探讨，兼及市镇数量和市镇经济，但总体而言，研究还不够深入，对这一时期城镇发展的整体水平还缺少系统的分析和判定。本文拟对这一时期山西地区城镇发展的整体规模、体系和结构等问题进行考察，以分析其城镇发展的特点。

一   城镇数量和行政层级

（一）明代山西城镇的设置

    明代统一全国之后，将全国分为南、北直隶和十三布政使司，作为一级行政区划，今山西属山西布政使司，治所在太原府，即今太原市。布政使司之下，设府和直隶州，而府则领散州和县，直隶州和散州亦领县，是以在布政使司之下，既有作为二级行政区划的府和直隶州，又有作为隶属于府和直隶州的三级行政区划的县和散州，甚至还有作为第四行政层级的散州属县。关系较为复杂，但与元代相比却又简单多了。虽然县级行政区划在行政隶属上有所不同，但一般都不再区别，统一视为三级行政区划。明初山西布政使司共领 3 府 5 州，即太原、平阳、大同三府和泽、潞、汾、沁、辽五州，其中太原府治阳曲县，即今太原市，领州 6、县 22，平阳府治临汾县，即今临汾市，领州 6、县 29，大同府治大同县，即今大同市，领州 4、县 7，汾州治汾州，即今汾阳，领县 3，辽州治辽州，即今左权，领县 2，沁州治沁州，即今沁县，领县 2，潞州治潞州，即今长治市，领县 6，泽州治泽州，即今晋城市，领县 4。① 除大同府所属蔚州及其所领广昌县属于今河北省外，其余 15 州 74 县皆位于今山西境内，共一级行政区治所 1，二级行政区治所 7，三级行政区治所 84。

从嘉靖年间开始，对山西地区的行政区划作了一些调整。嘉靖八年二月升潞州为潞安府，并复置长治县作为附郭，又析黎城、壶关、潞城三县地置平顺县；万历二十三年五月升汾州为汾州府，并置汾阳县为附郭。② 至明代末年，山西布政使司共领 5 府、直隶州 3、属州 16、县 79，除大同府所属蔚州及其所领广昌县仍属于今河北省外，其余 15 属州和 78 县皆在今山西境内，共一级行政区治所 1，二级行政区治所 7，三级行政区治所 87。

行政治所外，明代山西还有一些军事城镇，即卫、所驻地。这些卫所驻地主要分布于晋北长城沿线及附近地区，位于今山西境内者共有卫城 6 处③（与府、州同城除外），即云川卫与大同左卫城（明初镇朔卫城）、大同右卫与玉林卫城（明初定边卫城）、阳和卫与高山卫城、天成卫与镇房卫城、威远卫城和平房卫城，其中大同左卫与云川卫城为今山西左云县城、阳和卫与高山卫城为今阳高县城、天成卫与镇房卫城为今天镇县城，大同右卫与玉林卫城、威远卫城和平房卫城则分别为今右玉县所属之右玉城镇、威远堡镇和朔州平鲁区所属之平鲁城镇。所城则主要有偏头关所（今偏关县城）、老营堡所（今偏关县老营镇）、八角所（今神池县八角镇）、宁武所（今宁武县城）、宁化所（今宁武县宁化乡所在地）、雁门所（今代县雁门关）、井坪所（今朔州市平鲁区）④，共 7 处。

在州、县以下，明代山西地区应还有一些市镇等类型的城镇，见于《明史·地理志》记载的就有祁县的团柏镇、静乐县的固镇和楼烦镇、乐平县的静阳镇、岢岚镇、解州的长乐镇、安邑的圣惠镇、孝义的温泉镇、平遥的洪善镇和介休的关子岭镇。⑤ 但由于史料不足，具体数目难以

①　《大明一统志》，卷一九一卷二一，三秦出版社 1990 年版。

②　《明史》，卷四一，"地理二"。

③　同上。

④　谭其骧主编：《中国历史地图集》第八册《元·明时期》，地图出版社 1982 年版，第 54—55 页。

⑤　《明史》，卷四一，"地理二"。

确知。

(二) 清代山西城镇的设置①

清代的地方行政区划基本沿袭明制，将全国划分为若干个省，省之下，各设府、厅、州、县，州虽还有直隶、散州之别，但散州不再隶县，行政层属关系较之明代更为清晰。清代的山西省界域较明代大，大致包括明代山西布政使司和山西行都司的范围。康熙年间，山西省属府、州、县的设置与明末相同，共领5府、直隶州3、属州16、县79。雍正元年，设归化厅；二年，析太原府之平定、忻、代、保德，平阳府之蒲、解、绛、吉、隰为直隶州，削蒲州之河津县；三年，改置朔平、宁武二府，设阳高（以阳高卫降置）、天镇（以天镇卫改置）、右玉（以右玉卫改置）、左云（以左云卫改置）、平鲁（以平鲁卫改置）、宁武（以宁武所改置）、偏关（以偏关所改置）、神池（以神池堡改置）、五寨（以五寨堡改置）九县；六年，升泽、蒲二州为府，设永济、凤台二县，而以大同府属之蔚州归直隶宣化府，蔚州所属广灵、广昌、灵丘三县仍属大同；八年，析蒲州府临晋县置虞乡县；十年，以大同府属之广昌县改隶直隶之易州。至此，山西共领9府、1厅、11直隶州、6属州、89县，除归化厅属于今内蒙古自治区外，其余皆在今山西境内，共一级行政区治所1，二级行政区治所19，三级行政区治所86，为有清一代最盛。

乾隆元年，设绥远城及清水河厅；四年，置萨拉齐及善岱二厅；二十五年，省善岱厅入萨拉齐厅，置托克托、和林格尔二厅；二十八年，并清源县入徐沟县；二十九年，并平顺县入潞城县；三十五年，升霍州为直隶州，改吉州为散州；嘉庆元年，并马邑县入朔州，乐平县入平定州；光绪八年，改大同府之丰镇同知、朔平府之宁远通判皆为直隶厅；光绪二十二年，置兴和厅；二十九年，置陶林、武川、五原三厅；三十二年，置东胜厅。至清末，山西共领府9、直隶州10、厅12、属州6、县85，除12厅皆属今内蒙古自治区外，其余均在今山西境内，共一级行政区治所1，二级行政区治所18，三级行政区治所82。

---

①　光绪《山西通志》，卷二三一卷三〇，"府州厅县考"，中华书局1990年版；《清史稿》，卷六〇，"地理七·山西"。

县以下，则有乡、镇，它们在当时虽不具有法律地位，不是正式的行政建置，但却是地方政治、经济和文化中心，有些乡、镇的经济发展水平甚至超过一些县城，有些还是府、州、县派出机构的所在地，这些乡镇理所当然地被看作是清代山西城镇的组成部分之一。据光绪《山西通志·府州厅县考》的不完全统计，清代末年山西地区有乡城 4、镇 580。

以上合计，至清代末年，今山西地区共有大大小小的城镇 685 个以上。

二 城池规模与城镇人口

明清时期山西地区有近二分之一的建制城市（县级及其以上行政治所）的城池是扩建或新筑的。光绪《山西通志·府州厅县考》对这一时期所有县级及其以上行政治所的城池面积都有记载，除介休和长治两座城池的建筑年代不明外，扩建或新筑的城池有 48 个，除 1 例为清乾隆年间扩建外，其余皆为明代所为。其中在前代基础上扩建的城池有 19 座，分别是汾州府城、永宁州城、武乡县城、襄陵县城、太平县城、曲沃县城、吉州城、猗氏县城、解州城、夏县城、平陆县城、芮城县城、垣曲县城、永和县城、灵石县城、灵丘县城、神池县城、保德州城、五台县城，主要分布在晋西南地区。在本朝新筑基础上扩建的城池有 7 座，分别是太原府城、临县城、榆社县城、平阳府城、万泉县城、大同府城、河曲县城，其中太原府城、平阳府城和大同府城在历史上一直是山西政治、经济中心，在明清时期仍然如此。新筑和改建的城池有 22 座，分别是太原县城、兴县城、平遥县城、宁乡县城、洪洞县城、安邑县城、绛州城、赵城县城、怀仁县城、应州城、山阴县城、阳高县城、天镇县城、广灵县城、右玉县城、朔州城、左云县城、平鲁县城、宁武县城、偏关县城、五寨县城、繁峙县城，大部分分布在北部长城沿线地区，主要是在明代初年为防御蒙古的入侵而修建。

就城池面积而言，与辽宋金元时期差别不大，但城池规模与行政级别的高低联系比较紧密。城周在 10 里以上的城镇有 7 个，分别为阳曲 24 里，太谷 12 里，平遥 12 里 82 分，长治 24 里，临汾 11 里 288 步，大同 13 里，左云 10 里 120 步，若加上关城，则还有汾阳、介休二城。其中阳曲、平遥、临汾、大同、左云及汾阳都是新筑或在前代基础上扩建的，太谷县城为后周建德四年所筑，长治和介休筑城年代不明。以新筑或扩建而言，除平遥和左云为三级行政区治所外，其他4座城镇都是二级行政区治所。城周在7里至10里之间的城镇有太原、文水、永宁、凤台、平定、永济、猗氏、荣河、解州、运城、平陆、绛州、隰州、霍州、阳高、天镇、右玉、宁武、忻州、代州、保德州21个，包括了除辽州和沁州以外的所有二级行政区治所。城周在5里至7里之间的有26个，除沁州外皆为三级行政区治所。城周在5里以下的有45个，除辽州外皆为三级行政区治所。这反映出到明清时期，在区域中心城市的发展中，政治因素的进一步突出。

关于明代山西城镇的人口规模，由于史料很少有直接的记载，难以确知。有些学者将当时各县的载籍人口数看作是县城人口，是错误的。曹树基曾以山东、江西为例，认为明代初年山西城市人口的比率最多只占总人口的6%，城市人口大约为25万，而明代后期的城市化水平不可能超过明初[1]。但因缺少必要的论据，也只能是一种推测而已。实际上有些地区的城镇人口比率是相当高的，如曲沃县，嘉靖《曲沃县志》就明确指出："夫曲沃四境不过百里，而民则十万有奇，其在城者无田之家十居其六，在野者十居其四。"[2] 城镇人口的比率已达到60%。

清代山西的城镇人口数字相对较多一些，可以作一些分析。现将收集到的有关数据列表如下：

清至民国初年山西部分城镇人口数量及变化表

城镇名称	城镇等级	时代及城镇人口
稷山	县城	乾隆三十一年，1542 户，7387 口
平陆	县城	乾隆二十九年，623 户，4169 口 光绪六年，3357 口
虞乡	县城	乾隆三十七年，1834 口 光绪六年，141 户，469 口

---

[1] 葛剑雄主编，曹树基著：《中国人口史》，第4卷，"明时期"第9章"城市人口（下）"。复旦大学出版社2000年版。

[2] 嘉靖《曲沃县志》，卷一，"贡赋志""田赋"。

续表

城镇名称	城镇等级	时代及城镇人口
荣河	县城	光绪六年，538 户，2477 口
猗氏	县城	光绪三年，4695 口 光绪六年，2444 口
绛州	府城	光绪六年，812 户，3420 口
垣曲	县城	光绪六年，701 户，2265 口
襄陵	县城	光绪六年，1611 户，5125 口
吉县	县城	民国初年，449 户，1267 口
长子	县城	光绪八年，1250 户，8039 口
临晋	县城	民国初年，406 户，1580 口
曲沃	县城	民国初年，818 户，3767 口
大同	府城	道光年间，7054 户，35345 口
闻喜	县城	乾隆二十八年，1513 户，7035 口
嵋阳镇	镇城	光绪三年，754 户，2381 口
香落镇	镇城	光绪三年，552 户，2300 口
杜村镇	镇城	光绪三年，489 户，2063 口

资料来源：同治《稷山县志》、民国《平陆县志》、民国《虞乡县志》、光绪《荣河县志》、光绪《续猗氏县志》、光绪《直隶绛州志》、光绪《垣曲县志》、民国《襄陵县志》、民国增补光绪《吉县志》、光绪《长子县志》、民国《临晋县志》、民国《曲沃县志》、道光《大同县志》、乾隆《闻喜县志》。

　　由上表可知，清代山西城镇的人口规模与城镇的行政级别并不存在必然的联系，但中心城镇的人口规模明显要超过一般城镇。乾隆时期，县城的人口规模相差很大，有些县城人口规模已达 7000 人以上，有些还不到 2000 人。光绪三年以后，由于遭受连年旱灾，人口损失很大，城镇人口普遍下降，有些城镇的人口还不到 1000 人，但大部分城镇的人口都在 2000 人以上，长子县县城人口甚至还超过 8000 人。这表明乾隆以后山西地区的城镇人口仍有较大的增长，并远远超过了辽宋金元时期的城镇人口水平①。

①　王社教：《辽宋金元时期山西地区城镇体系和规模演变》，《陕西师范大学学报》（哲学社会科学版）2003 年第 4 期。

三 城镇经济的发展

明清时期山西地区的城镇经济相当活跃。省城阳曲（今太原）的经济发展情况作者已有专门论述①，这里不论。就府城而言，位于晋北的大同虽然是一个以军事功能为主的城镇，但在明代"其繁华富庶不下江南，而妇女之美丽、什物之精好，皆边塞之无者"②。然而大同在当时并不是山西最繁华富庶的城市。明人张瀚说："河以北为冀都邑地……自昔饶林竹卢苇玉石，今有鱼盐枣柿之利。所辖四郡，以太原为省会，而平阳为富饶，大同、潞安倚边寒薄。地狭人稠，俗尚勤俭，然多玩好事末。独蒲坂一州，富庶尤甚，商贾争趋。"③ 平阳（今临汾）、蒲州（在今永济西南）的繁荣程度要远远超过大同。至清代中期，大同仍然保持着繁华景象，时人李燧记道："（大同）虽涉边地，俗尚浮华，妇女好曳绮罗，以妆饰相炫。"④ 绛州则有过之而无不及，据李燧说："绛州城临河，舟楫可达于黄，市廛辐辏，商贾云集。州人以华靡相尚，士女竞曳绮罗，山右以小苏州呼之。"⑤

一些县城的经济发展水平并不亚于府城。如曲沃县城，在明代中期市场交易非常兴旺，城内除米、麦、杂粮、六畜等日常生活和生产用品的交易外，还有布市、花市、油市、盐市、杂货市、绒线市、菜市、果市、枣市、靛市、靴市、手帕市、柴市、铁器市等专业性市场⑥。清乾隆年间，太谷的发展达至极盛时代，有人这样描述当时太谷县城的盛况："其中则街衢交错，衡宇骈连。百货所集，列为肆廛。行者不得顾，御者不得旋。玑贝璀璨，锦绮斓褊，阜雍通豫，屯幽集燕。吴越之所炫耀，交益之所懋迁，猗顿之所掊蓄，波斯之所未娴，以时而至，充塞乎其间。"⑦ 就是位

---

① 王社教：《明清时期太原城市的发展》，《陕西师范大学学报》（哲学社会科学版）2004年第5期。

② ［明］谢肇淛：《五杂组》，卷四，"地部二"。上海书店出版社2001年版。

③ ［明］张瀚：《松窗梦语》，卷四，"商贾纪"。中华书局1985年版。

④ ［清］李燧：《晋游日记》，卷二。

⑤ ［清］李燧：《晋游日记》，卷一。

⑥ 嘉靖《曲沃县志》，卷一，"都鄙志""市集"。

⑦ 民国《太谷县志》，卷七，"古迹考""城堡宫府"。

于偏僻山区的一些县城，商业也很繁盛。如盂县县城东关，"居民烟火万家，冠盖之族如云。廛邸市肆，交错于内，币帛财货、米粟之所积，商贾往来之辐凑，治内繁华之区，于是称最"①。河曲县城河堡营，"城垣巩固，商贾云集，居民官廨，栉比崇墉，巍然重镇，西域每市于此"②。陵川县城，"怀（河南怀庆府）在其南，辉（河南卫辉府）在其东，彰（河南彰德府）在其东北，居人往来，商贾辐凑"③。

明清时期山西地区城镇经济活跃的另一个重要表现是县级以下乡镇的迅猛发展。宋金时期，山西地区县级以下城镇曾有一定发展，最多时达70余个④。到了清代末年，则达到 580 余个，平均每县近 6 个，多者如阳曲县和盂县，分别有 21 个⑤。这些乡镇一般都是地方的经济中心，有着频繁的集市贸易，而其中的一些其经济发展程度甚至超过了当地的县城。如著名的盐业城市运城，在元末明初，其人口还主要是官吏兵丁，明中叶时则已是"商贾之懋迁，羁人之旅食与夫工执业、民赴役者，纷纷然皆都于路村"，到清代前期则已是"商民辐辏，烟火万家"，"人集五万"。随着人口的增加和居民的生活需要，运城的粮食等商业部门开始发展。清初，运城城内的集场由明代的东西北三关轮集改变为四关轮集。集市和店铺的商品十分丰富，"顾商贾聚处，百货骈集，珍瑰罗列，几于无物不有"。⑥ 又如位于太谷县城东北五十里许的范村镇，"介于山谷之口，垣土堡，辟六门，城楼市阁，层焉耸峙，洋洋乎东七里之大都会也"，"镇之内有货廛，有客寓"⑦。再如位于榆社县城西三十五里的云簇镇，"闾阎鳞次，商贾云集，殆胜于县治云"⑧。位于榆次县东北的什贴镇，"人烟稠密，为一巨镇"⑨。这样的事例还有不少，此不一一列举。

① 光绪《盂县志》"艺文"。
② 光绪《河曲县志》"营建"。
③ 光绪《陵川县志》"艺文"。
④ 王社教：《辽宋金元时期山西地区城镇体系和规模演变》，《陕西师范大学学报》（哲学社会科学版）2003 年第 4 期。
⑤ 光绪《山西通志》，卷二三至卷三〇，"府州厅县考"。
⑥ 张正明：《明清晋商及民风》，人民出版社 2003 年版，第 229 页。
⑦ 民国《太谷县志》，卷七，"营建考"。
⑧ 光绪《榆社县志》，卷一，"舆地志"。
⑨ ［清］李燧：《晋游日记》，卷一。

四　城镇发展特点及原因分析

　　明清时期山西城镇的发展除个别城镇由于各种不同的自然和社会环境因素影响而有所波动或兴替外，整体而言是相当平稳的。这一方面表现在城镇的整体数量特别是县级以上建置镇的数量前后变化不大，另一方面则是无论就城镇人口数量还是就城镇经济发展水平而言，都有较明显的增长。从城镇发展的地域差异来看，晋西南和晋北长城沿线地区是明清山西城镇发展最快的两个地域，晋北长城沿线地区主要是一批卫所城镇的建立并最终发展成为县治城市，体现为城镇数量的增长，而晋西南地区则表现为城池规模的扩建、城镇人口数量的增长和城镇商业经济的繁荣。这些都与此前的辽宋金元时期形成鲜明的对照。

　　明清时期山西城镇的发展与明清山西地区总人口的发展、山西地区整体经济的发展和全国社会经济环境的发展有密切的关系。

　　北宋太平兴国年间，今山西所在的河东地区有户近27万，崇宁元年为76万，加上辽后期西京大同府的38000户，这样，在辽宋对峙时期，今山西地区的户数最高时接近80万，按每户平均5口计算，约有400万人，属于地广人稀之地。金代，河东地区的人口得到较快的发展，泰和七年，河东有户111万，加上西京路大同府的近10万户，今山西地区共有户达121万，以每户平均5口计，约有600万人，成为人稠地狭地区。但到元代，人口又有大幅度下降，最高时也仅有23万户，约100万人[①]。入明以后，山西人口进入快速发展时期。明洪武二十六年，山西总人口大约为383万，崇祯三年增长到约950万，明末由于瘟疫和战乱的影响，下降至620万左右[②]。但到清乾隆四十一年，又很快升至1220余万，至嘉庆二十五年则达近1434万，光绪三、四、五年大灾后，人口虽一度下降，但仍有880余万[③]。明清时期山西地区的人口比辽宋金元时期大部分时段

　　① 葛剑雄主编，吴松弟著：《中国人口史》，第3卷，"辽宋金元时期"，复旦大学出版社2000年版，第444—451、174—183、212—220页。

　　② 葛剑雄主编，曹树基著：《中国人口史》，第4卷，"明时期"，复旦大学出版社2000年版，第150、274、435页。

　　③ 葛剑雄主编，曹树基著：《中国人口史》，第5卷，"清时期"，第691—701页。

都要高，一般都在 2—3 倍。人口的增长实际上也就意味着地区经济发展水平和地区购买力的增长，明清时期山西地区城镇的平稳发展与高水平的人口支撑是分不开的。

明清时期，山西地区的整体经济发展水平较此前也有了很大提高，这不仅表现在传统农业经济的发展上，还表现在商品经济的活跃和手工业的繁荣上。

就传统农业的发展而言，首先是垦田面积的增长，由明洪武二十六年的 4186 万余亩增至清嘉庆十七年的近 5528 万亩①。其次是农业生产技术体系的完善和农业生产结构的调整与农业产值的提高。根据成书于道光十六年由山西寿阳人祁寯藻编著的山西唯一的一本古代地方性农书《马首农言》记载，明清两代山西农业在普遍通过采取轮作、间作、套作和复种措施，充分利用天时、地利和作物习性的基础上，一年一熟的地区努力追求单产获得不断提高，一年两熟和两年三熟的地区也在努力通过采取技术措施提高全年的总产量。明清时期山西地区引进了不少新的农作物，如高产作物玉米、甘薯、马铃薯和经济作物棉花、烟草等②。玉米、甘薯、马铃薯都是适应性较强的旱田作物，很适合山西的农业自然环境，有利于取得较好的收成；棉花、烟草等经济作物的引进和扩大种植，则有利于商品性农业生产的形成和农业产值的提高，改善农村的经济环境，促进农村的商品交换。

就商品经济的活跃而言，主要由于人口的快速增长导致人多地少的矛盾越来越突出，大量的人口开始外出经商，从而形成了明清时期在国内首屈一指的商帮——晋商。晋商通过他们的商业经营和金融活动，不仅促进了地区间的联系，扩大了国内外贸易市场，对中国社会经济和文化的发展起到了推动和促进作用，而且引起了山西社会风尚的变化，带动了山西商品经济的进一步发展；同时，还由于他们将大量的收益返回家乡，用于各种各样的经济、社会和文化建设，更进一步促进了当地的商品物资交流，使城镇的兴起和发展有了更大的推动力和物质基础，平遥、太谷、祁县等城镇之所以在明清时期获得迅猛的发展，正是在这样的一种形势下产

---

① 杨纯渊：《山西历史经济地理述要》，山西人民出版社 1993 年版，第 149—161 页。

② 黎风：《山西古代经济》，山西经济出版社 1997 年版，第 92—99 页。

生的。

就手工业的繁荣而言,山西地区的手工业在明清时期有了长足的进步,煤炭、冶铁、制盐、潞绸、棉织、制酒、制醋及金银铜铅锌的采掘、硫黄和矾制作业、陶瓷、琉璃、砂器业都有了很大发展,有许多手工业产品销往全国各地乃至国外①。在手工业发展的带动下,一方面出现了一些以这些手工业为基础的专业化市镇,另一方面增加了与其他地区产品交易的品种,扩大了产品交易的范围,为其他类型市镇的兴起和发展奠定了基础。

明清时期全国政治经济环境的发展也是有利于山西地区城镇的发展的。明代山西虽处于北方边境地带,战事较为频繁,受战争的破坏较大,但战事主要集中在太原以北地区,南部则比较安定。由于要防止北边蒙古族的入侵,明王朝在北部长城沿线派驻了大量军队,兴建了许多军事城镇。与以往各代不同,这些军事城镇并没有因为明朝的灭亡和边境军事冲突的消失而衰落,而是由于自明代后期开始土默特平原一带的农业开发和经济的持续发展而继续得到发展。因为这些城镇正位于不同经济区域的边界地带,又是东西和南北社会经济交往的必经之道。同样,由于内蒙古西南部鄂尔多斯高原及宁夏、甘肃、新疆等地经济开发的进一步加强,内地与西北边疆地区的社会和经济联系也更加紧密,晋西南地区因与这些地区地理位置邻近,与这些地区的经济往来也越来越频繁,从而维持了本地城镇经济的继续发展。

（原文发表于《西北大学学报》（自然科学版）2007 年第 2期）

---

①　张正明:《明清晋商及民风》,人民出版社 2003 年版,第 258—277 页。

明清时期太原城市的发展[*]

  明清时期是我国城市发展史上的一个重要时期，一方面，由于手工业和商品经济的发展，涌现出了许多新兴的商业市镇；另一方面，一些古老的政治和经济中心城市由于受所处地理条件的制约和社会政治经济条件的变化，则处于停滞不前甚至衰退状态。本文以我国北方著名城市太原为例，分别从政治地位的变化、城市规模的扩展和城市经济的发展三个方面对其明清时期的发展特点进行探讨，并在此基础上对其形成原因进行分析，从而强调地理区位和区域经济整体发展水平的低下实际上是导致后一类型城市停滞和衰退的根本原因。

  从公元前 497 年董安于创建晋阳城算起，太原已整整经历了 2500 年的发展历史。2500 年来，太原先后作过一些诸侯国的都城和一些王朝的陪都，也分别作过一级行政区和二级行政区的治所，因此经历了不同的发展阶段。明清时期是太原城市发展历史上的又一个重要时期。总体而言，这一时期太原的区域政治中心地位进一步突出，作为山西省的省会在这一时期得以确立；另一方面，主要由于太原所在的山西中北部地区经济发展整体来说比较落后，太原城市规模和城市经济虽然有一定的发展，但与国内其他城市相比，发展速度缓慢，而且波动很大，经济地位更趋下落。

一　山西省区域政治中心地位的确立

  明清以前，太原虽然一直是山西地区一个主要的区域政治中心，但并

---

  * 教育部人文社会科学重点研究基地重大项目"近 1000 年来黄土高原地区小城镇发展与环境影响因素研究"阶段成果。项目批准号：2000ZDXM770012。

不是唯一的政治中心，直到明清时期，太原的政治地位才凸显出来，最终成为今山西省全区域最主要的政治中心。

太原盆地的开发大致在春秋末年，而太原成为山西地区的一个政治中心则是在公元前497年董安于创建晋阳城后。战国时期，今山西地区为赵、魏、韩三家所有，太原只是赵国所属太原郡的郡治所在。秦并六国，在全国推行郡县制，今山西地区分属太原、上党、河东、代郡、雁门五郡，太原郡治晋阳，即今太原。西汉初年郡国并行，今山西仍分属太原、上党、河东、雁门、代郡诸郡，太原郡仍治晋阳。武帝元封五年（公元前106年），在郡国之上设十三州刺史部，置刺史以检察郡国官吏，太原、上党、雁门、代郡等郡属并州刺史部，河东郡则属司隶校尉部，但刺史的职级低于郡守，且无固定住所，地方行政区划实际上仍为郡县二级制，因此，太原仍然只是山西地区区域政治中心之一。东汉时期，太原的政治地位有所提升。东汉地方行政建制实行州、郡、县三级制，州成为地方一级行政区，今山西南部地区设河东郡，属司隶校尉部；北部地区则设太原、上党、西河、雁门、定襄诸郡，属并州刺史部，并州治晋阳，太原成为今山西北部和内蒙古南部广大区域最主要的政治中心。东汉以后，政治分裂，行政区划变化复杂，太原的政治地位也时升时降。隋统一全国后，一扫东汉以来沿用了四百余年之久的州、郡、县三级制，实行郡、县二级制，今山西地区置河东、太原等十五郡，太原的政治中心地位较秦汉时期更有所下降。唐代初年在今山西地区设河东道，开元中置河东采访处置使，后改处置为观察，治蒲州（今山西永济），但同时太原又被定为北都，因此，太原和永济实际上是唐代今山西地区两个最主要的政治中心之一。北宋在今山西地区置河东路经略安抚使，以太原守臣兼领，但由于今山西北部属辽西京道，今山西西南部属北宋永兴军路，太原实际上仍然只是山西地区的区域政治中心之一。宋南迁之后，今山西全境为金所有，分设有河东北路、河东南路和西京路，其中河东北路治阳曲（今太原市），河东南路治临汾（今临汾市），西京道治大同（今大同市），今山西地区此时的政治中心实际上是三个，即太原、临汾和大同。元代这种行政格局基本没有变化，元在今山西地区设大同、冀宁、晋宁三路，同属中书省，三路的管辖范围与金代的西京道、河东北路和河东南路相近，治所也分别在今大同、太原和临汾市。但这时太原的政治地位已开始显现出上升的势头。元在设行省作为地方最高行政机构的同时，还在地方设监察道和宣慰道，监察道和宣慰道职责各有不同，监察道又称肃政廉访使司，其任务是奉御史台之命监察各地行政，宣慰道实际上是行省新设置的一种派出机构，主要设在中书省和行中书省内的偏远地区。二者在今山西地区皆有置设，分别名为河东山西道宣慰使司和河东山西道肃政廉访使司，前者治大同，后者治太原。

从明初开始，山西地区这种多个政治中心同时并存的格局发生变化，太原成为最主要的政治中心，成为山西省的省会。明洪武九年改元行中书省为承宣布政使司，作为地方一级行政区划，又设都指挥使司和提刑按察司，号称"三司"，分管一省行政、军政和司法。三司互不统辖，各听命于朝廷，地方大事，三司协同办理。这样，三司治所便成为一省最高的行政中心。今山西省的境域在明初基本定型，太原作为山西省的省会也在这时确定下来。《明史》卷四一《地理志》云："洪武二年四月置山西等处行中书省，治太原路，三年十二月置太原都卫，与行中书省同治，八年十月改都卫为山西都指挥使司，九年六月改行中书省为承宣布政使司。"《大明一统志》说得更为详细和明确："本朝置山西等处承宣布政使司，领太原、平阳、大同三府，泽、潞、汾、沁、辽五州；置山西都指挥使司，领太原左、太原右、太原前、振武、平阳、潞州、镇西七卫，保德州、宁化、沁州、汾州四所；又置山西行都指挥使司领大同前、大同后、大同左、大同右、天城、阳和、镇虏、玉林、高山、云川、朔州、威远、安东中屯十三卫，山阴、马邑二所；置山西等处按察使司，分冀宁、冀南、冀北、河东等四道，兼察诸府州卫所。三司并治太原，而行都司则分治大同，以控制边境云。"[1]

清代太原作为山西全省最高政治中心的地位进一步得以巩固。清代地方一级行政区划与明代基本相同，只是对一些境域过大的省区进行了析置，同时恢复了元代省的名称。不过清代巡抚衙门为一省最高行政机关，巡抚为一省最高行政首脑，"巡抚则凡一省之事，察吏安民，转漕裕饷，皆统摄之"[2]，而布政司和按察司则隶于督抚之下，分管一省民、刑两政。

---

① 《大明一统志》，卷一九，"山西布政使司"，三秦出版社1990年版。

② 《清史稿·职官志》。

除此之外，各省尚置提督学政分掌一省教育行政事务。清代山西省的这些最高政府机构都驻在太原。光绪《山西通志》卷二三"府州厅县考"说："太原府为省会。山西巡抚部院、提督学政、布政司、按察司并治此。"

二　近代太原城市的基本轮廓逐渐形成

近代太原城市的基本轮廓是在明初太原府城的基础上逐渐形成的。明太原府城的前身是宋太平兴国七年修筑的"并州"新城，规模不大，仅及明太原府城的六分之一。据明洪武修《太原志》记载：宋太平兴国七年新修的并州新城"城周一十里二百七十步"，"四门：东曰朝曦，南曰开远，西曰金肃，北曰怀德"，"由开远门至朝曦门二里，由朝曦门至怀德门三里，由怀德门至金肃门三里，由金肃门至开远门二里"①。城市轮廓呈南北长、东西窄的长方形，东西宽约二里，南北长约三里②。明初修筑的太原府城城周则有二十四里，开有八座城门。万历《太原府志》卷五"城池"载："太原府城：宋太平兴国七年筑，偏于西南，国朝洪武九年永平侯谢因旧城展筑东、南、北三面，周围二十四里，高三丈五尺，外包以砖，池深三丈。门八：东曰宜春、曰迎晖，南曰迎泽、曰承恩，西曰阜城、曰振武，北曰镇远、曰拱极。"③"由迎泽门至承恩门二里，由承恩门至宜春门四里有奇，由宜春门至迎晖门二里，由迎晖门至拱极门四里有奇，由拱极门至镇远门二里，由镇远门至阜城门五里有奇，由阜城门至振武门一里半，由振武门至迎泽门三里有奇。"④城市轮廓呈正方形，边长约六里。

景泰以后，又在府城外围修建了南关城、北关小城和新堡三座小城。其中南关城位于府城南关，修于景泰初年，巡抚朱鉴令居民筑，周围五里，高二丈五尺。门五，东居其二。嘉靖四十四年，巡抚万恭砖包并建连城。北关小城和新堡位于府城北关。北关小城为土城，周围二里，高二丈

---

① 　孟繁仁：《宋元时期的锦绣太原城》，《晋阳学刊》2001 年第 6 期。

② 　同上。

③ 　太原市地方志办公室标点整理本，山西人民出版社 1991 年版。下同。

④ 　道光《阳曲县志》，卷三，"建置图"，台湾成文出版社有限公司 1976 年版。

四尺，唯有南、北二门，修建年代史载未详，估计亦应在明中期。新堡在北关小城之西，修建于嘉靖四十四年，由巡抚万恭筑，主要用于驻扎太原营士卒。①

之后虽然经过明末农民战争的破坏和明清易代的变革，太原城的这种轮廓没有什么大的变化，一直延续到清代末年。据道光《阳曲县志》所载，道光时期太原城的城门南边分别为大南门和新南门，东边分别为大东门和小东门，北边分别为小北门和大北门，西边分别为旱西门和水西门，实际上就是明代太原府城的迎泽门、承恩门、宜春门、迎晖门、拱极门、镇远门、阜城门和振武门，只是当地居民对上述各城门的俗称。太原城的城墙和城门楼虽经过多次修葺，但位置都没有移动。南关城和北关小城、新堡虽然在明代末年遭到破坏，但在清初也经过补葺，相沿至清末。清代太原城与明太原府城最大的变化是城内的布局。明太原府城最巍峨壮观的地方是位于城内东北隅的晋王府，而清初这里却因火灾被焚毁殆尽，长期荒芜，到雍正、乾隆年间开始在此修建房舍，驻扎绿营兵，成了兵营所在；同时，又在城内西南隅修建了一座南北长 260 丈，东西宽 161 丈 7 尺，周围共 843 丈 4 尺的满洲城。

三　城市发展一波三折

明清时期太原城市不仅城圈规模延续了五百多年没有变化，城市发展水平也是一波三折，没有显著提高。

明清太原城市建设和发展的第一个兴盛期是明代前期。不仅城圈规模较以前显著扩大，城市建筑也非常宏伟壮丽。史料记载，当时的太原府城"八门四隅建大楼十二，周垣小楼九十，东面二十三座，南面二十二座，西面二十四座，北面二十一座，按木、火、金、水之生。楼敌台逻室称之，崇墉雉堞，壮丽甲天下。昔人有锦绣太原之称"②。而城市经济也是兴盛一时。万历《太原府志》卷十一"户口"载："郡当洪永兵革初息，时方生聚而户亿人兆；士女骈阗，闾阎阗噎，比屋连甍，千庑万室，几于

①　万历《太原府志》，卷五，"城池"。
②　道光《阳曲县志》，卷三，"建置图"。

袨丛台之服而汗临淄之雨矣。"特别是府城南关，最为繁盛，"南关在故明时阛阓殷阜，人文蔚起，大坊绰楔充斥街衢，有'蔽天光，发地脉'之谣"①。

但这一兴盛局面仅维持了一百多年，至明代中期，开始日渐衰落。城墙颓圮，城楼颓坏，虽屡经重修，而规模已不复如旧。城市人口也在急剧下降。万历《太原府志》卷十一"户口"称："承平乐利，宜其审息数倍，乃井邑萧条，大非昔比。"阳曲县户口在洪武时共有户15018，口82888。到万历年间仅有户14686，口22742。究其原因，大致有三，即北方蒙古军队的入侵和骚扰，旱灾的频仍和赋役的繁重。对此，万历《太原府志》的作者有非常精辟简要的分析："原其耗之者三：一曰虏耗，休养之无，几不胜其木肉也。二曰岁耗，旱魃之频，虐不用其沟壑也。三曰役耗，催科之烦，急不胜其转徙也。"②

明末清初，这种颓败的形势更有甚之。城内东北隅的晋王府已被焚毁，城墙上的城楼只存城门大楼八座，南月城门一座，四面小楼各一座，角楼四座。而城外的南关城、北关小城经过明末农民战争的焚毁和清初三藩之乱的影响也是"庐室荡然无存"③。整个太原城仅有城中央集会市易一带尚可得见昔日的繁荣。对于太原城城市面貌的今昔变化，顺治《太原府志》有着较为详细的描述。顺治《太原府志》卷三"城池"云："府城为山右都会，明宗支繁衍，科甲联镳，宗绅士庶聚庐而处，诚有气云汗雨之盛。洎罹闯祸，大姓榜掠幽囚，死过半矣。间有存者，资生无策，则谋弃所居，千金之产，十数锾而毁之。不数年而周城四隅强半丘墟，惟中央市会之区，牙侩陈椽，差不落莫。"④

经过清朝初年各任官员的加意抚葺，特别是清代前期长期的社会安定和经济发展，太原城市的发展又有了较大起色。南关城和北关小城相继修复，城市内部也增添了不少新的设施。至道光时期，"省垣民居比栉，铺业鳞排，需用繁多"，城内有西米市街、纸巷子、前铁匠巷、后铁匠巷、

---

① 道光《阳曲县志》，卷三，"建置图"。
② 万历《太原府志》，卷一一，"户口"。
③ 道光《阳曲县志》，卷三，"建置图"。
④ 万历《太原府志》附。

东米市街、南北牛肉巷、南市街、活牛市街、麻市街、西羊市街、东羊市街、柴市巷、鸡鹅巷、炒米巷、棉花巷、麻绳巷、刀剪巷等许多反映太原城市工商业繁华的街巷，特别是大钟寺内及东西街一带，更是"货列五都，商贾云集，踞街巷之胜"①。光绪三四年间，因遭受丁戊奇灾，太原城市经济受到影响，但据民国初年统计，太原城内仍有银行、钱庄、金银首饰楼、绸布、茶叶、药店、粮店、干鲜果品、糕点、杂货、煤油、纺织、电气、机器面粉、烟酒等商家店铺460多家②，经济活动十分踊跃。

四 影响明清太原城市发展的主要原因

太原城市虽然在明清时期获得了一定的发展，但总体来说速度不高。这主要表现在两个方面。一是城市基本轮廓和地域范围不仅在五百多年的时间内没有变化，而且城市建筑风貌也没有前期壮丽。二是城市经济发展水平不仅比不上当时国内其他一些城市，甚至不及省内一些府城。明人张瀚曾对山西一些主要城市的经济状况作过一番比较，他说："河以北为冀都邑地……自昔饶林竹卢旄玉石，今有鱼盐枣柿之利。所辖四郡，以太原为省会，而平阳为富饶，大同、潞安倚边寒薄。地狭人稠，俗尚勤俭，然多玩好事末。独蒲坂一州，富庶尤甚，商贾争趋。"③ 太原虽然为山西省会，其经济实力还比不上平阳、蒲坂等地。清代太原城内虽然多"外方杂处侨寓"，"铺业鳞排"④，但对当时国内一些富商大贾的吸引力并不大。当时国内著名的商人主要有山西商帮、徽州商帮、陕西商帮、宁波商帮、山东商帮、广东商帮、福建商帮、洞庭商帮、江右商帮和龙游商帮，这些商帮的经营地域范围遍布全国各地一些主要的城市，甚至扩展到国外，但唯独在太原活动较少⑤。即以本地商帮晋商来说，在十家著名的商号和票号中，也仅有合盛元票号一家在太原设有分庄⑥；又据统计，清代山西票

---

① 道光《阳曲县志》，卷二，"舆地图下"。

② 阳曲县志编纂委员会编：《阳曲县志》，山西古籍出版社1999年版，第296页。

③ 张瀚：《松窗梦语》，卷四，"商贾纪"。

④ 道光《阳曲县志》，卷二，"舆地图下"。

⑤ 张海鹏、张海瀛主编：《中国十大商帮》，黄山书社1993年版。

⑥ 张正明：《晋商兴衰史》，山西古籍出版社1995年版。

号共在国内 124 地设有总号、分号 467 家，其中在太原只有 12 家，在全国不及北京（30 家）、上海（31 家）、天津（30 家）、汉口（39 家）、张家口（13 家）、西安（18 家）、三原（18 家）、苏州（16 家）、沙市（17 家）、长沙（15 家）、重庆（20 家）、成都（16 家）、广州（13 家）等城市，在省内也不及平遥（24 家）、祁县（22 家）、太谷（21 家）3 座县城①。

　　明清时期太原城市发展之所以出现这样一种一波三折，发展水平和速度不高的情况，是由多种因素综合而成的，除了前引万历《太原府志》作者所提到的房耗、虐耗和役耗之外，最根本的原因有以下两点：一是太原所在的山西中北部地区经济发展整体来说比较落后，供需两方面都不是很旺盛；二是太原所处的地理位置不利于其发挥经济中心的功能。

　　明清时期山西的物产资源还是相当丰富的，盐、铁、煤、潞绸都有一定的出产，成为当时山西外销的主要产品。但这些外销产品主要都出自南部地区，如盐主要出自解州盐池，铁主要出自阳城、平阳，潞绸主要出自潞安府，只有煤全省皆有出产。中北部地区的出产总体来说相当稀少。特别是中北部地区由于农业生产条件较差，农村经济非常落后，农民生活相当贫困。《晋乘搜略》云："山西土瘠天寒，生物鲜少，故《禹贡》冀州无贡物。……朱子以为唐魏勤俭，士风使然，而地本瘠寒，以人事补其不足耳。太原以南多服贾远方，或数年不归，非自有余而逐什一也，盖其土之所有不能给半，岁之食不能得，不得不贸迁有无，取给他乡。太原以北岗陵丘阜，硗薄难耕，乡民惟以垦种上岭下坂，汗牛痛仆，仰天待命，无平地沃土之饶，无水泉灌溉之益，无舟车鱼米之利，兼拙于远营，终岁不出里门，甘食粗粝，亦势之使然。"② 除粮食每年需要从外省大量贩入而外，对于其他商品的需求量很少。农村这样，城市亦是如此。明清太原城虽然商业铺面很多，但出产商品除剪刀较有名气之外，其余多是寻常日用品，道光《阳曲县志》称："省垣民居比栉，铺业鳞排，需用繁多，百工之事终岁无休息时，然所为皆日用寻常，无新奇精巧之技。""省城居民

---

① 田树茂：《清代山西票号分布图》，载穆雯瑛主编《晋商史料研究》，山西人民出版社 2001 年版，第 202—203 页。

② 康基田：《晋乘搜略》，卷二。

商贾匠作外多官役兵丁及外方杂处侨寓，类皆不耕而食，不织而衣，家家籴米，日日买粮，岁一不登，市侩贩夫藉此居奇，而指身度日之民日办升斗，不及赴市，惟资取于小枭各铺，价又甚之，在四乡藏贮之家又皆待贾而沽，由是称贷多而惆恤之谊薄矣，阳曲民生之困实有由来。"① 既无大宗商品出产以供外销，又无一定的购买力吸收外地的商品，对外地的投资者自然缺少吸引力，城市的发展也就失去了动力。

明清时期太原周围出现了许多商业非常发达的县城和集镇，其中阳曲县就有城西米市集、上北关集、阳曲镇集（城北三十里）、青龙镇集（城北五十里）、黄土寨集（城东北六十里）、东黄水集（城东北八十里）、大盂镇集（城东北九十里）、阳兴镇集（城东北百三十里）、东社村集（城西十五里）、河口村集（城西八十里）、向阳镇集（城西北三十里）、西高庄集（城西北四十里）、泥屯镇集（城西北五十五里）、官头村集（城西北九十里）、大川都集（城西北九十里逢子坡）、岔上村集（城西北一百里）、小店镇集（城西北百二十里）十七处。② 这些集镇分布在太原城周围，与太原城市确实存在着千丝万缕的经济联系，但由于当地经济整体比较落后，这些集镇上交易的产品大多为农产品和日用百货，与其说它们是农村市场的集散地，还不如说是当地农产品和日用品的交换中心，不仅没有推动太原经济的发展，反而分散了太原的交易群体，减少了太原的交易规模和交易频率。

明清时期太原的对外交通还是比较便利的。明代山西全境有主要驿道干线十条，以太原为中心，东经平定、井陉可达京师；南经平阳、蒲州过黄河可至陕西潼关、西安；西经汾州、石州，从军渡过河到陕西吴堡；北经忻州、代州达大同，可与蒙古相通；东北经繁峙、灵丘、广昌，过紫荆关可进入冀省；西北经岢岚、偏头关可达陕西榆林等地；东南经沁州、潞安、泽州过太行山可进入河南。清代太原的对外交通在此基础上进一步发展。当时太原的对外驿路可分为"大驿""次冲""偏僻"三种，其中"大驿"一条，即自阳曲县临泉驿起，经榆次县鸣谦驿，寿阳县太安驿、寿阳驿，盂县芹泉驿，平定州平潭驿、柏井驿、甘桃驿，井陉县井陉驿，

---

① 道光《阳曲县志》，卷二，"舆地图下"。
② 道光《阳曲县志》，卷七，"户书"。

为山西达京师之"大驿"。"次冲"二条，一为自太原府东南经潞安府，出凤台县入河南境为"次冲"；一为自太原北上至绥远城，再经天镇县入直隶境为"次冲"。另有"偏僻"八条，即：（1）太原经榆次、寿阳、平定各驿出娘子关入直隶达京师皇华驿；（2）太原经忻州、崞县、代县、繁峙、灵丘各驿入直隶易州达京师；（3）由太原经忻州出雁门关达大同后，再折经阳高、天镇入直隶达京师；（4）从太原经岚县、岢岚、五寨、偏关入陕西和内蒙古地区；（5）从太原经平遥、汾阳、平阳、蒲州出风陵渡达陕西以至伊犁；（6）从太原经汾阳府西渡黄河军渡达陕西绥德州；（7）从太原经祁县团柏镇、沁州、潞安府、泽州府出天井关入河南；（8）由太原经平阳、绛州、稷山、河津渡黄河至陕西韩城。[①] 但太原只是山西省内的区域交通中心，而不是全国性的交通枢纽，它并不处在全国的主要交通干道上，因此，它们对太原城市经济发展的促进作用并不明显。另外，太原处于山西中部中心地带，虽然有利于其成为山西省的政治中心和经济中心，但却不利于其成为更大区域范围内的经济中心。太原所处的区域无论是自然环境，还是人文社会环境都是同质的，不同经济区域间的商品和物资交流无须在此转运。这样，区域内的商品供给和消费需求既不旺盛，不同地域商品在此交流转换的必要性又不强烈，必然会限制城市的进一步发展。

（原文发表于《陕西师范大学学报》（哲学社会科学版）2004 年第 5 期）

---

① 杨纯渊：《山西历史经济地理述要》，山西人民出版社 1993 年版，第 492—500 页。

明清时期山西部分州县市集布设之分析

  集场和庙会是明清时期最主要的民间贸易形式，二者皆属定期市的范畴，可以统一称为市集。所谓集场，即会集而买卖的场所，起源于唐宋时期的草市。明万历谢肇淛《五杂组》云："岭南之市谓之虚，言满时少，虚时多也。西蜀谓之亥。亥者，痎也；痎者，瘧也，言间日一作也。山东人谓之集，每集则百货俱陈，四远竞凑，大至骡、马、牛、羊、奴婢、妻子，小至斗粟、尺布，必于其日聚焉，谓之'赶集'，岭南谓之'趁虚'。"①其称呼在各地有所不同，但特点都一样，即按期会集在某一地点进行商品交易，逾期而散，一般有常集、隔日集、旬三集、旬二集和旬一集等。庙会也叫庙市，是伴随寺庙的宗教活动而出现的商品交易场所。其出现大致在魏晋南北朝时期，唐宋以后逐渐繁荣。因为庙会之时，信徒和观众云集，为商贾提供了很好的商机，他们在此摆摊设点，从而形成了定期的贸易集市，以致到后来，宗教活动退居次席，庙会成为纯粹的商业贸易场所和文化娱乐场所，一些没有宗教建筑的场所也举办庙会。因为庙会是由于宗教活动而衍生的，因此在集期上与集场不同，一般以年为周期而不是以旬或月为周期，每次开市的时间比较长，少则一天，多则三五天甚至半个月。明清时期，集场和庙会这两种形式的定期市在山西地区都很普遍。

  对明清时期市集的研究，学术界的成果很多，著名的有日本学者加藤繁②对清代村镇定期市的研究，山根幸夫③和石原润④对明清时期华北定期

---

  ① 谢肇淛：《五杂组》，卷三，"地部一"，上海书店出版社 2001 年版，第 61 页。

  ② [日] 加藤繁：《清代村镇的定期市》，载加藤繁著，吴杰译《中国经济史考证》第 3 卷，商务印书馆 1973 年版。

  ③ [日] 山根幸夫：《明清时代华北的定期市》，《史论》1960 年第 8 卷。

  ④ [日] 石原润：《明、清、民国时代河北省的定期市》，《地理学评论》1973 年第 4 期。

市的研究，美国学者施坚雅①对清代农村市场结构的研究，罗兹曼②对清代人口和市场聚落的研究，国内学者姜守鹏③对明清北方市场的研究，赵世瑜④对明清庙会市场的研究，许檀⑤对明清山东商品市场的研究，王庆成⑥对晚清华北定期集市的研究，龚关⑦对华北集市数量的分析等。这些研究对明清时期集市数量的增长特点、集市经济活动、开市日期、服务范围、服务半径等问题都进行了深入的剖析，其中美国学者施坚雅借鉴德国地理学家克里斯塔勒的中心地学说、美国社会学家罗兹曼的城市空间网络学说和美国地理学家济费的等级—规模学说，以明清时期中国的市场发育和城镇等级作为研究对象，创立了宏观区域理论和集市体系理论，即著名的"施坚雅模式"，给明清时期的集市研究带来了巨大影响，同时也由于其所创立的市场结构模型与中国的实际情况存在很大差距而招致不少研究者的诟病，王庆成先生即根据丰富的华北地区史料，通过对晚清华北集市和集市圈极为细致的分析对施氏的理论提出了质疑。王庆成先生的研究表明，总体上研究集市的数量发展，运用平均数来推算集市的服务范围，很可能流于空泛，与中国集市发展的真实情况相去甚远，因此有必要对一个地区市集布设的空间特点、布设变化的过程和影响布设的各种因素进行具体的分析。本文即以山西地区的部分州县为例，对明清时期市集的布设情况进行考察。

---

①　[美]施坚雅著，史建云、徐秀丽译：《中国农村的市场和社会结构》，中国社会科学出版社 1998 年版；施坚雅主编，叶光庭等译：《中华帝国晚期的城市》，中华书局 2000 年版。

②　Gilbert Rozman, *Population and Marketing Settlements in Ch'ing China*, Cambridge University Press, 1982.

③　姜守鹏：《明清北方市场研究》，东北师范大学出版社 1996 年版。

④　赵世瑜：《狂欢与日常——明清以来的庙会与民间社会》，生活·读书·新知三联书店 2002 年版。

⑤　许檀：《明清时期山东商品经济的发展》，中国社会科学出版社 1998 年版。

⑥　王庆成：《晚清华北的集市和集市圈》，《近代史研究》2004 年第 4 期；王庆成：《晚清华北定期集市数的增长及对其意义之一解》，《近代史研究》2005 年第 6 期。

⑦　龚关：《明清至民国时期华北集市的数量分析》，《中国社会经济史研究》1999 年第 3 期；龚关：《明清至民国时期华北集市的比较分析——与江南、华南等地的比较》，《中国社会经济史研究》2000 年第 3 期；龚关：《近代华北集市的发展》，《近代史研究》2001 年第 1 期。

一 市集布设的空间特点

明清时期的地方志中有不少记载有市集地点和集期的详细信息，通过与大比例尺地形图结合，可以准确地将这些信息标注到图上，分析其布设的空间特点。

（一）保德州

保德州位于山西西北隅，"东西广一百一十里，南北长一百二十里"[①]，地势东高西低，千沟万壑，地形破碎。州治位于州境西北黄河岸边。明代前期分五都，共90村，万历末年增加至291村，明末清初因为战乱人口损失严重，"村落丘墟"，"十村九无烟"，但至康熙十二年时已基本恢复到万历末年的水平，康熙四十九年全州共有297村[②]。

保德州的集市始设于元至正、大德年间，仅城内一处。元明之际可能因为战火而衰败，明弘治年间复兴，正德间始以街东、中、西分各行，定为每月九集。万历时集市贸易趋向繁荣，定城内市集五日轮流，街东、中、西每月开集十天，上下半月各五天。明末又分别设下川坪集、楼沟集、冯家川集、石塘村集、桑园市五处市集。明清易代，战乱频繁，保德州的集市贸易再次受到破坏，下川坪集、楼沟集、冯家川集、石塘村集、桑园市五集久废不兴，到康熙末，仅有州市、东沟和南关三集，其中州市"仅粜米粟，不拘上下街市"，应是常集，东沟集每逢二、九贸易杂货，一月六次，南关集每逢七贸易，每月开集三次[③]。

从保德州市集的布设来看，极不平衡，主要集中在州城和附近地区，即使明末在城外设立了五处市集，也还是集中在州境西部黄河沿岸一带，东部和东南部地区没有一处市集。而在集期的安排上，州市自成系统，城外的东沟集和南关集则尽量错开。（见图1）

---

① 康熙《保德州志》，卷一，"因革·疆域"。清·王克昌修，殷梦高纂，康熙四十九年铅印本，"中国方志丛书"，台湾成文出版社有限公司1976年版。

② 康熙《保德州志》，卷一，"因革·都里"。

③ 康熙《保德州志》，卷一，"因革·市集"。

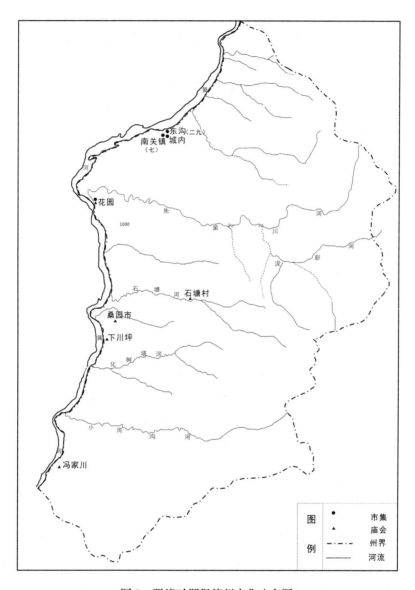

图1　明清时期保德州市集分布图

（二）长治县

长治县位于山西省东南部，太行山麓，长治盆地的东部边缘，"东西广三十五里，南北衺八十五里"①，地势东南高，西北低，东部和南部为山地高原，原面平整，北部地形较为破碎，西部和西南部均为平川。县治位于县境北部，光绪时分4乡，共346村②。

长治县原有市集二十六处：城内六处，分别是大石桥、小石桥、义井头、果子市、大市门、小市门；关厢二处，分别是则西、若北；乡村十八处，分别是韩店、八义、北董、南董、王坊、西火、东和、高河、大峪、荫城、苏店、郝店、漳泽、柳林、师庄、安城、桑梓、南宋。明代将在城六集改为四门及义井头五集，西、北两厢集废，"五集轮转，每集十日，周而复始"。清乾隆初，又于上党门开集，而义井头因"百货咸备，不必立集"，城内仍为五集，轮转开集③。光绪时，在城市集的地点和乾隆时相同，集期改为各会场连集五日；乡村市集则减少至17处，集址也有很大变化，分别是：荫城镇、西火镇、韩店镇、东和镇、南董镇、北董镇、高河镇、八义镇、大峪镇、苏店镇、故县镇、关村镇、安城镇、柳林镇、北呈镇、经坊镇、贾村，其中四门和上党门均无定期，以次相及，荫城镇逢三六九日开集，西火镇逢四七十日开集，韩店镇逢一四七日开集，东和镇逢二五八日开集，南董镇、北董镇、高河镇均为单日集，八义镇逢一四七日开集，大峪镇为常集，苏店镇为双日集，故县镇逢一五七日开集，关村镇逢二五八日开集，安城镇、柳林镇、北呈镇、经坊镇均为双日集，贾村为单日集④。

从长治县市集的布设看，分布比较均衡，但到光绪时，县境南部的市集减少了一半，中部地区则有明显的增加。而就集期安排来看，县城市集仍然自成系统，乡村各集有相邻各集尽量错开的整体特点，但也有不少相距很近的市集集期相同，如南董和贾村相距仅1里，均为单日集，柳林和北呈、经坊之间相距均不到10里，均为双日集，经坊和韩店相距仅5里，每月也有三天集期相同。（见图2）

---

① 光绪《长治县志》，卷二，"地理志·疆域"。清·陈泽霖鉴定，杨笃纂修，光绪二十年刊本，"中国方志丛书"，台湾成文出版社有限公司1976年版。

② 光绪《长治县志》，卷二，"地理志·乡都"。

③ 乾隆《长治县志》，卷四，"市集"。清·吴九龄修，蔡履豫纂，乾隆二十八年刻本，"中国地方志集成"山西府县志集二八。

④ 光绪《长治县志》，卷三，"建置志·市集"。

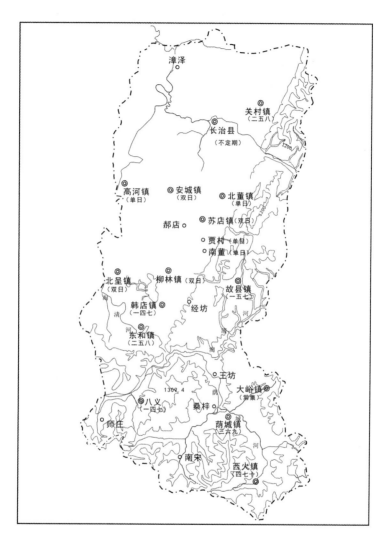

图2　光绪长治县市集分布图

（三）长子县

长子县东与长治县毗邻，"东西广一百三十里，南北袤七十五里"①，

---

①　光绪《长子县志》，卷三，"地理志·疆域"。清·豫谦修，杨笃纂，光绪八年刊本，"中国方志丛书"，台湾成文出版社有限公司1976年版。

西与南部山岭起伏，东和北部原野开阔，是长治盆地的组成部分。县治位于县境东部，光绪初分四乡，共 293 村[①]。

光绪初长子县共设市集十二处，分别在城内、鲍店镇、石哲镇、大堡头村、张店村、南漳村、东里村、南苏村、琚村镇、南呈镇、郭村、布村；另外还有四处庙会，分别在县城南关、县北鲍店镇和草坊村、县西南尧庙。其中城内为双日市，鲍店镇、石哲镇、大堡头村、张店村、南漳村、东里村、南苏村均为单日市，琚村镇三六九日市，南呈镇和郭村俱二五八日市，布村一四七日市。县城南关的庙会为岳鄂王庙会，九月二十六日开，连续十天；鲍店镇庙会称关帝庙会，九月十三日开，亦连续十天；草坊村庙会称草坊会，五月十三日开，连开三天；县西南乡尧庙会四月十八日开，连开五天[②]。

从光绪初年长子县市集的布设看，主要集中在县境的东部特别是东南部。就集期安排而言，除县城为双日集外，大多为单日集，相邻各集集日没有错开，可能是相距较远的缘故。不过东南部与长治县毗邻地带，各集相距大多在 10 里范围之内，集期也有很多重合，如张店镇与其东北的布村和东南的琚村每月各有六天重合，郭村虽与南面的布村集期错开，但与其东北的南呈集期完全一致，而南呈和南漳之间每月也有三天同时开集。另外，南漳、南呈、琚村与长治县的高河、北呈、八义都很邻近，交通方便，但除琚村和八义集期完全错开外，其余两地开市日期基本相同，显示两县之间的集期安排基本没有联系。（见图 3）

（四）定襄县

定襄县位于五台山西南麓，"东界五台县边家庄七十里，西界忻州北霍村十五里，南界阳曲县岔口二十五里，北界崞县横道镇三十里"[③]，东、南、北三面环山，西、中部地势平坦，属忻定盆地组成部分，滹沱河及其

①　光绪《长子县志》，卷三，"地理志·乡都"。
②　光绪《长子县志》，卷四，"建置志·市集"。
③　雍正《定襄县志》，卷一，"地理志·疆域"。清·王会隆纂修，雍正五年增补，康熙五十一年刊本，"中国方志丛书"，台湾成文出版社有限公司 1976 年版。

支流牧马河自西南向东北由中部流过。县治位于县境西部，雍正初分 18 都，共 106 村①。

明代后期，定襄县共有市集七处，分别是在城、芳兰镇、中霍村、横山村、青石村、神山村、南受罗村，雍正初，青石村集和神山村集久废，只有在城、芳兰镇、中霍村、横山村和南受罗村五集，其中在城集为单日集，芳兰镇逢四八日开集，中霍村逢二六九日开集，横山村逢四八日开集，南受罗村逢二六日开集②。

从定襄县市集的布设看，主要分布在西、中部盆地外沿，布局基本均衡，明代后期东部地区集场较多，进入清代有两处被废，雍正初仅余芳兰镇一处。集期是以在城集为中心来安排的，各集集期与在城集错开，其他各集中南受罗村集和横山村集因为相距较近，集期也不一样，芳兰镇集和横山村集虽也相邻，但因距离较远，集期则完全一致。（见图 4）

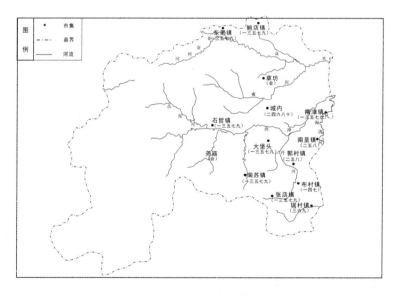

图 3　光绪长子县市集分布图

---

① 雍正《定襄县志》，卷一，"地理志·都里"。
② 雍正《定襄县志》，卷一，"地理志·集场"。

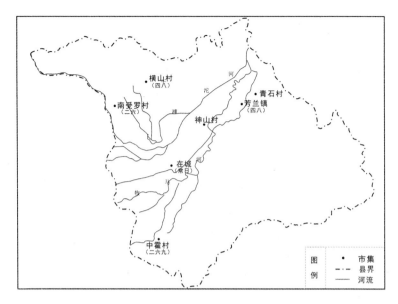

图4　雍正定襄县市集分布图

（五）介休县

介休县位于山西省中部，汾河东岸，"东西广八十里，南北袤八十里"①，南部为山区，中部为岗峦起伏的丘陵区，北部为平原，地势平坦。清代的介休经济发达，与其他县相比呈现一片繁荣景象。嘉庆《介休县志》云："介方百里，疆域非广也，乃入其市门，廛闬扑地，俨如都会。负郭桑麻，四郊沃衍无旷土，村落星罗棋布，烟火万家，郁郁葱葱，井灶甲邻治矣。又境属康庄，往来冠盖相望于道，拥以关隘，限以河渠，洵乎腹地要区，邑称繁剧焉。"② 县城位于县境西部，清嘉庆时分4乡，共211村；20世纪20年代，村庄数基本没有变化，据民国《介休县志》载，1923年全县分4区，共有主村131（不包括在城8坊），联合村82，合计213村③。

---

①　嘉庆《介休县志》，卷一，"疆域"。清·徐品山修，陆元镶纂，嘉庆二十四年刊本，"中国方志丛书"，台湾成文出版社有限公司1976年版。

②　嘉庆《介休县志》，卷一，"疆域"。

③　民国《介休县志》，卷八，"疆域略"。民国·张赓麟修，董重纂，民国十九年铅印本，"中国方志丛书"，台湾成文出版社有限公司1976年版。

　　与其他州县不同，介休县市集以庙会为主，集场很少。嘉庆时，介休县只在县城西关和东部的张兰镇两处设集，集期分别是县城西关逢四八日集，张兰镇逢单日集；庙会则有 7 处，全年共 12 次，分别是县城西关 2 次：二月初六至十五日、七月十六至二十五日，张兰镇 2 次：三月初一至初十日，九月二十一至三十日，西段屯 2 次：正月十五日、十月初七至初九日，义棠镇 2 次：三月十七日、九月十七日，孔家堡 2 次：二月初一至初三日、十月初一至初三日，板峪村 1 次：三月十五日，湛泉镇 1 次：十月十五至十七日[①]。嘉庆以后，集会的地点和次数都有较大幅度的增加，1923 年，全县共设集场 3 处，集期增加到每月 39 次，且有大集、小集之分，分别是：县城西关，四八日大集，二六十日小集；城隍庙，四八日大集，二六十日小集；张兰镇，二六九日集。庙会则增加到 18 处 24 次，分别是县城西关 2 次：二月初六日至十五日、七月十六日至二十五日，城隍庙 1 次：二月初十日至三月初十日，张兰镇 2 次：三月初一日至初十日、九月二十日至三十日，西段屯 2 次：正月十五日、十月初七日至初九日，义棠镇 2 次：三月十七日、九月十七日，孔家堡 2 次：二月初一日至初三日、十月初一日至初三日，板峪村 1 次：三月十五日，湛泉镇 1 次：十月十五日至十七日，永庆村 1 次：四月十三日，三佳村 1 次：七月十六日至二十七日，石屯村 1 次：六月二十九日，洪山村 2 次：三月初三日、七月二十九日，义安村 1 次：五月十三日，张良村 1 次：四月初八日，龙凤村 1 次：五月十三日，龙头村 1 次：四月初八日，罗王庄 1 次：九月初九日，沙堡村 1 次：四月十八日至二十日[②]。

　　从介休县市集的布设看，主要分布在中部平原地带，集场分别设在县境的西部和东北部，庙会中、北部皆有，嘉庆时期布局比较均衡，民国时中部增加很多，成为集中分布区，湛泉、永庆、三佳、石屯、洪山、义安、张良、沙堡各村镇相距均在 5 里以内。而从集期安排看，嘉庆时期无论是集期还是会期都不重复，民国时期县城西关和城隍庙的集期则完全相同，会期也有部分重复。（见图 5）

①　嘉庆《介休县志》，卷一，"疆域·乡村"。
②　民国《介休县志》，卷八，"疆域略·集会"。

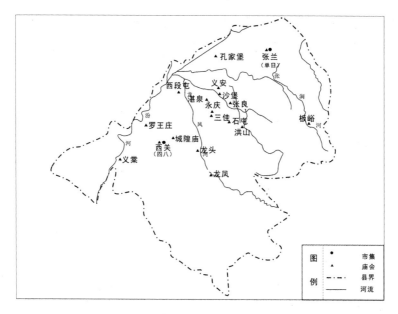

图5　嘉庆介休县市集分布图

（六）文水县

文水县位于太原盆地西部，"广一百三十里，袤六十里"①。县境西部为山地，一般海拔在 1500 米以上，东部地势平坦，土壤肥沃，是太原盆地的组成部分。县治位于中部山地和平原交界地带。自清初至光绪初，村落数目基本没有变化，分 70 坊都，共 190 村左右②。

康熙初，文水县共设市集五处，未见庙会记载。其中城市集各关厢奇日轮开，另外四处在孝义镇、小城南、开栅镇和石侯村，集期不明③。光绪初，市集数大幅增加，共设集场 14 处，庙会 48 处。14 处集场分别是：城内东、西、北街、南关厢逢奇日按月轮开，孝义镇、开栅镇、石侯镇、

① 康熙《文水县志》，卷二，"地利志·疆域"。清·傅星裁定，郑立功等编纂，康熙十二年刊本，"中国方志丛书"，台湾成文出版社有限公司 1976 年版。

② 康熙《文水县志》，卷二，"地利志·坊都"；光绪《文水县志》，卷三，"民俗志·坊都"。清·范启塈、王炜修，阴步霞纂，光绪九年刻本，"中国地方志集成"山西府县志集二八，凤凰出版社·上海书店·巴蜀书社。

③ 康熙《文水县志》，卷三，"民俗志·市集"。

石永镇、徐家镇、西社镇、南武镇、大象镇，皆逢双日开，原东村、下曲镇、独家镇、南庄村、东城村，皆逢奇日开。48 处庙会共开会 83 次，分别是[①]：

正月：二十日，下曲镇；二十五日，郑家庄、里村；二十七日，南齐村；二十九日，明阳村。

二月：初二日，石侯镇；初五日，南武镇；初九日，武涝村、武良村；初十日，杨落堡；十五日，孝义镇；十六日，南庄镇；十七日，上贤村；十八日，石永镇；十九日，北关、西社镇；二十二日，徐家庄；二十三日，杭城村；二十四日，麻家堡；二十五日，桥头村、东城镇；二十七日，南贤村；二十九日，宾贤村。

三月：初一日，南关；初三日，下曲镇、平陶村；初八日，本城简子庙、高车村；十一日，伯鱼村；十二日，北胡家堡；十五日，西社镇、石永镇；十八日，大城南村；二十五日，北贤村；二十八日，孝义镇；每逢清明节，马村。

四月：初一日，桥头村；初三日，东关；初四日，里村、石永镇；初八日，下曲镇、南安村；十三日，郑家庄；十五日，旧城村；十八日，宜亭村；二十二日，平陶村。

五月：初一日，北齐村、马村；初五日，明阳村；十三日，县衙前、下曲镇；十八日，徐家镇、孝义镇；二十七日，本城北街。

六月：初六日，下曲镇；十三日，本城西街；十五日，孝义镇；二十三日，本城大关帝庙；二十五日，石永镇；二十七日，本城二郎庙。

七月：十五日，下曲镇；十八日，孝义镇；十九日，北胡家堡；二十二日，徐家镇；二十五日，大象镇、马村；三十日，石永镇。

八月：二十五日，本城西街。

九月：十三日，下曲镇；十五日，东关；二十八日，石侯镇；二十九日，大象镇。

十月：初三日，南庄镇；初六日，东城镇；初八日，下曲镇；初

---

①　光绪《文水县志》，卷三，"民俗志·市集、庙会"。

九日，南安村；初十日，武村；十一日，石永镇；十三日，孝义镇；十五日，南关；十八日，方圆村。

十一月：二十三日，北关。

十二月：初三日，东街。

从文水县市集的布设看，康熙时集中分布在磁窑河以西和西部山地以东地区，磁窑河以东的平原地带没有一处市集。光绪初，磁窑河以东的市集数大量增长，新增加的石永镇、徐家镇、西社镇、大象镇、原东村、下曲镇、独家镇、南庄村、东城村九处均分布在这一区域。这样，东部平原地区基本上形成了一个比较均衡的市集布局，各集之间的距离大多在10—15里，仅东城村和南武镇、大象镇之间相距不到10里。相邻两集之间的集期都按单双日错开，没有冲突。而从庙会的布设看，则遍布全县主要村镇，平均两村就有一处庙会，完全脱离了宗教场所的限制。与其他地区庙会持续时间较长不同，文水县的庙会都仅持续一天，已完全是为了便利乡村居民购物的需要而设。对此，光绪《文水县志》的编修者有简短的说明：“文邑本非繁富之区，又与交、祁、平、汾接壤，殷实之户悉交易于邻邑，境内无多商贾，平居一簋帚之微无从购置，惟恃有庙会则四方齐集，百货杂陈，民间日用之需，耕获之具，皆取给焉，既便商，亦便民，且以觇富庶卜盛衰，何可少软？”[1]（见图6）

（七）平陆县

平陆县位于山西省境南端，南邻黄河，北依中条，“东西广二百三十里，南北袤七十三里”[2]，整个地势南低北高，境内千沟万壑，崎岖不平，向有“平陆不平沟三千”的说法。县治位于黄河北岸中部偏西。乾隆时，全县共分在城3坊和4乡11里，共147村，其中东乡共2里33村，西乡共6里45村，北乡共1里30村，东北乡共2里39村[3]。乾隆以后，村庄

---

① 光绪《文水县志》，卷三，“民俗志·庙会”。

② 乾隆（二十八年）《平陆县志》，卷一，“疆域”。清·言如泗总修，韩夔典等纂修，民国二十一年石印本，“中国方志丛书”，台湾成文出版社有限公司1976年版。

③ 乾隆（二十八年）《平陆县志》，卷三，“城池·坊里附”。

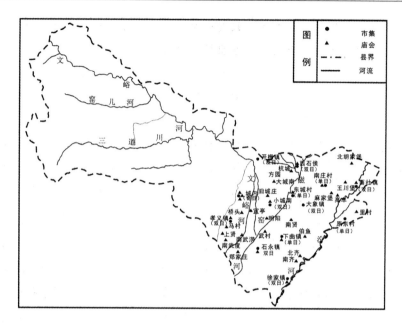

图 6   光绪文水县市集分布图

数量有较大增长，据统计，光绪以前，全县共大小村庄 962，其中 50 户以上的大村 53，10 户以上的中村 151，其余皆为三五家及一二家之小村；光绪大祲以后，"户口逃亡，村宇为墟者尤多"，3 户以上村庄共 374，其中 500 户以上之村 1，200 户以上之村 2，100 户以上之村 7，10 户以上之村 94[①]，10 户以上的中村和大村共 104，比灾前减少了近一半。

　　乾隆时期编修的《平陆县志》对市集情况没有记载，因此清中期以前的平陆县市集布设情况不明。光绪初，全县共设集场 6 处，庙会 39 处。6 处集场分别是县城、茅津镇、张店街、常乐镇、中张村和洪池镇，其中县城和茅津镇、张店街均为每日集，常乐镇和中张村为单日集，洪池镇为双日集。39 处庙会共开会 66 次，每次皆持续 1 天，分别是茅津会 6 次（三月初五日、四月初五日、五月二十五日、六月二十四日、七月三十日、十二月十五日）、张店会 4 次（三月十五日、四月十二日、七月初七日、十月十二日）、东关会 4 次（二月十一日，四月十八日、五月二十八

　　① 光绪（六年）《平陆县续志》，卷上，"营建类·村堡"。清·刘鸿逵纂修，沈承恩纂辑，民国二十一年石印本，"中国方志丛书"，台湾成文出版社有限公司 1976 年版。

日、九月十七日）、西街会3次（三月十二日、六月二十二日、十二月十二日）、洪池会3次（三月初三日、十月初十日、十五日）、张峪会3次（二月十五日、十月十八日、十二月十一日）、阮庙会3次（三月二十八日、十月初一日、二十日）、常乐会2次（二月十九日、十二月初八日）、广德会2次（正月二十日，三月十五日）、顺头会2次（十一月初九日、二月初九日）、岳村会2次（二月十五日、十月初一日）、留史会2次（三月初三日、九月十三日）、葛赵会2次（十月十五日、十二月十八日）、马村会1次（二月初二日）、车村会1次（二月初五日）、胡村会1次（二月初九日）、中张会2次（三月初五日、十二月初五日）、上焦会1次（三月初一日）、太臣会1次（三月初三日）、阳朝会1次（三月初五日）、东掷会1次（三月十三日）、张村会1次（三月十八日）、西侯会1次（三月二十日）、计村会1次（三月二十五日）、西张会1次（三月二十五日）、八政会2次（三月二十八日、九月十三日）、涧北会1次（四月初一日）、尧店会1次（四月初八日）、西祁会1次（四月十四日）、西湾会1次（四月十五日）、下郭会1次（六月初一日）、太宽会1次（七月初十日）、南村会1次（七月十三日）、合狐［上下结构］家窝会1次（七月十五日）、北关会1次（八月十五日）、西掷会1次（九月十三日）、南吴会1次（十月二十日）、南关会1次（十月二十二日）、南侯会1次（十月二十五日）。[①]

从平陆县市集的布设看，无论是集场还是庙会都集中分布在中部和西部地区，县境东部虽然也有很多村庄，但没有一处集场和庙会。因为集场数量不多，所以相距较远，集期安排也就不存在什么冲突；但常乐镇和中张村相距不到5里，集期却完全一样，均为单日集。庙会分布以县境西南部最为密集，很多相距都在5里上下，开会次数也很频繁，但相邻庙会的会期基本上是错开的。（见图7）

（八）寿阳县

寿阳县位于山西省中东部太行山西麓，"东西百四十里，南北百六十

---

① 光绪（六年）《平陆县续志》，卷上，"营建类·集会"。

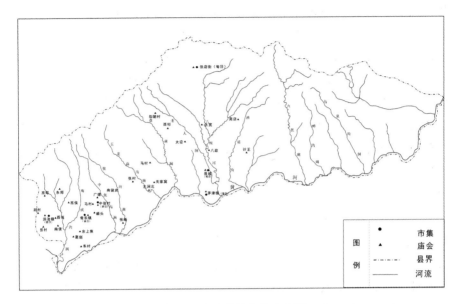

图7　光绪平陆县市集分布图

里"①，四周环山，中部为山间盆地，多黄土丘陵沟壑。县治位于县境东北部。康熙时村庄不满300，乾隆时全县分92所，共村庄411，光绪初仍分92所，但村庄又有增长，合计在城共546，而土陉铺、西岭铺、荣家垴、李家垴因为系极小之村，"原寄大村者"，不计在内②。

　　光绪以前，因未查阅到相关资料，寿阳县市集的布设情况不清楚。光绪初，寿阳县共设集场十七处，没有庙会。这十七处集场及集期的安排分别是：城中市（在十字街西，一五日集）、东郭市（在东郭外朝阳阁内，三日集）、南郭市（在牛王庙前，七日集）、西郭市（在西郭外观澜楼，九日集）、张净镇（县正东三十里，二六日集）、张韩河镇（县东南三十五里，二六九日集）、羊头崖镇（县正南三十五里，一四八日集）、北河镇（县西南五十里，三六十日集）、西落镇（县西南八十里，二五九日集）、太安驿镇（县西南五十里，四九日集）、胡家堙镇（县正西八十里，一六日集）、段王镇（县正西四十里，三八日集）、上峪镇（县正西三十

_____

① 光绪《寿阳县志》，卷一，"舆地志·疆域"。清·马家鼎修，张嘉言纂，光绪八年刊本，"中国方志丛书"，台湾成文出版社有限公司1976年版。

② 光绪《寿阳县志》，卷一，"舆地志·村庄"。

里，四九日集）、南燕竹镇（县正西二十五里，三八日集）、平头镇（县西北六十五里，五十日集）、宗艾镇（县西北二十里，二六十日集）、解愁镇（县正北四十里，四八日集）①。另据光绪《寿阳县志》的记载，遂城镇位于县西南七十里，"今无集"，"村庄条有芹泉镇，属盂县，大树堙镇、黄门镇皆无集，故省录"，遂城镇在光绪以前应有集，芹泉镇光绪时仍然有集，只有大树堙和黄门两镇虽名为镇，但一直无集。

从光绪初年寿阳县市集的布设来看，主要分布在县境中部和西北部，而以西北部比较密集，县境东南部没有市集的设置。这种分布与村庄的分布密度有一定关系，但主要可能还是受交通道路影响，据光绪《寿阳县志》记载，光绪时寿阳县共设铺递14处，除在城铺外，东路2铺，西路8铺，北路2铺，南路"缘非通衢，故未设铺"②。各集场距离大多在10里以上，相邻两集场的开集日期完全错开。（见图8）

（九）武乡县

武乡县位于山西省东南部，在太行、太岳两山之间，"东西广二百五十里，南北袤五十里"③，四周群山环绕，峰峦重叠，中部丘陵起伏，地势较低。县治位于县境中部北漳河沿岸。乾隆末，全县共分28约，除在城约外，其余27约共领639村④。

据乾隆五十五年编《武乡县志》记载，武乡县共集场十一处，没有庙会。这十一处集场和集期的安排分别是：本城市，逢一三五七九集；故城镇市，逢三六九集；攀龙镇市，逢三六九集；洪水镇市，逢二五八集；贾河市，逢三六九日集；段村镇市，逢一三五七九集；石盘镇市，逢三六十日集；大曲市，逢二七日集；监漳市，逢二五七十日集；龙泉市，逢二七日集；南关市，逢二五八日集⑤。

从乾隆年间武乡县市集的布设看，分布比较均衡，以中部和东部

①　光绪《寿阳县志》，卷一，"舆地志·市镇"。
②　光绪《寿阳县志》，卷二，"建置志·铺递"。
③　乾隆《武乡县志》，卷一，"疆域"。清·白鹤修，史传远纂辑，乾隆五十五年刊本，"中国方志丛书"，台湾成文出版社有限公司1968年版。
④　乾隆《武乡县志》，卷一，"疆域·乡约村镇"。
⑤　乾隆《武乡县志》，卷一，"疆域·市集"。

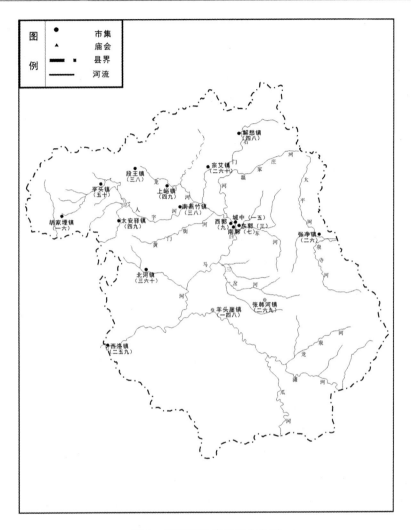

图 8　光绪寿阳县市集分布图

较为密集。除本城市和段村镇市相距在 10 里左右，其他各集相距都在 15 里以上；各集之间开集日期基本错开，只有本城市和段村镇市相距最近，而集期完全一样。从各集场分布的具体地点看，无一例外地都位于河流沿岸，显示武乡县集场的布设更主要还是受地形条件的影响。（见图 9）

　　从以上九个州县的市集布设看，表面上虽有一定的规律可循，但实际情况却相当复杂，存在着很多的例外和偶然因素。

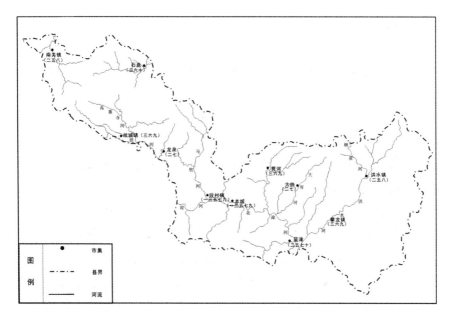

图9　乾隆武乡县市集分布图

二　市集布设的决定权和市集布设的目的

明清时期黄土高原地区市集的布设实际上以官方的行为为主，无论是集场地点的确定，还是集期安排，都由地方长官决定，或者要得到地方长官的认可。一个地方集市的衰可能与社会动乱有关，但集市的兴则与地方长官的个人意志有很大关系。

保德州城内集在明弘治年间复兴就是知州昝凤翔的决定。正德年间知州周山按街东、中、西分各行，定为每月九集。万历间知州韩朝贡又定令城内三集五日轮流，半月一周。康熙时知州张光岳立东沟集，定为每月逢二七贸易。康熙二十七年，知州高起凤立南关集，定为逢七开集，因与东沟集期冲突，遂将东沟集集期改为逢二九贸易①。

长治县市集的变动也与地方长官的意志有关，乾隆《长治县

---

① 康熙《保德州志》，卷一，"因革·市集"。

志》① 载：

> 　　长治县市集之在城者旧有六，曰大石桥、曰小石桥、曰义井头、曰果子市、曰大市门、小市门，在关厢者二，则西、若北，在乡村者十有八，曰韩店、曰八义、曰北董、曰南董、曰王坊、曰西火、曰东和、曰高河、曰大岭、曰荫城、曰苏店、曰郝店、曰漳泽、曰柳林、曰师庄、曰安城、曰桑梓、曰南宋，明时将在城六集改为四门及义井头五集，西北两厢集废，五集轮转，每集十日，周而复始。后郡守蜀渝李公因上党门地境空廓，令府厅吏役盖房开集，除义井头百货咸备，不必立集外，以上党门与四门一体设集，五方轮转，久之李公去任，吏役牙侩串通居奇，止于上党门一处设集，四门不复轮转，居民深以为苦，予于戊寅夏初莅此，绅士来谒者访以地方利弊，咸首以集场不便相告，正拟筹办间，适据阖邑绅士父老公叩郡宪史奉批查议，因请于四门与上党门仍一体开集，分日轮转，其各会场连集五日，仍听民便，议详申覆，批准遵行，自是四城贫民咸得就近赴集，而牙侩亦无从生奸，居民称便，公同勒碑于城隍庙，以垂永远云。

　　明代将在城六集改为四门及义井头五集，并定五集轮转，每集十日，周而复始，是何人所为，因文献没有记载，情况不明。上党门集的兴起和衰而复兴则完全和潞安两任知府有关。先是乾隆六年四川巴县人李为栋来任潞安知府，因为上党门地境空阔，令府厅吏役盖房开集，并废除义井头集，仍令五集轮转。后来李为栋调任蒲州，吏役牙侩串通居奇，止在上党门一处设集；直到乾隆二十年史奕环任潞安知府，才在阖邑绅士父老的请求下批准于四门及上党门一体开集，分日轮转，不过各集集期由康熙时期的连集十日改为连集五日。

　　集场的设置和集期的确定由地方官员来决定是理所当然的，因为在当时的地方官员看来，市集虽然可以便民购物，也是奸弊丛生的利之渊薮，将其置于官府严格的管理之下是非常必要的。这种管理主要是通过金报集

---

　　① 乾隆《长治县志》，卷四，"市集"。

头，印给官簿收管税课的途径来进行，嘉庆《介休县志》就明确记载县境各集、会按开市日期"俱收畜税"①。

那么地方官员在设置集场和安排集期时是如何思考的呢，这方面的文献记载很少，下面从两则史料稍作分析。

万历《临潼县志》②记载了万历年间陕西临潼县广阳镇立市的具体过程，记载云：

> 广阳故无市，有之自万历乙未始也。镇界在清沮两河之间，而河四面环绕如带，中数十里之地，民居萃止，称奥区焉，而苦无市值贸易，即一丝麻、布缕之属，辄赴河外诸镇，迟或不及与五都之观，早则为暴客御之于途。迨夏秋水溢凌阳，候而求济者往往载胥而及溺。是河内数十里之不可无市，而河内数十里之民之无日不思为市甚至殷也。而广阳为两河中地，四方辐辏，实便焉。乃相率请之于邑侯马公，公是其请，为授牒立课，视他镇矣。……

由此可知，广阳镇设市时考虑的主要原因是其所在区域河流四面环绕，对外交通不便，区内居民逾河到外镇赶集困难，而广阳在清、沮两河中地，处于区域中心位置，所以才因民之请于此设市。设市的主要目的是便民购物。

再看山西长治县北呈镇麻市集期变化安排的具体过程，据张耀奎《麻市碑记》记载：

> 且夫怀璧自裕，匹夫私己之心；兴利周贫，君子公人之志。大抵私己者多损于人，公人者必多益于人者也。本镇自前明嘉靖戊午年间兴起集市，勒有碑记，买卖佥枲，通商惠民，历有年矣。然仅斗行数家，用人无几，合村只糊数人之口。一四七期，闲日苦多，一旬坐受七日之困。人庶家贫，民生难遂。村人踌躇

①　嘉庆《介休县志》，卷一，"疆域·乡村"。

②　万历《临潼县志》，卷四，"艺文志"，武之望：《广阳镇新市碑记》，（明）王联芳修，武之望纂，万历三十六年刻本。

者甚多，有策者绝口。生员王炳南，念其赌已早禁，村弊虽除，而民利未兴；讹诈风息，富得安堵，而贫无正业。每念及此，寝食难安，爰是不忍坐视，不辞劳瘁，于同治三年春，邀集当时同人叶全山、监生阎光祖、职员张四铭、乡耆牛尔炽、程益禄、张声闻等，以乡约十二班，共商义举，领帖文，起麻市。集期改为逢单①，行名"取义""均益"。捐赀演戏，广招远方客商；酌定章程，屏杜奸刁弊窦。迄今十余年间，市价无伪，童叟莫欺；客来云集，货积山堆；闲人归市，村无游民；隙地植麻，野无旷土。自是人务本业，不难仰事而俯畜；民志有定，何到作恶以犯刑？似此兴利益人，非有公己公人之心者，其畴能之？爰是勒石，以垂永远，以冀村人永享其利云尔。②

从记载可以看出，北呈镇的麻市兴起于明嘉靖年间，但交易规模一直很小，只有斗行数家，集期也比较少，逢一四七日集。清同治三年，本地生员王炳南考虑到当地人多家贫，民利未兴，因而与同人叶全山等一道向官府申领帖文，兴起麻市，改集期为逢单；并捐赀演戏，广招远方客商前来交易。增加集期的目的主要是扩大当地居民的就业机会，增加收入。

从以上两则史料并结合保德州市集和长治在城集的设置情况看，无论是新的市集的设立，还是集期的改变，都很少看到商品经济发展的影子。万历时期临潼县广阳镇设市，清代保德州东沟集和南关集的设立，都是为了方便居民购物；长治县上党门集的设立起因是地境空阔，但从后来复立四门集看，也是为了便民购物。同治三年长治县北呈镇麻市集期由旬三日增加为旬五日，也不是因为当地商品贸易增加的需要，而是为了扩大当地居民的就业机会，增加他们的收入。

---

① 按此麻市当即光绪《长治县志》，卷一，"建置志·市集"中所记北呈镇市集，不过北呈镇为双日集，这里记为逢单，待查核。

② 张耀奎：《麻市碑记》，载张正明，科大卫，王勇红主编《明清山西碑刻资料选（续二）》山西出版集团 2009 年版，第 30—31 页。

三　讨　论

过去关于明清农村市场的研究主要是基于集市的分析，对庙会市场关注不多，即使有研究，也是将两者割裂开来，实际上两者是密不可分的，都是农村市场的重要组成部分。两者只是开市日期安排的不同，集场以月为周期，庙会以年为周期，但功能是一样的，都是为了方便农村的商品交易。

从前文所列九个州县的市集构成和分布情况来看（见表1），庙会在清代中后期开始大量出现，主要分布于山西中南部州县，其原因有待于进一步探讨。从市集的分布来看，地形地貌条件是一个重要的影响因素，明清时期黄土高原集市和庙会场址大都位于平原丘陵地区，山地分布很少。如果一个县的整体地形比较平坦或地貌一致，则市集分布比较均衡，如长治县和武乡县；如果一个县的地形地貌差别很大，则市集集中分布在地形较平坦的部位，如文水县、介休县、定襄县等。同时，交通道路的走向也对明清黄土高原的市集布局有一定的影响。如寿阳县南北地形条件相似，但市集主要分布在北部，即因为北部是省会太原通往京师道路所经；保德州的市集集中在州境西部黄河沿岸，平陆县的市集集中在县境的西部和中部，也与当时的交通路线走向有很大的关系。

表1　　　　　　　　明清时期山西部分州县市集构成和分布

州县	县境范围	年代	村庄数量	市集构成	市集分布情况
保德州	东西110里，南北120里	明末	291	集场8处	集中在州境西部黄河沿岸。
		清康熙末	297	集场3处	集中在州城和附近地区。
长治县	东西35里，南北85里	清光绪	346	集场22处	分布比较均衡。
长子县	东西130里，南北75里	清光绪初	293	集场12处 庙会4处	集中在县境的东部特别是东南部。
定襄县	东西85里，南北55里	清雍正初	106	集场5处	主要分布在西、中部盆地外沿，布局基本均衡。

续表

州县	县境范围	年代	村庄数量	市集构成	市集分布情况
介休县	东西80里，南北80里	清嘉庆	211	集场2处 庙会7处	主要分布在中部平原地带，集场分别设在县境的西部和东北部，庙会中北部皆有，布局比较均衡。
		民国初	213	集场3处 庙会18处	中部庙会增加很多，成为集中分布区。
文水县	东西130里，南北60里	清康熙初	190	集场5处	集中分布在磁窑河以西和西部山地以东地区，磁窑河以东的平原地带没有一处市集。
		清光绪初	190	集场14处 庙会48处	磁窑河以东的市集数大量增长，东部平原地区基本上形成了一个比较均衡的市集布局；庙会遍布全县主要村镇。
平陆县	东西230里，南北73里	清光绪初	374①	集场6处 庙会39处	无论是集场还是庙会都集中分布在中部和西部地区，县境东部没有一处集场和庙会。
寿阳县	东西140里，南北160里	清光绪初	546	集场17处	主要分布在县境中部和西北部，而以西北部比较密集，县境东南部没有市集的设置。
武乡县	东西250里，南北袤50里	清乾隆末	639	集场11处	分布比较均衡，以中部和东部较为密集。

　　大多数研究明清时期中国市场体系的学者都借鉴施坚雅的研究方法，将当时的市场划分为基层市场、中间市场等不同的层级，这在研究现代市场体系时因为市场经济活动各方面的统计资料系统而齐全无疑是可行的，但明清时期的历史文献并无这方面资料的详细记载，因此很难对某一个市

_____

① 3户以上村庄数量。

场的层级进行判断。于是研究者一般采用两种方法来论述，一是根据其行政级别或建置来判断，将县城和集镇看作是中间市场，将一般的市集看作是基层市场。二是根据各市集的集期安排来判断，施坚雅认为："毗邻的基层市场常常有同样的集期，而中间市场与它下属的任何一个基层市场通常都没有集期冲突"，"在中间市场体系内，集期的安排是把几个集期系列中的一个为中间市场所独占。事实上，这种集期安排可以用来证明已成市场群的体系真实性"。① 然而我们从前文所列山西九个州县的情况看，集期的安排非常混乱，难有规律可循。康熙时保德州市为常集，自成系统，城外的东沟集和南关集则尽量错开；光绪长治县县城集五集轮转，各集连集五日，也是自成系统，但乡村各集既有相邻集期错开的情况，也有集期一致的情况，光绪长子县的集期安排亦是如此；定襄县，雍正时仅有集场五处，集期是以在城集为中心来安排的；介休县，嘉庆时期无论是集期还是会期都不重复，而到民国时期县城西关和城隍庙的集期则完全相同，会期也有部分重复；光绪初的文水县则普遍是相邻两集之间的集期都按单双日错开，没有冲突，光绪时的寿阳县和乾隆时的武乡县在集期安排上也有这样的特点；平陆县，光绪初有集场五处，县城和茅津镇、张店街均为每日集，常乐镇和中张村相邻，皆为单日集，与之距离较远的洪池镇则为双日集。这种集期安排各县难得一律，既难找到与行政级别之间的联系，也很难发现相邻各集之间存在高低层级的关系。

明清时期黄土高原地区市集的布设主要是官方的行为，设立市集的目的主要是便民购物，行政因素对市集的设置具有决定性的作用，经济和市场因素虽有一定影响，但不占主导地位。保德州"东沟立集，农民喜其便宜，市民恶其挽夺"②，但东沟集在知州张光岳的决定下还是立了；长治县原有上党门和四门五集轮转，后来"吏役牙侩串通居奇，止于上党门一处设集，四门不复轮转，居民深以为苦"③，但在潞安知府史奕环等的干预下又恢复为五集。在市集的空间布设上，地形地貌因素影响很大，

① ［美］施坚雅：《中国农村的市场和社会结构》，史建云、徐秀丽译，中国社会科学出版社1998年版，第29—30、34页。
② 康熙《保德州志》，卷一，"因革·市集"。
③ 乾隆《长治县志》，卷四，"市集"。

但地形地貌条件提供的可能性很多，具体布设在哪一个地点，如何来安排集期，则主要由当时地方官员的意志来决定。

（原文发表于北京大学中国古代史研究中心《舆地、考古与史学新说》，中华书局 2012 年版）

由区域经济都会到区域行政中心：
秦汉魏晋时期合肥城市职能的转化

　　合肥市位于江淮地区中部，是安徽省省会。合肥市现辖瑶海、庐阳、蜀山、包河四个市辖区，长丰、肥东、肥西、庐江四个县，代管县级巢湖市。作为区域政治、经济和文化、教育中心，合肥市的区域地位和城市职能在历史时期有一个转化的过程，这个转化过程可以分为三个阶段，一是秦汉魏晋之际由区域经济都会转变为区域行政中心，二是新中国成立后，合肥成为安徽省省会，由区域行政中心再次扩展为区域政治、经济和文化、教育中心。合肥市区域地位和城市职能的这种转变是历史发展的必然，是由其所处的地理位置决定的。其中秦汉魏晋之际第一次城市职能的转变奠定了后来合肥城市区域中心位置的基础。

一

　　合肥城市兴起的具体时间不清楚，见于历史文献最早的记载是汉司马迁的《史记·货殖列传》。《史记》卷129《货殖列传》云：

　　越、楚则有三俗。夫自淮北沛、陈、汝南、南郡，此西楚也。其俗剽轻，易发怒，地薄，寡于积聚。江陵故郢都，西通巫、巴，东有云梦之饶。陈在楚夏之交，通鱼盐之货，其民多贾。徐、僮、取虑，则清刻，矜己诺。彭越以东，东海、吴、广陵，此东楚也。其俗类徐、僮。朐、缯以北，俗则齐。浙江南则越。夫吴自阖庐、春申、王濞三人招致天下之喜游子弟，东有海盐之饶，章山之铜，三江五湖之利，亦江东一都会也。衡山、九江、江南、豫章、长沙，是南楚也，

其俗大类西楚。郢之后徙寿春，亦一都会也。而合肥受南北潮，皮
革、鲍、木输会也。与闽中、干越杂俗，故南楚好辞，巧说
少信。……①

这段记载说明了以下三点：

1. 包括江淮地区在内的原楚、越之地，由于地理条件的差异，社会
经济发展和风俗习惯也表现出很大的不同，可以分为三个明显的区域，即
西楚、东楚和南楚。西楚包括淮河以北的沛郡、陈郡、汝南郡和大别山以
南的南郡，也就是今天安徽北部、河南东部和湖北北部地区。东楚包括徐
州以东的东海郡、吴郡和广陵郡，也就是今天江苏省全部和浙江省北部地
区。南楚包括江淮之间的衡山郡、九江郡和长江以南的豫章郡、长沙郡，
也就是今天的安徽省中南部、江西省全部和湖南省中北部地区。

2. 合肥地区属于南楚。南楚有两个经济都会，一是寿春，一是合肥。
寿春成为经济都会，与其作为楚后期都城有关，合肥成为经济都会，则与
其处于南北交通的枢纽，为南北皮革、鲍、木材的贸易中心有关。

3. 《货殖列传》中所提郡名为秦末汉初之建置，则合肥作为经济都
会在秦末汉初已然兴起，而作为一个城市的出现，甚至可以向前推到战国
时期。

西汉时期，合肥正式设县。班固《汉书·地理志》载，九江郡共领
县十五，分别是寿春邑、浚遒、成德、橐皋、阴陵、历阳、当涂、钟离、
合肥、东城、博乡、曲阳、建阳、全椒、阜陵。根据《汉书·地理志》
的编撰体例，各郡下首县为本郡郡治所在，则九江郡治在寿春；而据本志
自注，历阳为都尉治②。则九江郡的行政中心在寿春，军事中心在历阳。
东汉仍置九江郡，但境域和管县变动都比较大③。据《续汉书·郡国志》
记载，东汉末年九江郡共领县十四，分别是阴陵、寿春、浚遒、成德、西
曲阳、合肥、历阳、当涂、全椒、钟离、阜陵、下蔡、平阿、义成，与
《汉书·地理志》的记载对照，原东城县划归下邳国，撤省了橐皋、博

---

① 《史记》，卷一二九，"货殖列传"，中华书局 1982 年版，第 3267—3268 页。

② 《汉书》，卷二八上，"地理志上"，中华书局 1983 年版，第 1569 页。

③ 李晓杰：《东汉政区地理》，山东教育出版社 1999 年版，第 217—223 页。

乡、建阳三县，将原属沛郡的下蔡、平阿、义成三县划入。九江郡的郡治因寿春长期为阜陵王国都城而移到阴陵，历阳则为扬州刺史驻地①。这时本区域的行政中心演变为两个，即寿春和阴陵，皆位于淮河南岸，合肥仍然不具备区域行政中心的地位，只是一个县级行政中心。

合肥虽只是一个县级行政中心，但与其他县级行政中心又有所不同，仍然保留着区域经济都会的地位。《汉书·地理志》云："寿春、合肥受南北湖皮革、鲍、木之输，亦一都会也。"② 这句话实际上是班固对西汉成帝时刘向所言的《域分》和朱赣所条的《风俗》的辑录，而所谓的域分、风俗，"实际上是一篇以《史记·货殖列传》为基础，而予以补充、扩展、改编，比《货殖列传》更加完备的全国区域地理总论"③。因此，这句话不是简单地对《史记·货殖列传》的照搬，而是反映的西汉后期合肥的实际情况。

合肥成为本区域的经济都会是由其所处的交通地理位置决定的。淮河以南、长江以北的江淮地区是古代江南通往北方中原地区的必经之地，其道路主要有两条。一是由古中江、庐江（即今青弋江）经芜湖过长江沿濡须水入巢湖，然后溯施水（即南肥水）经合肥入肥水至寿春，再溯淮沿汝、颍等水通往中原地区；二是沿古邗沟入淮，或溯淮向西经寿春，或北上沿泗水、菏水经定陶通往中原地区④。毫无疑问，古邗沟线要较寿春线迂远得多。而江淮地区的地貌东西亦有明显的差异。滁州、六合以东的今江苏境内主要为苏北平原，地势低洼，河流湖泊众多，以西的安徽境内为淮南丘陵，地势相对较高。江淮西部地区的水陆交通条件要较东部地区优越。正因为如此，在秦汉至魏晋南北朝时期寿州的水陆交通极为繁盛。《水经注》载："肥水自黎浆北迳寿春县故城东为长濑津，津侧有谢堂北亭，迎送所薄，水陆舟车是焉萃止。"又云："肥水又西分为二水，右即肥之故渎，遏为船官湖，以置舟舰也。肥水左渎又西迳石桥门北，亦曰草市门，外有石梁渡北洲，洲上有西昌寺……寺西，即船官坊，苍兕都水，

---

①　《后汉书》，卷二二，"郡国志四"，中华书局 1965 年版，第 3485—3486 页。

②　《汉书》，卷二八下，"地理志下"，第 1668 页。

③　谭其骧：《〈汉书·地理志〉选释》，载《长水集（下）》，人民出版社 1987 年版，第 354 页。

④　见史念海《中国的运河》，陕西人民出版社 1988 年版。

是营是作。"① 合肥正处于江淮分水岭上，是江淮地区西线南北水陆交通的结点，无论是北来的皮革，还是南来的鲍、木，都要在此转运，理所当然地成为南北商品交易的重要经济都会。

二

东汉后期，中国社会进入动乱年代，合肥因其所处的南北交通结点地位，军事地位开始上升。顾祖禹说："（庐州）府为淮右噤喉，江南唇齿。自大江而北出，得合肥则可以西问申、蔡，北向徐、寿，而争胜于中原；中原得合肥则扼江南之吭，而拊其背矣。"② 进入三国后，直至隋重新统一，相关政权围绕合肥的争夺不断。魏明帝青龙二年，孙权率军围攻合肥新城，魏征东将军满宠意欲放弃新城，退守寿春，明帝不听，说："昔汉光武遣兵县据略阳，终以破隗嚣；先帝东置合肥，南守襄阳，西固祁山，贼来辄破于三城之下者，地有所必争也。"③ 也就是说，合肥在三国分裂局面形成之初就开始作为魏对吴、蜀的三个重要防御重镇之一，其在东线防御中对吴的军事地位是寿春所不能比的。据宋杰的统计，孙吴军队在公元208—278年间，对曹魏及西晋共发动过34次进攻作战，其中合肥、寿春方向的攻击有12次，占总数的35%，而国君亲征的有6次，权相领兵进攻的有3次④。根据顾祖禹的统计，魏晋至隋统一江南，各方对于合肥的经营和争夺主要有：

> 建安四年，孙策取合肥，以顾雍为合肥长。五年，曹操表刘馥为扬州刺史。时扬州独有九江，馥单马造合肥，建州治，招流亡，广屯田，兴陂堨，又高为城垒，修战守备。十三年，孙权自将攻合肥，不

　　① 郦道元撰，陈桥驿点校：《水经注》，卷三二，"肥水注"，上海古籍出版社1990年版，第616—617页。

　　② 顾祖禹撰，贺次君、施和金点校：《读史方舆纪要》，卷二六，"南直八"，中华书局2005年版，第1270页。

　　③ 《三国志》，卷三，"魏书三·明帝纪"，中华书局1982年版，第103页。

　　④ 宋杰：《合肥的战略地位与曹魏的御吴战争》，《首都师范大学学报》（社会科学版）2008年第2期，第1—10页。

克。十四年，曹操使张辽、李典、乐进屯合肥，二十年，孙权率众十万来攻，辽等以八百人大破之。二十四年，权复攻合肥，不克。魏太和四年，权又攻合肥，不能拔。六年，扬州都督满宠表言："合肥城南临江湖，北达寿春，贼来攻围，得据水为势，官军赴救，必先破贼大辈，围乃得解。贼往甚易，兵救甚难。今城西北三十里有奇险可依，立城于此，可以固守。此为引贼平地，而犄其归路。又贼未至而移城却内，此所谓形而诱之，引贼远水，涉利而动也。"从之，谓之新城。明年孙权自出围新城，以其远水，积二十日不敢下船而退。青龙二年，孙权复自巢湖向合肥新城，卒无功。嘉平六年，吴诸葛恪围新城，不能拔。……晋平吴复还旧治。大兴二年，兖州刺史郗鉴为后赵所逼，退屯合肥。建元二年陷于后赵。永和六年，庐江太守袁真乘乱攻克之。隆和二年，桓温帅舟师屯于此。宋泰始二年殷琰据寿阳，遣其党薛道标陷合肥，刘勔攻克之。齐永元二年，裴叔业以寿阳降魏，诏李叔献屯合肥，魏人进攻合肥，擒叔献。梁天监五年，韦睿攻合肥，堰肥水灌城，魏人筑东西二小城夹合肥，睿攻破之。睿亦使军主王怀静筑城肥水岸以守堰，为魏所拔。复筑垒至堤以自固，肥水益盛，城遂溃，于是自历阳迁豫州治合肥。普通七年克寿阳，因改置豫州，而以合肥为南豫州。太清元年又改合州，三年没于东魏。陈大（太）建五年伐齐，吴明彻攻合肥，克之。十一年又没于后周。隋开皇三年置庐州，治合肥。五年于故新城立镇置仓，谋伐陈也。①

由此可见，随着各方的争夺，合肥城市的军事职能在不断增强，而随着军事职能的增强，合肥的行政中心地位和城市实力也在不断提升。汉建安五年，曹操表刘馥为扬州刺史，"馥暨受命，单马造合肥空城，建立州治，南怀（雷）绪等，皆安集之，贡献相继。数年中恩化大行，百姓乐其政，流民越江山而归者以万数。于是聚诸生，立学校，广屯田，兴治芍陂及茄陂、七门、吴塘诸塌以溉稻田，官民有畜。又高为城垒，多积木石，编作草苫数千万枚，益贮鱼膏数千斛，为战守备。"② 虽然这时扬州

---

① 顾祖禹：《读史方舆纪要》，卷二六，"南直八"，第1270—1271页。
② 《三国志》，卷一五，"刘馥传"，第463页。

所领仅有九江一郡，但将州治设在合肥，无疑是合肥城市发展史上的一件极具影响的事件，合肥开始从一个县级行政中心上升为区域行政中心，政治和经济地位都得到大幅度的提升，并不断得以巩固。三国时期，合肥地区一直控制在曹魏手中，曹魏于此置扬州淮南郡，州治寿春，郡治合肥。西晋代魏，于此亦置扬州淮南郡，州治移往丹阳建邺，郡治则迁往寿春，合肥的行政地位下降为县级行政中心。东晋因之[①]。刘宋改合肥县为汝阴县，为南汝阴郡治。萧齐仍属南汝阴郡。高齐亦曰汝阴县，属庐江郡。梁天监五年置豫州，七年改为南豫州，太清元年改为合州，合肥皆为州治。至隋统一，置庐州，合肥为庐州治[②]。至此，合肥作为区域行政中心的地位完全确立，历经唐宋元明清各朝代而未有变化。

三

　　秦汉魏晋时期合肥城市职能的转化和城市行政地位的上升得益于其所处的重要地理位置和特殊的历史环境。江淮地区是中原联系江南的要道，而合肥所在的淮南丘陵地区在历史发展早期因其自然条件优于东部的低洼平原得到较早的开发，加上地理位置更为靠近中原核心地带，交通更为便捷，因此处于江淮分水岭地带的施水与肥水交汇处出现一座承担中转贸易职能的经济都会便不可避免。因为夏秋南北两条河流水量增大，航运更为通畅，南北货物贸易更为繁荣，这座城市被命名为合肥。在合肥兴起之后的一段时间，淮南丘陵中部江淮分水岭两侧的整体开发还比较落后，其经济地位和地理地位与淮河南岸的寿春相比还存在一定的差距，因此直到东汉，这一区域的行政中心一直在寿春，合肥只能是一个县级行政中心。东汉末年，随着社会的动荡，合肥"江南唇齿，淮右襟喉""江南之首，中原之喉"的军事地位日益突出，成为各方争夺的重镇，其城市职能迅速向军事职能转化，特别是建安五年曹操表刘馥为扬州刺史，在合肥建立州治后，刘馥"聚诸生，立学校，广屯田，兴治芍陂及茹陂、七门、吴塘诸堨"，合肥地区得到快速开发，其在江淮

---

① 《晋书》，卷一五，"地理下"，中华书局1993年版，第459—460页。

② 顾祖禹：《读史方舆纪要》，卷二六，"南直八"，第1271页。

地区的行政地位迅速超过寿春等其他城市，合肥城市作为区域行政中心的地位得以奠定。

（原文发表于《合肥通史》编纂委员会办公室编《秦汉魏晋时期的合肥史研究》，时代出版传媒股份有限公司、黄山书社2014年版）

后　记

本书得以出版，首先要感谢陕西师范大学一流学科建设经费的支持。几十年来，我所在的工作单位陕西师范大学西北历史环境与经济社会发展研究院（其前身是著名历史地理学家史念海先生创办的陕西师范大学历史地理研究所。2000年3月，陕西师范大学以历史地理研究所为核心，以历史地理学学者为骨干力量，联合校内外历史学、地理学、环境科学、经济学、社会学等相关学科的学者建立了西北历史环境与经济社会发展研究中心，同年9月被教育部批准为普通高等学校人文社会科学重点研究基地。2011年10月，为适应形势发展的需要，加强经济学的研究力量，经教育部批准，将我校中国农村研究中心并入，组建为西北历史环境与经济社会发展研究院）的各位科研人员勤奋努力，潜心从事学术研究，积极承担各类科研项目，产出了大量的科研成果，除出版了数十部学术专著外，还发表了大量的高水平学术论文。这些学术专著在学术界业已产生重要的影响，但论文因为发表在不同的学术期刊，难以集中展示各位研究者的学术成长之路、重点研究领域和研究特色，为此，我在2016年9月向研究院教授委员会提议编辑出版"陕西师范大学西北历史环境与经济社会发展研究院学术文库"，请各位教师按照明确和较为集中的研究主题将自己已发表和未发表的学术论文或研究报告编辑在一起，由研究院拿出一部分一流学科建设经费资助出版，以宣传我院研究人员的研究成果，扩大我院的学术影响，推进研究院一流学科建设。这一提议很快得到了研究院教授委员会的同意和学校学科建设处的批准，同年10月即收到了8部书稿，经研究院教授委员会委托相关专家评审，决定全部资助出版，本书为其中之一。

本书收集的论文虽然都是公开发表的，但编辑成一本书出版还是遇到不少问题。其中最大的问题是因为论文发表相隔的时间久远，不同时期对于论文注释的要求不同，注释格式也不一样，早期并不要求注明引用文献的版本和页码，现在要将注释格式统一起来，全部注明引用文献的版本和页码，工作量将非常大，而且有些文献当时是在国内其他图书馆查阅的，现在也很难重新去一一查阅。犹豫再三，最终还是决定除了将一些明显的错误改正、对一些存疑的引文重新核实以外，维持论文发表时的原貌。这也算是另外一种意义上的尊重历史吧。

在本书的编辑出版过程中，我的研究生张开、田琼、陈梦洁参加了部分论文的文字录入工作，史行洋、韩强强、王思桐、裴欣等参加了校对工作，文中附图分别由孙建国、周慧清、田琼清绘，在此向他们表示感谢。

最后要特别感谢中国社会科学出版社的张林编辑、特约编辑蓝垂华和全太顺、责任校对周昊等，正是他们具有深厚的专业知识和极为认真细致的工作，发现并纠正了各篇论文中隐藏的文字运用和表述以及文献引用方面的错误，使得本书的学术质量进一步提高。尤其是蓝垂华和全太顺两位先生，他们用圆珠笔撰写了 7 页长达近 3000 字的"审读加工报告"，条理清晰，文字书写工整，所表现出的深厚的文史功底和严谨的工作态度让我惊讶和敬佩，促使我用了将近一个月的时间将书稿又认真通校了一遍。

2017 年 9 月 3 日
于不悔斋